周镇宏作品集

科学散文
KEXUE SANWEN

Ⅰ

人民出版社

责任编辑：高晓璐
版式设计：书林瀚海

图书在版编目（CIP）数据

周镇宏作品集/周镇宏 著．
-北京：人民出版社，2006.12
ISBN 7-01-005902-0
Ⅰ．周… Ⅱ．周… Ⅲ．科学技术-普及读物 Ⅳ．N49
中国版本图书馆 CIP 数据核字（2006）第 131276 号

周镇宏作品集
ZHOUZHENHONG ZUOPINJI

周镇宏 著

人民出版社出版发行

（100706 北京朝阳门内大街 166 号）

北京集惠印刷有限责任公司印刷 新华书店经销

2006 年 12 月第 1 版 2006 年 12 月北京第 1 次印刷
开本：787 毫米×1092 毫米 1/16 印张：109.5
字数：1785 千字 印数：0,001－3,000 册
ISBN 7-01-005902-0 全套定价：199 元
邮购地址 100706 北京朝阳门内大街 166 号
人民东方图书销售中心 电话（010）65250042 65289539

目 录

I 在科学入口处

宝剑锋从磨砺出
　　——甘苦之业 3
千淘万漉得真金
　　——追求之志 6
无数英雄竞折腰
　　——科学之梦 9
绝知此事要躬行
　　——实践之道 12
挑战死神无惧色
　　——探险之勇 16
七次量衣一次裁
　　——严谨之风 20
试玉要烧三日满
　　——求实之诚 23
举重若轻见功底
　　——基础之砖 28
见微知著眺万里
　　——观察之功 31
情景一失永难攀
　　——机遇之巧 36
电光一闪茅塞开
　　——灵感之妙 40

童稚孩趣诚可贵
　　——好奇之心 ………………………………… 45
"怪里怪气"不足怪
　　——专注之境 ………………………………… 49
科苑何处觅圣贤
　　——错误之川 ………………………………… 52
此曲只应天上有
　　——理性之美 ………………………………… 56
黄河长江同归海
　　——汇流之势 ………………………………… 61
隔墙之花成连理
　　——科艺之缘 ………………………………… 70
荷露虽团不是珠
　　——真伪之别 ………………………………… 77
他山之石，可以攻玉
　　——交流之益 ………………………………… 82
千军万马立体战
　　——协作之花 ………………………………… 86
失之东隅，收之桑榆
　　——成败之间 ………………………………… 91
真理面前无裁判
　　——权威之疵 ………………………………… 94
"水火交融"探真知
　　——论敌之谊 ………………………………… 98
虚怀若谷纳百川
　　——雅量之贵 ………………………………… 104
一失足成千古恨
　　——陨落之星 ………………………………… 107
心正笔直守行规
　　——科学之德 ………………………………… 110

鸟系金块难高飞
　　——*名利之镜* ·················· 115
意志砺石磨弥坚
　　——*逆境之时* ·················· 120
亦庄亦谐抒志趣
　　——*心灵之声* ·················· 125
春蚕到死丝未尽
　　——*生命之火* ·················· 130
盖棺论定留"绝唱"
　　——*不朽之碑* ·················· 134
山外青山天外天
　　——*无极之路* ·················· 138
漫天春色锁不住
　　——*真理之光* ·················· 145

Ⅱ 科学本无过

缪斯女神遇"非礼" ·················· 151
人机关系新难题 ·················· 163
基因操作双刃剑 ·················· 178
器官移植悲喜剧 ·················· 186
生殖工程是非多 ·················· 204
易性技术添怪诞 ·················· 232
人兽瓜葛扯不断 ·················· 250
死亡线上新"情结" ·················· 263
高科技与"高情感" ·················· 296
智能犯罪掀浊浪 ·················· 310

Ⅲ "科味"人生竞风流

高温超导材料的开拓者 ·················· 329

1988，科学高地十英豪	330
20 世纪 80 年代的"最后一奖"	333
国旗伴他游太空	338
第四位炎黄的骄傲	340
中国人民的真诚朋友	342
爱神的智慧	344
理性王国浪漫曲	348
"他"与"她"	353
贤妻们	356
女性"不等式"	358
有缘千里来相会	359
难忘众"院士"	361
"冤家"情	363
一代宗师	365
玻尔的旗帜	367
"鳄鱼精神"	369
令人费解的遗愿	371
他为原子能时代填写"出生证"	372
"超铀元素"	374
从不气馁的人	375
火炉·姑娘·相对论	376
半截子"伯乐"	377
中秋，想起了万户其人	378
喜迎"飞来客"	379
古稀获奖亦风流	380
"犹太族的居里夫人"	381
物理"美学家"	383
"野人"卡皮查	385
汤川与"汤川介子"	387

I 在科学入口处

《在科学入口处》是本书作者的一部科学散文。该书为《广东省中小学课外丛书》之一册，广东教育出版社1993年12月出版，获广东省第三届优秀科普图书二等奖。出于技术上的考虑，这里将原书"引言"作为首篇，并冠以标题《无数英雄竞折腰——科学之梦》。

宝剑锋从磨砺出

——甘苦之业

古人云:"创业维艰。"

科学上的创业,更是十分艰辛。

世界上第一个荣获诺贝尔生理学奖的巴甫洛夫,被人们誉为"生物学无冕之王",而他自己却宣称:我不过是一名科学的"苦工"。

巴甫洛夫的一生,确实是做科学"苦工"的一生。他像"苦工"似的在实验室里劳作了60多年,解剖了数以千计的活狗。解剖狗,需要非常耐心地数着从玻璃管中流出来的狗的唾液,郑重其事地把唾滴数字详细记在本子上。有一次,一个新来的助手数狗的唾滴,数着数着,觉得单调、枯燥,厌倦不堪,不愿再数下去。巴甫洛夫见状,语重心长地教育助手说:"搞科学犹如做苦工,要学会干杂活、粗活。要研究事实,对比事实,积累事实。""如果必要,你还得数它10年、20年!而我已经数了30多年了。"几十年数狗的唾滴,这是不是做科学的"苦工"?

我国生物学家朱洗,为培养出一种不吃桑叶而又有较高经济价值的新蚕品种,一连700多天,没日没夜地观察实验,助手见他很疲劳,劝他休息一天,他说:"可惜蚕宝宝没有星期天!"是啊!大自然没有节假日,也不会因科学家们的劳累辛苦而"暂停"运动,所以一旦实验开始,就必须日日夜夜连续进行。为了"蚕宝宝",朱洗和他的助手们在实验室一"泡"就是700多天,连大年初一也没停歇。这种状态不也正如"苦工"一样?

我国著名断肢再植专家陈中伟教授,在开始现代医学处女地——显微外科的时候,为了克服在显微镜下手的动作不协调的问题,曾年复一年地坚持用兔子和白鼠做试验,缝合那纤细如绒的小血管。成百上千次的试验和手术,使他磨炼出了"狮子般的心,鹰般的眼和女孩般的手"。原来需要三四个钟头才能缝合的大血管,他只需十来分钟便能完成,而且通畅率达百分之百!"狮心、鹰眼、女孩手"的练就,需要多少"苦工"?

再看看本生那双难以思议的"耐火手"吧！德国化学家本生，自1831年从哥廷根大学毕业后，一直从事化学研究和教学，其研究范围涉及电化学、物理化学、分析化学、光化学等领域。近半个世纪的科学研究生涯和无数次的科学实验使本生的双手长满了老茧，看上去比工人、农民的手还要粗糙得多。这当然是由于他长期亲自动手做实验，双手无数次地与酸、碱、有机溶剂打交道的结果。有一次，本生在德国柏林大学做学术报告，当讲到自己发明的本生酒精灯时，他竟然把手伸进火焰里任凭烈火烧烤，并若无其事地说："我放手指的这个地方，火焰温度大约是30℃。"会议主持人弗歇尔教授立即用仪器测量火焰的温度，结果与本生所说的完全相符。在场的人个个瞠目结舌：本生的手简直就是温度计！可想而知，这双奇迹般的"耐火手"不知在火中烧过多少次了！

寥寥几例，科学"苦工"之艰辛卓绝，可窥概略。

科学发现和科学成就无疑是诱人的。但科学却与轻松惬意无缘。科学研究工作常常是平凡的、烦琐的、细小的、单调的、重复枯燥的，甚至是千辛万苦的。英国著名化学家戴维说得好："科学是个严厉的主人，它要求人们付出艰巨的劳动，却给予很少的报酬。"

对于科学这个"严厉的主人"，科学家们当然是"最解其中味"、"甘苦寸心知"了。"衣带渐宽终不悔，为伊消得人憔悴"，正好道出了科学的追求者那难以言喻的艰辛。即便是居里夫妇那样毅力过人的科学家，有时也曾不由自主地感叹："我们选择的生活太苦了！"

然而，"宝剑锋从磨砺出，梅花香自苦寒来。"科学家最懂苦与乐的辩证关系。科学家自有科学家的"苦乐观"。

英国哲学家培根指出："科学的真正的与合理的目的在于造福人类生活，用新的发明和财富丰富人类生活。"

德国哲学家费尔巴哈也说："真正的思想家、科学家只是为人类服务的，同时也是为真理服务的。他认为认识是最高的善，是真正有益的；发展知识就是他一生的实际目标……"

确实如此。正是追求科学、造福人类的崇高目标，驱使千千万万的科学家，从艰辛的科学劳动中寻找创造的乐趣，体验发现的欢欣。

居里夫人在提炼镭的岁月里，不论严冬或盛夏，整天像一个苦力，操着一根与她一般高的铁棒，连续几小时搅拌着锅里沸腾的黑色浆液，浓烟刺激着眼睛和咽喉。为不中断工作，她经常在冒着浓烟的锅边吃饭……这样的活儿一干就是4年，可谓艰苦卓绝了。然而居里夫人却说："我们生活中最好的而且最快乐的几年，还是在这个简陋的旧棚屋中度过的，我们把精力完全用在工作上。"她认为："科学的探讨研究，其本身就含着至美，其本身给人的愉快就是报酬，所以我在我的工作中寻得了快乐。"

"进化论之父"达尔文说："我一生的主要乐趣和唯一职务就是科学工作；对于科学工作的热心使我忘却或者赶走我日常的不适。"

进化论的另一位先驱者拉马克也有一句类似的话："科学研究工作能给我们找出许多最温暖、最纯洁的乐趣，以补偿生命场中种种不能避免的苦恼。"

"发明大王"爱迪生宣称："我的人生哲学是工作。我要揭示大自然的奥秘，并以此为人类造福。我们在世的短暂一生中，我不知道还有什么比这更好的了。"

翻开科学技术发展史。无数的科学家都从自己的亲身经历中，感受到艰苦的劳动给他们带来的欢乐。巴甫洛夫甚至认为，科学劳动除了使他充满快乐和欢欣之外，还给他的生活以"支持和自尊"。这种进步的苦乐观，使得科学家们对科学研究这种甘苦之业一往情深，终生不悔地从事追求科学真理的活动。

甘苦参半，苦中有乐，其乐无穷。人生的真正快乐，只有从事业的成功中获得。古往今来，科学家都把科学发现之乐，视为人生最大的欢乐。正如诺贝尔指出的那样："作出新发现时感到的快乐，肯定是人类心灵所能感受的最鲜明最真实的感情。"

末了，我们以美国科学家富兰克林的话作为本篇的结语：

"我们从前人的发明中享受了很大的利益，我们也应该乐于有机会以我们的任何一种发明为别人服务，而这种事我们应该自愿地慷慨地去做。"

千淘万漉得真金
——追求之志

伦敦一家科学档案馆，至今陈列着一个旧得发黄的日记本。翻开第一页，只见上面写着：

"对！必须转磁为电。"

此后每一页，每一天，主人写下日期之后，千篇一律只记一个字——"No!"（不！）。

这种"流水账"日记，自1822年至1831年近10年的时间，日日如此。直至1831年10月17日这一天，它的主人才记下另一个字——"Yes!"（是的！）。

这本奇特的日记，记载着科学史上一个伟大发现的历程。

1819年，丹麦物理学家奥斯特发现："电能生磁。"那么反过来，磁能否生电呢？英国物理学家法拉第决心用实验来回答。这个课题是引人入胜的，但"真理常常藏在事物的深底"，几千个日日夜夜，法拉第在日记本上记下的只是一个又一个的"No!"……

斗转星移，十度春秋。法拉第的实验终于成功了！当他在日记本上记下"Yes!"的时候，心在狂跳，手在颤抖……

"磁能生电！"这是何等重要的发现啊！世界的面貌因这个发现而大为改观，人类文明前进的步伐因这个发现而加快——

发电机出现了！

电动机运转了！

大地，电杆林立；

天空，电网密布……

自此，电气文明的光芒照耀着人类生产和生活的各个领域！

今天，生活在电气时代的我们，拂去那个日记本上的历史尘埃，看到的是一个科学家执著追求科学的恒心矢志。

假如说，法拉第发现"磁能生电"是"十年一剑"的话，那么，居里夫人从"30吨"中寻找"0.1克"，就无异于"沙里淘金"或"大海捞针"了。

1898年12月26日，居里夫人向法国科学院报告：发现了一种新的放射性元素——镭。

这是科学发展史上一个重要的里程碑。由于镭的发现和对放射性元素的研究，人类才开始认识和利用原子能。

然而，当时的科学界将信将疑。有的科学家说："没有原子量，就没有镭；拿出镭来，指给我们看，我们才相信这一发现。"

为了证明镭的存在，居里夫人在一个十分简陋的工棚中开始从矿石中提炼镭，她靠奥地利一个制造厂的"施舍"，获得了工厂用过的一批沥青铀矿渣。没有合用的设备，就在一个坩埚里炼制矿渣，每次进料不足20公斤。由于镭在沥青铀矿中的含量微乎其微，小山般的一堆矿渣，经那坩埚一锅一锅地冶炼、溶解、沉淀和结晶，只能得到一小杯含量极微的新元素溶液。为得到镭的纯化合物，居里夫人用那口小小的坩埚先后共冶炼了30多吨矿石！

日复一日，年复一年，经过45个月中几万次的提炼，居里夫人终于从30吨矿石中"炼"出0.1克氯化镭，并测出了镭的原子量。

尊重事实的科学家们刮目相看，原先的怀疑荡然无存，科学界震动了：镭！终于横空出世！

自此，居里夫人成了"镭的母亲"……

"千淘万漉虽辛苦，吹尽狂沙始见金。""镭的母亲"为这一名句作了最好的注解。

苏轼说："古今成大事者，不惟有超世之才，亦必有坚韧不拔之志。"

科学上的"成大事者"，必有坚韧不拔之志。翻开科学史，几乎所有的重大成果，都是科学家几年、十几年乃至几十年长期不懈奋斗的心血结晶。门捷列夫发现化学元素周期律用了20年；达尔文写成《物种起源》用了28年；哥白尼写成《天体运行论》、李时珍写成《本草纲目》、徐霞客写成《徐霞客游记》，都差不多付出了30年的艰辛。竺可桢研究中国几千年气候变迁的规律，前后经历了50年。而有些科学课题的完成，甚至需要几代科学家前赴后继的"接力"！

"为寻求真理的努力所付出的代价，总是比不担风险地占有它要高昂得多。"德国诗人和思想家莱辛的这句话，不失为真知灼见。通往瑰丽科学宫殿的征途上，既有沼泽荒地，也有悬崖险峰。跨越沼泽，通过荒地，履悬崖，攀险峰，既无坦途，更无"捷径"；唯有一步一个脚印地摸索前进，常常还得走"冤枉路"。对此，德国物理学家亥姆霍兹说得很风趣："我欣然把自己比做山间的漫游者。他不谙山路，缓慢吃力地攀登，不时还要止步回身，因为前面已是绝境。突然，或由于念头一闪，或由于幸运，他才又发现一条新的通往前方的蹊径……"

科学探索的这种特点，使我们不由想起德国哲学家黑格尔的话：科学真理不是一枚铸成了的唾手可得的硬币！

那么，科学真理是什么呢？

科学真理——魅力迷人的美丽女神，她只垂青真诚执著百折不挠的追求者。

科学真理——生长于高山之巅的仙草，只有在陡峭的山路上坚韧不拔攀登不止的采药者，才有机会闻到它的异香。

科学真理——人类认识的历史长河中灵光四射的珍珠，它总是沉于河底而从未浮在水面，只有坚持不懈潜身水底的弄潮儿，才配寻觅它的芳踪。

假如你有志踏上科学之路，闯入科学之门，那么请记住——

恒心搭起通天路，矢志敲开科学门！

无数英雄竞折腰

——科学之梦

宇宙万物，纷呈万状；一条界线，划而分之：生命与非生命。

生命王国，熙熙攘攘千万年，孕育出了人类的近亲——类人猿。

有一天，类人猿终于挺直了腰杆，站立了起来。

又有一天，类人猿突然间发现自己的双手竟能运作自如！

于是，"人猿相揖别"，猿群中走出了人类这"万物之灵"。

悠悠岁月，千古兴衰。当初穴居野处，击石取火，徒步跋涉，蒙昧野蛮；如今高楼大厦，核能发电，航天登月，高度文明。人类到底凭借何方神明的力量？

科技的力量！

不是吗？石器、火；指南针、造纸术；纺织机、蒸汽机；电灯、电机、电气化；激光、电脑、宇宙飞船……人类文明进化的征途，何处没有科技前进的里程碑？

不是吗？电话、电报、望远镜、显微镜、遥感技术，圆了人类拥有"顺风耳"、"千里眼"、"照妖镜"的心愿；掘进机、地下铁、人造卫星、潜水艇、人工降雨、风力发电，难道不比古人们"遁地"、"行空"、"住龙宫"、"呼风唤雨术"的幻想更奇妙？太空遨游、耕作自动化、智力移植和知识工程，哪一项不能与"嫦娥奔月"、"牛不吃草劲更足"、"打个洞眼灌聪明"的神话媲美？

一个个美梦成真，科学技术对人类的馈赠和赐予何其丰厚大方！

纵观历史，从铜器、铁器时代，到蒸汽、电气时代，再到如今的原子时代，科学技术总是以它的飞跃发展，旋风般地改变着人类的生产和生活方式，推动着人类社会前进的步伐。

谁能设想，如果没有 19 世纪三大发现——能量定律、细胞学说、生物进化论为标志的近代实验科学的崛起，会有人类的现代文明吗？

谁能设想，没有以核子、电子、相对论、量子力学为标志的现代科学，我们生活的世界会是如今这般日新月异一日千里的图景？

"科学技术是第一生产力！"

科技进步对人类文明的推动，不仅在于其物化，而且在于其对人的思想观念的更新和改造。

昨天，《圣经》告诉人们："上帝主宰万物。"今天，人类却已撇开上帝，自己动手创造新的物种。

过去，古人相信"天圆地方"、"地球中心"说，而在今天宇航员的眼中，地球不过是"一个悬浮在苍茫宇宙之中的亮蓝色的玻璃小球"。

当年富兰克林安装第一根避雷针时，曾被费城教会斥为"冒犯神权，干预上帝和雷神"的大逆不道之举，可后来费城盖了一座新教堂，教会却担心"雷神也有疏忽大意的时候，"顾不了上帝高兴不高兴，教堂一落成就装上了富兰克林发明的避雷针……

显然，科技上的每一次重大突破，都强烈地震撼人的心灵，激发思想更新，推动人类观念进化。

科技之神奇，还在于它能极大地延伸人的能力。即便是人间大力士，也不过千斤之力，而科技所驾驭的自然力却可达到几千万吨；即便是世界冠军的"飞毛腿"，目前最快也不过每秒10米左右，而科技给人创造的速度却每秒可达十几公里；即便是长着一对"火眼金睛"者，直观所及也不过10±5米的范围，而借助科技则可使宏观视野达到200亿光年，微观视野深入到基本粒子内部夸克以下的层次；即便是速算专家史丰收的脑瓜，恐怕也难敌"神机妙算"的电脑吧？

一句话：人的能力——体力、视力、听力、脑力等，都是有限的；而作为全人类智慧结晶的科学技术，其突破能力却没有止境没终极一往无前。

这正如马克思所说："科学是最高意义上的革命力量。"

古往今来，宗教有盛衰，国家有兴亡，朝代有更替，唯独科学技术之光——虽常遇风袭浪打屡遭铁幕禁锢，却能长明不灭，一直驱赶黑暗，照射愚昧，穿透陈腐，光芒四射。

那么，是什么"能源"使科学技术之光与日月争辉？

是人类认识自然改造自然的永不停息的伟大实践。

那么，是谁前赴后继千年接力高擎着科学技术的"长明灯"？

是人类各个时代的精英群体——科学家！

据说，"科学家"这一称谓，发明权应归英国剑桥大学历史学家兼哲学家费米尔。他于1840年最先下了这样的定义："在科学领域里孜孜不倦的耕耘者，我们急需给予他们一个适当的称谓，我想称呼他们为'科学家'。"

但"科学家"绝不仅仅是一种称谓。在它深邃的底蕴和丰富的内涵中，包容着汗水、心血、成功、挫折、欢乐、艰辛、机遇、逆境、蹊径、险途、智慧、错失……科学家的人生和事业，可谓酸甜苦涩辣五味俱兼。

古今中外，为人类幸福和进步而"在科学领域里孜孜不倦的耕耘者"灿若群星。辉煌壮丽的科学殿堂里，站着一排排的科学巨人，从阿基米德、阿维森纳、哥白尼、布鲁诺、伽利略、牛顿、富兰克林、法拉第、达尔文、巴斯德、诺贝尔，到伦琴、爱迪生、居里夫人、爱因斯坦……；从李冰、张衡、华佗、祖冲之、孙思邈、毕昇、黄道婆、李时珍、徐光启、詹天佑，到李四光、华罗庚、竺可桢……他们的英名和功勋已被铭刻在历史的丰碑上。他们攀登科学山峰留下的实践足迹，横渡科学海洋遗下的历史舟楫，更为科学后来人树起一座座指路牌、一盏盏航标灯……

当今，世界已经进入科技发达时代。奇迹一个接着一个：小小硅片上，浓缩着一座"电子城"；细细"光缆"中，容纳着万千条电信通道；超大型计算机，每秒完成8亿次运算；超深度人造低温，正向绝对零度的"冷极"步步逼近；宇宙探测器，已冲出太阳系，向更遥远的太空进发……科技革命的浪潮，风起云涌，瞬息万变！

然而，科学绝无穷期。

科学永远年轻。

科学呼唤后来人。

科学的魅力，引无数英雄竞折腰。

科学的磁力，吸引着无数颗年轻的心。

居里夫人说："我们应把人生变成科学之梦，然后再把梦变成现实。"

谨以这本小册子，献给一切有志于把"科学之梦"变为现实，正在科学入口处探头探脑的朋友们！

绝知此事要躬行
——实践之道

先看几段饶有趣味的科学家活动的"剪影":

——30多年前的一天早晨,一架飞机从美国檀香山飞往希洛。一位空中小姐注意到,其他旅客都昏昏欲睡,唯有一位中年男子,一直靠窗坐着,兴致勃勃地仔细观察天空中的云彩,还不时地往笔记本记着什么。空中小姐感到奇怪。问道:"先生,我能帮您做些什么吗?""不,"那旅客回答说,"我专程来研究这里的云,我想弄清楚云是怎样呼风唤雨的。大概您帮不了忙。"后来,空中小姐才知道,这个旅客就是世界上著名的海洋气象学家伍德科克。为了探索大自然的奥秘,伍德科克经常旅行于苍穹之中,海洋之上,高山之巅。有人统计过,仅仅莫纳礁那座高陡的火山,他就登过350次。

——1536年某天,比利时卢万城里满城风雨,人们传说着一件怪事——"昨夜里绞刑架上的尸体被盗了!"确有其事,那天深夜,有一个人偷偷地摸到绞刑架下,解开一具尸体背起来正要跑,不料,被城头上的巡逻哨兵发现了。盗尸人赶紧隐蔽起来,因为他知道按政府法令,盗尸是要被处以绞刑的。哨兵远去了,那人又重背起尸体。刚走了一段路,又遇上了骑兵巡逻队。那人只好抽出刀来将尸体的头割下逃跑了。这个盗尸人名叫维萨里,是比利时医生、解剖学家。当警方四处张贴通缉令,吵吵嚷嚷地要捉拿盗尸犯的时候,他正躲在一个秘密的地窖里专心致志地解剖那个偷来的头颅哩!以后他还多次冒着生命危险去偷尸体背回来解剖,仔细研究人体各部分的构造。也不知道与尸体打了多少年的交道,他终于写成了一部巨著——《人体的构造》,成为世界上第一个正确指出人体结构的专家。

——东京以北约130公里之外,有一座荒凉不毛的火山。日本火山专家米麦卡米为了研究火山,探明火山的秘密,专门在这座火山口建了一个实验室,并独自一个人搬到火山口的实验室居住,过着近乎与世隔绝的生活。有一次,一位新闻记者跑到火山口采访米麦卡米。记者问:"您不觉得这样的生活太孤寂太冷清了吗？"米麦卡米回答说："我们全世界的火山专家从来不觉得彼此相距很远。我从不感到任何一点冷清，因为我所研究的是火山，它的内部比任何东西都火热。"米麦卡米一个人住在火山口，日复一日，年复一年，长年累月进行观测和研究。他独自在那里居住了整整30年，终于弄清了这座火山的"庐山真面目"。

——达尔文为研究生物进化规律，一生中许多时间都是在荒岛、密林中采集生物标本中度过的。有一次，他在原始森林中剥开一片老树皮，发现两只罕见的甲虫。他急忙将它们按住，一手捉住了一只。这时，他忽然又发现了一只更为奇特的甲虫，但看看手里的两只甲虫，他爱不释手。于是他把右手里那只甲虫塞进了嘴里。马上伸手再去捉第三只甲虫。甲虫在他嘴里排出了辛辣的液体，烧痛了他的舌头。但达尔文还是轻轻地含着，把三只甲虫都带了回去……

在以上几个片段中，伍德科克上天观风云，维萨里解剖尸体，米麦卡米身居火山30年，达尔文捕捉甲虫采标本，都是科学的实践活动。

实践是发现真理的基础，又是检验真理的唯一标准。科学家们总是"通过实践而发现真理，又通过实践而证实真理和发展真理。"正如毛泽东同志所指出："真正的理论在世界上只有一种，就是从客观实际中抽出来又在客观实际中得到了证明的理论。"任何正确的理论、学说或概念，都必须通过生产实践或科学实践去发现，去检验，去发展。

科学的实践活动，作为人类三大革命实践活动之一，是人类认识自然的现象、自然的性质、自然的规律性，从而能动地改造自然的重要的实践活动。它在整个自然科学技术的发展过程中，始终占据着极其重要的地位。

科学的实践活动，包括科学实验和科学观测。它们是科学研究中必不可少的基本程序之一。可以说，科学上的一切重大发现和发明创造，都不是从书本上得来的，而是从科学的实践中发掘和升华出来的。任何一个科学结论，光凭口说是不能成立的，还必须拿出科学的实践所取得的结果作为依据。不通过科学的实践，就不可能对自然界的现象、性质、本质和规律性有深刻的了解，当然，也就不可能有新的创举。

一句话：没有科学的实践，就没有科学的认识；科学研究离不开科学的实践活动。

你要研究地理，就得跋山涉水。我国明代地理学家徐霞客，从22岁起至

56岁逝世，34个春秋，几乎年年出外考察。他不避暑寒，不辞劳苦，栉风沐雨，旅泊岩栖，足迹踏遍祖国16个省区，摸探过100多个洞穴，实地勘测过无数山川、流域、地貌。来自实践的大量的第一手材料，使他得以写出40万字的地理学巨著，在地理学上作出了重要贡献。

你要研究蛇毒，就得与毒蛇打交道。美国医学家海斯德看到世界上每年有成千上万的人死于毒蛇之口，决心研制一种抗蛇毒的药物。他从青年时期起，就开始在自己身上注射微量毒蛇腺体，每注射一次，他就大病一场。他先后注射过28种蛇毒，使自己的血具有抗毒性。他还有意捉毒蛇咬自己，以试验自己的抗毒能力。他被多种毒蛇咬过130多次，每次都死里逃生，脱离危险。后来，他用自己的血试制成抗蛇毒药物，拯救过好些人的性命。

你要研究狼性，就得与狼为伍。瑞典生物学家埃列克·齐门，孤身一人，深入狼群，多年与狼混在一起，在意大利对近百只狼进行观察、试验和研究，战胜了种种难以预料的困难和危险。凭着他的机智和勇敢，终于获得了许多珍贵的第一手资料，揭开了狼群社会的奥秘。

在现代的自然科学研究中，科学实验是最常见最普遍的科学的实践活动。进行科学实验，不但需要头脑清晰，不放过任何可能引起新发现的线索，而且需要眼明手快，善于熟练而灵活地使用各种仪器设备，准确精密地控制高温、高压、高速、真空等实验条件。这就要求科技工作者要有高超的"手头功夫"，否则，就会"心有余而技不足"。我国著名生物学家童弟周，20世纪70年代中期曾进行过这样一项实验：从两栖动物蝾螈的成熟卵中提取信使核糖核酸，注射到金鱼的受精卵细胞中，使幼鱼也长出两栖动物所特有的衡器来，以此证明信使核糖核酸不但在不同"种"、"属"动物之间，而且在不同"纲"的动物之间，都有改变生物遗传性状的作用。请看关于这个实验的几段描写："……手术的对象是金鱼的受精卵细胞，小得像一点点金黄小米粒。和在医院里给病人做手术之前一样，先要给它们脱去身上的衣裳，即去掉包住它们的卵膜。可是，这身衣裳小得实在不能再小，薄得实在不能再薄了。看，那双手握着一对类剑的钢镊，向一个细胞钳过来了。这时，只要手轻轻地颤一颤，在显微镜下都会呈现大幅度的摆动，在培养液中掀起一阵轩然大波，甚至使那个娇嫩的小生命化为乌有。"

"请不必担心，那双手以惊人的准确和敏捷，夹住细胞的一端，均匀地向两边一撕，细胞膜就被剥得干干净净。显微镜下，又探来一根玻璃针。它使人想起巧手姑娘的绣花针,但它比绣花针细得多。它给脱掉衣服的小家伙,一个接一个地进行了注射。用科学家的语言来说,这是'分子一级水平的研究'。短短的半个小时里,同样的手术重复了二三十次。"

"全部动作是那么娴熟,优美,富于节奏。面对这双手,人们都会发出惊叹,会感到钦佩,会感到由衷的骄傲。因为,这是我国科学家的手,在施行难度很高的精细手术!"

试想,如果没有童教授那样高超、精细、熟练、灵巧的手。能够实施这样高难度和高精度的操作吗?恐怕纵有再好的实验设计也只能付之东流!

再试想,要练就童教授那样的"巧夺天工"的实验技能,又该付出多少实践苦功啊!

科学探索不是"纸上谈兵",更不是"坐而论道"。"心中觉醒,口中讲说,纸上敷衍,不由身习,皆无用。"爱因斯坦说得中肯:"从来没有一个真正有用的和深入的理论是由纯粹的思辨去发现的。"

卢梭说:"经验和接触是我们真正的导师。"

杜威说:"一两经验,胜过一吨理论。"

达·芬奇说:"智慧是经验之女。"

爱因斯坦说:"一切关于实在的知识,都是从经验开始,又终结于经验。"

大师们所说的"经验",即实践。

科学离不开"经验"——实践!

有志步入科学之门的青少年朋友,请记住宋代诗人陆游的诗句:

"纸上得来终觉浅,绝知此事要躬行。"

挑战死神无惧色
——探险之勇

1783年9月19日，巴黎和马斯弗尔广场人山人海。在阵阵礼炮声中，一只山羊、一只公鸡和一只鸭子乘着气球飞离地面，升上天空，在500米高度飞行了约10分钟，然后安全降落。

人心振奋！"动物飞行"的成功鼓舞着人们进行"人类飞行"的试验。

然而。当人类第一次"试飞"时，谁能担保不会有三长两短？叫谁去冒这个险呢？

法国国王路易十六计上心来：让两个已判处死刑的囚犯去试飞！如果被摔死，就当"执行死刑"了事。

消息公布后，人们纷纷赞扬国王英明，只有青年学者罗泽尔坚决反对："囚犯没有资格承担这个光荣的任务！"他和另一位青年达尔朗德晋见了国王，据理申述："人类首次飞离地球是伟大的创举，这历史性的任务怎能交给已被人类否定了生存价值的死囚？生命虽可贵，但我俩愿作人类第一次飞行！"

国王同意了。1783年11月21日，两位年轻人乘坐气球飞上了900米高空。20分钟后，安全降落在一片麦田里。

于是，科技史册上永远记载着第一对"飞人"的名字——罗泽尔和达尔朗德。

荣誉，属于勇敢无畏的人们！

俄国化学家门捷列夫为更清楚地观测日食，也曾多次"玩命"乘坐自己设计的气球飞上高空。有一次，操纵器突然失灵。面对突如其来的事故。门捷列夫本来可以跳伞。但为了不错过观测日食的机会，他冒着粉身碎骨的危险，毅然爬到气球壳上，迅速排除了故障……为此事，法国气象航空科学院向门捷列夫颁发了荣誉奖状，以"表彰他在飞行中表现出来的特殊的勇敢"。

科学探索如探险。追求科学，需要具有"挑战死神无惧色"的"特殊的勇敢"。

在科学探险者的队伍中，像罗泽尔、达尔朗德、门捷列夫这样"有险无恙"的，可称"幸运儿"。但并非人人都能这般幸运。死神，常常防不胜防。

1946年5月，年轻的加拿大物理学家斯罗廷参加了美国第二次水下原子弹爆炸试验。

引爆机构实验开始了。斯罗廷用两把螺丝刀在导轨上拨弄两块半球形铀块。突然间，意外的情况发生了——斯罗廷手中的螺丝刀不慎掉地，两块半球形铀块滑到了一起！顿时，周围闪烁着可怕的眩光。在场的人都清楚，两块各小于临界质量的铀，现在合成大于临界质量的一块，立即会引起链式反应，一场不堪设想的核爆炸迫在眉睫！

就在这千钧一发之际，只见斯罗廷从惊愕中猛醒过来，迅速用双手把已经合拢的两块铀掰开！链式反应停止了，核灾难避免了。紧接着，斯罗廷立即指挥在场的人，按事故发生时各自的位置站好。然后，他在黑板上用粉笔画出他们与实验台的相对位置，供医生估计每个人受放射性辐射的剂量时参考。

刻不容缓！在场的人都住进了医院。斯罗廷安慰同事们说："别担心，你们恢复健康是不成问题的。而我，是一点希望也没有了……"

不幸言中！斯罗廷因受到致命的放射性的辐射剂量，9天后就献出了年轻的生命……

古往今来，科学家们在科学征途上探索前进，有人献出生命，有人献出健康，有人献出鲜血……谱写了一曲曲可歌可泣的悲壮之歌。请看：

诺贝尔研制炸药，被炸得遍体鳞伤，血肉模糊；

德国自然地理学家洪堡德周游各国采集标本，不幸恶性中毒截去手指；

瑞典化学家贝采利乌斯在实验中炸伤双眼导致失明；

美国动物学家施密特研究毒蛇死于蛇毒；

第一个驾驶滑翔机的星利塔尔在狂风大作中滑坠身亡；

我国著名科学家彭加木为揭示罗布泊的秘密而遇难失踪；

徐霞客在几十年跋山涉水中，多次遇强盗抢劫，几乎被杀死，攀崖坠落几乎被摔死，山洪暴发几乎被淹死；

……

有人作过统计，从1900年至1937年，仅是为研究昆虫而牺牲的科学家就有20多人！

至于如北极探险、沙漠考察、南极航行、海底探秘等，献出宝贵生命的科学家就更多了！

这使我们不由想起马克思在《政治经济学批判》一书的序言中写下的警句：

"在科学的入口处，正像在地狱的入口处一样，必须提出这样的要求：

'这里必须根绝一切犹豫；这里任何怯懦都无济于事'。"

把向科学进军当作"下地狱"，绝非危言耸听，而是充分揭示了科学发展的艰险历程。

人类的认识活动和实践活动，是一个不断地向未知领域的深度和广度进军的过程，而任何新的未知领域的开拓都意味着冒险。人们在探索自然的奥秘时，大自然总是"有意"或"无意"地给人们制造种种障碍和困难，有时甚至置探索者于垂危境地。在通向一座座瑰丽科学宫殿的道路上，雄关林立，险隘横亘。从某种意义上说，科学家在科学道路上闯关夺隘，就犹如战士在战场上冲锋陷阵，总会有人挂彩，有人牺牲。门捷列夫说："一个人要发现卓有成效的真理，需要千百个人在失败的探索和悲惨的错误中毁掉自己的生命。"日本一位学者甚至极而言之："科学就是在不怕死的人的尸体上筑成的宫殿，也是血河之畔开着鲜花的花园。"

然而，"明知山有虎，偏向虎山行。""不入虎穴，焉得虎子？"鲁迅说得深刻："贪安稳就没有自由，要自由就总要经历些危险。"人类只有"经历些危险"，才能取得认识自然和改造自然的"自由权"。

雷电，本是一种普通的自然现象，但却曾被视为"神"。暴风雨之夜。当一道道闪电划破长空，雷声震耳欲聋时，未取得认识自然"自由权"的古人们只好认为"雷公电母"发怒了。

一年夏天，有一个人在屋前放风筝。风筝放得很高很高。观看的人都拍手称快。谁料，一会儿风云突变，雷声大作。说时迟，那时快，只见空中一道闪光。直逼人群。"轰隆"一声，放风筝的人应声而倒。这个人全身被烧得焦炭一般，房子也被打塌半截。观众们吓得魂飞魄散，一个个在胸前画着"十"字，争先恐后地散开了。事后议论纷纭，说这个人是得罪了天神，理该如此下场。

多亏有个不信邪不怕死的富兰克林。他仔细观察了雷击现场，坚信一定是某种自然规律在支配这种现象，决心揭开雷电的秘密。于是他进行了一系列的实验。

1752年7月，一个风雨交加的日子，他冒着生命危险进行了一次震惊世界的"捉天电"实验。

他自制了一只特殊的"风筝"。风筝用丝绸手帕做成，在其顶上装了一根小尖铁棒，并用麻绳系住风筝。而麻绳末端分成两支，一支系一片铜钥匙，另一支接一段丝绳。风筝放到天空后，富兰克林握着丝绳，站在屋檐下观察，以免雨水淋湿丝绳。

起先，他看不到什么异常现象。待到大雨倾盆，当雷暴云来到风筝上空时，由于风筝有铁丝，立即从云中吸取了雷电。加上牵引麻绳已全湿透，因而雷电直传到钥匙上。这时，富兰克林发现，绳索上原先松散的纤维全向四周竖立起来，与实验室中使毛皮带电的情况完全一样。当他用手指靠近钥匙时，火花立刻向手上扑来。富兰克林感到一阵麻木，被弹倒在地上……

这就是电！这种火花就是电！"天电""捉"到了，雷电之谜揭开了……

在今天的人们看来，富兰克林的这个实验实在是太简单了。然而在当时，富兰克林却冒了多大的风险啊！雷电随时都有可能夺去他的生命！俄罗斯的科学家利赫曼教授就是为了探索雷电秘密而死于雷电的！但没有富兰克林这样的探险勇气和无畏胆魄，谁又敢去与"天公"斗法呢？人类又怎能取得驯服雷电的"自由权"呢？

外国有一则谚语说："一个人失去了金钱并不可怕，还可以挣；一个人失去了朋友，当然可悲；而一个人若失去了勇气，便一切都完了。"生活上如此，科学上更是如此。怯懦与科学无缘。科学是勇者的事业。

"科学是使人的精神变得勇敢的最好途径。"——这是布鲁诺的话。

七次量衣一次裁

——严谨之风

报纸上曾刊载这样一则消息：乌鲁木齐一家企业为改善产品形象，不惜血本改换装潢，投入巨资生产了一大批新的包装袋。这批包装袋从设计到制作各个环节"一路顺风"，只是到了用它包装过不知多少产品之后，才有人发现了一个令人哭笑不得的"小"问题——包装袋上"乌鲁木齐"的"乌"字多了一"点"，被印成"鸟"字！结果，巨批量的包装袋全部作废，大把的钞票付之东流……

代价多么沉重的一"点"之差啊！

一"点"之差，假如出在银行营业员的账务中，就可能给国家造成难以挽回的损失。

一"点"之差，假如出在医生的处方中，就可能断送一个人的生命。

一"点"之差，假如出在科技工作中，就可能导致人造卫星偏离轨道。航天飞机坠毁，核反应堆爆炸……

一"点"之差，常常酿成灾祸！

粗枝大叶，马虎从事，在生活中不行，在学习中不行，在工作中不行，在科学研究中更不行！

谁在生活中粗枝大叶，谁就会马虎度日；谁在学习中粗枝大叶，谁就会收获甚微；谁在工作中粗枝大叶，谁就会事业难成；谁在科学上粗枝大叶，谁就会使即将到手的科学发现失之交臂！

因此，伟大导师列宁指出："每一个想认真思考和独立领会"问题的人"都必须再三研究，反复探讨，从各方面思考，才能获得明白透彻的了解"。他还一再教导人们办事要认真，要"遵守'七次量衣一次裁'的原则"。

"七次量衣一次裁"的原则，体现的是严谨之风。

科技工作尤其需要特殊的严谨。

我国著名化学家卢嘉锡治学态度十分严谨细致，这与学生时代老师对他

的严格要求不无关系。他在回首往事时,讲过"一个小数点"的小故事:

"记得我在念书时,一次考试,有一道题全班只有我解出来了,只是答案中点错了一位小数点,老师一下扣了整题分数的三分之二,我心里很不高兴。后来,老师恳切地对我说:'不要看不起一个小数点,将来工作上如果也这么不小心地点错小数点,就可能使造起的房屋倒塌,架起的桥梁崩溃。'"

这件事给卢嘉锡留下不可磨灭的印象,时隔半个世纪,他依然记忆犹新。他说,作为一个科学工作者,"要有严谨的科学态度"。

严谨的科学态度,是科技工作者的重要品格之一。这种品格,往往也在一些科学家的日常生活中表现出来。

在"四人帮"横行的日子里,钱三强的夫人——著名核物理学家何泽慧,曾被发配到一所"五七干校"敲钟。久而久之,人们习惯于用她的钟声校准手表,因为它就像广播电台的报时信号一样准确。何泽慧是研究原子分裂的,常常以微秒——百万分之一秒为单位计算时间。一秒钟在她眼里已是不短的时间了。她以科学研究那样严肃细致的态度对待敲钟,不到最后一秒,绝不敲响。因此,人们说她敲的钟是"格林威治天文台的报时钟。"

何泽慧身处逆境,从事敲钟这种"简单劳动"。也能如此认真细致对待,科学家职业养成的严谨,确实令人肃然起敬。

《汉书·司马迁传》中说:"差以毫厘,谬以千里。"如今用科学的眼光来看,这句成语非常形象生动地说明了严谨的重要性。在科学上,稍一疏忽,差以毫厘,就会造成严重后果——"谬以千里"。正因为这样,从事科学研究,万万不可粗心大意!

有个"一尘障目"的事例,可以生动地说明,科技工作来不得半点马虎和疏忽。

那是1930年,科学家们从星空照片中发现了太阳系的第9颗行星——冥王星。这当然是天文学上的一大成果。不过,如果不是有那么一颗讨厌的灰尘,冥王星的发现将会提早20多年。

科学家们很早就认为海王星之外还在一颗行星在影响着它的运行轨道。他们进行了长期探索,并拍下许多星空照片。发现冥王星之后,科学家再回头查看过去的照片,发现早在20多年前的一张照片上,就已经拍下了冥王星。只不过当时在照片上冥王星的位置处恰好有一颗灰尘,因而难以辨认。

一颗灰尘竟然障住了科学家的眼睛,使一个重大发现失之交臂!这使我们不禁想起巴甫洛夫的告诫："科学工作必须细心、细心、再细心！"

科学技术需要精确。细致严谨者受人尊敬和称道，而草率和粗心的作风，既有碍科学技术事业，也有损科学家的个人形象和威信。

同是化学家的戴维和柏济力阿斯，就是鲜明的对照。

英国化学家戴维不论在演讲时还是在著作中，常常用"about"一词。在英语中，"about"有"大约"、"大概"、"差不多"之意。

对此，瑞典化学家柏济力阿斯曾一针见血予以批评：科学必须杜绝含糊其辞的"about!""正是这个词，使得这位颇负盛名的科学家测定的数据不准确！"

柏济力阿斯一向以实验数据精确而著称。人们总是这么说："这个数据是柏济力阿斯测定的，不会错！"他花费了毕生时间，精确地测定了两千多种化合物的百分比组成，测定了 45 种化学元素的原子量，对化学做出了很大贡献。由于他治学严谨，数据准确，可以正确地判断别人论文的是非，所以被人们誉为"科学家共和国的最高法官。"

戴维呢？虽然他在化学上的贡献是有目共睹的。但是，"about"害了他。他曾当众宣布，硫、磷、碳、氮等不是元素，他已把这些元素"分解"，证明它们是"化合物"！轻率、马虎，损害了戴维的威信和形象，损害了科学的严肃性。

现代科学技术的发展，对科学家的严谨作风提出了越来越高的要求。比如，用作半导体材料的锗，必须非常纯净，要求含锗量达 99.999999%～99.9999999%，也就是通常说的 8 个"9"至 9 个"9"的纯度。制造这样纯净的锗，所用的水是"超纯水"，进入车间的空气也要经过严格除尘处理，工作人员要戴白帽、换鞋，以防头发、鞋底上的灰尘飞扬……同样，航天飞机的上天，人造卫星的发射，核反应堆的建造等，也都是极其精细的工程。因此，在科学技术一日千里的今天，更需要倡导严谨的科学态度和科学作风。

"马大哈"是不允许进入科学殿堂的大门的。

试玉要烧三日满

——求实之诚

先讲一昔一今、一外一中两个看似互不相干,实则意蕴相通的故事。

第一个故事说的是达尔文。

1831年,22岁的达尔文乘上贝格尔舰开始了环球旅行,经过5年的艰苦考察,获得了大量的第一手材料。1842年,他写出了一份35页的关于物种起源的研究提纲,1844年又扩充为331页,其中,已经包括了后来出版的《物种起源》一书的主要内容。为了慎重,达尔文仍然勤奋地收集材料,认真地研究,迟迟不发表自己的著作。他的两位朋友——英国地质学家赖尔和植物学家胡克,都为此事着急。

一天赖尔诚恳地对达尔文说:"查理,我向您提出忠告,""对人类起源的问题,无论如何,您要谨慎一些才好。同时,我也衷心地希望您尽快地把您的理论发表出去。否则,将来会有人跑在您前面的!"胡克更明确地说:"亲爱的查理,您至少应该考虑怎样确立自己的优先权。"

是啊。优先权很重要,它是科学发现、技术发明的重要标志,失去优先权就失去了科学发现和技术发明的依据,同时,也失去了名誉等许多个人利益。然而,达尔文想的却不是这些。达尔文对赖尔和胡克说:"谢谢你们的关照。不过,依我看,为了寻求名字的优先权就匆匆发表自己不成熟的著作,那是很卑鄙的。"在达尔文看来,科学是严谨的,每一个论点都要摆出充分的论据。因此,达尔文情愿失去优先权,也不发表不成熟的作品而去沽名钓誉。

第二个故事说的是华罗庚和王元。

1980年,一条不平常的消息,成为中国科学院的新闻:

这年9月,中国科学院数学研究所学术委员会一致向中国科学院推荐《数论在近似分析中的应用》,作为中华人民共和国自然科学奖的候选项目。该数学专著是著名数学家华罗庚和王元20年心血的结晶,出版后在学术界获得很高评价。

然而，出人意料——两位作者郑重要求撤回这一获奖候选项目！

为什么呢？

华罗庚主张："慢评价。"

王元则在给中国科学院领导的信中写道："自然科学奖获奖项目要经过时间考验，从严掌握，不能只凭报纸上的一则消息、某一名人或外国人的一封信或一篇文章就轻率地做出结论。"成果应接受时间和实践的充分检验。

这两个故事，时间相隔一个多世纪，地域相隔万里之遥，一个甘愿"慢发表"，一个坚持"慢评价"。通过这个"慢"字，我们看到了不同时代、不同国度的科学家共同对科学的满腔赤诚。

这种赤诚，乃求实之诚。

诗云："试玉要烧三日满，辩才须待七年期。"而科学上的"试玉"和"辩才"，更需要时间和实践的考验。科学探索和科学发现是一个过程，科学真理的检验更是一个历史过程。有的科学学说、理论和发现，在提出之初往往不为人们所理解和承认，往往要被埋没相当长时间之后才光芒四射；相反，也有的理论虽属谬误，但问世之初却被人们认为是"真理"而大行其道，同样需要经过时间和实践的检验，才能予以否定和抛弃。也就是说，在科学上认识和评判新理论、新见解、新发现，并非一朝一夕、一蹴而就的事情。

这就要求科学家，必须有求实之心，求实之诚。

"知之为知之，不知为不知。"是最基本的求实精神。李时珍在撰写《本草纲目》时，对于没有弄清楚的地方，就实事求是地写在书上。据说唐代有一本书中记载：外国有一种"食蛇鼠"，尖嘴红尾，能吃毒蛇。人若被蛇咬伤，只要用这种鼠的尿抹上，就能治好。李时珍想方设法找这种鼠，但始终没有找到。于是他在书上毫不隐讳地说明：这种鼠只是听说，没有见到；是否真有，只好留待后人研究。这是科技工作者应有的诚实。贝弗里奇曾这样忠告科技人员："这里提醒大家注意，不要轻易发表未得明确结论的研究工作，特别是不要轻易做出未由实验结果或观察到的现象充分证明的解释。白纸上的黑字将永存于文献之中，发表的论文如果日后证明错误，将有损作者的科学声誉。一般说来，一个安全的方法是：忠实记录所得的结果，谨慎地提出对结果的解释，严格区分事实与解释。过早地发表不能证实的工作，曾经损害了一些很有前途的科学家的名誉。"

求实，是科学态度和科学精神的重要内核，也是科技工作者必不可少的品格。

　　勇于坚持真理是一种求实。1862年，俄国生理学家谢切诺夫通过对青蛙的解剖实验，发表了《蛙脑对脊髓神经的抑制》等文章，并出版了《脑的反射》一书，为高级神经活动学说奠定了科学基础。可是，倒行逆施的沙俄政府竟然把宣传科学真理看作一种罪过，把谢切诺夫逮捕起来，对他进行审讯。在法庭上，法官说："被告，你可以给自己找个辩护证人。"在淫威面前，谢切诺夫神色自若，毫不畏惧，拒绝表示任何"悔过"，说出了一句落地有声的话："青蛙将为我作证！"其求实的凛然正气，溢于言表。是的，科学只尊重事实，而不会屈服于任何压力。铁幕掩盖不住真理之光。

　　勇于修正和摒弃自己的错误，也是一种求实。1843年，一位朋友向恩格斯说："在澳洲发现了一种奇特的动物——鸭嘴兽，它虽然是哺乳动物，可是却用卵来繁殖后代。"恩格斯听了却哈哈大笑："鸭嘴兽既然生蛋，就一定不是哺乳动物，因为哺乳动物都是胎生的。"实际上，鸭嘴兽是一种比较原始的哺乳动物，它是从爬行动物进化来的，还保留着一些爬行动物的特征。它虽然下蛋，可身上长着的密密绒毛，不是鸟类的羽毛；从蛋里孵出来的小鸭嘴兽，是靠妈妈的奶汁长大的。这两点正是鸭嘴兽属哺乳动物的基本特征。恩格斯不仅是一位伟大的政治家，而且是一位知识渊博和富有求实精神的自然科学家。不久，他便知道自己错了。他给那位朋友写了一封信，坦率地承认了自己的错误，并说要向鸭嘴兽道歉，请鸭嘴兽原谅自己的傲慢和无知。

　　作为科学家，公开抛弃自己长期坚持的学术观点，有时是不无痛苦的。但正如英国医学家哈维所说："假如为了真理和无可怀疑的证据而需要改变自己过去的看法，就应该这么做而不必害怕这种改变。"许多求实至诚的科学家，在新的认识、发现和事实面前，都能勇于自我否定而坦然无悔。地质学家赖尔在研究地质现象的时候，曾对珊瑚礁的形成问题，提出了"火山口上升"理论，并用它解释过许多地质现象。达尔文在"贝格尔"舰上考察的时候，也研究了珊瑚礁的形成问题。后来根据考察的资料，写成一篇论文。按照达尔文的观点，珊瑚礁不是由于火山口上升才造成的，而是海底下降，把珊瑚虫带到海洋深处形成的。这种观点同赖尔的理论是完全对立的。赖尔看过达尔文的论文后，好些天都在思考着珊瑚礁的形成问题。赖尔的求实态度可以从他给赫胥耳的信中看出来。信中说："关于达尔文的珊瑚礁形成的新理论，我有很多话要说。我已经敦促休厄尔去请达尔文在我们下一次会议上宣读他的论文。我必须放弃我那个'火山口上升'的理论。但是最初这样想的时候，我感到了痛苦，因为我用那个理论解释过许多别的地质现象……现在看来，其实同'火山口上升'没有什么关系，达尔文的理论是完全正确的。"最能体现赖尔求实之诚的地方，还在于他晚年心服口服地公开放弃了他坚持了几十年的"物种不变论"信念。并在其经典著作《地质学原理》第10版中公开修正自己的错误观念。这一点对赖尔来说是非常不容易的。达尔文对此称赞不已："在一个问题的一个方面，他已经保持了30年的导师地位，以后经过思考又把它放弃了，我怀疑科学史上是否有过类似这样的事情。"

"我能想象到的人的最高尚行为，除了传播真理外，就是公开放弃错误。"这是利斯特的名言。"传播真理"与"公开放弃错误"，都是求实之举。

求实，就应"不唯书，不唯上，只唯实。"而在具有师承关系时，还应有一个"不唯"——"不唯师"！

19世纪末，荷兰医学家哈林发表论文，宣称发现了"脚气病病原菌"。事也凑巧，日本医学家北里的恩师绪方教授也发表有关"脚气病病原菌"的文章。然而，北里并不"师云亦云"。他经过深入研究，终于得出相反的结论——脚气病并不是病原菌引起的！要不要指出恩师在学术上的错误呢？这是摆在北里面前的一道难题。在科学上只有诚实，而不能有半点温情。北里坚持实事求是的科学态度，写论文反驳了他们的错误观点。当时有人说闲话："绪方是北里的启蒙老师，连恩师都敢羞辱，真是岂有此理！"面对这些闲话，北里不予理睬。他认为，科学是严肃的，医学更是关系到人类生命的至关重要的科学，绝不能因为绪方是自己的恩师就不指出其学术上的错误。因此北里一直坚持自己的正确观点。

事隔多年，在祝贺绪方执教25周年的大会上，北里被推为代表致辞。他旧事重提，说道："反对自己的恩师当然是十分难受的。但是，科学家的任务就是要追求真理。我所反对的只是恩师学术上的错误，我是问心无愧的。如果要说忘恩负义的话，明知错了也不指出，这才是真正的忘恩负义。这一点，我相信绪方老师比谁都理解我。"

何谓"吾爱吾师，吾更爱真理"？北里作了最好的回答。

苏联地质学家奥布鲁切夫说："我们需要真理，仅仅只需要真理。千万不可设法逢迎朋友，迁就师长，不得罪别人。纵然这样做你可能找到宁静平安，但绝不会有任何根本的益处。"科学家不仅在他们的言论中，而且在他们的行动中，充分体现了这种唯实、求实的精神。

科学是求实的学问，来不得半点虚假，容不得凑合将就，更不能投机取巧。假如说步入科学之门需要"通行证"的话，那这"通行证"就是——求实之心！

举重若轻见功底
——基础之砖

科技工作需要"硬件"——仪器、设备等物质基础。

科技工作更需要"软件"——理论、学问等知识基础。

有人认为,科学家们从事科学研究活动,靠的全是一些"高、精、尖"的玩意儿——仪器是"尖端仪器",理论是"尖端理论";至于中学里的基础知识学得好不好,记得牢不牢不要紧,反正派不上用场。

这是一种误解。对于科技人才来说,基础打得扎实牢固,是十分必要的。因为,任何"尖端仪器"都是诸多常规仪器的配合,任何"尖端理论",都必须建立在基础理论之上。

南方有个青年发明家,几年来频频获得专利。记者去采访他,问:"在您的发明创造活动中,什么知识最有用?"得到的答复是:"中学里学的知识最有用,比如欧姆定律。"

这位青年发明家的回答出乎"意料之外",细想却又在"情理之中"。欧姆定律是电学乃至物理学基础的一块重要"砖头"。每一块知识之"砖"都打得坚坚实实且善于活用知识的人,往往能在科学活动中举重若轻,出奇制胜。

有两个真实的科学故事,很值得介绍给中学生朋友。

故事之一:伯努利定理破疑案。

1905年冬,在莫斯科至西伯利亚的铁路线上的鄂洛多克车站,38名铁路职工身着盛装,手捧花束,列队站在铁路两旁,欢迎路过此地的哥萨克将军。

随着一声汽笛,将军乘坐的专列到来了,可是,列车并没有像人们期望的那样慢行进站,而是按原速呼啸着冲进夹道欢迎的"人巷"。

就在这一刹那间,好像有一股突如其来的魔力,在所有夹道欢迎的人们背后猛推一下,38位职员一同向前倾倒……惨案发生了:34人丧生,4人残废。

惨案过后,死难者家属及社会舆论强烈要求查明事故,严惩肇事者。可是调查结果令人困惑：列车司机没有违章，车站人员又全属受害者，去哪里找肇事的罪犯呢？

后来，法院官员在判决书上批了这么一句话："每个人都是上帝的绵羊，迟早要回到上帝跟前！"这个疑团未解的案子就这样作为悬案被挂搁起来。

再后来，一位科学家却用中学学过的伯努利原理轻而易举地"侦破"了上述疑案——：

你注意过小沟里的水流吗？水在较宽的地方流得较慢，可是它对沟壁的压力却较大；而当水流到较窄的地方，水流的速度就加快，而这时对沟壁的压力就会减小。伯努利原理概括许许多多这样的现象，它指出：流体（包括液体和气体）在同一直线上流动时，速度越大，压力就越小；反之，速度越小，压力就越大。根据这个原理，上述案件就真相大白了：

列车惨案之所以发生，是由于列车快速经过车站时，带动周围的空气流动；离列车越近处，空气流速越大，离列车越远处，空气流速越小。而夹道欢迎的"人墙"则把周围的空气分割成两部分。由伯努利原理可知，"人墙"前面，靠近列车的空气流速很大，对人压力小；而"人墙"背后的空气流速很小，就有一个很大的指向列车的压力。据计算，这两个压力之差可达几十千克乃至上百千克力，正是这股"魔力"把人们推向列车，造成惨案。如今，为安全起见，所有火车站的站台上都有一道白色安全线，当列车进站或出发时，任何人不得越线，就是这个道理。

故事之二：费米巧测冲击波。

1945年7月16日清晨，美国第一颗原子弹在新墨西哥州的试验场爆炸。巨响震天动地，云烟腾空而起，冲击波掀起狂飙。50秒钟后，只见一个人箭般地冲出掩体，扬手撒出一把碎纸片，不一会儿，他就当众宣布：原子弹的威力相当于20000吨TNT炸药。

这个人，就是举世闻名的物理学家费米。

费米被人称为"原子弹之父"。他1940年参加原子弹的研制工作，是美国制造原子弹秘密工程——曼哈顿工程的核心科学家。试爆那天，曼哈顿工程当局调动大批科技人员，在试验场周围安装了许多复杂的设备和装置，准备测量第一颗原子弹爆炸产生的冲击波，从而计算其威力。谁知道，费米仅用一把碎纸片，几分钟就算出了结果。当时，在场的科学家们不知其中奥妙，对费米得出的结论表示怀疑。可是，两小时后，仪器测量报来的结果，竟然与费米的计算相符！这使在场的人不胜惊讶。

费米用什么诀窍如此神速地完成这个复杂的测量和计算呢？

说来难以置信，他运用的竟然是中学物理中"平抛运动"的知识。

原来，费米撒出的碎纸片被原子弹的冲击波一吹，就成了一种平抛运动。费米根据碎纸片离手时的高度，再用脚步测量出纸片被吹开的水平距离，立即知道了纸片的水平初速度。这个初速度就是冲击波到达该地的速度。然后，通过波动方程估算波源处的振幅和强度，就可迅速推知原子弹爆炸的威力。

这两个科学故事说明的是同一个道理：基础知识，似乎浅显无奇，但却无处不用。

俗话说："万丈高楼平地起"。对科学知识的追求和积累当然也是如此。举凡有杰出成就的科学家，无不具有扎实过硬的基本功。"天下大事，必作于细。合抱之木，生于毫末。九层之台，起于垒土。千里之行，始于足下。"道理甚为浅显，不赘。

见微知著眺万里

——观察之功

伟大的俄国生理学家巴甫洛夫对青年科学工作者的忠告是:"观察、观察、再观察。"这几个字赫然醒目地铭刻在其实验室的墙壁上。他还经常告诫助手们:"不会观察的人。即使有眼睛,也和盲人一样,看不到身边出现的奇迹。"

这实在是真知灼见。观察是认识世界、发现自然奥秘、获得科学知识的大门。只有通过这道大门,才能登堂入室,探索新知。可以说,自然科学发端于观察。

被誉为"抗菌素之父"的弗莱明,一生是在"观察"中度过的。1928年9月,由于他的长期观察和精心研究,青霉素终于在细菌中培养成功。人们纷纷传说:植物菌的孢子,有一天突然从窗口吹进了弗莱明的实验室,正好落在培养葡萄球菌的盆子里。这绿色的霉菌开始生长并吃掉周围的细菌,于是抗菌素的伟大时代开始了……弗莱明听后纠正说:"孢子的来源当然很难说,但是细菌学家没有工作时开窗户的习惯。""孢子也不会站在盆子里,等着告诉你:'喂,我是抗菌素。'我只是看到了一个现象,估计到它的重要性,对它进行观察。伟大说不上,我只是一个好的观察者。"

法国著名的昆虫学家法布尔观察昆虫,简直到了入迷的境地。为了观察昆虫的生活,他在野外可以纹丝不动地伏在地上,从太阳上山一直观察到太阳下山。有一次,有几个村妇早上去摘葡萄,看见他躺在路上,睁大眼望着一块石头;到黄昏时,村妇们收工回家,看见法布尔仍躺在那儿。他为了捕捉一只昆虫,常常跟着昆虫跳来蹦去,为了不碰坏昆虫的一条腿,他甚至不小心摔了一跤,差点跌断了腿骨。他观察雄蚕蛾如何向雌蚕蛾"求婚"的过程,花了整整三年时间。当正要取得成果的时候,雌蚕蛾"新娘"不巧被一只小螳螂吞食了。法布尔不泄气,从头再来,又整整观察了三年,才得到结果。达尔文曾赞誉法布尔是"举世无双的观察家"。

德国物理学家伦琴发现 X 射线，英国医生琴纳发明种牛痘预防天花，俄国生理学家巴甫洛夫创立条件反射学说，英国化学家道尔顿创立原子论，马克思揭露了剩余价值奥秘……这一切，无一不是深入细致观察的结果。

进化论的确立者达尔文认为，他自己不是什么天才，没有过人的机智，他的成就全凭对自然现象深入细致地、长期系统地观察。

确实如此，观察在人类实践活动的各个领域，都有非常重大的作用。没有周密的、精确的、系统的观察，人们将一事无成。

观察使人变得聪明，使人开阔视野。正是宏观宇宙，微可察秋毫，或是通过感官的直接观察，或是借助于仪器观察，都能获得符合客观实际的结果。心理学家认为，观察力实际上是人的智力结构中最基本的一种能力。

一个好的观察者，往往能通过对身边事物的悉心观察，从人们司空见惯习以为常的现象中，作出独特的发现。《由于无事可做》这篇重要科学论文的诞生，就是一个很好的例子。

一百多年前，莫斯科大学动物学家鲁利耶因病在家休息。一天，他闲坐在窗前，望着窗外的风景消遣着时光。窗外走过一群马，他的目光渐渐被一些马所吸引了。因为他发现了一个以前并未注意到的现象：马群中白脚的马特别多，而且黑马的后脚差不多都是白色的。他突然闪过一个念头；马身上的白斑或许有什么秘密。

于是，这个由于无事可做而发现的情况，促使鲁利耶教授观察了许许多多的马，结果发现马的前额、背部和尾巴出现的白斑最多，他把这些部位叫"易变区"。

接着，鲁利耶又观察了白斑在狗和猫身上的分布情况，发现白斑在它们的身上也有一定的分布规律：猫的四足常是白色的，而狗的"白颈圈"和"白袜子"是最多的。

鲁利耶还想：如果从鸟身上拔下一根羽毛，那么以后在这个地方会长出白毛来，马背放鞍褥的地方，系肚带的地方，最常出现白斑，显然这是毛被擦掉后再长出来的。

这样，鲁利耶得出一个有趣的结论：家畜的深色毛区出现白斑与它的生活条件有关。马颈轭使马的肩胛和躯干前部出现白斑，狗的颈圈使狗的颈毛变白，马、狗、猫的脚往往是白色的，是因为它们的脚常常与石头、矮树摩擦的缘故。这说明，生活的条件、环境与动物的毛色有直接的关系。这条生物遗传的基本定律的新发现在鲁利耶的论文《由于无事可做》发表后，受到了生物学界的重视。

通过这个例子，我们不能不为科学家观察事物之细致、敏锐所叹服。"处处留心皆学问"。善观察者，能见人之所不见；不善观察者，如入宝山空手回。

许多青少年都很尊敬很崇拜发现大自然奥秘的科学家。其实，发现真理的机会常常也在你身边，就看你有没有一双善于观察的眼睛，有没有一个善于思考的头脑，有没有一种"见微知著眺万里"的敏锐。

就拿洗澡来说，本是一件非常普通的事情。洗完澡，把浴缸的塞子一拔，水哗哗地流走，谁也不会去注意它。然而，美国麻省理工学院机械工程系的系主任谢皮罗教授，却敏锐地注意到：每次放洗澡水时，水的漩涡总是向左旋的，也就是逆时针的！

谢皮罗抓住这个现象不放。他设计了一个碟形器，里面灌满水，每当拔掉碟底的塞子，碟里的水也总是形成逆时针旋转的漩涡。这证明放洗澡水时漩涡朝左，并非偶然，而是有规律的。1962年，谢皮罗发表论文，认为这漩涡与地球自转有关。如果地球停止自转的话，拔掉澡盆的塞子，水下会产生漩涡。由于地球是自西向东不停地旋转，而美国又处于北半球，所以洗澡水总是朝逆时针方向旋转。

谢皮罗由此推导出，北半球的台风，同样是朝逆时针方向旋转的，其道理与洗澡水的漩涡是一样的。他断言，如果在南半球，则恰好相反，洗澡水将按顺时针形成漩涡；在赤道，则不会形成漩涡。

谢皮罗的论文发表之后，引起各国科学家莫大兴趣，纷纷在各地进行实验，结果证明谢皮罗的论断完全正确。

这堪称"见微知著"最好的注脚了！

科学研究离不开观察，但并非任何随便的观察都能在科学上产生作用。没有观察的目的，不懂得观察的方法，这样的观察很难有所发现。因此，我们要学会"有效观察"。有目的、有计划地进行观察，在观察过程中收集大量资料，加以整理，去粗存精，去伪存真，然后分析综合，抽象概括，将感性认识上升到理性认识，这是"有效观察"的重要措施。

观察是一种细致艰苦的劳动；而且，大凡导致重大发现的观察，大都不是一朝一夕或一劳永逸之功。为了探索大自然的秘密，跟踪观察，穷追不放，花上几年、几十年乃至毕生精力的例子，在科学史上可以信手拈来。德国的亨利·施瓦伯，一生中用了40多年时间观察太阳黑子。最初，他认为太阳与水星之间，应当有一颗行星。抱着这个设想，他用小望远镜对太阳连续观察5年之久，并认真记录下观察结果。但他除了在日面上发现太阳黑子外，其他什么也没有发现。他毫不气馁，继续寻找这颗行星。又观察了22个年头。他系统地总结观察资料，虽然没有找到那颗行星，却发现了太阳黑子的多与少，存在着11年的周期。他将此发现写了一篇论文。大约过了8年，他的这一重大发现，才得到天文学家的承认与重视，并轰动了世界天文学界。1857年他获得了英国皇家天文协会的金质奖章。

还必须指出的是：观察有赖于理论。我们在观察事物时，不仅用眼睛看，用耳朵听，用手去触摸，用鼻子去闻，用舌头去尝，而更重要的还得用大脑去思考。因此，有人又把观察称为"思维的知觉"。一般说来，一个人在某个领域内的理论基础越厚实，学识经验越丰富，就越有可能观察发现隐蔽的异常现象。

这是一个带有传奇色彩的科学故事：

有一天，俄国地质学家瓦尔霍夫到画家丘罗夫家中做客的时候，被墙上挂着的一幅画家自己几年前的一幅野外写生画而迷住了：光秃秃的圆锥形的山峰临湖耸立，山顶是白色的；但山脚与湖面却闪着蓝色，湖面上飘荡着团团的雾气；而山石在远眺时又显出红色。

地质学家心里犯疑，问："这幅画的景色是真的吗？"画家答："这是长顿山脉附近的实地写生画。"画家进而解释这幅画的来历："传说这个地方似乎有什么魔鬼，无人敢去涉足。我出于好奇，那天也冒险走入这个危险区。果真还没走到湖边就恶心难忍，流涎不止。湖边寸草不生，更无鸟叫虫鸣。在胸闷头晕几乎窒息的情况下，我草草画了这幅画，回家后病了四年之久！"

地质学家以他特有的眼光又对这幅画审视了许久，最后产生了一个设想：那红色的山石可能是硫化汞矿石，高热下它可以分解为高质汞（水银），山脚的湖必是一个水银湖，那湖上蓝色的雾气可能是汞蒸气。

为了证实自己的判断，地质学家带上防毒面具和助手，亲临实地考察。果然，一切都如他原来推测的一样，危险区的谜终于揭开了：这里没有魔鬼，有的却是一个罕见的水银湖！

读者可能会问：为什么瓦尔霍夫有这样好的眼力？仔细"观察"过此画

的肯定不止他一个人，为什么只有他才从赏画中获得了地质学上重大发现的线索呢？

这就是理论学识水平的差别。

地质学家是从地质学的角度去审视这幅写生画的。他看到这幅画与人们常见的景物不一样，从而便产生一个疑问：是什么样的特殊的地质构造才能产生这种奇特的景象呢？于是他便用地质学的理论进行判断和推理，最后得出可能是水银在作怪的设想。如果是一位没有地质学知识的人，则绝不会看出画外音，说不定还会埋怨画家放着那么多郁郁葱葱的好风光不去画，为什么去画这个荒凉的不毛之地呢。

"内行看门道，外行看热闹。"在观看足球比赛时，有人评论得头头是道，有人只能注意球是否进了球门，还不时向别人询问"越位是怎么回事"之类的问题呢！观察也情同此理。人们在从事科学观察活动的时候，实际上都自觉或不自觉地戴上了一副由他们自身理论学识水准所决定的"眼镜"。"眼镜"不同，对同一事实的观察收获就大异其趣。

巴甫洛夫教导青年科学家说："应当学会观察、观察。不学会观察，你就永远当不了科学家。"而要真正学会观察，除了必须掌握一系列的具体方法外，还必须不断提高观察者的理论水平和知识水平。只有用先进的科学理论指导下的观察，才能做出科学的新发现。

情景一失永难攀

——机遇之巧

日常生活中的"巧事",人人都有机会碰到。文艺作品中的"巧事"就更多了。因此,有"无巧不成书"之说。

在科学研究中,也时有"巧事"发生。有的人正是及时抓住"巧事"出现的机遇,下足工夫细琢磨,穷追不舍探因由,从而作出重大发现或发明的。

1903年的一天,法国化学家别奈迪克在实验室整理仪器时,不小心把一只玻璃烧瓶跌落在地上了。他生怕玻璃烧瓶里的药水撒到地上,便连忙伸手拾起这只瓶子。这种脆薄的玻璃烧瓶掉到地上理当摔得粉碎,可是奇怪,这只烧瓶虽然布满了裂纹,却没有一片碎片,瓶中的水也没有一滴漏出来。整个瓶子还是原来那个样子。

这件事要是遇上别人,很可能把摔裂的破瓶子扔进垃圾箱了事。可是,别奈迪克却认为这件事很不一般。他仔细地看了看地上这只已经摔裂的破瓶,又看了看瓶上的那个药名标签,陷入深思。

因为当时很忙,来不及细作研究,他便把烧瓶暂时放在一边,在烧瓶上贴一张小纸条,上面写道:"1903年11月,这只烧瓶从3米半高的地方摔下来,拾起来就是这个样子。"

几年过去了,一天,别奈迪克在报纸上读到一则新闻:一辆汽车发生事故,车窗的碎玻璃把司机和乘客划伤了。这时,他的脑海里立即浮现出前几年实验室里摔裂烧瓶的情景。他想:那只烧瓶摔地以后为什么不碎呢?如果在汽车的窗子上装这种不碎的玻璃该多好啊!

别奈迪克被自己这个奇妙的设想深深吸引住了。他一口气跑到实验室,找出几年前那只贴有字条的烧瓶。经过研究,他终于发现了瓶子摔而不碎的秘密:原来,那只烧瓶曾经装硝酸纤维溶液,溶液挥发后,瓶壁上留下了一层坚韧而透明的薄膜,牢牢地粘在瓶子上,所以,当它摔到地上时,只是震出裂纹而不破碎，也就没有碎片飞散出来。

这意外的发现像一把钥匙，一下打开了别奈迪克敏捷的思路。他连夜调配试剂，在两层玻璃之间夹上一层透明的硝酸纤维素，使它们牢牢粘合在一起。经过反复试验，一种防震安全玻璃诞生了。

无独有偶，威尔逊发明"云雾室"的初衷也萌发得很"巧"。

那是1894年，当时威尔逊还是一位25岁的研究生。有一次，他到苏格兰的边·尼维斯天文台去了几个星期，威尔逊在那里看到阳光射到围绕山顶的云雾中，呈现出十分奇妙的光学现象。这本来是一种常见的自然景象，它只是给旅游者带来心旷神怡的感受，很少有人去认真地观察和思索云雾中的种种奥秘。可是威尔逊却是一位科学上的有心人，他通过观察提出了问题：云雾是怎样形成的？能不能在实验室里模拟大自然的瑰丽景象呢？于是，威尔逊开始了人工云雾的研究工作。

当时，人们已经知道，在空气的湿度很大时，如果气温骤然下降，空气中的水蒸气就会凝聚成许多小水珠。威尔逊通过仔细观察认识到，要形成云雾，除了温度下降到一定程度之外，还必须有大量尘埃充当凝结的中心。

那么，在人工云雾室中可以用什么东西充当凝结的中心物呢？这时，物理学家赫姆霍兹以前的发现浮现在威尔逊的脑海中。赫姆霍兹曾经发现，电荷在一股蒸气喷射流中会强烈地密集起来。威尔逊顺着这条思路深入地探索下去，通过反复实验，终于得出了一个重要结论：不只是尘埃，任何带电荷的原子或离子都可以成为凝结的中心，而使水蒸气凝结。

后来，威尔逊利用带电的粒子流——X射线和贝克勒尔射线充当凝结中心，成功地形成了人工云雾，并设计发明了以他的名字命名的"威尔逊云雾室"。

这种云雾室给研究原子核物理学的人们帮了大忙。借助它可以观察微小粒子的行踪，并且根据径迹的长短、浓淡、方向及所含雾滴的数目，来推断粒子的性质，为人们研究粒子运动提供了一种有效的手段。

发明云雾室的贡献使威尔逊获得了1927年诺贝尔物理学奖。这恐怕是他在尼维斯天文台欣赏自然云雾的美景时所始料未及的吧！

人们往往把这种因"巧事"的诱发而作出的发现或发明称为"偶然发现"，而把导致"偶然发现"的"巧事"称之为"机遇"。

机遇和偶然发现，确是科研活动中的一种重要现象。科学史上可以列举的例子很多很多：

美国发明家固特异在实验中不小心让橡胶和硫磺的混合物偶然跌落，意外地发明了橡胶加工的硫化技术；

意大利生理学家伽伐尼在解剖青蛙的实验过程中，偶然从蛙腿与金属环接触时的痉挛现象中发现了生物电；

伦琴在重复阴极射线实验中，偶然发现了 X 射线；

贝克勒尔从抽屉里几张照片底片的曝光，发现了铀的天然放射性……

带来偶然发现的机遇当然是很可贵的。也许你在实验上花费了大量的时间和精力而毫无结果时，一次机遇导致的偶然发现却能带来巨大的收获，真可谓"踏破铁鞋无觅处，得来全不费工夫。"

然而，假如认为作出偶然发现靠的是"运气好"，那就错了。机遇——"巧事"——偶然现象是每个科技工作者在科研活动中都可能碰到的。所不同的是，有的人及时把它们捕捉住，并加以研究，找出了其背后所隐藏的真谛而作出发现或发明；有的人却把它们轻轻放过去，失之交臂。就拿发现铀的天然放射性的机遇来说吧，在贝克勒尔之前，也曾有一位研究人员把铀沥青矿和照相底片放在一起，不过，当他发现底片曝光了的时候，没有像贝克勒尔那样深究，而是轻易地得出个"两者不宜放到一起"的"结论"，就把机遇放过去了。再拿上面提到的例子来说，如果别奈迪克把那只裂而不碎的玻璃瓶一扔了事，机遇也就瞬息即逝了；"情景一失永难攀"，防震安全玻璃的诞生不知要推迟多少年哩！

善于及时捕捉机遇，要靠丰富的学识和敏锐的洞察力。当有人颂扬弗莱明发现青霉素的功绩时，他谦虚地说："这是从一次偶然的观察中发现的，我的唯一功劳是没有忽视观察。还有，我是作为细菌学者研究过这个问题。"如果弗莱明不是一个长期从事抗菌物质探索的细菌学家，很难设想他会对观察中发现的偶然现象那么如痴如醉。在 1945 年诺贝尔奖的授奖仪式上，评委曾对青霉素的发现过程作了介绍，其中提到弗莱明当时发现的青霉素产生和菌，经鉴定就是 1911 年查特·威斯特林在斯德哥尔摩大学博士论文中提到的"特异青霉"！为什么几十年前威斯特林鉴定了特异青霉而没有发现它的抗菌作用呢？理由很简单：威斯特林不是研究抗菌物质的，他的大脑中压根儿就没有"抗菌作用"的概念。因此，当机遇来叩门时，他却熟视无睹。

同样的道理，假若牛顿不是对天体力学具有丰富学识并进行过长期研究，即便有千百个苹果砸到他头上，也"砸"不出个万有引力定律来！

因此，只能说：机遇偏爱有准备的头脑。

"偶然发现"不偶然。偶然性长出的科学幼芽，植根于必然性的沃土之中。机遇是对思考、追求和辛劳的奖赏。只有让勤勉的汗水滴进实践的土壤，机遇的奇葩才会含苞吐艳。坐等机遇带来"偶然发现"，无异于守株待兔；即便侥幸天赐良缘，机遇迎面而来，也会"相逢乃是陌路人"！

电光一闪茅塞开

——灵感之妙

灵感，这个带有神奇色彩的字眼，是多么富有魅力啊！多少人为之神往，多少人为之兴奋，多少人为之感叹，多少人为之悲哀……

灵感意味着不同寻常，灵感意味着新的设想，灵感意味着突破……一句话——灵感意味着创造性思维！

崇高形象思维的艺术领域，时有灵感出没；崇尚理性思维的科学王国，也有灵感光顾。

1952年的一天，美国原子核物理学家格拉塞尔独自到一家小食店用餐。他暂时撇开"怎样探测高能粒子飞行轨迹"这个一直困惑着自己的难题，无事一身轻地品尝着啤酒。突然，啤酒杯里一串上升的气泡引起了他的注意，他饶有兴趣地观察着。等到气泡冒完后，格拉塞尔拈起几颗小小的鸡骨碎片，丢进啤酒杯里。只见鸡骨碎片在慢慢下沉的过程中，四周也不断冒出气泡。这一现象使格拉塞尔灵光一闪，茅塞顿开。他急急忙忙跑回实验室，用透明的液态氢代替啤酒，装入能耐高压的密封容器里进行实验。当带电粒子穿过液态氢时，所经过的路线出现了一串串气泡，从而清楚地显示出粒子飞行的轨迹来……一种探测高能粒子运动轨迹的新仪器——气泡室就这样诞生了！

1875年，贝尔和华特生在研制电话的过程中屡试屡败。怎样使电话发出声来？他俩冥思苦想，难以成寐。有一天傍晚，贝尔漫步在街头巷尾，偶尔听到悦耳优美的吉他声。这吉他声像流星在夜空中发出耀眼的闪光一样，启迪了他的灵感。贝尔脑海里涌起了新奇的联想：吉他的共鸣箱可以增强音响，能否将它移植到电话上制造一只助鸣箱呢？贝尔与华特生一起连夜给电话机赶制了一只助鸣箱，并架起电话线。凌晨，贝尔对着话筒喊道："华特生，听见了没有？""听见了！听见了！"这两位被人斥之为"想用电线说话的'狂人'"惊喜若狂地高呼："天啊！我们终于听见……"

1764年的一天，木工哈格里沃斯照例又为发明纺纱机的问题伤了一整天的脑筋，仍然毫无进展。傍晚，他疲倦地站了起来，打算暂时丢开这个恼人的问题去做点家务。可是，他一不小心，一脚将妻子的纺车给绊倒了。这时，一个现象竟使他看呆了：原来水平放置的纺锤（即纱锭）倒过来以后，变成垂直竖立的了，却依旧在那里转动！这使哈格里沃斯一下子豁然开朗：既然纺锤在垂直状态下仍能转动，我在纺纱机上并排垂直装上几个纺锤，不就可以一次纺出好几根纱来吗?！沿着这条思路，哈格里沃斯不久就成功地设计出新型的"珍妮纺纱机"，极大地提高了纺纱效率。

这就是科学研究中的灵感！

灵感与偶然发现不相同。偶然发现是指：人们在追踪某一既定目标的过程中，偶然碰到意料之外的、与既定目标无关或无直接关系的现象，便一手抓住不放，深研穷究而作出了重大发现或发明。灵感则不一样。它是指：人们在追踪某一既定目标的过程，在久攻不克的情况下，或忽然受到外界启示，或突发奇念，茅塞顿开，使问题迎刃而解，达到了既定的追踪目的。

简单地说：灵感就是一种突而其来的顿悟。

灵感在科学创造过程中占有特殊的地位。没有灵感的艺术家是平庸的艺术家；同样，一个与灵感绝缘的人，只配做一些按部就班的继承性工作，而不可能成为第一流的科学家。爱因斯坦宣称："我相信直觉和灵感。"物理学家玻恩也赞同地说："实验物理学的全部伟大发现都是来源于一些人的直觉和灵感。"

可以说，大凡杰出的科学家，几乎都曾得益于灵感！

请听他们对此如何津津乐道吧：

物理学家费米在回忆他怎样发现量子力学中的"费米统计"时说：一天，他和另一位物理学家一起舒坦地躺在寂静的草地上，手里握着一根系有套索的玻璃棒，准备捕捉壁虎，同时，他任凭思想自由地漫游。蓦地，从心灵深处出现了他长久以来一直在寻找的一个答案：一种气体中没有两个原子能够恰好用同样的速度运动。经过研究、验证，终于导致了"费米统计"的产生……

生物科学家梅契尼科夫曾这样叙述自己提出细胞吞噬作用的设想"一天，全家都去看马戏团几个大猩猩的特技表演，我独自在家用显微镜观察一只透明的鱼体中游走细胞的寿命。忽然，一个新念头闪过脑际。我突然想到，这一类细胞能起到保护有机体不受侵袭的作用。我感受到这一点意义十分重大，非常兴奋，在房中踱来踱去，甚至走到海边去整理思想"。

彭加勒讲道，在进行了一段时间紧张的数学研究以后，他到乡下去旅行，不再去想工作了。"我的脚刚刚踏上刹车板，突然想到一种设想……我用来定义富克斯函数的变换方法同非欧几何的变换方法是完全一样的"。又一次，在想不出一个问题时，他走到海边，然后，"想些完全不相干的事情。一天，在山岩上散步的时候，我突然想到，而且想得又是那样简洁、突然和直截了当，即不定三元二次型的算术变换和非欧几何的变换方法完全一样"。

数学家高斯谈到他解决一个求证数年的问题时说："终于在两天以前我成功了……像闪电一样，谜一下解开了。我自己也说不清楚是什么导线把我原先的知识和使我成功的东西连接了起来。"

为了探索灵感的奥秘，美国的普拉特和贝尔两位化学家曾用填写调查表的方式调查了许多化学家，下面是他们在1931年发表的调查材料中的两个段落：

"我摆脱了有关这个问题的一切思绪，快步走到街上，突然，在街上的一个地方——我至今还能指出这个地方———一个想法仿佛从天而降，来到脑中，其清晰明确犹如有一个声音在大声喊叫。"

"我决心放下工作，放下有关工作的一切思想。第二天，我在做一件性质完全不同的事情，好像电光一闪，突然在头脑中出现了一个思想，这就是解决的办法……简单到使我奇怪怎么先前竟然没有想到。"

科学家们的这些"现身说法"说明，灵感之妙，确有些妙不可言；灵感的降临，确属难能可贵；灵感看不见摸不着，来去无踪，却又是一种实实在在的科学创造力！

否认灵感的存在，或者把灵感神秘化，无限夸大它的作用，都不是辩证唯物主义的态度。

从本质上讲，灵感是一种特殊的思维现象，是人脑的一种机能，是人们认识过程中的一种质的飞跃，是智慧的一种特殊表现形态。

近年来，我国学者在探讨灵感思维方面做了不少工作。著名科学家钱学森认为，逻辑思维是线性的，形象思维是二维的，而灵感思维则是三维的。灵感不是什么神灵的感受，而是大脑有一部分潜意识对于摄入的信息在显意识之外进行加工处理。一个难解的问题，在这些潜意识经过一段时间的加工之后得到结果，然后再和显意识沟通，于是一下子茅塞顿开，豁然开朗。人的中枢神经系统可能是多层次的，有许多潜意识在脑的不同部分起作用，突然接通时，问题就解决了。

更通俗一些的解释是：

人们由于长时间地研究、思考某个问题，大脑中便会建立起许多暂时的联系，架起许多临时"电线"，把所有有关信息片段保存着、维系着，使思想处于"一触即发"的状态。一旦受到某种刺激——例如某一事物、某一情境、某篇文章、某个念头甚至旁人某句话的启发，就像打开"电钮"一样，全部"线路"突然贯通，立即大放光明，出现"柳暗花明又一村"……

可见，灵感不是从天而降的"天启"，而是大脑长期辛勤劳动的结晶。作曲家柴可夫斯基形象地说："灵感是这样一位客人，他从不拜访懒惰者。""灵感全然不是漂亮地挥着手，而是如健牛般竭尽全力工作之余的心理状态。"用爱迪生的话说，就是"百分之九十九的汗水"才能换来"百分之一的灵感"。

灵感的光临，看似偶然，其实也是"水到渠成"、"油然而生"的必然现象的曲折反应。许多科学家都这样认为："长期的研究工作就是为你准备灵感的到来。"如果把紧张的工作比作"十月怀胎"，灵感的到来就是"一朝分娩"。灵感的产生犹如瓜熟蒂落之势、画龙点睛之笔。

灵感作为一种思维现象和心理机能，当然是应该有规律可循的。从许多科学家、发明家的传奇故事中，我们多少可以窥测到灵感的一些规律。

灵感的出现往往要具备三个方面的条件：第一是要有丰富的知识作为基础；第二是要对某个问题进行艰苦的思索和追求，把获得的材料和已有的知识进行有意识的加工处理，苦苦寻求解决问题的方法；第三是暂时摆脱难题或烦恼的纠缠，将身心处于一种放松状态。因为自觉的思维在不断活动或过分疲劳时，会抑制潜意识思维传送信息。所以，许多科学家的灵感往往出现在散步、洗澡、做梦之中，如阿基米德在澡盆发现浮力定律，在睡意蒙眬中固特异发现硫化橡胶、凯库勒发现苯环结构，达尔文适者生存的观点产生于坐马车时，等等。灵感思维还有一个特点，就是犹如电光火石，瞬息即逝，所以必须马上捕捉下来。此外，灵感或直觉不一定是正确的，有了灵感之后，还要有一番艰苦的辨识、求证、充实的工夫。

近代学者王国维在他的《人间词话》中说，古今成大事业、大学问者，必定经历"昨夜西风凋碧树,独上高楼,望尽天涯路"、"衣带渐宽终不悔,为伊消得人憔悴"和"众里寻他千百度,蓦然回首,那人却在,灯火阑珊处。"三种境界。

是的,只有热爱事业,有坚实的知识基础,有敏锐的洞察力和遐思万里的想象力,又殚精竭虑,孜孜以求,才有机会张臂拥抱灵感,尽享创造的欢乐。没有"众里寻他千百度"的追求,即便"那人"已在"灯火阑珊处",也会是:"他含情脉脉送秋波,你却呆头呆脑不知意。"

童稚孩趣诚可贵

——好奇之心

"我没有特别的天赋，我只是有强烈的好奇心。"这是爱因斯坦的"自白"。

"好奇心是学者的第一美德。"这是居里夫人的论断。

"我们一定要培养学生的好奇心，要敢于提问题。"这是李政道的话。

"好奇心造就科学家和诗人。"这是法国作家法朗士的名言。

名家大师们为何如此推崇好奇心？

好奇心是科学家的重要品格。科学创造活动的显著特点是探索性。科学家的探索精神由三个要素构成：对自然现象和自然知识的好奇；对科学的热爱；对真理的追求。科学方法论专家贝弗里奇甚至把"难以满足的好奇心"视为科学研究人员最基本的秉性。

发明"挑战电脑"的"快速计算法"的史丰收，就是一个始终保持"难以满足的好奇心"的人。他碰到什么都要动脑筋想一想，经常提出一些谁也没有想到的"怪"问题，仿佛他的脑袋里藏有一只想象的"金翅鸟"。

当他在小学二年级学习乘、除法时，老师耐心地一遍又一遍地启发同学们进行演算，总是写满了一黑板。特别是碰到多位数乘以多位数的时候，既要列横式，又要列竖式，还要相加，程序很复杂。小丰收盯着列满习题和算式的作业本，脑瓜里的"金翅鸟"活跃了起来：这些庞大数字的听、读、写、看都是从左向右的顺序，而为什么偏偏在运算时却是从右向左一位位地相加、一位位地相乘呢？要是能够从左向右进行演算，将读、写、看、算统一起来，那该多好啊！

课堂上，小丰收举手发问："老师，您说算术能不能从高位算起呢？"算术从右向左依次运算，古今中外都是如此，至今已有好几千年的历史了。可贵的是：这位老师并没有被几千年的传统算法所束缚。他虽然没有对小丰收的问题作出肯定的回答，但热情地鼓励了小丰收的大胆设想。从此，小丰收钻研的劲头更大了。他立志要突破这种传统算法，创造出一种简易快速的算法。

从右向左演算烦琐呆板，不利于心算，但数字进位好解决；从左向右算简便灵活，便于心算，但数字进位不好解决。所以，进位成了主要矛盾。为了突破这一点，小丰收脑子里翻腾了一个多月。有一天，他偶然看到营业员在用二乘以五时，把算盘上的一个珠子进了一位。这使他茅塞顿开，受到极大的启发。他想，乘数是二时，被乘数大于或等于五，就要进一位，小于五就不用进位，这是乘数是二的时候的进位规律，如果把其他从1到9各个数做乘数时的进位规律都找了出来，从左到右进行心算和进位的矛盾不就好解决了吗？随后，小丰收通过多年反复琢磨和实践，终于找到了这些规律，并且用口诀的形式把它们表现出来，形成了一套"快速计算法"，使读、写、看、算得到了统一。多次测验证明，这种算法答数准确性高，运算速度快，明显地超过了袖珍电子计算器。

好奇心就是这样把一个爱思索的儿童带进了发明创造的科学之宫。

纵观科学发展史，几乎所有大科学家都具有超出常人的好奇心。

牛顿小时候对风车、水车都感到新奇。它们为什么会转动？牛顿左看右看一个劲地琢磨，终于自己动手做成了风车和水车的模型。瓦特小时侯看到新奇的东西都想拆开看看，以便回答他心中的"为什么"。"发明大王"爱迪生小时候曾把家里的钟表偷出来拆卸成一堆零件；曾捅过野蜂窝寻求里面的奥秘，结果被野蜂蜇得鼻青脸肿；曾学着母鸡蹲在鸡窝里孵小鸡……有一次，爱迪生看到鸟在天上飞，心想人能不能也飞上天呢？他从飞鸟想到气球，终于悟出一个"道理"：人体内如果充满气体，不就会升到天空像小鸟一样了吗？怎样才能在人体内充气呢？"发酵粉"具有这种效能。于是，"科学实验"开始了，他自己配制了一大剂发酵粉，找来比他大三四岁的伙伴米吉利，他让伙伴赶快喝药、充气、上天飞行。米吉利看着一大包发酵粉感到为难，爱迪生说："为着科学的缘故，你就吞下去吧！"米吉利终于被"科学"这个美好的词句打动了，他咬着牙把爱迪生配的药全部吞下肚子。一会儿，米吉利不但没有飞上天，反而因肚子痛得厉害倒在地上打滚。爱迪生被父亲打得乱跳，多亏请来了医生，用呕吐的办法抢救了米吉利，"科学实验"失败了。然而在这个可笑的"实验"中，蕴藏着多么强烈的好奇心和多么惊人的创造力！

好奇，总是与求知欲联系在一起。按照美国科普作家阿西莫夫的说法，好奇心最简单的定义就是"求知的欲望"。它"激发青少年去发现我们生活的世界",又使成年人保持追求科学文化知识的热情。正如爱因斯坦所说:"思维世界的发展,在某种意义上说就是对惊奇的不断摆脱。"一个人好奇心满足了,知识和智力水平就相应提高一步。

好奇心和想象力往往是一对孪生兄弟。强烈的好奇心会驱使人们去张开想象的翅膀。而丰富的想象力对于科学发现的重要性,爱因斯坦说得最中肯:"想象力比知识更重要,因为知识是有限的,而想象力概括了世界上的一切,推动着进步,并且是知识进化的源泉。""没有想象力的灵魂,就如没有望远镜的天文台。"事实上,爱因斯坦本人就是一位富有想象力的杰出科学家,他的狭义相对论仅仅建立在两个实验的基础上(迈克尔逊—莫雷实验和证明引力质量与惯性质量成比例的实验),但他却高度抽象地把时间同运动、时间和空间密切联系起来,想象出在高速度运动中物体的长度会收缩、质量会增大、时间会减慢的效应,高瞻远瞩,向传统的物理学提出挑战,创立了一套新的完整的理论体系,推动了整个物理学的发展,成为当代伟大的物理学家。

好奇心往往成为发明或发现的先导。意大利物理学家伽利略,从小就具有强烈的好奇心,成年之后,这种好奇心仍未减弱,并得到新的升华。他18岁时,已成为比萨大学的医科学生,有一天,他来到庄严肃穆的比萨教堂做礼拜。人们都在虔诚地祈祷,伽利略却全神贯注地观察教堂顶棚垂吊着的油灯。吊灯来回有节奏地摆动引起了他的好奇心。"真奇怪!怎么每次摆动的时间都一样?"伽利略发现,尽管灯摆动的幅度不同,但往返的时间似乎相同。他想证实自己的直觉是否正确,可是手中又没有测量时间的仪器。这位医科大学生忽然想到脉搏跳动是均匀的,他一面摸脉一面注视着灯的摆动。试测结果每次摆动的时间完全相同。但是伽利略并不以此为满足,回到家里,他马上找来两根同样长的绳子,绳头各坠上一块同样重的铅块,请来教父帮他做实验。实验中他看到:虽然两条绳子摆动的起点不同,但在同样的时间内却摆动同样的次数,并在同一时间各自回到垂直线上。经过反复实验,伽利略终于发现了摆的等时性原理。这一科学成果,不正是起因于好奇心吗?

爱因斯坦指出:"谁要是不再有好奇心和不再有惊讶的感觉,他就无异于行尸走肉,他的眼睛是迷糊不清的。"因此,立志献身科学事业的人,必须在实践中培养和锻炼"人类精神最崇高的特性之一"——好奇心。

然而，好奇心容易激发却不容易保持。要求自己永远带着陌生、好奇的眼光去审视世界，即使是熟悉的事物也不例外，这是很不容易的。对客观世界的陌生和好奇，乃是儿童的天性；而对一个成年人来说，要求他对司空见惯、习以为常的东西保持陌生，对"本来就是如此"的事物充满好奇，实非易事。一般地说，随着年龄的增长和知识的积累，本能的惊讶力和好奇心将逐渐减退或消失。一个在深山沟里长大从未见过火车的人，一旦进城见到火车，其惊讶和好奇是可想而知的。但假如他在城里住久了，天天在火车旁边生活，他又能好奇多久呢？

那么，怎样才能激发和维持你逐渐减退的惊诧力，重新点燃你那日见暗淡甚至已经熄灭的好奇之火呢？

不断提出新的问题，多问几个"为什么"恐怕是最重要的一点了。比如前面提到的那个山里人，当他对火车的好奇心随着时间的推移消失以后，假如他能进一步问自己：火车为什么能开动？它的发动机原理如何？传动装置又怎样？它是怎么制造出来的，有什么可以改进的地方吗？还可以制造出别的新型的火车吗？那么，他就可以对火车不断产生新的好奇心，而事物向横的或纵的方向发展以后，问题总是无穷无尽的，这样就可长久地保持好奇和兴趣。许多学者之所以能一辈子钟情于某一研究课题，"秘诀"就在这里。有意识地制造一种"陌生感"，也是一策。不妨把已经有所认识的对象当作并不认识而需要钻研的对象，即使是自己习以为常的东西，也不妨想一想："它为什么只能是这样的而不能是那样的呢？"要做到这一点，必须不"倚老卖老"，也不"以中卖中"或"以青卖青"，下意识地进入儿童天真的思维状态，多一点童稚孩趣，多一点"异想天开"，使自己的思维摆脱一些不必要的"定势"和"晶化"，走向"扩散"和"液化"。

世上无难事，"好奇"也如此。只要你时时注意激发和培养自己的好奇素质，那你一定能对许多司空见惯的事物产生新的惊诧、新的好奇、新的兴趣，从而导致新的体会、新的认识、新的创见。

"怪里怪气"不足怪
——专注之境

美国加州理工学院的收发室，经常收到来自世界各地的写着"寄往美国加州理工学院疯人院"的邮件。学院内并无什么疯人院，但收发人员一接到这类信件，就不假思索地把它放入"岩石断带实验室"的信箱。原来，这个实验室聚集了一批科学家，他们工作起来近乎发疯，而且各有奇特性格。因此，院内院外，甚至世界各地的同行，都称这个岩石断带实验室为"疯人院"。该室主任沃塞伯格则被人称为"疯人院院长"。

用"疯"这个字眼形容一些科学家的工作作风，实在是十分贴切的。贝弗里奇说："最有成就的科学家往往具有狂热者的热情"。这话一点不假。哥白尼被称为"发疯的牧师"；居里夫妇被人称为"两个疯子"；牛顿被说成"精神不正常的家伙"、伽利略被人当作"神经病患者"……许多科学家追求科学，确实达到了"疯狂"的程度。

据说，美国在20世纪50年代的某项民意测验中，有40％的人认为科学家是一群"怪里怪气"的人。

确实，在一些科学家身上，有一些异乎常人的表现。

古罗马历史学家普鲁塔克曾这样描写阿基米得：他整天都像是被他所钟情的妖魔迷住了一样，对于饮食和自己的身体全不关心。他洗澡时，用手指在那涂了油膏的身上画几何线条，满脸乐陶陶的神气，真像是诗神附体一样。

美国发明家爱迪生有一次走进税务局交税，收税人问他尊姓大名，他竟张口结舌，好半天答不出来。

法国物理学家安培有一次从外面回到自己家门前，抬头一看门上贴着"安培不在家"的字条，就说："安培先生不在家，我回去吧！"其实，这字条本是他出门时自己写了贴上的。

现代控制论的奠基人诺伯特·维纳，20世纪30年代在清华大学任教期间，一天上午，他讲完课正要去食堂就餐，路上遇到了他的一个朋友，两人就站到路边讨论起一个学术问题来。讨论结束后，维纳怎么也想不起自己吃过饭了没有。就问他的朋友："我刚才是朝食堂方向去，还是朝宿舍方向走的？"朋友想了想说："我看你是朝宿舍方向走的。"维纳似乎醒悟过来："对！幸亏你证明，我已经吃过饭了。"于是他真的又回到自己的宿舍，继续工作起来。

有一次给牛顿做饭的老太太有点事要出去，请牛顿自己煮鸡蛋吃。她告诉牛顿鸡蛋放在桌子上，便走了。过一会儿老太太回来，问牛顿煮了鸡蛋没有，牛顿边工作边回答说，煮好了。她掀开锅盖一看，被惊呆了，原来锅里除了一块怀表外，并无鸡蛋。而牛顿却在一边聚精会神地计算着什么。原来这块怀表放在鸡蛋的旁边，他由于忙于计算，错把怀表当作鸡蛋了。

巴甫洛夫的未婚妻西玛到实验室找巴甫洛夫。恰好那些天，巴甫洛夫做着动物的条件反射实验，他把动物缚在实验架上，仔细进行观察，有时通宵达旦。因此，当他与西玛谈话时，脑海里依然翻腾着一幕一幕的实验情景，不仅说话语无伦次，甚至把西玛的手当作实验动物的腿，差点儿缚到实验架上去。西玛又好气又好笑，硬把未婚夫拉到室外去散步，好让他放松一下大脑。可是没走几步，巴甫洛夫就说："快把你的手给我！"西玛以为他要吻自己的手，高兴地伸过手去。巴甫洛夫抓住未婚妻的手，用手指压着她的脉搏，过了一阵，才说："没有不正常的跳动。放心吧，你的心脏很好。"

伟大的国际主义战士白求恩大夫，对工作精益求精，但对家庭生活却常常使妻子哭笑不得。有一天，白求恩去上班时，妻子托付他下班后顺便买些香肠和猪肝回来，并反复叮嘱："不要忘记！"白求恩一口答应。晚饭时，妻子问："香肠和猪肝放在哪里？"正在伏案工作的白求恩头也不抬地应道："在冰箱里。"妻子打开冰箱一看。差点被吓昏："天哪……"原来，冰箱里放的是白求恩准备做解剖用的人的肠子和肝脏！

英国化学家戴维成功地制取了钾，顾不得烫坏的手、灼伤的眼，就在实验室里跳起舞来，碰坏了曲颈瓶，却还高声大叫："嘿，妙极了！戴维！"他在做实验记录时一连写坏了几个笔头，然后唱着歌冲出了实验室，半路上又奔回来补写了一行："出色的实验！"

我国数学家华罗庚在杂货铺做学徒时，常常全神贯注地沉浸在数学演算当中。一次，一个顾客上来问货价，他把香烟盒上演算出的数字，脱口说了出来："835729"。从此，"罗呆子"的称号就在故乡金坛街上传开了。

澳洲动物学家劳仑茨为了研究小鸭子是怎样认识父母的，整天在院子里摇摇摆摆地学鸭子走路。

英国生物学家华莱士捉到了一只罕见的蝴蝶，竟然激动得"心狂跳，血上冲，有一种要昏厥的感觉。"他甚至担心自己马上要死去了，头痛了一整天。

这一切似乎很怪，但他们本人都不以为怪，因为他们已全副身心投入了创造性劳动。因此，当英国物理学家卢瑟福听到学生卡皮察对他说："优秀的科学家必定是某种狂人"时，困惑不解，他反问道："怎么，我也是狂人吗？"

科学家的这些在世俗眼光看来"怪里怪气"的行为和表现，常常被人们作为笑柄。其实，细想起来，科学家们长期沉醉于科学创造之中，极度的专注，使他们进入了忘记周围、忘记自我的境界，就算有些异乎常人的"怪里怪气"，又何足为怪呢？人类文明的进步，应该感谢这些对科学如痴如醉的"怪里怪气"的人们。

科苑何处觅圣贤

——错误之川

德国化学家李比希的床头上，长年累月挂着一条标签，标签上写着三个字——"氯化碘"。

这标签颇有来历。

李比希曾经做过从海藻中提取碘的实验。他把海藻烧成灰后用热水浸泡，然后通进氯气，得到碘晶体。但在提取后的母液底部，却沉淀着一层有臭味的深褐色液体。李比希把这层液体收进一个小瓶中，未加分析深究，就想当然地认定是氯化碘，并把一张"氯化碘"的标签贴在瓶子上……

几年之后，法国青等波拉德也进行从海藻中提取碘的实验，也在母液底部发现一层深褐色的沉积液。波拉德对此详加分析，深入研究，终于证实：这种深褐色液体是人们还未发现的一种新元素——溴（Br）！

李比希读了波拉德的论文《海藻中的新元素》之后，不禁拍案长叹：我不也曾发现这种深褐色的液体吗？

为了记住这沉痛的教训，他揭下瓶子上那张"氯化碘"的标签，挂在自己的床头，以使自己时时警醒……

于是，错误成了李比希避免错误的"警示牌"。

"人非圣贤，孰能无过。""金无足赤，人无完人。"这些充满辩证哲理的俗语古训，不但适用于平民百姓，也适用于大科学家；不但适用于科学家的人格品德，也适用于他们的科学生涯和科学活动。

"往事几百年，祖述前贤，瑕疵讹谬犹盈篇。"再杰出再伟大的科学家，在科学上也不乏疏忽、错误和闪失。

古希腊时期的亚里士多德，可算是一位百科全书式的科学大师了。但他的学说中既有精华又有糟粕，既有闪光思想也有错论谬见。他的月上界、月下界划分说，他的"心脏是思维的物质器官"的论断，他的"运动是外力作用的结果"的见解……都属科学错误。他认为地球是宇宙的中心,他不赞成大脑是人体司令部的观点,他那"物体下降的速度与其重量成正比"的错误结论,流传了上千年才被人纠正。

"智者千虑,必有一失。""世界上没有常胜将军,"科坛上更没有"一贯正确"的圣贤。蒙古谚语说:"把智者的错误垒起来,也会堆成高山。"确实如此!纵观科学技术发展史,科学家们的"千虑之失"可以信手拈来:

法国著名天文学家勒让德和德国大发明家西门子,都极力反对制造飞机,认为要制造比空气重的飞行器只是妄想;

亥姆霍兹曾从物理学角度"论证"制造机械装置的飞行器"没有成功的希望";

俄国化学家勃洛赫对后来被事实证明完全正确的碳原子化学键立体结构学说横加否定,大加嘲笑;

卢瑟福是举世公认的原子核物理学权威,可他却断然否定利用原子能的可能性,公开宣称:"那些指望通过原子衰变而获得能量的人,都是胡说八道……"

德国物理学家赫兹曾用实验证实电磁波的存在,但却断言:要实现远距离电波通信,"必须在很高很高的天上悬挂一面与大西洋一样大的镜子。"

马赫曾提出被人称为"马赫原理"的关于运动相对性的思想,却又令人费解地至死也不承认相对论……

即便伟大的牛顿,也在科学上犯过不少的错误。正如英国物理学家扬·托马斯所说:"尽管我仰慕牛顿的大名,但我并不因此而认为他是百无一失的。我遗憾地看到他也会弄错,而他的权威有时甚至阻碍了科学的进步。"

科学史已经证明,在科学家提出的各种各样的假说和见解中,相当多一部分都被后来的事实证明是错误的。法拉第说过:"即使是最有成就的科学家,他们得以实现的建议、希望、愿望以及初步结论,也不到十分之一。"这一说法完全符合科学研究活动的实际。

在科学技术活动中,在探求真理的道路上,科学家们犯错误的原因很复杂,从主观条件来说,有世界观方法论方面的问题,有学识水平和科研能力方面的问题,甚至包括个人的道德品质,科研作风和工作习惯等因素。从客观情况来看,有实验手段、技术条件等方面的局限。可以说,科学错误是科学家发现科学真理的过程中的"副产品",它几乎是难以避免的。

科学家犯科学错误，并不一定就是坏事。从认识论的角度来看，错误之"功"不可没。

　　首先，"前车之辙"可以成为"后车之鉴"。科学的探索者总是从摸索、试探中前进。每一位探索者的错误，都可成为"此路不通"的路标，都是防止自己或别人重蹈覆辙的警钟。这就是英国政论家博克所说的：一个人必须肯深入到事物表面以下去探索，即使他看得不对，却为旁人扫清了道路，甚至能使他的错误也终于为真理的事业服务。

　　其次，错误往往是发现的先导。人们常常是从错误的一端去接近真理的。大诗人歌德说得很形象："错误同真理的关系，就像睡梦同清醒的关系一样。一个人从错误中醒来，就会以新的力量走向真理。"费米科学生涯中的一段"插曲"就是很好的例子。

　　那是1934年，费米萌发了一个想法：经过中子照射的元素，会增加一个原子序数而变成新元素；如用中子照射当时元素周期表上的最后一个元素铀，必然会得到"超铀元素"。因此，他进行了实验。实验结果似乎与他的理论很吻合，于是他很快就宣布：发现了"超铀元素"！由于费米的威望甚高，人们对这一"发现"深信不疑，各国的报纸、电台竞相报道，有一家报纸甚至渲染得绘声绘色，并确凿地说，费米已经将一瓶"超铀元素"亲手晋献给意大利王后了。

　　然而，四年之后，德国科学家奥托·哈恩却用实验分析鉴定，得出结论：费米搞错了！他得到的并不是什么"超铀元素"，而是铀核被击碎后裂变放出的原子碎片的混合物！

　　费米毕竟是位尊重事实的科学家。他听到哈恩实验的消息后，急忙从外地赶回哥伦比亚大学的物理实验室，自己做实验核对了哈恩实验的结果之后，坦然向物理学界公开承认："本人搞错了"。更可贵的是，费米并没认错了事，而是由这错误出发，深入研究"铀核被轰击后到底怎么啦？"结果导出了一整套"链式反应"的基本概念和重要思想，为科学作出了重大的新贡献，后来的原子弹就是在"链式反应"的理论基础上问世的！

　　这其中，难道没有错误的"功劳"？

　　在人类历史的长河中，真理因为像黄金一样重，所以总是沉于河底而很难被人发现；相反，谬误都常常轻轻漂浮在河面，容易进入人们的视野。因此，科学家们千虑一失，偶犯错误，是无可非议的。更何况，错误的"染色体"上，常常蕴涵着新发现的"基因"哩！

　　作为科技工作者，既应尽量避免错误，也要有不怕犯错误的勇气。害怕出错而不敢想前人之未想、做前人之未做的人，是与创造性的科学成果无缘的。戴维在谈到科学研究中的错误时说："感谢上帝没有把我造成一个灵巧的工匠。我的那些最重要的发现都是由于错误给我的启发。"李政道也说："在科学上，要得到正确的东西，总要先犯很多错误；如果你能把所有的错误都犯过之后，那最后得到的就是正确的结果了。……在科学上要不怕犯错误，要走新路……"

　　真理的清泉，总是从错误之川流过！

此曲只应天上有

——理性之美

"日照香炉生紫烟，遥看瀑布挂前川。飞流直下三千尺，疑是银河落九天。"李白的千古绝句，使人如临其境，为大自然之美所陶醉。

达·芬奇画笔下的蒙娜·丽莎，罗丹雕刻刀下的雨果，莎士比亚的《暴风雨》，贝多芬的《命运交响曲》，曹雪芹的《红楼梦》……无不给人以美的熏陶、美的感受。

一切艺术形式——音乐、绘画、雕刻、文学、戏剧、影视、舞蹈等等，都注重美。离开了美，艺术之花将黯然失色。因此，英国艺术家越诺尔兹说："我们所从事的艺术就是以美为目标；我们的任务就在于发现和表现这种美。"

美在艺术家心目中居于如此重要的地位，发现美、表现美、追求美几乎成了一切艺术创造的主要动力来源，这使不少人误认为美只存在于艺术的宫殿，美的原则只适用于艺术的对象。

殊不知，与这种想法相反，以严谨、抽象、纯理性著称的自然科学与美有着千丝万缕的关系。在自然科学领域里，除了追求正确、真实、客观之外，同样有着美、美感和审美。美的追求，不仅是艺术家的目标，而且是自然科学家们从事科学研究的动力之一。美的原则——如简洁、和谐、对称、统一等等，同样适用于科学探索活动。许多科学家之所以能在艰苦的条件下终生忠诚于科学事业而不求名利，除了为人类造福这一崇高目标之外，就是由于他能从科学探索中得到美的满足。

这种美称为"科学美"。

科学美是一种"理性之美"。

可能会有人说，自然科学中充斥着成堆的定律、公式、数据、符号，需要的是没完没了的演算、推导、论证、实验，深奥艰涩，枯燥乏味，令人头皮发麻，望而生畏，何美之有？

这只能说：要欣赏交响乐之美必须有能听懂交响乐的耳朵，要感受科学的理性之美必须有一定的"科学细胞"。

请听听科学家如何谈论科学美吧。

公元5世纪的数字家普罗克拉斯说:"哪里有数,哪里就有美。"

法国数学家庞加莱讲:"感觉数字的美,感觉数与形的调和,感觉几何学的优雅,这是所有数学家都知道真正的美感。"

为牛顿和贝多芬作传的萨列风认为:"许多科学学说都是超越之美物。""一个科学理论成就的大小,事实上就是它的美学价值的大小。一个科学理论之被认可,一个科学方法之被证明,是在于它的美学价值。"

惠勒在回答什么是数学的美时说:"你们可以把它叫做艺术,也可以把它叫做美……但我认为,它在它的某种含义上接近于正确和公正。"

卢瑟福说:"没有比在几乎是未经勘探的原子核世界里漫游更令人神往的了。"

……

科坛上不少杰出的科学家堪称"科学的艺术家"。爱因斯坦就是一个。正如霍夫曼所说:"爱因斯坦的方法,虽然以渊博的物理学知识为基础,但在本质上是美学的、直觉的。""他是科学家,更是个科学的艺术家。"他的相对论被人誉为"科学史上最完美、最精湛的创造",其"雅致和美丽足以使它作为20世纪数学物理学的一个最优美的纪念碑而永垂不朽"。

狄拉克也是科学美的忠诚追求者。他在庆祝他自己诞辰80周年的聚会上一语道破自己科学生涯的主旋律:"我从没试图直接解决某一个物理问题,而只是寻求某种优美的方程。"最能体现这一点的是以他名字命名的狄拉克方程。这个方程出现了当时被认为没有物理意义的"负能态"解。按照往常习惯只能把负数解舍去。但狄拉克坚持认为,自然界是对称的,有正能粒子就应该有"负能粒子。"他用精微的数学推导,得出一个大胆的预言:存在着与电子质量相等而电荷相反的"负能粒子"——正电子。果真,1932年,安德逊用实验方法找到了正电子。这是人类发现的第一个反粒子。狄拉克这一伟大贡献开拓了人们研究物质和反物质的崭新领域。50多年过去了,物理学家们在狄拉克理论的指引下,相继发现了反质子、反中子、反中微子、反介子、反超子……

狄拉克著名的"磁单极预言",也闪烁着美学思想的光辉。众所周知,电和磁有许多对称关系,例如电场与磁场、电矩与磁矩、电通量与磁通量等等。

但美中不足的是，正电荷与负电荷可以单独存在，而磁铁的南极和北极却似乎不可分离；一条磁铁不论切成多少小段，每小段总有南极和北极，它们总是相伴相随，形影不离。难道电和磁在这一点上真的就不对称了吗？狄拉克笃信电和磁是应该完美对称的，有孤立的电荷就应该有孤立的磁极即"磁单极"。这一预言虽然至今未被确证，但近些年已陆续发现可能存在磁单极的一些令人振奋的迹象。物理学家们正信心百倍地寻找着磁单极。

那么，具体一些说，什么是科学美呢？科学之美，理性之美，有没有比较明确的客观标准呢？

当然有。

比如："简单"而"深远"，即美。

哥廷根大学的物理学报告厅里刻着一句拉丁格言："简单是美的印记。"这是一句极有意思的话。法国哲学家狄德罗就曾说过："所谓美的问题，是指一个难以解决的问题，所谓美的回答，是指一个困难复杂问题的简易回答。"许多科学家都相信，一个成功的理论必须是简单的。牛顿在他的《自然哲学的数学原理》中论述了他的四条推理法则，其中第一条就是"简单原则"，也叫"经济原则"。他写道："自然界不做无用之事，只要少做一点就成了，多做了却是无用；因为自然界最喜欢简单化……" $T_2 = KD_3$，K 是一个常数，这是开普勒行星运动三定律的数学公式。它表示行星公转周期的二次方等于它和太阳之间距离的三次方。开普勒从大量十分零乱的观测资料中发现了这个自然规律，它是那样简洁、优美，被人称为奇妙的"2"与"3"。$T_2 = KD_3$，令人感到一种简洁的快感。

一个美的理论，必须既"简单"，又"深远"。内涵不深远的"简单"是浅薄，无所谓美；逻辑前提不简单的"深远"，则是繁冗，也无所谓美。对此，爱因斯坦认为，"一种理论的前提的简单性越大，它所涉及的事物的种类越多，它的应用范围越广，它给人们的印象也就越深。"狭义相对论就是典范。它只有"相对性原理"和"光速不变原理"两个公设，却能导致许许多多的推论，建立起比牛顿力学框架更大、容量更大、适用范围更广的力学体系。何其简单又何其深远。

关于"简单"和"深远"，彭加勒曾经这样论述："简单和深远两者都是美的，所以，我们特别喜欢寻求简单的事实和深远的事实；我们喜欢寻求具体的巨大轨道，我们喜欢用显微镜细勘那种极其细小而又浩瀚的东西，我们喜欢在地质年代中寻觅过去的痕迹……"

"守恒"与"对称",也给人以圆满、匀称的美感。

从阿基米德的杠杆定律,开普勒第二定律的角动量守恒,到动量守恒定律,能量守恒定律都符合守恒的审美标准。在数学中,方程与图形的对称处处可见。这是数学美的重要标志,中心对称、轴对称、镜像对称都能给人以美感,它们甚至还是美术的对象。许多物理、化学、生物结构模型都是对称的。例如凯库勒的苯环结构式,华森、克里克提出的DNA双螺旋结构,都显示出了一种对称的科学美。

"统一"、"有序"与"和谐",更是科学家们追求之美。

海森堡说:"两个原来是彼此独立的部分配合成一个整体,这样就产生美。"科学的任务之一,就在于不断实现理论的"统一",不断揭示自然界万物运动的"有序"。

牛顿三定律统一了宇宙间千差万别的机械运动。

焦耳对热功当量的测定揭示了热运动与机械运动的转化、联系和当量,使热运动与机械运动达到了统一。

"光电效应"与"逆光电效应"的成功解释,则是光、电的统一。

麦克斯韦方程组更是闪烁着美的光辉的理论珍品,它将法拉第电磁感应定律、安培定律、欧姆定律等分散的、孤立的电磁学定律统一为一个整体,化成优美的数学形式,并预言了电磁波的存在,被誉为"神话写出的公式。"

科学理论的统一,使人们体验到一种和谐有序的美。

对自然界的和谐的追求,转化为对统一性规律的追求。这是目前物理学的一个主攻的方向——统一场论。现在人们已知的自然界中四种基本的相互作用是:引为作用,弱相互作用,强相互作用和电磁相互作用。爱因斯坦曾经用其大半生精力来探索这种统一,为后人的研究奠定了基础。现在,人们已经统一了"弱相互作用"及"电磁相互作用",正在继续探索另外两种相互作用的内部的和谐及统一。

科学领域中的美,真可谓无处不在。

科学领域中这些"美学标准"往往成为科学研究的"指南"和"导引"。上面提到的狄拉克对"负能粒子"和"磁单极"的预言,可作一例。"日心说"的创立也是典型的一例。哥白尼之所以创立"日心说"来取代托勒密的"地心说",其中一个重要的原因是,他从美学的角度考察地心说后发现,"地心说"庞杂烦琐,很不漂亮。他坚信宇宙的结构应该是简单美好的、和谐统一的。"在这极美丽的庙堂中,谁能把这个火炬放在更好的地位,使它的光明同时照到整个宇宙呢?有人把太阳叫做宇宙的灯,有人叫做宇宙的心,更有人叫宇宙的统治者。……太阳就坐在皇帝的宝座上,管理着恒星的家庭。……这样,我们就发现在这样有秩序的安排下,宇宙里有一种奇妙的对称,轨道的大小与运动都有一定的和谐关系。这样的情形是用别的方法达不到的。"而"日心说"却很自然地体现了宇宙的和谐。

必须指出的是,虽说科学美同艺术美一样也是自然美的一种反映,但艺术美是自然美在感性和形象上的表现,而科学美则是自然美在理论上的映照,因此科学美是一种理性的、智慧的、内涵的美。从认识自然美到科学美,这实际上就是从感性到理性的飞跃。当我们面对着无限丰富的自然界时,会情不自禁地从心底里欢呼:"啊,多美!"然而只有当你更细心审慎地观察自然现象的每一个细节,以及它们之间的相互联系时,才会更惊讶地发现,在这纷繁多彩的自然图像中,还有一种体现着秩序、规律的美。只有理解了这种理性的美,你才会更加感到,自然界的一切,是如此清晰可见,错落有致。它色彩斑斓、音韵万千,却又整齐和谐、协调统一。伟大的自然联系有着美的熠熠光辉,成了科学家孜孜以求的目标,从而促进了科学的进步。当人类社会展现出依靠现代科学技术所获得的巨大成就时,我们不能不感到,在这些壮美的图景中,映照着科学美——理性之美的光辉。

居里夫人说:"科学的探索研究,其本身就含有至美。"我国著名教育家蔡元培说:"数学、几何学、物理学、化学、地质学、历史学中,无不于智育中含有美育的元素,一经教师之提醒,则学习者自感有无穷之兴趣。"青少年学生如能带着审美的眼光去学习科学知识,去发现和体验科学中美的魅力,对于激发自己学习科学的兴趣,培养科学鉴赏能力,是大有裨益的。

黄河长江同归海

——汇流之势

马克思曾指出：自然科学与社会科学的分化具有受历史制约的暂时性。他预言将来"自然科学将包括关于人的科学；同样，关于人的科学也将包括自然科学"。

列宁也有过类似的论述："从自然科学奔向社会科学的强大潮流，不仅在配第时代存在，在马克思时代也是存在的，在20世纪，这个潮流也同样强大，甚至可以说更加强大了。"

两位导师远见卓识的论断，已被科学技术发展的进程所证实。

考察现代科学技术的发展态势，最突出的特征莫过于自然科学与社会科学的汇流了。

数学"四面出击"

在纷繁的科学大家庭中，数学是个最活跃的"成员"。千百年来，它在自然科学的领域里纵横驰骋，为其他学科的发展立下了丰功伟绩。近几十年，数学又跨越了自然科学与社会科学之间的"高墙"，向社会科学领域"四面出击"——数理经济学的兴起，是数学与社会科学相结合的重大成就。

经济学，向来被认为是社会科学的一个领域。在20世纪以前，经济学虽然普遍地使用归纳、比较和分析的方法，但基本上没有脱离对历史现象的陈述和对规律的推测为主的论述，或者用马克思的话来说，不具备完善的科学形式。但是近百年来，微积分的方法引入经济学后，使人们从对各种经济量的平均值的分析，进入到边际值的分析，引起了经济学的边际革命，形成了作为经济学理论基础的数理经济学。使这门古老的学科，在数学工具的应用上，在理论框架的条理化上，在前提的简单明了上，越来越多地带上了只有传统自然科学才有的特色。它日益发展成为一门依靠数学、逻辑的科学。谈到当代的经济理论就离不开数学公式和图表，很多著名的经济学家本身就是数学家。正是这种数理经济学，才越来越深刻清晰地揭示出经济活动背景的那只"看不见的手"。今天，要搞好企业管理，提高经济效益，没有数理经济学的知识是很难奏效的。

数理语言学，则是数学向语言科学渗透的产物。

世界上的语言有好几百种，单是美洲印第安语群就分成十几个语组。有些语组的差别，简直像欧洲语言和汉语之间的差别一样大。有的语言被成亿的人说着，而另一些独特的语言，却只在包括几个村庄的部落内使用。有的语言拥有在漫长的世纪里发展起来的文学，并被运用于复杂的理论和科学讨论，而有的语言却根本没有书写形式。在现有的语言中还包括一些独特的子语言，例如科学的专门化术语，英语里下层社会的黑话，以及某些原始部落中只供女性使用的语言等。数理语言学以数理逻辑、集合论和统计数学等工具来研究语言结构，如语言要素在语言中的出现概率，一种语言和另一种语言的对应规则。数理语言学将语言的结构分离出来，加以形式化，用数学方法进行表达，这样人们就可以不涉及任何特殊语言而谈论人类语言的基本数学结构了。

语言内部深藏着数学的结构，而且千差万别的不同语言还有着共同的数学结构。这看来是很奇怪的事情，但实际上，对语言作数学表述之所以可能，是因为语言无非是声音或文字的集合。我们在研究的时候，完全可以不考虑声音和文字的意义，而只着眼于形式方面。例如，我们可以把句子、词、词素只当做若干字母的一种排列方式。而处理这类离散元素的排列，数学早就积累了许多有效的方法和经验。数理语言学寻求一些普遍的方法，用以表达那些可以构成句子的字母排列的特征。举个例子，假定我们面前有一篇文章，文章中没有大写字母，也没有标点符号，甚至连单词间的空隙也没有。数理语言学的研究表明，有办法将这样的文章分解成一个个词汇，也能正确地点出句子间的间隔。这个办法，只要有一台程序相当简单的计算机就能实施。

1955年，美国哈佛大学创办了第一个数理语言学讨论班，不久，日本也成立了计量语言学会。之后，西德波恩大学、苏联莫斯科大学等高校，都为数学系与语言文学系共同开设数理语言学课程。人们已开始利用数学和电子计算机来研究语言文学。

数学还为现代人口学的定量化研究和现代人口控制理论立下了不朽之功。我国科学工作者用一阶线性偏微分方程，建立起了比较适合我国具体情况的人口发展方程式。科学家们曾用 1975—1978 年我国部分地区抽样人口统计数据，去检验该方程式和各函数的精度，结果证明偏差约在 1/1000 左右，这已与人口普查本身的精度相当。因此用这个方程式去作人口预报，结果是比较可靠的。

应用人口发展方程式，不仅可以较准确地预报今后的人口变化，还能利用最优控制理论，求出接近国家人口发展指标的育龄妇女的平均生育胎数，这将给制定人口政策提供科学依据。

数学甚至已敲开了历史学的大门。

1944 年，弗里蒙特·赖德对美国具有代表性的大学图书馆进行了调查，研究图书馆藏书的增长率。继弗里蒙特·赖德之后，美国科技史家普赖斯把赖德发现的增长率推广到科学知识的全部领域。以科学杂志为例，最早的杂志是 1665 年首次出版的《伦敦皇家学会哲学学报》，此后，杂志的数量不断增加，1750 年的杂志为 10 种左右，19 世纪初达 100 种左右，19 世纪中期达 1000 种，1900 年达 10000 种，20 世纪 70 年代达 10 万种。可见科学杂志大约 15 年增加 1 倍，50 年内增加 10 倍，在一个半世纪内增加 1000 倍……于是普赖斯得出了著名的"科学知识指数增长规律"。

现在，数学方法和电子计算机不仅帮助历史学家进行计算，减轻和加快他们的研究，更简洁地表达他们的思想；更重要的是，数学方法还能帮助他们对资料进行处理和分析，从而影响到对问题的看法，解决某些采用传统方法无法解决的问题。由于数学方法在历史学研究中的应用日益受到重视，因而在 1970 年召开的第十三届国际历史学家代表大会上，把历史学研究中如何应用数学也列为重要议题。

数学的强大渗透力，数学的"四面出击"，势将导致社会科学的数学化。这是一种突破性的进步。马克思说过："一门科学只有应用数学时，才算达到了真正完善的地步。"数学同社会科学的结合，将继续创造奇迹般的功勋。正如西蒙所说："数学胜过粗糙的语言，这种优越性对于与十分复杂的社会现象打交道的社会科学来说，甚至比自然科学有更重大的意义。"

电脑闯入"大观园"

小说《红楼梦》是我国古典文学名著，它的艺术魅力像醇酒一样使无数的读者陶醉。但由于其结构宏伟、人物众多和情节复杂，"大观园"给研究者留下了许多难解之谜。古今中外的红学家们虽然在版本学、文献学和考证学方面进行了大量研究，但很多疑难问题仍是"扯不断，理还乱"，长期以来众说纷纭，莫衷一是。红学的进一步研究陷入了困境。

始料未及的是，信息论、系统论、模糊数学、优选法、运筹学、计算机技术等自然科学的新思路、新方法、新手段"闯"入《红楼梦》的研究领域，竟然使红学研究出现了"柳暗花明又一村"的新气象。

《红楼梦》的前80回与后40回，究竟是否出自曹雪芹、高鹗两人之手？这是文学史上一个悬案。1980年6月，在美国举行的首届国际《红楼梦》讨论会上，美国威斯康星大学讲师陈炳藻宣读了一篇题为《从词汇统计论证红楼梦的作者》的论文。论文作者把曹雪芹的惯用句式、常用词语以及搭配方式等，作为样本储存到电子计算机里，作为检测的依据。然后对前80回与后40回进行比较鉴别，结果发现两者之间的正相关达80％，在这以前英国已有人用类似的方法发现了莎士比亚的佚文。他们认为，对于常用词汇的搭配，不同作家会有不同的频率，这就产生了一种绝对伪造不了的"文学指纹"，因此，陈炳藻得出结论说，前80回与后40回，均出自曹雪芹一个手笔。这一结论我们姑且不论，但他的研究方法确实使人耳目一新。

《红楼梦》中人物的年龄，可谓一团长期纠缠着红学家的乱麻，被称为"一块永远也拼不起来的七巧板"。仅林黛玉入都时的确切年龄，就有多种说法：13岁、11岁、9岁、8岁、6岁。到底此小姐入都时芳龄几何？"百家争鸣"之中，电脑技术"一锤定音"：9岁！

进行这一电脑测算的是我国江苏省镇江市科委彭昆仑工程师带领的科研小组。他们采集了《红楼梦》中72个主要人物的800多条"年龄信息"作为信息存储对象，按小说各章节所描写的年龄和时令特征依次编码输入电脑，并煞费苦心为电脑编制了一个判断程序，从总体上一举解开了年龄之谜。电脑对林黛玉入都的年龄判断如下："6岁论"有90多个矛盾点；"13岁论"有70多个矛盾点；"8岁论"和"11岁论"则与其入学年龄有逻辑矛盾；只有

"9岁论"基本上无矛盾。这样，便澄清了林黛玉入都时年龄问题上存在的混乱。

彭昆仑小组还运用系统论和信息论的方法，提出了6种可互相验证的数学模型，在电脑技术"神机妙算"的支持下，开展对《红楼梦》的定量研究。他们的研究手段和成果，被国内外的红学家们称为"红学研究园地中的一朵奇葩。"

红学，算是最典型的社会科学了。它本来有自己传统的规范和方法。但是，一旦采用了自然科学的方法和手段，这块古老的社会科学园地便重放异彩。在彭昆仑、陈炳藻等人的研究中，人们再也很难划分出它究竟属于自然科学还是属于社会科学了。在这里，自然科学与社会科学的传统界限正在消失，两大领域正在交叉融合。

考古学欢呼"赛先生"

作为自然科学与社会科学汇流的另一侧面，是自然科学——"赛先生"(science)进入考古学这一本来纯属社会科学的领域。

"赛先生"在考古学方面的作为，令考古学家们欢欣鼓舞。

先说说放射考古学。

在意大利都灵大教堂中，珍藏着一件被基督信徒奉为至高无上的圣物，这就是据称为公元1世纪耶稣遇难后包裹尸体的布幅。在这块长4.3米的亚麻布上，印有斑斑血迹，钉在手腕上的钉子和长矛刺进肋部的地方都留下明显的痕迹，与《福音书》中所描写的耶稣受难情景完全吻合。因此，虽然自从1357年这块裹尸布在法国一个教堂中展出以来，不少人对它的真伪产生怀疑，但虔诚的信徒不容许人们对它有丝毫的疑虑和不敬。

科学家对这块裹尸布也感到兴趣，但他们并非要对它盲目顶礼膜拜。尽管他们中有不少也是基督信徒，但用科学的方法验证其真伪，是他们的责任。习惯势力和宗教狂热使他们的愿望难以实现，直到1973年，教堂才同意可以从布上取少量样品进行研究。

用什么手段进行研究呢？人们自然想起了放射考古学的成果。对于古代留下的珍贵文物，往往需要进行真伪的鉴别并推算其年代。有些赝品仿造得十分逼真，单凭丰富的经验及普通的物理化学方法无法鉴别。放射学的成果，被应用到考古学上来，产生了放射考古学，成为考古科学的锐利武器。其中碳14判断年代法是比较常用而有效的。

自然界中的碳有碳14等几种放射性同位素。碳14处在不断的衰变中，其半衰期为5730年，即每隔5730年就要减少一半质量。含碳有机质的生物，在其生存期间，由于不断与周围环境进行物质交换，所以体内的碳14与外界平衡。当生物死亡后，停止与外界交换物质，体内的碳14就按其规律衰变下去。精确测得被检物中碳14的含量与大气中碳14含量比较，就可推断出其存在年代。这种方法被广泛应用于含碳的动植物残骸或制品等的分析。但这种方法所需的样品比较多（约1—10克）。科学家们为了在基本无损的条件下对耶稣的裹尸布进行测定，设计了一种新的方法，利用粒子加速器把碳14直接分离出来，从而更加简便、精确，而且样品只要旧法的一千分之一。对5000年的样品测定，用旧法误差约150年，而新法误差只有10年，其可测范围，从过去的4万年提高到10万年左右。有朝一日，耶稣裹尸布之谜将大白于天下。

由于自然界大多数元素都有其放射性同位素，所以放射考古学的应用范围很广泛。"米格伦疑案"的揭秘就是对钋210和镭226衰变分析而实现的。

第二次世界大战后，荷兰一位三流画家凡·米格伦被指控为贩卖荷兰17世纪名画家杰·弗美尔的作品给德国人而被捕。米格伦入狱后宣称那是他仿造的赝品，并说出了当时被鉴赏家确认为弗美尔真品的几幅画也是他仿造的，一时舆论大哗。尽管米格伦为洗脱罪责作出很大努力，但未等得到承认，他却因心脏病猝死狱中，此事也成为疑案。直到1968年，美国卡纳吉——梅隆大学对6幅据称为弗美尔的作品进行放射考古学的鉴定，才使米格伦沉冤昭雪。

再说说考古化学。

正像微积分进入经济学一样，化学分析进入历史科学，形成了考古化学。美国考古学家拉普说："化学为我们对历史的研究开辟了一个新的领域。"例如，钢制品中所含的化学物质能告诉我们这些物品来自何处，从而能再现出一条古代贸易的路线；骨骼中发现的稀有金属表明男女的社会地位是如何随农业的变化而变化的；绝迹已久的哺乳动物的遗体中所含的蛋白质可以帮助我们看清物种之间的关系，从而为物种进化论提供新的证据。

考古化学还揭开了古罗马帝国贵族短命之谜。在医学不发达的古代，罗马贵族终日沉迷在声色犬马的奢侈生活中，他们没想到，当他们开怀畅饮用铅锅熬制的葡萄汁的时候，把一种副产品醋酸铅也一起吞到肚子里去了。而体内铅的含量一旦超过一定的限度，便会给关节及肾脏带来巨大的损坏，这正是古罗马贵族短命的秘密。

　　化学方法还在文物鉴别中起到重要的作用。1983年下半年，德国有人宣称发现了1932年至1945年的希特勒亲笔日记，这一消息轰动了新闻界，人们争先以高价购买这一版权，有的杂志社甚至愿出400万美元的高价。但是，联邦德国犯罪局化学裁判室运用最新化学分析技术，对这部日记进行鉴定，结果令人信服的证明：所谓希特勒日记只不过是一场拙劣的骗局。化学家们对这本日记的纸张、粘合剂分析后指出，这本日记的纸张是1955年以后才风行于世的。结果是伪造者被法庭起诉。

术语，不再有"专利"

　　过去，人们常说"这是自然科学术语"，"那是社会科学术语"。

　　如今，自然科学与社会科学的术语正在彼此吸收和互用。经济学中使用热力学第二定律中"熵"的概念，心理学中使用电子学中"阈"的概念，等等，就是例证。当然，社会科学中的一些概念，也被自然科学的许多学科所吸收。

　　考察现代修辞学对自然科学术语的"引进"，更为有趣。

　　记得王蒙的中篇小说《布礼》中，有这么一段话形容政治气候的巨变："忽然，一下子就冻结了。花草、天空、空气、报纸、笑声和每一个人的脸孔，突然一下子都硬了起来。世界一下子降到了太空温度——绝对零度了吗？天空像青色的铁板，花草像杂乱的石头，空气液化以后结成了坚硬的冰块，报纸杀气腾腾，笑声陡地消失，脸孔上全是冷气。……"

　　这里的"太空温度"、"绝对零度"、"空气液化"，都是现代科学用语，然而，却十分妥帖地被作家织入文学之锦，添上了新奇的花。在《红楼梦》里，是绝不可能找到这些词句的。

　　是的，现代科学正在逐渐"溶"入文学，对修辞产生了影响。拿歇后语来说，"人造卫星上点灯——高明"，"飞机上放鞭炮——想（响）的怪高"，"强盗怕照相——贼相难看"，"暖壶里装开水——里热外冷"，"拿着焊枪焊玻璃——焊不上"、"暖壶坐飞机——高水平（瓶）"……很明显，都打上了现代科学的印记。

"放卫星"，在某一特殊历史时期成了"创造新纪录"的同义语。"火箭式人物"、"坐火箭上去的"之类话，则常用来形容"四人帮"时期突击提干的"造反派"人物。"小广播"，已成了表示那些爱传播小道新闻的人的专有名词。形容嗓子响的人为"高音喇叭"；形容秃头为"电灯泡"；形容不知疲倦的人为"机器人"；形容脑子灵活的人为"化学脑袋"；形容打击报复、给人穿上看不见的"小鞋"为穿"玻璃鞋"；形容反应快的人为"电子计算机一样"……这里，都有现代科学的"影子"。

当然，随着计量制的改革，"半斤八两"已成了科学上错误的东西。由于化纤工业的发展，人造羊毛、合成羊毛大量生产，"羊毛出在羊身上"也已显得过时。随着现代医学的发展，"人生七十今不稀"。

自然科学的强劲辐射力和渗透力，由此可见一二。

历史的必然——"分久必合"

"合久必分，分久必合。"社会的发展规律如此，科学的发展规律也如此。

古代科学是不分科类的"整体式"研究，是原始的"合"。那时，由于生产力水平的低下，人们还不具备分解对象的条件，所以只能在直观观察的范围内，把宏观事物作为考察的基本层次，从事物的总联系上来把握对象。但时代的局限使得这些总联系的细节不可能得到说明，认识程度远远不够深广精细。

从哥白尼开始的近代科学，由"合"走向"分"——主要运用的是分解的方法。人们把自然界分解为各个部分，把自然界的各种事物和过程分成一定门类，由此有了"自然科学"、"社会科学"、"人文科学"之类的分工。这种分解使人类对自然对自身的认识达到了空前的广度、深度和精度。这相对于古代科学的"合"是一大进步。

然而，科学不断的分化使人们越来越失去了对全局的了解。各学科从不同的领域分别地、割裂地进行探索，并不能达到整体地、全面地、综合地认识世界的目的。因此，科学又走向了综合和汇流。尽管目前科学还在继续分化，但"合"的趋势却更为突出。

自然科学与社会科学的汇流，正是反映了这种必然的历史趋势。

如今，传统意义上的自然科学与社会科学的界限日趋模糊。近些年出现的一些新学科，说它是社会科学吧，它却像自然科学那样进行计算、模拟、实验、测量；说它是自然科学吧，它研究的又是社会现象。有人甚至说，未来的"自然科学"可称为"自然的社会科学"，未来的"社会科学"则是"社会的自然科学"。

这是值得欢呼的大趋势。自然科学与社会科学珠联璧合，携手前进，将使人类认识自然、改造自然、认识自身、改善自身的水平和能力达到一个崭新的境界。

全面而深入地论述自然科学与社会科学的汇流之势，那是一部专著的任务。在本书里，我们只能到此为止，相信读者对这种汇流之势也已略窥端倪了。

未来的科学家，将是既能在自然科学的海洋里游泳，又能在社会科学的大地上跳跃的"通才"。文理分家的时代将成为过去。立志为未来科学做贡献的青少年，必须文理兼优，努力拓宽自己的知识视野，全面吸取科学文化知识的营养，培养起广泛的求知兴趣，让思想之翼在科学文化知识的天空中尽情飞翔。

隔墙之花成连理
——科艺之缘

有人把科学家的生活比喻成一台呆板的机器，只会不分昼夜地沿着演算、证明、实验的单一轨道运转；有人把科学家的大脑比喻为一片沙漠，既没奇山异水，又无绿树红花。

有人认为，科学家都是书呆子，既不会走进灯火辉煌的舞厅去跳舞，也不会步出庭外去写生。在一些人的心目中，从事科学研究的人是苦行僧，是与一切文学艺术活动无缘的。

这是误解，是偏见，是迂腐的观念。

虽说科学与艺术是两朵"隔墙之花"，但科技活动与艺术活动并没有一条不可逾越的鸿沟。"隔墙之花"也成连理，科学、艺术素有"不解之缘"。

共通的"基因"

1981年4月25日晚，英国格林尼海军大学礼堂举行了别具一格的"纪念赫歇尔演奏会"，纪念英国天文学家威廉·赫歇尔发现天王星200周年。有趣的是，会上演奏的乐曲全都是赫歇尔本人的作品，其中有交响乐、协奏曲、奏鸣曲等。在一个纪念科学家的演奏会上，演奏的全是科学家本人的作品！这一时传为美谈，赫歇尔被誉为"音乐界和天文学界的双星"。

类似的例子并非绝无仅有。驰骋于科学和文学艺术两大领域并有卓越贡献者，大有人在。假如你漫步科坛，稍加留意，就会发现许多著名科学家都是文学艺术爱好者，都有丰富多彩的业余情趣，有的甚至造诣颇深。

这是因为科学研究与艺术活动之间有着相互沟通的"基因"。

早在古希腊时期，人们对科学和文学艺术并不作严格的区分。在文艺复兴时代，许多科学家同时又是著名的艺术家，比如达·芬奇，既是大数学家、力学家、地质学家，又是举世闻名的大画家。在近代的科学家中也可以找到许多对文学艺术卓有建树的人。总之，古今中外，不乏身兼科学、文艺两家的巨人。

东汉著名科学家王充在《论衡》中，旗帜鲜明地提出了天地万物都是元气构成的"元氯自然说"，无疑是一部无神论的光辉巨著；同时该书在文学思想史上，强调文学"劝善惩恶"的社会作用，倡导语言口语化，反对因袭模拟，无疑又是我国古代文学理论宝库中的重要遗产。而东汉的张衡，更是闻名遐迩的科学家和文学家。在科学上，他创制了世界上最早用于测定地震的浑天仪和地动仪，并撰有天文著作《灵宪》和《浑天仪图注》。在文学上，他才华横溢，文辞清丽，以创作《两京赋》、《归田赋》而成为汉代四大辞赋家之一。他还擅长丹青，又是东汉六大画家之一。

素以推算出圆周率的七位数享誉于世的祖冲之，不仅是南北朝时的数学家，同时也是著名的大作家。他创作的《述异记》，是我国文学史上志怪小说的扛鼎之作。鲁迅先生特地广为收罗、校勘，将其标入《古小说钩沉》。

至于近代和现代，身兼科学、文艺两家者就更是不胜枚举了：

诺贝尔是杰出的化学家，同时又是几部长篇小说和短篇小说的作者；

我国前中国科学院院长郭沫若，一身兼有科学与文学多方面的特长，在科学与文艺领域都做出卓越的贡献；

我国著名植物学家蔡希陶曾经是鲁迅称赞过的小说家，他常给郑振铎主编的《文学》杂志撰写文章；

法国化学家维勒从小喜爱诗歌和美术；

我国青年数学家杨乐对京剧特别感兴趣；

蒋筑英是一个音质纯正的男中音，他一生酷爱音乐；

爱因斯坦的钢琴演奏技巧相当高超，他是在尽情地弹奏了一番钢琴之后才把自己关在房间里完成了关于相对论的伟大论文的；

我国现代有机化学家刘铸晋除了爱好格律诗词外，更喜欢拉小提琴，他一拉起贝多芬的奏鸣曲《春》，就仿佛"看到了希望的火花"；

……诸如此类的例子，在科学家中可谓多如秋夜的繁星。

科学家爱好文学艺术，这并不是一种不可思议的奇异现象，而是因为科学研究与艺术活动之间有着相互沟通的"基因"。

科学研究与艺术创作，虽然前者偏重于逻辑推理，而后者则借助于形象思维。但二者都离不开想象。科学家与艺术家都需要展开联想或幻想的羽翼纵横驰骋,即所谓"精鹜入极,心游万仞"、"神思方运,万涂竞萌"(刘勰《文心雕龙》《神思》篇)。高尔基认为想象"可以补充在事实的链索中不足的和没有发现的环节"。有些科学家在工作的进程中常把自己想象为一个电子或某种射线、元素。一个想象力贫乏的人固然不能成为一个出色的文学艺术家,但也同样无法在科学的领域里做出卓越的贡献。科学家利用业余时间从事适当的文学、音乐、绘画等艺术活动,这对丰富自己的想象力,推动科学事业的进展是大有裨益的。

科学研究与艺术创作,虽然前者着重于对自然领域的探索,后者倾心于社会人生的描绘,但二者的最终使命都是追求人类生活的真善美,为人类美好的未来而斗争。这就为科学家通向艺术之宫构筑了一座坚实的桥梁。

此外,文学、音乐、绘画等艺术活动还可以陶冶科学家的情操,培养科学家坚毅乐观的性格。特别是科学家经过长时间的思考、实验之后,若能参加适当的艺术活动,就可以及时调节神经,消除疲劳,而后就能以更旺盛的精力投入新的战斗。

"自娱诗人"遍科坛

写诗填词,一般被视为文人墨客的事,殊不知那些成天与"X"、试管、显微镜、示波器打交道的科学家,竟然也常常诗兴大发,许多人甚至终生与诗词结缘。

几年前,香港报纸曾以大字标题刊出《苏步青与诗》的评论说:"许多人都知道苏步青教授是世界上著名的数学家,但很少有人知道他又是一个造诣很深的诗人"。确实如此,苏步青十二三岁就开始学写诗。抗战期间,他随浙江大学内迁贵州,曾与江向涣、祝廉先、郑宗海等人组成"湄江诗社",用诗抒发对敌人的深仇大恨,共同勉励要为光复祖国而努力奋斗。在半个多世纪之后的今天,苏老已经80多岁高龄,还是"拙爱诗吟偏有味",每晚临睡前总要吟上几首诗,方能进入梦乡。他自己写的诗至今已达200多首,装订成册的有《西居集》,收集了解放前流寓贵州、广西时的诗作;《原上草等》取义于白居易的《古原草》,及解放后所作的大部分诗篇。

在苏步青的诗集中,还有写给他夫人的情诗哩!苏夫人是华籍日本人,在苏步青留日时相识,在日本结婚,后随苏步青来中国,一住43年,直到

1979年,他的夫人才回日本探亲,在夫人动身前,苏步青深情地给她题赠《饯行诗》;当夫人到日本后,他又寄诗去,表达思念之情;当夫人探亲期满,即将回国,苏步青又遥寄盼望早日团聚的诗篇。

以苏步青诗作的数量和质量,完全够得上诗人之称。但有趣的是,他写诗并不准备发表,只当成"自娱之作",因此许多人称他为"自娱诗人"。

在科学家中间,像苏步青这样写诗"自娱"不求发表的"自娱诗人",遍布科坛。

著名数学家华罗庚写诗作词的才气已为众所周知。他"三强韩赵魏,九章勾股弦"的绝妙对联更是令人倾倒,广为流传。

已故植物学家胡先骕教授的长诗《水杉歌》,历数了水杉亘古至今的进程:"纪追白垩年一亿,莽莽坤维风景丽……"连"元帅诗人"陈毅读了也推崇备至,于1962年2月8日欣然写下了读后感。

科学院学部委员李国平,诗作多达七八百首,分别编成《慕陶宣诗稿》、《盛时集诗钞》、《海清集诗钞》、《梅香斋词》等集子,留置案头"自娱"。有幸拜读过者,无不为他"诗中有画,画中有诗"的风格所折服。

诺贝尔奖金获得者杨振宁,久居美国,也擅兴诗词。

科坛诗人何其多!谁人敢说写诗填词是文人墨客的"专利"!

别具风味"本行诗"

"三句不离本行"这话不假。科学家们毕生钻研科学,他们写的诗词常常涉及自己的科学专业。这些"本行诗"格调独特,别具风味。

粒子物理学家黄克孙曾写过一首描写层子的诗:

袋里非常奇特,
层子三三成格。
只怕运行时,
违反泡利原则。
颜色,颜色,
抹上三般颜色。

诗中把科学性和诗情画意融为一体,形象、生动、活泼,懂得物理学者无不为之拍案叫绝。他还写了一首描写基本粒子的诗:

粒粒皆辛苦，群群费心机。

场场含奥秘，夸夸色味浓。

这里的"粒"指基本粒子；"群"指基本粒子群；"场"指"规范场理论"；"夸"指有"味"有"色"的夸克。他巧妙地一连用了四对叠字，而这四对叠字又紧扣他的科学专业。

水利工程学家汪胡桢，长期领导水库建设，常将建成水库的欢乐之情融于诗篇，被人誉为"水库诗人"。他在岳城水库建成开闸之际，奋笔写下《西江月》：

三十六陂走遍，

杖藜又到岳城，

长堤漫步眼帘明，

欣赏碧波万顷。

忽见千人凝立，

争看钢闸徐升，

急流几股竞奔腾，

宛若钱塘涛景。

工程图学专家赵学田，别出心裁把识图知识"织"入诗歌，编了《识图歌诀》。

生物学家周本湘写的《爱鸟歌》情真意切：

千里莺啼，

九皋鹤泪，

江南塞北风光。

春来秋去，

百鸟竞飞翔。

越过青山碧海，

更征途晓月残阳。

爱珍禽，

礼乐之邦。

佳日近，

年年人寿，

齐唱满庭芳。

华罗庚晚年致力于推广"优选法",曾用诗宣传"优选法"之优:

同是一粒豆,
两种前途在。
阴湿覆盖下,
养成豆芽菜。
娇嫩盘中珍,
柳供朵颐快。
如或落大地,
再润日光晒。
开花结豆荚,
留传代复代。
春播一斛种,
秋收千百袋!

科学家们的这些"本行诗",是科学与文学巧妙结合长出的奇葩,闪射着特别的光辉,为诗库增添了五光十色的珍珠。

科学家求助古诗词

科学家们喜爱诗词,还不仅仅是一种业余情趣。诗词有时候还会帮了科学家的大忙。

我国的古代诗词,涉及天体、地貌、气象、物候、生物、医药、光、电等自然科学,具有重大科学价值。以后的人们从当代科学成果中发现,今天的一些科学结论,往往被古代诗词遥先证实。从事探索性工作的科学家,可能会在古诗词中找到与自己的研究课题有关的"蛛丝马迹"。

有一个例子很能说明问题。我国著名科学家竺可桢为了论述我国梅雨出现的规律,在无法找到古代有关科学专著的情况下,就曾到古典诗词中寻找论据。请看他的论述:"柳宗元诗:'梅熟迎时雨,苍茫值小春'。柳州梅雨在小春,即农历三月。杜甫《梅雨》诗:'南京犀浦道,四月熟黄梅'即成都(唐时曾作为'南京')梅雨是在农历四月。苏轼《舶棹风》诗:'三时已断黄梅雨,万里初来舶棹风'。苏轼作此诗时,在浙江湖州一带,三时是夏至节后的15天,即浙江一带的梅雨是农历五月……"竺可桢据此作出推断:我国梅雨在春夏之交，确从南方渐次地推进到长江流域。这一科学论断的作出，不能不感谢古诗词帮忙！

我国浩如烟海的古代诗词，不仅是宝贵的文学遗产，而且是宝贵的科学遗产。探索和开发古典诗词这座宝库，需要诗人，也需要科学家。

科学家读诗多质疑

科学研究与文学创作，毕竟是两种不同的思维。科学家大都讲究缜密严谨，诗人多半推崇浪漫夸张。科学家们习惯于时时处处以科学的眼光审视一切，读诗也是如此。唐朝诗人卢纶写过一首题为《塞下曲》的五绝：

月黑雁飞高，
单于夜遁逃。
欲将轻骑逐，
大雪满弓刀。

华罗庚读此诗时，出于科学家特有的严谨习惯，反复推敲，疑问顿生，于是写了一首五绝，向古人提出了质疑：

北方大雪时，
群雁早南归。
月黑天高处，
怎得见雁飞？

无独有偶，唐朝著名诗人钱起写过"二月黄莺飞上林，春城紫禁晓阴阴。"竺可桢读后，觉得不对劲。他从物候学资料中查出，黄莺在农历四月才能到达黄河中下游流域。钱起为什么写成"二月"呢？竺可桢经过查证，发现古人常将"仓庚"当作黄莺，估计钱起也把仓庚错当黄莺了。

科学家们对诗如此"苛刻"，对古代诗人如此质疑，是否过于挑剔了呢？这个问题只好留给评论家们去讨论了！

最后，我们援引华罗庚的几句话，作为本章的结语：

"科学与艺术，本是他与她，论性质相隔十万八，但在社会发展的今天，相辅相成，两户成一家。"

荷露昙团不是珠

——真伪之别

报载：中国科普研究所召开新闻发布会，将一批乌七八糟的披着"学术"、"科学"、"知识"封皮的图书"曝光"，引起社会的强烈反响；新闻出版署经过审读、调查、取证，决定取缔一批出版物。它们是《周易与预测学》、《易术精解》、《周易预测指南》、《民间姓名习俗》、《观人术》、《女士的风采》、《姓名与人生》、《周易卦象预测学》、《梅花易数》（两种）、《周易阴阳宅》、《梅花易数——周易预测学精华》（两种）、《姓名新编》、《骨相·面相·手相·家相》、《中国生命预测——相与命运》、《羊年运程》、《古今大预言纵观——烧饼歌与推背图释疑》、《玉匣记》、《阳宅捷要》、《卜筮正宗》、《麻衣神相真本》、《中国民俗百趣》、《住宅风水勘凶吉》、《梅花易数真经》。新闻出版署还表示，将进一步加强对这类图书的查处工作，绝不允许让它们危害社会，毒害人们的思想。

这是一则值得拍手叫好的消息，是科学对迷信和伪科学的一次反击。

在人类认识发展的长河中，有珍珠也有鱼目，有科学也有迷信，有精品也有赝品。伪科学，就是科学的赝品。

伪科学作为人类知识百花园中的杂草，古已有之。在古代社会，由于生产力的低下和落后，科学技术尚处于萌芽阶段，人们的许多观念受原始的宗教迷信、图腾崇拜的影响甚大，往往科学与迷信混杂，科学与伪科学共生。例如古代天文学与"占星术"、化学与"炼丹术"、"炼金术"，就是良莠共生的。

占星术可算是最"老牌"的伪科学了。它是"人比天"的结果。

晴朗的夜晚，当人们仰首观天的时候，就会看到天空像一个巨大的穹球面罩住地球，上面散布着无数的星辰。特别引人注目的是，明亮的星辰可排列成具有某种特征的图案，使人很容易联想起人、动物或人间常见的其他东西的形状。这样，把几颗明亮的星串联起来后，便成了星座，当人们这样做的时候，首先增加了自己的天文学知识，特别是把星辰联想为生活中所熟悉的东西，不但使枯燥的天文学有趣，而且便于记忆和传授天文学知识。

但是，这种拟人的方法在不知不觉中却孕育出了伪科学。由于人们在一年四季中所看到的星象是不同的，而与此同时，地球上的季节、温度、雨量、动物、植物等也发生变化，这本是由于太阳与地球的相对运动给地球带来的影响，但却被人解释为是太阳、月亮、各行星及星座的神力。于是就出现了利用各种天体的位置和运行来判断和预言人、社会、国家的命运和凶吉的方法，这就是占星术。

翻开占星术的史册，不难发现，其所预言的事情，凡是所谓"被证实"的，都是一些模糊不清、模棱两可的"预言"；而那些可以检验的预言，都属子虚乌有。例如，古代占星术士们曾多次言之凿凿：当行星排成一条线时，即所谓"九星联珠"时，地球将遭灭顶之灾。但事实却使这些"预言"一次次"失灵"。伪的毕竟是伪的。

科学的任务之一就在于不断地揭露迷信和各种各样的伪科学。由于伽利略、牛顿等科学家的努力，近代天文学立于科学之林，迫使占星术迅速衰落。到了18世纪末，它便堕落成像相手、相面那样的纯粹的迷信活动了，也远不如过去那么有市场了。

但是，如果有人由此得出结论说，科学越发展，伪科学就越衰落，越无处藏身，甚或会绝种，那就是把问题简单化了。

在科学技术已高度发达的今天，伪科学仍然谬种流传，层出不穷，甚至不断"推陈出新"。

在不少西方国家，通灵术、通阴术、招魂术、降神术、心灵感应术之类大行其道。一些专家学者，竟也热衷于各种传神唤鬼的法术，并堂而皇之地名为"灵学研究"，精于此道者还可得到硕士、博士学位。

随着科学技术的发展，伪科学也逐渐"电子化"。一些人在作公开表演降神术、招魂术、传心术时，使用各种先进的电子设备，包括小型无线电发报机、微型窃听器等，以此来造成惊人的假象，对人们更具欺骗性。

在国内，近些年来伪科学也泛滥成灾。书店里，书摊上，有关占星术、颅骨学之类的读物充斥图书市场；各种臆想玄谈、现代迷信及至鬼神，纷纷涂上科学的色彩，侵入科学的园圃。"河图"成了气象图；"洛书"成了判定方位的罗盘；"超人"呼风唤雨、起死回生，穿堂入室遥感遥视；被"开天目"者能知古代见未来一眼望到"外星之人";《周易》成了"外星人"献给周文王的礼品……关于地球有"扁平中空说",关于人体有"意念革命说",关于矿物有"占卜棒探矿术";有的鼓吹"少女泪治百病",有的声言要"打倒爱因斯坦",有的把进化论与神学"合二为一"等等,真是光怪陆离!

伪科学园地中的这些"怪胎",或似是而非哗众取宠,或异想天开查无实据,虽为科学界所不齿,但却迎合了一些人的猎奇心理,通过各种途径向广大民众施加负面影响。

"假作真时真也假,真作假时假也真。"在现代社会,用科学揭露现代迷信,用科学揭露伪科学,仍然任重道远。

作为热爱科学追求知识的青少年,必须学会识别伪科学,才能防止误入伪科学的沼泽地。

为此,必须说一说伪科学与科学幻想、假说的本质区别。

科学幻想是指依据科学上的新发现、新成就以及在这些基础上所可能达到的预见,用幻想的方式描述人类利用这些发现完成某些奇迹。顾名思义,科学幻想的第一个特点就是科学性,即离不开现有的科学原理和理论。著名的法国科幻小说家儒勒·凡尔纳,一生中写了大量的科幻小说,其想象力大大地超出了当时人们的想象程度。但他的科幻小说并没有离开当时的科学原理。凡尔纳为了研究某一科学的前景,常常是阅读了大量的文献资料,作了大量的摘录。据说凡尔纳留下的笔记摘录材料就有25000本。为了写《月界旅行》,他曾经研究了500多册图书和资料,同时还访问了许多对月球作过研究的天文学家。正是因为这种尊重科学的精神,使凡尔纳的小说具有很高的科学价值,受到了广大读者和科学界的欢迎。科学幻想的第二个特点就是幻想性。科学幻想毕竟不是科学理论,它允许人们大胆地想象一种超出目前状况的可能性,不必拘泥于某些个别的事实和理论。这就是爱因斯坦所说的"一种特殊的自由"。正因为如此,有些人干脆把科学幻想列入文学的范围之内。由于科学幻想具有幻想性质,所以它没有承担科学研究的任务,其主要的作用是培养人们,特别是青少年对科学的兴趣和爱好,促进他们的智力发展。

假说是人们以已有的事实材料和科学原理为依据,对未知事物或规律性作出的假定性的解释。例如,人们发现地球的自转是不均匀的。有人认为这跟季节风有关,因为这些移动的空气重达300万亿吨。它们的不断转动会使地球的重心发生变化，使地球的自转速度时快时慢；有人认为这与月亮有关，月亮引起地球上海水的涨落，使地球的自转速度减慢，等等。科学家提出的这些试探性的解释都是科学假说。假说也有两个特点：第一就是以事实材料和科学原理为依据。作为科学研究手段的假说，在这一点上的要求比科学幻想更为严格。第二就是具有猜测性质。假说不同于那些已为实践验证过的科学原理或定律，而是对某种未知现象或未知规律的假定性的解释，它还不是确定可靠的认识，还需要在实践中加以检验。假说是科学研究重要手段，是科学发展的形式，人们通过假说使自己的认识逐步接近客观真理。例如，自从人们知道原子是可分的时候起，就开始了探索原子内部结构的历程。1904年，汤姆生首先提出"葡萄干蛋糕"原子模型的假说，把原子看成一个球体，电子像蛋糕中的葡萄干嵌在球体的某些固定位置上。1911年，卢瑟福用α（希文）粒子轰击金属箔，发现α（希文）粒子被质量很大的物体挡住并被弹回，这是汤姆生的假说所不能解释的。于是，卢瑟福提出了"小太阳系"原子模型的假说。1913年，玻尔认为，按照卢瑟福的假说，电子绕核运动要以辐射形式放出能量，最终会掉进原子核里，这与事实不符。玻尔又提出"电子云"式的原子结构假说。从这个例子可以看出，人们通过不断地提出假说，逐步认识客观事物。

至于伪科学，则是指不充分具备科学所应具备的各种要素的那些"知识领域"。主要特征是明显地违背公认的科学准则。其表现形式复杂多样，例如，许多伪科学违背了科学中的节俭律，即最可能的解释就是最好的解释。假如你摔倒，膝盖流了血。这里有两个解释：其一是膝盖跟地面摩擦，皮肤损伤引起流血；其二就是膝盖给隐藏在地里的恶鬼啃了一口引起流血。选择第一种解释是合乎节俭律的，但伪科学却不是这样。在谈到复活节岛上的石像（重达50吨）在没有现代工具情况下如何竖起来的问题时，虽然在丹尼肯以前已经有人根据土著人的叙述说明了如何使用木头和小石头完成这一工作，而且丹尼肯也知道这一事实，可是他却在《众神之车》中写道："这是人类所不可能完成的。"他提出，古代的外星人光临了我们这个原始的行星，帮助建造了这些石像。显然，丹尼肯的解释违背了节俭律。其次，伪科学中存在大量违反逻辑的论证。例如，莱尔·沃森在他的《超自然现象》一书中写道："在76位法国医学院的成员中，发现他们中间绝大多数出生在火星和土星刚升到它们的天空之际……可见这两颗行星在小孩出生之际向天顶的上升，与孩子日后作为医生而取得的成就之间的关系，是有充分统计数字作为依据的"。可是麦克格维抄录了16634名科学家和6475名政治家的出生日期，把它们同"名日宫"联系起来，发现它们之间并无关联。从逻辑的角度看，沃森犯了草率概括的错误。总之，伪科学是以违反科学原则违反客观事实为其主要特征，其社会效果只能是混淆视听，制造不必要的思想混乱。如果有人据此传播宗教迷信思想，就会对人们的思想产生一种毒化的作用。

草萤有耀终非火，荷露虽团不是珠。闪光的并非都是金子。每一个在科林中漫步，到科海上拾贝的人，都得善于识破科学的赝品——伪科学。

他山之石，可以攻玉
——交流之益

以研究科研实践和思维技巧而闻名的英国剑桥大学教授贝弗里奇说："多数科学家在孤独一人时停滞而无生气，而在群集时就有相互发生一种类似共生的作用，这正如培养细菌时需要有好几个有机体，生火时必须有几根柴一样"。

萧伯纳说得更生动："你有一个苹果，我也有一个，交换之后还是一人一个。思想和苹果不一样，两人各有各的想法，一交换就丰富了，每人都有两种想法了"。

这些话不失为真知灼见，科学史表明，学术交流确实能产生第三个"苹果"；而忽视学术交流，则"苹果"可能失之交臂。

1774年，英国化学家普列斯特列在氧化汞加热实验中分解出一种能助燃的气体，但信奉燃素说的他对此不加深究。同年10月，化学家拉瓦锡在与普列斯特列交流科研情况时得知此事，很受启发，马上回去重复普列斯特列的实验，结果发现了新气体——氧。这是得益于学术交流的一个例子。作为鲜明对比的一个例子是，法国物理学家约里奥·居里忽视学术交流而失去了发现中子的机会。中子是英国物理学家查德威克发现的。但在查德威克之前，约里奥·居里就进行过有关实验并打出了中子，可是他没有认出来。本来，卢瑟福到法国讲学时就提到这种实验可能打出中子，可惜约里奥·居里认为听别人作报告没什么意思，就没有去。相反，查德威克却从卢瑟福的报告中得到启发，因此起步虽晚却捷足先登。

我们所说的学术交流，不仅仅是指同行专家之间的交流，而且包括与其他领域的人——即所谓"外行"的交流。

"隔行如隔山。"为什么要与"外行"交流呢？

科技活动中有一个奇怪的现象：一个学科或一项研究，长期处于停滞状态，虽然许多科班出身的内行苦苦求索，但见效甚微，似乎到了"绝境"。忽然，从外领域闯进一个"不速之客"，居然一下子打开了局面。

这就是"外行"的优势。

科学技术的不少重大成果，都记载在"外行"的"功劳簿"上。电报的发明就是一例。1832年，美国画家莫尔斯在去纽约的船上巧遇电学专家杰克逊。一天午饭后，杰克逊为乘客表演一个电学实验：他把导线绕在一根铁棍上并通以电流，铁棍立即变成了能吸铁的电磁铁。莫尔斯问他："电流是以多快的速度流动的？"杰克逊答："那可快极了，简直快得难以测量。"当晚，莫尔斯独自待在甲板上，望着皎洁的明月，脑中浮现着杰克逊的表演。不知过了多久，突然他脑中灵光一闪："假如让通过导线的电流有规律地间断，或许可以把文字变成信号很快地传送出去……"他抓住这一思想火花，做了一系列实验，终于发明了电报。画家莫尔斯的名字从此载入技术发明史。

说来有趣，就连"生命之谜"这样尖端的探索，竟然也由"外行"开创了先河。1934年2月，奥地利物理学家薛定谔在爱尔兰柏林学院做了一次出人意料的演讲，题目是"生命是什么？"后来，他又以这个命题发表论著。这位生物科学的"外行"，首先用热力学、量子力学的理论来解释生命的本质，并把"负熵"、"密码传递"、"量子跃迁"等概念引入生命科学，从而开创了分子生物学和量子生物学研究的新纪元。

在科学史上，"外行"做出重大贡献者并非屈指可数。被恩格斯称为19世纪三大发明之一的能量守恒和转化定律，有4名学者为此作出了努力，其中焦耳是酿酒专家、迈尔是医生、赫姆霍茨是生理学教授，而格罗夫却是律师；发现天体运动三定律的开普勒是一位职业编辑，专编当时流行的占星历书；而指出核苷酸的不同组合构成生物遗传密码的，竟是美国天文学家盖莫夫……

20世纪以来生物科学上最伟大的成就，莫过于"DNA双螺旋结构分子模型"的发现，这一创造性的科研成果极大地促进了生物科学在分子水平上的研究，使整个生物学的面貌为之一新。然而，在DNA双螺旋结构的发现过程中起主要作用的四位科学家——沃森、克里克、维尔金斯和富兰克林，除了沃森是学动物专业的外，其他三位都是生物科学的"外行"——物理学家：克里克是伦敦大学学物理和数学的；维尔金斯和弗兰克林都是晶体物理学工作者。

如何解释这种"外行"的优势呢？

可以作这样一个比喻：精通自己专业细节的内行，好比攀上一棵根深叶茂的大树，左右纵横的枝枝叶叶，常常挡住了他的视线，使他看不清方向；而"外行"的长处就在于，他站在树下，有时更能看清科学之树的主干和树杈的生长趋向。记得一位哲人说过：发现真理的障碍不是未知的东西，而是已知的甚至是熟知的东西。知识可以使人高瞻远瞩，也可能使人思维僵化。"外行"思想没有框框，能采取全新的思路、全新的方法，取得让内行人目瞪口呆的突破。当今，自然科学日趋综合化，整体化，相邻学科的界限已经越来越模糊不清，那些"边缘地带"往往成为"外行"者的用武之地。如有更多的"外行"闯入各个领域，这对于科研队伍创造力的"互补"和科学事业的发展，意义不可低估。

这里有个规律性的东西，就是古人说的，"他山之石，可以攻玉。"万物存在于世界，相互间充满着许多奇特的内在联系。一个学科中研究的问题，往往会在邻近甚至风马牛不相及的领域里派生出成果来。有些学科，或齐头并进，或交叉影响，情况就更为突出。

因此，学术交流不应拘泥于狭隘的专业分工，不要轻易说"那不是我的专业"。

值得注意的是，来自其他领域的启示和影响，在现代日益显示出它的重要性。20世纪60年代出现的仿生学可作例证。生物界在亿万年的漫长进化过程中，形成了许多卓有成效的导航、识别、计算、生物合成和能量转换等系统，它的小巧性、灵敏性、可靠性和抗干扰性等简直令人惊叹不止。螳螂能在0.05秒的一瞬间计算出飞掠眼前的小昆虫的方向、速度和距离，一举捕获之，以致使大型电子跟踪系统相形见绌。正是通过对生物系统的功能和结构的创造性模拟，世界上出现了鲸形船、海豚雷、鱼式振荡泵、无轮汽车、恐龙钻头、生物光源等新的发明，大大提高和丰富了人类认识和改造客观世界的能力与手段。这是广义上的"他山之石，可以攻玉"。

古人早就说："独学而无友，则孤陋而寡闻"。在人类科学知识激增的今天，学科分支日多日细，而且学科之间左联右挂，彼此交叉，这使得交流切磋、互相启发显得尤为重要。大凡杰出的科学家，其成功之处往往在善于与别人交流、接触、切磋，分析别人怎样选择研究课题、怎样寻求解决问题的途径，从中得到启迪，活跃思维，开阔思路，从而使自己的研究工作不断迈出新的步伐。交流，将会使学者得到第三个、乃至更多的"苹果"。

"他山之石，可以攻玉。"这是启迪科学工作者灵感的"钥匙"，也是对每个有志踏入科学之门的青少年的忠告。

千军万马立体战

——协作之花

报载：美国选拔高级科技人才的考试，一共有上百项测评指标，除了考基础理论、专业知识、动手实验能力之外，还有几项指标，专门测评应试者与他人协作的能力和精神。这就是说，善于协作已成为当今科技人才的重要素质之一了。

无独有偶。美国前总统里根的科学顾问基渥斯博士访华时曾对中国科学家说："当今科技发展的关键，不仅在于要有天才，更重要的是要有协同工作。"

这不失为真知灼见。该协作而不愿或不善于协作，只会贻误科学大业。美国著名火箭专家罗伯特·戈达德对此有过惨痛教训。他早在1926年就研制出世界上第一枚液体燃料推进火箭。但他只愿单干，不愿与其他科学家合作，结果，比戈达德动手迟11年的德国火箭研究所集体研制成了有实用价值的V－2火箭，而戈达德却还在实验室阶段搞"单干"。

科学家之间的协作，古已有之，16世纪末到17世纪初，天文学家第谷与开普勒亲密合作，协同研究，终于发现了行星运动三定律。这种合作可谓珠联璧合，相得益彰，至今仍为人们所称道。

第二次世界大战时，凶恶的传染病像法西斯一样，折磨着千千万万的人们。为了探索青霉素治疗人体疾病的方法，英国病理学家法劳来没有单枪匹马地进行研究，而是邀集了细菌学家加德纳和西德雷、生物学家山德士以及化学家秦因等联合进行实验，很快获得成功。科学家的合作，挽救了无数受病菌威胁的生命。

在一般情况下，科学家的合作也常常是一些领域取得突破的重要原因。因为消化物理学方面的成果获得诺贝尔奖的巴甫洛夫明确宣称："在我领导的这个集体内，互助气氛解决一切"。在诺贝尔奖金获得者中，肖克莱、巴丁和布拉顿从20世纪40年代末开始合作，50年代初就发明了晶体管；李政道与杨振宁1951年开始合作，5年后提出了弱相互作用宇称不守恒原理；具有广泛物理学、数学和化学知识的亚洛同富有临床经验的伯森合作20多年，终于研究成功一种高灵敏度的放射性测量疗法，可以确定人体血液和组织中的激素及其他微量物质。

这正如拉普拉斯所说："大自然所表现出来的奥秘，真是形形色色，变化万千。为了了解它，我们必须联合大家的知识和努力才行。"

爱因斯坦也有类似的见解："除了许多个人的无私的合作，就得不到真正有价值的东西。"

科学家合作的人际关系，有莫逆之交的合作，有师生合作；还有亲属之间的合作。在用X射线研究晶体构造方面合作并取得成功的是布拉格父子；天文学家赫歇耳兄妹合作，发现了新星；发明飞机的是莱特兄弟；而杰出的女科学家居里夫人则和丈夫合作，从事放射性来源的研究，1898年发现了放射性元素钋，接着又从数以吨计的沥青铀矿中提炼出纯净的镭盐。这些都已传为科坛佳话。

著名的数学学派布尔巴季小组，更是打破地域界限的相对松散的"远缘合作"团体。1939年，以"布尔巴季"署名的《数学原本》第1卷诞生了，以后第2卷、第3卷……陆续问世，到1973年共出版了35卷，它以构造主义的数学观，严格精细的逻辑方法，整理了迄今为止的基本数学概念。构思严谨，条理清楚，洋洋数10万言，成为20世纪中期数学界的要闻。

可是布尔巴季究竟是何许人？直到20世纪50年代还是只闻其名，未见其人。60年代初，人们才明白了，原来布尔巴季是法国一个合作得很好的数学学派，他们使用19世纪一位法国将军的名字作为笔名，发表巨著。1968年，布尔巴季学派的成员，著名数学家狄多涅在罗马尼亚一次演讲会上，揭开了布尔巴季学派的秘密，人们才真正了解了布尔巴季小组。

第二次世界大战后的法国，创伤累累，许多人被战争夺去了生命，法国的数学界青黄不接，后继乏人。狄多涅等一批青年学生，决心挑起发展法国数学的重担，立志要用20世纪以来数学上的新思想、新观念，写一套《数学原本》，加以总结和概括。于是四五个人成立了布尔巴季小组，以惊人的毅力向数学堡垒进军。

布尔巴季的成员平时分散在各地，一年讨论两三次，每次讨论就拟出一个大纲，交给一个成员写出初稿，拿到下一次布尔巴季会议上开展讨论。在每次讨论会上都有严肃的评价、激烈的争论、诚恳的批评。有些被请去旁听的人，往往留下一个"疯子集会"的印象，扬长而去。他们讨论的结果，常常是初稿一无可取，有时甚至连原来拟的提纲也被否定，推倒重来，另起炉灶。

布尔巴季学派的成员"有进有出"，历经几十年而不衰，一直保持群体协作，造就了一批数学家。他们在代数几何，拓扑空间、泛函分析、多复变函数论等领域，均做出重大贡献，协作之花结出了丰硕之果。

同一辈人取长补短，通力协作，应该说是屡见不鲜的事，而不同辈分的科学工作者相互合作，往往更能显示集体智慧的优越性。一般说来，老年科学家经验丰富，处事谨慎；中年科学家年富力强，知识面广，也有相当经验；青年科学工作者虽然缺乏经验，但精力旺盛、思维敏捷、创造性强。老、中、青三结合，就能既富有创造精神，又不莽闯；既考虑周密，又不畏首畏尾；最有利于发挥群体的综合优势。超导机制的揭秘就是一个很能说明问题的例子。

早在1911年，有人做了一个实验：把水银冷却，一直到零下269℃以下，然后在水银线上通了几毫安的电流，并测量其两端电压，这时出现了奇异的现象：水银的电阻突然消失了，人们把这种现象称做超导现象。可是从这以后50多年中，为了解释这种现象，许多物理学家（其中包括五位获得诺贝尔奖金的著名学者）呕心沥血、艰苦奋战，但未见成效。因此，超导微观理论的研究使人望而生畏。

1975年，巴丁和库柏、施里弗三人亲密合作，提出了电声学相互作用的超导理论，才揭开了超导之谜。

当时，巴丁已经50岁，因参与晶体管的发明而得到了1956年诺贝尔奖金。真可谓沙场老将，经验丰富。他一直盼望有朝一日能解决超导问题。

库柏，当时不满30岁，是才从大学毕业的研究生，刚得到博士学位不久。他所熟悉的理论是量子场论，虽与超导风马牛不相及，然而，巴丁看中他精力充沛，熟悉一套数学物理方法，认为他会对解决超导问题有所作用的，特地邀请他从美国东部来到中部伊利诺斯大学和自己一起工作。

施里弗是美国麻省理工学院的毕业生，刚过20岁，他慕名前来拜巴丁为师，当一名研究生。巴丁拿出10个物理问题供他选择，并建议他研究最后一个：超导。施里弗一时决定不了，便去征求另一位老师的意见。这位老师深知超导问题难之又难，问他："你年纪多大？"答："21岁。""那好，你还很年轻，浪费一两年不要紧。"

就这样，巴丁、库柏、施里弗开始了"老中青三结合"的攻关。

地点在伊利诺斯大学的研究所。这是一个学术空气很浓的研究所。所内搞理论的门类繁多，什么原子核物理、场论、固体物理……都在同一栋大楼里。每个办公室都有一块大黑板，总有三三两两的人在黑板上讨论问题。在基础理论上，施里弗有什么问题，是很容易得到同事们的回答的。有时，即使在旁边听听别人的讨论，也会受益匪浅。在饭厅里，搞实验的，搞理论的在一起进行交流，一顿饭往往吃上一两个小时。至于巴丁、库柏和施里弗，在办公室里一起讨论问题更是经常性的了。

研究工作进行到最关键的时候。一天下午，年轻的施里弗想出了一个解决问题的简明方法，但是他拿不准。问库柏，库柏也没有把握。当时，老科学家巴丁正出差在外。等他回来一看，十分激动地说："行了！行了！这就行了。"

他们提出的超导理论，不仅解开了存在约50年之久的超导之谜，而且对其他领域，如核结构、天体物理和液氦的低温行为的研究工作，也产生了巨大影响。因此，他们三人共享1972年诺贝尔物理学奖金。其中老科学家巴丁是第二次得到这项殊荣了，与中青年的合作，使他科学青春长盛不衰。

考察科技发展史上科学家协作的现象，不难发现这样一种态势：随着科学技术的发展和科技水平的提高，科学家之间的协作日趋普遍，协作规模日益扩大，孤军作战已难有大作为。

这很好理解。在科学还不发达的古代，科学研究都是"小生产"方式的。哥白尼观察天体、伽利略从事实验、牛顿研究力学、甚至居里夫人发现钋的年代，科研活动也多为"手工作坊"式。那时的科学家可以"人自为战"，即使个性孤僻、不与他人协作，也可照样出成果、成巨匠。但科学技术的发展，特别是大科学时代的到来，从根本上改变了这种状况。那种各自为战、我行我素、靠一张纸一根笔或一台仪器去攻关的时代已经过去。美国女科学家朱克曼作过统计，在诺贝尔奖金设立的第一个25年，合作研究获奖人数仅占41%；第二个25年占65%；第三个25年，这一比例上升到了79%；到了近十几年，已极少有单人夺魁的了。这表明，科学工作者之间的协作日显重要。

善于协作是大科学时代对科技工作者的要求，也是大科学发展的必然。

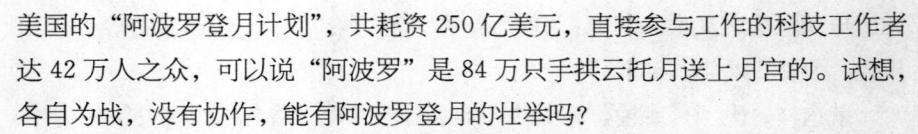

美国的"阿波罗登月计划",共耗资 250 亿美元,直接参与工作的科技工作者达 42 万人之众,可以说"阿波罗"是 84 万只手拱云托月送上月宫的。试想,各自为战,没有协作,能有阿波罗登月的壮举吗?

有人说:"21 世纪没有著名的科学家,只有著名的科学家团体。"这句话可能说得绝对些,但在大科学时代,科学家群体的协作比科学家个人的作用显得越来越重要,却是肯定无疑的。

失之东隅，收之桑榆

——成败之间

近读《科学报》，知一消息：河北某标准件总厂，在表彰科研有功人员中，设立"科研屡败屡战奖"，为科研工作中的失败者颁奖。同时规定，不准任何人以任何借口和形式对获"失败奖"者讽刺打击，否则将受到厂纪的惩处。

此举的决策者，真可谓有识之士。

翻阅词典，"失败"与"成功"相对，一般解释为工作没有达到预期的目的，这本是遗憾之事。设立"科研屡败屡战奖"，当然不是奖励失败，而是鼓励百折不挠的科学探索精神，给那些艰难跋涉于科研的崎岖之路上的未来成功者以动力。

俗话说："胜败乃兵家常事"。"不以成败论英雄"。古代智者，早已深明此道。公元前628年，秦国将领孟明视、西乞术、白乙丙奉君主秦穆公之命率兵伐郑国，途经险恶地带时遭到晋军伏击，全军覆没。三名败将抱着"死为本国鬼"之心回到秦国，不料秦穆公亲自出城迎接。有人问："败军之将，理应斩首，为什么还给这样的礼遇呢？"秦穆公回答：不许武将失败，打了败仗就杀头，哪能安定军心，让将士忠诚效力呢？秦穆公不但没有处罚孟明视三人，反而好言安抚，仍让他们带兵打仗。这种信任败军将领之举，实在是很明智的。

科学探索与其他行业相比，失败就更是家常便饭了。科学家面对的是广阔的未知领域，从事的是前人所未涉足的开拓性工作，失败的几率大大高于成功的几率，失败的例子比成功的例子不知要多多少！法拉第曾说："就是最成功的科学家，在他每十个希望和初步结论中，能实现的也不到一个。"华罗庚也指出："在科学研究上，失败的工作比成功的工作多得多。一切发明创造都是经过许多失败的经历而后成功的。"英国物理学家汤姆生，一生发表了600多篇学术论文，获70种发明专利，得到250所学府和团体的荣誉头衔，但也在总结自己的科学生涯时却说:"用一个词可以概括我50多年的科学活动,这个词就是'失败'。"这既是汤姆生的自知和伟大,也是他一生中最发人深省的总结。

可以毫不夸张地说:一部科学史就是一部失败史。其中有许许多多辉煌成果的记载,更有难以数计的失败的印迹,而后者甚至比前者更深刻、更富于启发性,更值得研究和总结,只不过后人在谈论科学家、发明家时,往往只是褒奖他们的明智,注重他们的成功,而忽视追踪他们失败的足迹罢了。

翻开科学史,许多正确的理论,其发端却是错误的;许多成功的例子,却源于失败。

波兰天文学家哥白尼所建立的日心说,正是来源于对古罗马时期著名天文学家托勒密的错误的地心说的批判继承。

今天人们所熟知的人体血液循环说,是英国生理学家哈维对古罗马医学家盖仑错误的灵气说的批判的结果。

法国著名化学家拉瓦锡建立了科学的氧化学说,最终揭开了燃烧的秘密。但是,在这之前,人类提出的第一个关于燃烧的理论——燃素说,在统治化学界的百余年后被证明是错误的。

焦耳曾信奉永动机理论,废寝忘食地研究永动机,在多次失败之后,才开始思考机器运动时热与功的转化,创立了能量守恒与转化定律。

在科学研究中,有些问题的解决需要经过几代人的努力才能奏效,有些失败则是时代和历史条件的局限。数字上的"四色问题",自19世纪40年代提出后,一个多世纪来不知消耗了多少数学家的大脑细胞,都告失败。然而,人们并未因此而丧失信心,反而逐步认识到失败的原因在于"手工操作"。因为这一证明的过程极为复杂,包含有几万步的程序,而这是手工操作无法完成的。于是人们设法求助于新的工具,终于在1976年由两位年轻的美国数学家用计算机证明了"四色定理"的猜想。而他们所制定的程序中,都包含了前人在这一工作中的积极合理的思想。

如果仔细分析一下在科学史中被宣判为错误的理论,不难发现,在失败的迷雾中,常常闪烁着科学思想的火花,而且在一种科学探索的失败里,还往往隐瞒着另一种科学思想的萌芽,不能简单地将它们一笔勾销。

因此,几乎可以归结出一条"经验定律":人类往往是从错误的一端去接近真理的,是从失败的一极走向成功的彼岸。用通俗的话说,就是"失败是成功之母"。

对此，科学家们有过许多精辟入理的论述：

"实验上的失败，可能会成为发现的开端。"（巴甫洛夫）

"在科学上，要得到正确的东西，总要先犯很多错误；如果你能把所有的错误都犯过之后，那最后得到的就是正确的结果了"。（李政道）

"正确的结果，是从大量错误中得出来的；没有大量错误作台阶，也就登不上最后正确结果的高座。"（钱学森）

这就是古人说的"失之东隅，收之桑榆"。

从这种意义上说，科学探索中的失败，乃是一种特殊形态的"成功"。失败往往成为科学拓荒者的路标和向导，可以启迪人们"反弹琵琶"，"回头是岸"，逆向思考。知道哪条路走不通，就能找出通向成功的途径。爱迪生在众多的发明中，耗时最长的是蓄电池，先后进行9000多次实验都未成功，他的朋友就说："您一而再，再而三地失败，算了吧。"爱迪生却说："我没有失败，我已经知道有9000多种方法是行不通的，这就是成果。"爱因斯坦说得更干脆："发现一条走不通的道路，就是对科学的一大贡献。"更何况，失败往往离成功只差一步之遥呢！

失败的探索者也是探索者。"对真理的追求比对真理的占有更可贵。"

科学的道路崎岖陡峭。科学的征途上布满险关隘口。攻关夺隘，哪能不受挫。科学研究又是探索未知领域的活动，当进入到一个陌生领域的时候，常常要在黑暗的丛林中摸索前进，难免有盲目性，难免走弯路，失败何足奇。

失败与成功两极相通。辉煌的胜利往往产生于再坚持一下的努力之中。在威武悲壮的战场上，败而不馁，再坚持一下，往往能取得扭转战局的关键性胜利；在科学的陡峭山路上，也只有败而不馁，才能获得成功。

真理面前无裁判
——权威之疵

1982年，物理学家谈家桢批评过这样一件事：有一个鉴定会，先由有关方面的权威作总结性发言，定下"鉴定"的调子，然后让与会者根据他的调子发表看法，对于不同的意见则弃在一边，别人要录音也不准……

这种"权威"定调、一家"独鸣"的现象，在科学界并不鲜见。

"权威"者，多为"老行尊"，一般来说大都是些一言九鼎的泰斗式人物。翻开浩瀚的科学史册，科学老前辈独具慧眼提携后人，不拘一格扶持新秀的佳话固然多多。然而，泰斗压制幼苗，权威拒"小人物"于千里之外的事件时有发生。权威之疵，不知扼杀了多少真知灼见！

19世纪的数学界，出现过一位彗星式的人物——伽罗华。1828年，17岁的法国中学生伽罗华写成了一篇《关于五次方程的代数解法问题》的论文，提交给法兰西科学院，文中首次提出了"群"的重要概念。前后几年，他递交了三次。前两次，大数学家们漫不经心地把这个"无名小卒"的论文丢失了。最后一次，好不容易送到大数学家波松的案头。波松一句"完全不能理解"的批语，就对论文判处了"死刑"。

翌年，伽罗华死于与人决斗之中。14年后，数学家柳维勒偶然中发现了伽罗华的论文，犹如在垃圾堆中发现了珍宝，遂将其刊发于他主办的数学杂志，公之于世。1870年，法国数学家若尔当出版了关于代换群和伽罗华方程论的《代换论》一书，世人才真正对伽罗华的开创性成果刮目相看，使伽罗华理论光芒四射。权威的压制，使"群论"这一数学分支推迟了进入数学王国的时间，这是何等可叹可惜啊！

说到权威的负效应，有必要提到一种耐人寻味的现象——"兰道现象"。

兰道，1908年出生于苏联巴库一个知识分子家庭，是苏联的世界级著名物理学家。他有着百科全书般的知识，一生中论著多达120余部，研究范围涉及理论物理学的各个领域。1946年，38岁的兰道被选为苏联科学院院士；

1951年被选为丹麦科学院院士；1960年被选为英国皇家学会会员，同年获英国伦敦奖金和普朗克奖金；1962年获列宁奖金，并于同年获诺贝尔物理学奖……兰道以他卓著的物理学研究成果，被科学史家誉为20世纪上半叶最著名的12位物理学家之一。

兰道的科学生涯，与"权威"二字诸多瓜葛——早年曾被权威所压，自己成为权威后又以权威压人！

兰道20来岁时曾在列宁格勒物理研究所工作。"初生牛犊不怕虎"，他无遮无挡地指出该所负责人约飞院士写的一篇论文有原则性错误。事非不可，实验为证。事实摆在面前——兰道的结论是正确的，约飞的论点不能成立。这件事使约飞耿耿于怀，他忍受不了年轻人的"冒犯"，因而伺机报复。有一次，兰道在学术会议上宣读了自己的论文之后，约飞当众非难说：语无伦次，听了半天不得要领。兰道年轻气盛，义愤溢于言表，立即反唇相讥："理论物理学是一门高深复杂的科学，当然不是任何人都能理解的。"这又一次触怒了约飞这位赫赫有名的权威兼顶头上司，他不肯饶恕兰道。不久，兰道不得不含泪离开了列宁格勒物理研究所……

谁知，以后成为权威的兰道比约飞还要狭隘还要专横！他凭着自己的智力优势和显赫威望，自以为是，缺乏自制。凡他不喜欢的假说、理论、研究成果，他统统斥之为"废话"、"病态"，并运用自己的影响加以抑制和贬低。在人际关系中，他搞"唯我独尊"。他和苏联理论物理学家伊凡宁柯本来是最好的学术伙伴，曾合作发表过5篇论文，但后来却变成了"病态"关系。在选编《兰道论文集》时，兰道坚决反对把自己与伊凡宁柯合作的论文纳入其中，也绝不允许伊凡宁柯再参加他的研究讨论会。这还不算，谁要是提到伊凡宁柯的某一佳作或某篇妙文，那谁就得倒霉，气量狭小的兰道是不会饶恕他的。

兰道的权威及其主观武断的作风，使他犯下了不可饶恕的失误。1956年，苏联物理学家沙皮罗通过对介子衰变的研究，独自得出了介子衰变中宇称不守恒的结论，打破长期以来人们一直认为的"宇称守恒定律"。所谓"宇称"，就是描述微观粒子体系运动或变化规律左右对称性的量；"宇称守恒定律"的含义是，无论是一个或多个粒子因相互作用而发生变化，相互作用之前的系统总宇称，应该等于相互作用后变化了的系统宇称。也就是说，当粒子相互作用形成新粒子时，衰变方程式两边的宇称必须相等。本来沙皮罗的发现是一项极其重大的科学发现，但是兰道对于沙皮罗的发现并没有在意，当沙皮罗把他的这一重要发现写成论文，交给兰道审阅时，兰道只冷冷地付之一笑，就顺手把它扔到了办公桌一边。稍后美籍中国物理学家李政道和杨振宁根据对弱相互作用的仔细研究和分析，公开提出了宇称守恒定律虽然在强相互作用中绝对成立，但在弱相互作用中就不成立了，介子的衰变正好说明了这一点。他们的结论立即震惊了当时的世界，他俩为此获得了1957年诺贝尔物理学奖金。就这样，兰道权威的负效应使苏联物理学家痛失了一次获诺贝尔奖的机会！

权威压抑新秀，要说都是权威者夜郎自大，目空一切，也不尽然。随着科学技术的飞速发展，有些权威成了学术思想僵化的知识上的落伍者，纵然"千里马"来到面前，却视之为毛驴。40年前发生的"树"与"森林"之争，就是一个很生动的例子。

20世纪50年代，几乎全世界所有的生物化学家都参加了关于"树"与"森林"的大论战。"树"派的领衔人物是名声显赫的世界生物化学权威，美国哥伦比亚大学教授谢尔加夫，"森林"派的旗手却是名不见经传的"小字辈"华特和克涅克。"树"派指责"森林"派搞分子生物学是"只见森林不见树"；"森林"派却指出谢尔加夫只见分子化学这棵"树"而看不见分子生物学的"森林"。

当时，华特和克涅克正在研究"DNA双螺旋模型"。它是后来震动全球科学界的伟大发现。这个模型奠定了分子生物学的基础，并由此而产生了遗传工程学的量子生物学。华特和克涅克等人因发现"DNA双螺旋模型"而获得1962年诺贝尔医学生物学奖金。但谢尔加夫从一开始就对华特、克涅克的研究采取粗暴的否定态度。20世纪50年代初，谢尔加夫曾经到英国讲学，当华特和克涅克毕恭毕敬前来向他请教时，他却很不友好地考问他们："A、T、G、C四种碱基有何区别？"两个年轻人面对世界权威，一时紧张得哑口无言。谢尔加夫得意扬扬地讽刺说："连这都不懂，却妄想搞什么DNA模型，太可笑了！"

其实，可笑的恰恰是谢尔加夫自己。他只知道一切生命现象应在"物质水平"上作化学的阐明，却没能前进一步进行"分子水平"上的研究。一株小"树"遮住了他的眼睛，使他看不到分子生物学的"大森林"。更为可悲的是，谢尔加夫还一直顽固地反对以后发展起来的遗传工程学，成为科学发展的绊脚石。最后，谢尔加夫落得个兵离将散、众叛亲离的结局，连他自己创办的研究所也散伙了。

讲了这么多权威之疵，我们可以从中得到些什么有益的启示呢？

本来，学术论争是科学研究中的正常现象。"灯不拨不亮，理不辩不明。"科学总是在学术争论中大踏步前进的。作为科学家，在科学上都有自己的见解，不妨各抒己见，百家争鸣。问题在于，参加论争的双方，尤其是地位、威望上占优势的一方，应该有点雅量，多一点学者风度，少一些学阀派头，建立起"论敌良友"的人际关系，特别是对于地位、威望都远远不及自己的"小字辈"，更应平等待人。在科学史上，有许多关于权威闻过则喜的美谈佳话，也有不少"权威派"向"小字辈学派"坦然认输的记载。但遗憾的是，像生化权威谢尔加夫这样缺乏雅量，对小字辈冷嘲热讽粗暴否定的学阀，不仅过去有之，今天也远未绝迹！

本来，权威犯错误并不值得大惊小怪。人不是神，权威也不是神。面对广阔的未知领域，在探索真理的道路上犯点错误在所难免。权威承认自己错了，恰恰证明他是真正的权威。著名物理学家卢瑟福曾经宣称："那些指望通过原子衰变而获得能量的人都是胡说八道。"后来，他一旦看到原子能利用的曙光，立即发表文章公开认错。"原子反应堆之父"费米曾态度坦然地向全球物理学界声明：他发现的所谓"超铀元素"，其实只不过是两种已知元素的混合物。就连名震世界的爱因斯坦，也曾多次表示过自己关于"不存在引力波"的论断是错误的。这些明智的权威的坦率和雅量，不仅无损于他们的形象，反而增添了他们的声望。然而，并非所有的权威都有公开认错尤其是向"小字辈"认错的勇气和胸怀。

本来，在真理面前是不应该有权威的。"真理不是权威的女儿"权威不承认的真理仍然是真理。"在真理和认识方面，任何以权威者自居的人，最终必将在上帝的戏笑声中垮台！"——这是爱因斯坦的至理智言。

德国哲学家康德说得好："我若是想发现真理，那么牛顿，莱布尼茨的威仪应当一毫不顾。"尊重学术前辈，但绝不盲从、迷信权威——这才是应当倡导的"权威观"。

"水火交融"探真知
——论敌之谊

一部自然科学史,就是一部学术争论史。

天文学中有"日心说"与"地心说"之争;

生物学中有"渐变说"与"突变说"之争;

化学中有"燃素说"与"氧化说"之争;

光学中有"波动说"与"粒子说"之争;

热学中有"热素说"与"分子运动说"之争;

生物进化论中有"达尔文进化论"与"非达尔文进化论"之争;

现代宇宙学中有"有限有界"、"有限无界"、"无限无界"之争;

……

假若抽掉了学术争论的篇章,活生生的科学史将变成一本枯燥乏味的"流水账"!

"灯越拨越亮,理越辩越明。"学术争论是科学发展的重要推动力量。这已毋庸赘述。

现在我们要展开的话题是:学术争论双方——即论"敌"之间的个人关系。

这可是个微妙而又"敏感"的问题。

18世纪下半叶,在地质学史上,围绕着岩石成因问题,展开过一场"水成"和"火成"的争论。水成派的首领是德国弗赖堡矿业学院的教授维尔纳。他认为,地壳上所有岩石都是从原始的海水或洪水时期沉积出来的,因此,人们称之为"水成派"。1788年,英国地质学家哈屯,提出地壳中存在着岩浆岩,它是由高温的岩浆冷却结晶而成的,人们称之为"火成派"。两派争论异常激烈,后来甚至发展到指责和谩骂,最后竟动了拳头……

这真可谓"水火不相容"!

学术上的势不两立,演化成争论双方人际关系中明争暗斗张弩拔剑,这不能不说是学术争论的畸变和悲剧。

但这不过是学术争论史上的支流。代表学术争论主流的是：为科学见解不同而争论，又从中取长补短，尊重论"敌"，增进友谊。

"唇枪舌剑情谊深，如切如磋探真知"的佳话美谈，在古今科苑上比比皆是。

维勒与李比希的"水火相容"之交，就是一例。

1822年，22岁的维勒发表论文，公布了他所测定的氰酸的化学成分。

1823年，20岁的德国化学家李比希也发表论文，公布了他所测定的雷酸的化学成分。

雷酸与氰酸，性质各异，一个很易爆炸，一个却很安定。可是，当人们把两篇论文一对照，发现氰酸与雷酸的化学成分竟然一模一样！在当时，这简直是不可理解的事。那时的化学家认为，一种物质只具有一种成分，不可能有两种物质是有共同的成分。著名的瑞典化学家，当时世界化学权威柏济力阿斯对这件事也发表了自己的意见，他认为："在维勒和李比希两人之中，总有一个人测定错了！"

于是，李比希拿来氰酸银进行分析，发现其中含有氧化银为71%，并不像维勒所说的为77.23%。于是，他发表论文，认为是维勒搞错了。维勒也重做了实验，发现是李比希搞错了。李比希所用的氰酸银不纯，所含氧化银应为77.5%。李比希根据维勒的结论，又重新做了实验，证明维勒的分析是正确的，即氰酸银与雷酸银的化学成分是完全一样的。

后来，经过维勒、李比希、柏济力阿斯的深入研究，才发现，原来世界上存在着化学成分相同而性质不同的化合物。这种现象叫做"同分异性"。特别是当人们发现酒石酸与葡萄酸同分异性之后，明白了这一现象不是孤立的，而是普遍存在的。

维勒与李比希在争论中相互认识了，而且建立了深厚的友谊。

1829年，维勒给李比希发出一封要求合作的信，不久，李比希回信表示同意，于是两人的合作就开始了。

他俩的性格真是如同水火。李比希激烈、爽朗、勇敢、自信、好奋斗、肯牺牲、是个风风火火的化学家；维勒温柔、平和、有耐心、有见识，遇攻击不动声色，显得没有生气。人们给他俩分别下的结论是维勒是"一盆冷水"，李比希是"一团烈火"。但由于他们"感情相同，正直无私相同，致力科学相同，学问务求彻底相同"，使两人结成了莫逆之交。他俩密切合作，共同对无机化学、有机化学进行分析研究，以两人的名义写出了几十篇化学论文。

李比希在自传中写道："我有个大好运气，即得到一位志趣相投和目的一致的朋友。过了这么多年，我现在和这位朋友仍然以最大的热诚合作着……我们毫无嫉妒，手携手地努力向前，当这一位要行动时，那一位早已经准备好了。"李比希在给维勒的一封信中，曾这样写道："我们两人同在一个领域中工作，竞争而不嫉妒，保持最亲密的友谊，这是科学史上不甚常遇的例子。我们死后，尸身将化为灰烬，而我们的友谊将永存。"维勒结婚后两年，妻子病故。李比希便把维勒接到自己家中，安慰他。维勒感动地说了这样的话："你以亲爱之意接待我，留我如此之久，我不知应当如何谢你。当我们在一处面对面工作时，我是何等快乐。"

这是多么难能可贵的情谊啊！

学术上的论"敌"要成为良友，当然需要宽容和豁达。即便你真理在握，也应谦逊诚恳，以礼待"敌"。既有"理"又有"礼"，何愁不能"化干戈为玉帛"？

荷兰科学家范特霍夫首先提出了碳原子的立体概念，但却遭到了当时许多有名望的科学家的反对，其中以德国的有机化学家柯尔比反对最烈。但范特霍夫并不迷信权威，他风趣地说："柯尔比老先生的宏论从头到尾都没有推翻我研究出来的铁一般的事实。凡是有根有据的理论，是非自有公论，不必为自己辩护。"不想这番话传到了柯尔比的耳中，气得他浑身发抖。他从德国赶到荷兰的阿姆斯特丹，要亲自与范特霍夫辩论。开始范特霍夫想避而不见，可转而一想，对这样的老一辈权威，应当采取尊重的态度。

他很有礼貌地去接待柯尔比，但这位怒气冲冲的老人竟然在他去办公室的路上拦住了范特霍夫。范特霍夫冷静地向他解释，并系统地阐述了自己的观点。那严谨的理论以及谦恭的态度，终于使柯尔比为之折服，他不得不承认这一新理论为研究原子开辟了新的领域。一对论敌转而成了挚友，柯尔比还邀请范特霍夫到当时最有名望的普鲁士科学院去任教呢！这可真是"相逢一笑泯恩仇"啊！

谈到学术争论双方的"论敌良友"关系，不能不提到 20 世纪两位最伟大的物理学家——玻尔和爱因斯坦，以及他们之间那场历经 35 年之久的全球瞩目的大论战。

爱因斯坦和玻尔是在1920年认识的。那一年，玻尔第一次到柏林讲学，就和爱因斯坦交上朋友。同时，也就是在他们初次见面之后，在认识论上就发生了分歧。此后，就开始了终生论战。他们只要见面，就会唇枪舌剑，辩论不已。

论战是围绕着对量子力学的解释而展开的。

以玻尔为旗手的哥本哈根学派量子力学观的核心是著名的"测不准关系"。它的意思是，在微观世界中，粒子的两个力学量，例如时间和能量，不可能同时精确地测定，如果其中一个测得越准，另一个就越不准。爱因斯坦对此持否定态度。他设计过许多"理想实验"想推翻"测不准关系"。其中最厉害的一个称为"光子匣"。这种匣子中充满了辐射，其壁上装有时钟控制的快门。在匣子放出一个光子的前后，分别测定匣子的重量，就能精确得出所放出的光子能量。而放出光子的时间间隔，可用时钟机构精确测定。这显然违背"测不准关系"。当爱因斯坦在学术会议上提出这个"理想实验"时，玻尔十分震惊，一时无法反驳。可是经过一个不眠之夜，第二天玻尔便在会议上令人信服地证明。在称重过程中匣子在重力场中的位移，会干扰控制放出光子的时钟装置的速度，从而导致误差，而这个误差正是"测不准关系"所预言的数量！这一反击，又一次维护了量子理论。

类似这样的较量，在玻尔与爱因斯坦35年的论战中，不知有多少回合！

玻尔学派的另一个主要观点是所谓"几率解释"即认为在量子力学中，只能说事情发生的几率即可能性，而不能说什么事情必然发生，什么事情不会发生。但爱因斯坦却认为，物理规律应该是确实可靠、有因有果的，不能像随意抛掷一枚硬币那样，将出现正面或反面的几率有多大。因此爱因斯坦说了一句名言："上帝不是在掷骰子。"玻尔答之以另一句名言："预言上帝如何摆弄世界，不是我们的事情。"

玻尔学派的量子力学观后来被物理学界普遍接受。但爱因斯坦一直不以为然。他甚至说，如果物理世界真像玻尔描述的那样，"我宁愿做一个补鞋匠或者做一个赌场里的雇员而不愿做一个物理学家"。

但玻尔与爱因斯坦这对在学术上势不两立的论敌，在私人关系上却表现得情深谊厚。爱因斯坦本来早该获得诺贝尔奖金，但由于当时不少人对相对论有偏见，直到1922年秋，才回避相对论的争论，以"表彰他研究光电效应的贡献"为名授予他1921年度诺贝尔物理学奖，并决定把1922年度的诺贝尔物理奖授予玻尔。这两项决定是1922年11月同时发表的。爱因斯坦当时正赴日本，在途经上海时接到获奖通知。而玻尔对爱因斯坦长期不能获得诺贝尔奖感到很不安，怕自己在爱因斯坦之前获奖。因此，玻尔得悉消息后，立即欣喜地给旅途中的爱因斯坦发出这样一封贺信：

亲爱的爱因斯坦教授：

我愿意衷心祝贺你被授予诺贝尔奖。外界的承认固然在你看来完全无所谓，但所附的款项或许将能改善你的工作条件。

我能够和你相提并论地被考虑授予这一奖励，这是我从外界所能得到的最大的荣誉和欣慰。我知道我是何等地受之有愧，但是我愿意说，有一件事曾使我感到是一种最大的幸运，那就是，在我被考虑授予这种荣誉以前，你对我在里边工作着的那一更专门领域的贡献（且完全不谈你对人类思想界的巨大贡献），竟然也像卢瑟福和普朗克的贡献那样得到了承认，而且也是完全公开地得到了承认。

你的忠实的 N·玻尔

此信是1922年11月11日发出的。爱因斯坦收信后，于1923年1月11日在访日途中写了一封回信：

亲爱的或非常亲爱的玻尔：

你的热情来信在我抵达日本之前寄到了我手。我可以毫不夸张地说，这封来信和诺贝尔奖一样地使我高兴。我发现特别动人的是你害怕可能会比我更早地获奖——这真是"玻尔式的作风"。你的关于原子的新的研究，伴随了我的旅行，而且它们使我对你的喜爱甚至又增加了。我承认，我终于明白了电和引力之间的关系。在这个方面爱丁顿比外耳更接近于真理。

旅行很愉快。我对日本及其人民甚为满意，而且相信你也是这样。另外，对于耽于思索的人来说，海上旅行也是一种愉快的经验——有如进了修道院。此外，赤道附近的醉人暖意使温暖的雨水纷然自空飘坠，造成了一片寂静和植物式的朦胧睡意——而这封短信便是明证。

致以衷心的问候。盼望最近能在斯德哥尔摩有一次快乐的重逢。

你的忠实的 A·爱因斯坦

这两封信，既不是庸俗的应酬，也不是无关紧要的客套；它字里行间浸透着两位科学大师互相尊重的真挚友好情谊，谁能从中看出他俩竟是一对学术上的论"敌"！

1955 年 4 月 18 日，爱因斯坦与世长辞。玻尔听到噩耗时，不胜悲哀，专门撰文颂扬爱因斯坦的功绩，认为爱因斯坦对他的批评"是许多新思想产生的源泉"。他这样写道："对于全人类来说，爱因斯坦的逝世是一个巨大的损失；对于我们这些有幸享受到他那温暖的友情的人来说，现在竟再也不能看到他的亲切微笑，听不到他的言谈话语，这真是一种巨大的悲哀。"玻尔去世前一天，在工作室黑板上画的最后一幅图就是爱因斯坦的"光子匣"，这说明他一直在认真考虑爱因斯坦的意见。

对于玻尔，爱因斯坦生前也给予高度评价："作为一位科学上的思想家，玻尔的最令人倾倒之处，是他难得地兼备勇敢和谨慎。很少有人像玻尔那样本能地把握隐藏的东西，同时又有他这样深刻的批评眼光。他既明察秋毫，又能始终把目光盯在内在的原理。他无疑是当代科学领域中最伟大的发现者之一。""如果没有玻尔，我们今天对原子论的了解将会只是微乎其微。"

何等相知相亲！何等情真意浓！

爱因斯坦与玻尔 35 年的大论战影响之深远，持续之长久，为近代科学史所罕见。他们之间感人的论"敌"良友关系，更堪称学术争论的光辉典范。今天，当人们缅怀这两位科学巨匠的光辉业绩的时候，都会从他们的论战中得到深刻的启迪。

科学研究的任务，是为了揭示大自然的种种奥秘。对科学问题的争论，将使曲直越分越清。科学总是在学术争论中大踏步前进。同为追求科学，论敌何妨成良友？

虚怀若谷纳百川

——雅量之贵

先说个"大圆"与"小圆"的比喻:"老师,难道你还有什么不懂的东西吗?"芝诺含笑点头,然后在一张白纸上画了一大一小两个圆圈。开头,学生们不解其意。过后,他才指着两个圆圈,对学生说:"如果用小圆代表你们学到的知识,用大圆代表我学到的知识,那么,大圆包含的知识好像要比小圆多一点。但是,在这两个圆圈之外的空白,对你我说来,都意味着无知。因此,不知你们是否意识到,人对知识的追求和掌握,好比大小圆圈。圆内的可比作自己掌握的东西,圆外则是无知领域。圆越大,其周边接触无知领域不就越多吗?从这个意义上相对地说,我比你们不懂的地方要更多一点呢!"

芝诺这个比喻之妙,令人拍案叫绝,其意蕴发人深思。无怪乎爱因斯坦常要引用这个比喻告诫他的学生。

俗云:"大智若愚"。像芝诺一样具有虚怀若谷品行的科学家,可以开出一串很长很长的名单。哥本哈根物理学派领袖、当代物理学大师玻尔,就是很有代表性的一位。

玻尔本人是诺贝尔奖金获得者。他的研究所是个很有凝聚力、向心力的集体。玻尔的人格魅力磁铁般地吸引着一大批出类拔萃的青年物理学家,培养出像海森堡、泡利、狄拉克等一代英豪。在玻尔的学生和助手中,人才辈出,获得诺贝尔奖金者就有7人。有人问玻尔:"您凭什么秘诀把那么多有才华的青年吸引在身边?"玻尔回答说:"我从来不怕向他们承认:我是愚蠢的。"

玻尔的回答一点不假。他"不耻下问"的精神尤为突出。甚至在看电影时他也会喋喋不休地问他的学生:"这个人是不是那个牧童的姐姐?""是那个牧童开枪打死了偷牛贼吗?"在科学问题上,玻尔更是谦虚谨慎。当年轻人请他审阅论文而他又有不懂之处时,他从不掩饰,而是反过来虚心向年轻人请教询问,如果年轻人一时解释不清而张口结舌,他总是和颜悦色地说出他那句著名的口头禅:"不要紧,这仅仅是为了学习"。

玻尔特别尊重青年人的首创精神。1922年,他到哥廷根讲学,当时盛况非常。然而在不绝于耳的掌声中,却有一位年仅二十几岁的青年海森堡站了起来,对玻尔的一些观点提出批评和反驳。玻尔对此丝毫不感到难堪,反而十分欣喜。会后,他邀海森堡一道散步,高度赞扬海森堡的探索精神和独立见解,并热情邀请他到自己的研究所工作,后来,海森堡真的到玻尔研究所从事研究工作,并在玻尔的引导下提出了著名的"测不准原理",创立了矩阵力学,成为物理学界的杰出新秀和玻尔研究所的得力干将。

玻尔的虚怀若谷,使得以他为旗手的哥本哈根学派如大海容纳百川,经久不衰。

虚怀若谷,不仅是个谦虚问题,更是个气度问题。

气度,也叫胸怀、雅量。它是一个人品德修养的重要内容。我国有句古语:"识高则量大。"说的是一个人的学识与气度的相互辩证关系。这一点,在许多科学家身上得到了很好的证明。

英国著名科学家巴克拉是1917年诺贝尔物理学奖获得者。他大器早成,25岁就当上了皇家科学院的电学教授。

一天,有个学生只上了一次课就要求转学,这使他感到奇怪。原来,巴克拉从小家境贫寒,他的许多本领是小时候到他父亲做工的工厂的实验室里学到的。可是,有一天,这家工厂老板的孙子拦住了他的去路,不但不让他进实验室,还当众打了他一记耳光。这一侮辱,气得巴克拉病了好几天。而这位当年打他耳光的人,也就是现在要求转学的学生。

当巴克拉了解了事情的经过后,就悄悄驾车来到了这位学生的家,他诚恳地对他说:"过去的事情就过去了!我要替你们家把理化实验室重新设计一番,那里太古老了。"这番宽宏大量的话深深感动了打过他的学生,也在科学史上传为美谈。

同样的故事也发生在另一位荣获诺贝尔医学奖的瑞典医学家格尔斯特朗德身上。格尔斯朗德出生在一个世代贫困的眼科医师家庭里,由于他们一家热忱为广大贫民服务,也就遭到了一些有钱人的诽谤中伤,其中有一位叫玛尔孟的富翁骂得最凶。可有一年,这位玛尔孟的四小姐患了眼病,请遍了各地名医也医治无效,眼看着眼睛快要瞎了。无可奈何,玛尔孟只得硬着头皮去请格尔斯特朗德。格尔斯特朗德虽然恨透了玛尔孟,但想到治病救人,还是登门去给他的千金小姐治病了。经过诊断，他提出要给小姐开刀，这下玛尔孟又担心他会借机报复。可是小姐坚持要开刀，也只得同意了。经过手术，小姐双眼复明，这在当时成为瑞典的一条大新闻。这下，玛尔孟提出以重金雇用格尔斯特朗德，那位多情的小姐还愿意以身相许。这一切，均被医学家拒绝了。

在自己的生活经历中，能够以向前看的高姿态、不计夙怨，真可以说是一种雅量，一种豁达大度了。

当然，科学家碰到最多的是与其他科学家的关系。而其中最能考验科学家雅量、气度的，是处理与自己有过私怨的同行的关系。

开普勒提出著名的"行星运动三定律"，有很大一份功劳应归于第谷·布拉赫。第谷·布拉赫是详细记录行星运动的第一位天文学家，当他发现开普勒是个有才华的年轻天文学工作者时，便约他一起观测天体，并把自己的经验毫无保留传授给开普勒。可是，开普勒后来受人挑拨，以怨报恩，离开了第谷·布拉赫。但第谷·布拉赫并不计较私人得失恩怨，在病危期间，仍派人把开普勒找来，把自己长期积累的观测记录和研究心得交给开普勒。这些珍贵资料对开普勒提出"行星运动三定律"起了很大的作用。第谷·布拉赫对待开普勒所表现出的宽广胸怀和雅量，深为后人所称道。

爱因斯坦大学毕业后失业，穷困潦倒，曾给低温物理学家昂内斯写信，要求当他的助手。但昂内斯漠然处之，没有回信。10年以后，名震全球的爱因斯坦在一次物理学明星的集会上遇到了昂内斯。年近花甲的昂内斯为10年前的事向爱因斯坦诚恳地道歉说："现在该由我来给您当助手了。您10年前写来的那封信我还保留着，将来把它送到博物馆去，让后人看看我这个老头子当年有多么'糊涂'！"

爱因斯坦恳切地回答说："别介意。10年前我希望拜您为师。今天，您仍然是我尊敬的老前辈。"

大师们的这种胸怀、雅量、气度，为科苑增添了许许多多的真善美的佳话。科学是全人类的事业，在科学的宫殿里，不应有个人恩怨的位置。唯有虚怀若谷，宽厚待人，方能容纳百家，创造和谐的人际关系环境。

有一句外国谚语说得好："一两重的真诚，等于一吨重的聪明。"雅量作为一种品德，来源于知识，来源于文明。科学家们可贵的雅量，既是他们品德修养内涵的结晶，又是他们智慧的自然延伸。

一失足成千古恨

——陨落之星

爱因斯坦曾一针见血地指出:"在科学的庙堂里有许多房舍,住在里面的人真是各式各样,而引导他们到那里去的动机实在也各不相同。"

确实如此。科学领域并非一片净土,科学界也非冰清玉洁的"君子国"。

科学的星空,群星闪烁。有的光芒长在,可与日月争辉;有的却只耀眼一时,稍露即逝。追踪那些陨落之星的轨迹,大可引起后人的鉴戒。

俗云:一失足成千古恨。斯坦诺误入神学的泥潭而不能自拔,就是一个深刻的教训。

斯坦诺,1638年出生于哥本哈根,是17世纪时的著名生理学家。

作为生理学家,斯坦诺前半生取得了一系列巨大成就。他发现了耳下腺唾液管,并以自己的名字将其命名为斯坦诺管。他作了有关脑解剖的重要研究,进行了著名的有关鲨鱼的考察,重新研究了变成化石的鲨鱼牙齿"石舌"这一古老问题,据之提出了新的有关地质学和化石形成及其意义的有预见性的见解。他在生理学上的最大贡献,是否定了传统的肌肉运动"动物灵气论",提出了肌肉运动来自肌肉运动纤维的论断,并第一次用观察和实验得出了一系列正确的结论。

可惜,斯坦诺的辉煌太短暂了!他在36岁之时,生活道路发生了突然的变化,结果导致他一步步陷入宗教神学的沼泽,断送了自己的科学生命。这一年,斯坦诺在佛罗伦萨的修道院里认识了一位卖药的修士,他们谈起了关于拯救灵魂的问题。这次谈话引起了斯坦诺对宗教信仰和科学的深思,他想到了他那狂热的路德教徒的父亲对宗教的虔诚,想到他在巴黎期间修士们为说服他皈依天主教时的苦心劝说,他被宗教信仰俘虏了,在不到一年的时间里便放弃了科学研究而成了一名教士,并接受了神职。斯坦诺的这一做法使他得到了许多世俗的利益并得到了晋升,从而使他更加热衷于宗教活动了。当他被作为一名名誉主教派往各国去争取皈依者时,他为了完成这一使命,竟不惜利用他的科学家的声望，在哥本哈根的一所异教徒大学里教授起了解剖学，变科学为神学的工具。不久以后，他就成了一个日益虔诚的苦行者，毁坏了自己的身体，活到48岁便去世了。

思想和人生道路的失足，就这样酿成了斯坦诺的人生悲剧。

另一位科学家拉瓦锡的悲剧，则应该归因于他政治上的糊涂透顶。

拉瓦锡是法国著名化学家。他一生中科学发现众多。其最大成果：一是发现了氧气，使化学科学割断了与古代炼金术所保留的联系，引起了化学科学的革命，被人们誉为"近代化学之父"；二是在《化学大纲》中，补充了波义耳对化学元素所下的定义——化学元素是"化学分析所达到的真正终点"。并把他自己所知道的33种可信元素分成了金属、非金属、气体和土质四大类，列成了一张表，开创了化学家探索元素周期律的先河。

然而，在科学上精明敏锐的拉瓦锡，在政治上却近于无知。他似乎没有意识到当时他周围正在爆发的社会和政治革命。为了寻求额外的经济来源以补充科研经费，他竟不问青红皂白，神差鬼使地加入一个向居民征税、搜刮民财的团体——"包税公司"，成了受人民憎恶的替旧政府收税而又从中中饱私囊的税务官。1793年11月24日，法国新的资产阶级革命政府下令逮捕，包税公司的所有成员。多年来站在反动阵营一边的包税者拉瓦锡被带上了革命法庭，开庭时间不长即被判处死刑。1794年5月8日，51岁的拉瓦锡被拉上了断头台，无情的屠刀落在这位天才科学家的头上……

在拉瓦锡被处死后的第二天，大数学家拉格朗日痛心疾首地哭泣："砍下他的头，只需一刹那，但再长这样一颗头，花100年也不够！"

假如说拉瓦锡的被处死还令人们多少有一点同情的话，那么，从物理学家堕落为纳粹分子的斯塔克的悲剧下场，则完全是罪有应得，遭人唾弃。

斯塔克，1874年生于德国，曾是一位核物理学专家。早在1902年，他就通过对放电管的研究，发表了关于气体中的电的论文，预言了"极隧射线"的高速原子应显示出多普勒效应。1905年，他又用氢"射线"演示了这个效应。从1910年起，斯塔克转入了原子能研究。1913年，他巧妙地采用有孔阴极附近的第三电极，将一个极强的电场加到放电管中，观察到了由"极隧射线"的氢原子光谱线产生的多重分裂，从而发现了以其名字命名的斯塔克效应……丰硕的研究成果使斯塔克荣膺1919年诺贝尔物理学奖，并获得了当时欧洲最高科研中心——维也纳学院颁发的波格特纳奖。

但令人遗憾的是，斯塔克得到巨额诺贝尔奖金以后，财迷心窍，把科学扔到了一边，做起了"财主梦"。他公然违背瑞典诺贝尔基金委员会的规定，把奖金投资在盈利事业上。他开设了瓷器厂，大赚其钱。他的行为在科学界引起了强烈的反感。德国物理学家索墨菲和爱因斯坦都曾对他进行了严正的批评和苦心规劝。但这并没有使斯塔克改邪归正。相反，他却在邪路上越走越远，后来竟踏上了法西斯政客之路。1933年法西斯头子希特勒上台，斯塔克卖身投靠法西斯，削尖脑袋钻进了政界。用他自己的话来说，就是"参加了追随阿道夫·希特勒的斗士们的行列"。他钻营有术，很快就爬上了帝国科学技术厅厅长的高位。当时，法西斯纳粹发起了排斥犹太人的宣传，以斯塔克和另一位因对阴极射线研究而获得1905年诺贝尔物理学奖的勒纳德为首，组织起了一个顽固的保守主义派别，为虎作伥，甚嚣尘上，借助纳粹的反动政治势力，在科学界里大打出手，开始了绞杀"犹太人理论"的罪恶活动。他们把爱因斯坦的相对论等犹太人的划时代文献，统统攻击为"犹太人的想入非非的呓语"，是反动的理论；还把以相对论和量子力学为基础发表著作的非犹太科学家恶毒地诬蔑为"精神上的犹太人"。他们把海森堡骂做"白色犹太人"、"物理学蠹虫"。不但如此，斯塔克等人还紧密配合法西斯，对爱因斯坦等人进行政治上的迫害，抄家、搜捕，无所不用其极。这时候的斯塔克，已经完全丧失了一个科学家、甚至做人的起码良心，堕落成了令人唾骂的反动政客。

由于斯塔克臭名昭著的表演，第二次世界大战结束以后，被盟国军事法庭判处4年有期徒刑。斯塔克如此锒铛入狱，落了个罪有应得的下场……

前车之辙，后车之鉴。斯坦诺、拉瓦锡、斯塔克这些科学家队伍中的"失足"者，有的才智泯灭，有的身败名裂，有的肉体消亡。这不仅是他们个人的悲剧，更是科学的不幸。作为后人的我们，应该从中得到什么启迪呢？

人生路漫漫。科学路漫漫。在万万不能失足的地方失足，就会铸成千古恨。对科学征途上的跋涉者来说，正确的世界观和人生观，是使你不迷失方向不误入歧途的指南针。

心正笔直守行规

——科学之德

1991年10月25日,《中国科学报》发表了一篇由中国科学院14位学部委员联合署名的重要文章——《再论科学道德问题》。该报在文章之前加了这样一个编者按:

"几年前,本报曾发表过邹承鲁、张致一、洪朝生、郭慕孙4位学部委员有关科学道德问题的文章,并就科学道德问题开展讨论,在社会上起过良好作用。时过境迁,也许科学道德在一些同志的头脑中已经淡忘,而在另一些年轻的同志中又可能尚未接触到,或尚未认识到这一问题的重要性。对于一些中青年同志来说,常常不是故意违犯科学道德规范,而是不知道应该怎么做才对……"

"我们认为,邹承鲁等14位学部委员再次就科学道德问题提醒大家注意,是非常必要的……"

《再论科学道德问题》一文开门见山,一针见血指出:"现在,违犯科学道德规范的情况比以前更为严重。因此,我们认为应该继续展开关于科学道德问题的讨论……"

这是一篇针砭时弊的好文章。它讨论的是科学的"行规"——科学家的职业道德问题。

恩格斯说过:"每一个阶级,甚至每一个行业,都各有各的道德。"师有师德,医有医德,商有商德;科学道德,也就是科学家在从事科学技术活动中应该遵循的行为道德规范。

科学道德无论对于科学技术的发展,还是对于科学家本人,都至关重要。在科学史的长河中,刚正不阿、高风亮节的科学家如天河繁星,举不胜举;而因科学道德败坏而导致身败名裂者,也不乏其人。

抄袭和剽窃行为,是科学道德的头号敌人。美国耶鲁大学曾经发生过一场丑闻。1979年3月,一封控告信出现在耶鲁大学医学院院长的办公桌上,写信人是国立卫生研究院29岁的女内科医生罗德巴德，信中指控该校医学系副主任费里格与他的助手索曼，从她的一份送审手稿中抄袭了十几段文字，拼凑出一篇论文，准备抢先发表。她要求对此进行调查。经过一年零六个月的调查，情况基本属实，并且还发现了索曼有其他弄虚作假、伪造实验数据的行为。结果，索曼与费里格均被迫辞职，声名狼藉。

欺骗和弄虚作假，也是科学界深恶痛绝的。1953年11月24日，英国《工人日报》刊登了一条新闻，文章开头写道："谁假造了'曙人'的下颌和牙齿？——这件事欺骗了科学界达41年之久！"事情经过是这样的：1911年，在英国萨塞斯克郡，采石工人发现了几块人类头骨的碎片，被一个自诩为对古人类化石卓有研究的道生律师取走了。尔后，他又说"找到了"一块下颌骨。于是道生就把这几块化石送到"大英博物馆"，请专家鉴定，两位专家伍德华德与纪斯将这堆骨头七拼八凑，就宣称发现了"古人化石"，取名"道生曙人"，在伦敦地质学会开会时公之于众，轰动了当时的学术界，道生也从此名扬英国。

可时隔不久，有一位青年医生华脱斯顿提出了质疑，他认为这下颌骨是猿类的；动物学家米勒也说可能是属于黑猩猩的。可是伍德华德为了保持自己的"威望"，摆出权威的架势，硬将这"发现"记载于刊物，流传了很长一段时期。

20世纪30年代，地质学家欧克莱会同维纳、克拉克等科学家，对"道生曙人"用氟定量方法进行了分析，并在1953年11月22日伦敦地质会议上公布了研究报告。报告说："这块下颌骨是现生的10岁黑猩猩的颌骨，故意弄掉了几颗牙齿，并将留下的几颗牙齿用锉刀进行加工，然后用重铬酸钾进行染色，以此冒充'化石'，欺骗世人。"骗局终于败露，真相大白，"道生曙人"成了科学史上羞辱的一页。

当然，科学上的不道德行为远远不止这些。诸如嫉能妒贤，压制人才，夺人成果，门户之见，不负责任地滥用科技成果，用不正当手段打击不同学术观点，等等，都是科学道德规范所不允许的行为。

那么，科技工作者应该具有怎样的职业道德呢？

古希腊著名医生、欧洲医学奠基人、被尊为"医学之父"的希波克拉特斯（约公元前460—377年），制定了医生必须遵守的道德规范，至今虽两千多年，但仍具有深远影响。希波克拉特斯的医生道德规范是：

一、对授业之师，敬若父母，倘若需要，我要与他分享钱财，赡养其身。

二、对其子嗣视若手足，如愿学医，我要热心教导，不图报酬。

三、对我的儿子、老师的儿子以及宣誓立约的门生，我要悉心传授医学知识。

四、我要克尽全力，采取我认为有利于病人的医疗措施，不给病人带来痛苦与危害。

五、不把毒药给任何人。

六、我要清清白白地生活和行医。

七、进入别人的家，只是为了看病，不为所欲为，不受贿赂，不勾引异性。

八、对我看到或听到的不应传的私生活。不管与我的医务是否有关，我绝不泄露，严加保密。

有的科学家还曾提出这样的"戒律"：

要诚实！

绝不胡凑瞎编数据！

要一丝不苟！

要公平对待轻重缓急次序和思想！

对竞争对手的数据和思想不存偏见！

不要凑合，而是力求解决问题！

这些"戒律"，可以说是最早、最朴素的科学道德条文。

富兰克林是18世纪美国著名物理学家，也是著名哲学家、美国资产阶级革命时期的民主主义者。他很重视科学道德问题，为自己制定了十三条"道德准则"：

一、节制欲望：吃饭、喝酒要有节制；

二、自我控制：对待别人要能克制忍让，不可怀有仇恨；

三、沉默寡言：少说废话；

四、有条不紊：所有的物品都要井然有序，所有的事情都要按时去做；

五、信心坚定：信守诺言，出色地完成所承诺的任务；

六、节约开支：把钱用在对自己、对别人都有益的事情上，不要乱花一分钱；

七、勤奋努力：永远抓紧时间做有益的事情，不要浪费时间；

八、忠诚老实：不要说有害于人的谎话，要表里一致；

九、待人公正：不以不端的行为或者不诚实去伤害他人；

十、保持清洁：保持身体、衣服及房间的清洁卫生；

十一、心胸开阔：不为区区琐事而心烦意乱，悲观失望；

十二、慎言慎行：要使一言一行都符合道德标准；

十三、谦虚有礼：要像耶稣、苏格拉底那样立身处事，谦虚有礼。

据说，富兰克林每天都对照这13条道德准则，检查自己的所作所为。如有违反，就记在一个小本子上。

富兰克林能够如此自觉地注意自身的科学道德修养，这种精神难能可贵。迄今，富兰克林不仅因发明避雷针等受到后人的称赞，而且以他那崇高的品行受人尊重。

后来，对于科学道德，科学家们又进一步归纳、完善，提出以下六条：

一、避免片面性，认真考虑与你自己的看法不同的另一种可能。

二、使用你的读者和听众易于理解、有明确定义的词语和符号。

三、把观测和实验所得的数据视为至高权威。

四、对任何理论，一旦发现不能自圆其说的内在缺陷，或被实验事实所否定，则随时准备修正或以新的理论取代之。

五、应当时刻记住，科学界的成员应在物质和思想方法的可靠性、数据、结论和理论等方面互相依靠。

六、视简明扼要为最高价值。非绝对不可避免时，不要创造新的结构。

科学道德问题，渐渐被人们所重视。特别是在现代科学迅速发展之后，科学家队伍不断扩大，出现不同的理论、学派，引起热烈的争论。在论战中，某些不道德的做法，使正直的科学家们深感不安。

科学家们在评选诺贝尔奖金获得者时，不仅考虑学术成就，而且考虑科学道德。评选委员会注意获奖者的为人是否公正，是否和蔼可亲，甚至在对待恋爱、婚姻、家庭问题上是否严肃等等。据说，评选委员会曾考虑到维生素E的发现者伊万斯可以获奖，但是经调查、了解，同事们普遍反映伊万斯自高自大，缺乏道德修养，这样，伊万斯便落选了！

20世纪的世界科学巨匠居里夫人和爱因斯坦，不仅以杰出的科学成果而举世瞩目，而且以品德高尚而有口皆碑。

1935年11月23日，爱因斯坦在美国纽约罗里奇博物馆举行的居里夫人悼念会上，发表了著名的题为《悼念玛丽·居里》的演讲。爱因斯坦热情地称颂了居里夫人的科学道德，同时也深刻论述了科学道德的重要性。

爱因斯坦指出：

"在像居里夫人这样一位崇高人物结束她一生的时候，我们不要仅仅满足于回忆她的工作成果对人类已经做出的贡献。第一流人物对于时代和历史进程的意义，在其道德品质方面，也许比单纯的才智成就方面还要大。即使是后者，它们取决于品格的程度，也远超过通常所认为的那样。

我幸运地同居里夫人有 20 年崇高而真挚的友谊。我对她的人格的伟大愈来愈感到钦佩。她的坚强，她的意志的纯洁，她的律己之严，她的客观，她的公正不阿的判断——所有这一切都难得地集中在一个人的身上。她在任何时候都意识到自己是社会的公仆，她的极端的谦虚，永远不给自满留下任何余地……"

居里夫人的品德力量和热忱，哪怕只要有一小部分存在于欧洲的知识分子中间，欧洲就会面临一个比较光明的未来。

在这里，爱因斯坦以居里夫人为例，指出作为一个科学家，在道德品质方面的贡献要比才智方面的贡献更为重要。在我国京剧界，曾流传过一句格言："艺高不如德高。"德不高，艺亦不会高；只有德高，方能艺高。在科学上，何尝不是如此！

唐朝书法家柳公权有句名言："心正才能笔直。"他指的是书法。但是，就科学家来说，不也正是如此？

鸟系金块难高飞

——名利之镜

何为名利?

名者,誉也,主要是精神方面的声望;利者,益也,主要是物质方面的好处。名利,无非是金钱、荣誉、地位之类。

科学活动的特点,注定从事科学技术工作的人与名利存在诸多瓜葛:科学论著要署名,技术发明有专利,定律定理有时还以发现者的名字命名,等等。

这就提出一个严峻的问题:科学家如何对待名利?

名利是社会给予科学家的一种鼓励和奖赏,又是社会给予科学家的一面镜子。艾芙·居里说:这面镜子真是惊人!它有时映出真相,有时却像凹凸镜一样,照得人变了形!

在名利这面镜子面前,我们可以看到各种各样的形象,有高风亮节,也有丑恶嘴脸。有人把名利仅仅视为科学成果的"副产品"而漠然处之;有人却把名利本身作为追逐的目标而成为它的奴隶或牺牲品。

在科学技术发展史上,那些胸怀远大目标矢志追求科学的科学家,大多具有"轻荣重义,薄利厚德"的高尚情操。即便是身处金钱万能名利至上的社会环境,许多科学家也不为名利所迷惑,把科学事业高高竖于个人名利之上。

近代电磁学的奠基人法拉第成名之后,世界上各国赠给他的各种学位头衔达 94 个,还有若干奖金。有一位朋友问他喜欢不喜欢这些荣誉,法拉第答道:"我不能说不珍惜这些荣誉,我承认这些荣誉的价值;不过我从来没有为追求这些荣誉而工作。"在他晚年时,人们曾两度推举他为英国皇家学会会长,他都谢绝了。

飞机的发明者莱特兄弟赢得了世界声誉之后,对勋章、绶带、国王的召见、群众的欢迎盛会……都漠然处之。当人们请他们发表公开演说时,维尔伯·莱特说："我知道只有一种鸟——鹦鹉能说会道，但它却不能高飞"。

一位出版商打算出一部瑞典名人集，兴冲冲地去找大名鼎鼎的科学家诺贝尔。出版商认为，对这种流芳千古的事，诺贝尔一定会乐意提供自传材料。但出乎意料，诺贝尔拒绝了。他说："我喜欢订阅这本有价值、有趣味的书，但请您不要将我收入。我不知道我是否应当得到这个美誉。不过，我厌恶'名人'这个词。"

美国著名农业科学家卡弗，积极推广自己的研究成果，引导美国南部的农民改革种植习惯，创造了农业奇迹。农民们因此很感激卡弗，不时有人给他送礼。有一天，农场主郝斯顿送给卡弗一只贵重的钻石戒指。一定要他收下。卡弗推辞不了，只好收下了这份厚礼。可是过了好久，始终未见卡弗戴过这只钻石戒指。郝斯顿感到纳闷，忍不住到卡弗家中探听情由。结果使他又生气又惊讶。原来那颗珍贵的钻石竟然被卡弗放在各种各样的矿石标本中间！而那些矿石是卡弗为科学研究而收藏的。

居里夫人更是一个不为名利所倾倒的典范。这位伟大的科学女杰在一间漏雨的小木屋里发现化学元素钋和镭以后，荣誉潮水般地向她涌来：她先后两次荣获诺贝尔奖金，得到许多奖章，上百个大学、研究院、学会、城市授予她各种头衔，几十个国家邀请她参观、访问……这一切，是多么令人陶醉啊！

然而，居里夫人却对此感到不安和厌烦。她在给兄弟的信中写道："我们被信件淹没了，被摄影师和新闻记者包围了。真想乓什么地方挖个地洞躲起来，好得到些许安宁"。这确实是由衷之言。居里夫人总是尽量躲避各种社交活动，甚至，当一位总统夫人要她觐见国王时，居里夫人竟也回答："我实在看不出这对科学有什么用处"。

为了摆脱没完没了的采访，居里夫人曾突破新闻记者的重重包围，与丈夫一起"逃"到偏僻的乡下，借租了一间农舍躲起来，可是，记者是无孔不入、神通广大的。过不了几天，就有一个美国记者跟踪追击而来，突然出现在居里夫妇租住的农舍门口，要居里夫人发表谈话。居里夫人表示不想说什么。但记者不达目的不罢休，"泡"在那里耐着性子"磨"。居里夫人为了早点送客，无可奈何对记者说出一句现在已成为著名格言的话："在科学上，我们应注重事，而不应注重人。"

1920年的一天早晨，美国女记者梅洛尼夫人访问了居里夫人。从交谈中，女记者得知居里夫人把提炼出的世界第一颗镭无私地献给镭研究所，用来研究治疗癌症，而自己并没有从镭的发现中获得任何物质利益时，感到非常惊讶。女记者问居里夫人："如果把世界上所有的东西让你选择，你最愿意要什么？"居里夫人迟疑了一下，回答说："我很想能有一克镭来进行科学研究。但我不能去买它，对我来说，它太昂贵了。"当时一克镭价值75万金法郎。女记者极为感动。她回到美国后，倡仪成立"居里夫人镭基金协会"，为她筹集购买一克镭的捐款。接着美国许多城市都设立了这种协会。一年时间款项全部筹足。1921年5月，居里夫人抵达纽约，受到非常热烈的欢迎。5月20日，美国总统哈定在华盛顿向居里夫人正式转交了一克镭。在举行赠送仪式的前夜，当居里夫人看到赠送证书上写的是将这一克镭赠送给她个人时，她当场声明："这个赠送证书必须修改一下。美国贡献的镭应该属于科学。如果按现在证书上的这种说法，就意味着我死后这克镭将成为私人也就是我女儿们的财产，这是不应该的。"由于居里夫人的坚持，当晚找来了见证人，按照她的意见，对赠送证书作了修改。

还有一个细节。可以说明居里夫人的名利荣誉观。有一天，居里夫人的一个女友来到她家做客，忽然看见她的小女儿正在玩英国皇家学会刚刚奖给她的一枚金质奖章，大吃一惊，忙问："夫人，现在能够得到一枚英国皇家学会的奖章，这是极高的荣誉，你怎么能给孩子玩呢？"居里夫人笑了笑说："我是想让孩子从小就知道。荣誉就像玩具，只能玩玩而已，绝不能永远守着它，否则就得一事无成。"

说得多么冷静，多么理智，多么深刻啊！

难怪爱因斯坦大为感慨，极而言之："在所有的著名人物中，居里夫人是唯一不为荣誉所倾倒的人。"

当然，这里的"唯一"只表示爱因斯坦对居里夫人推崇备至，并非是"独一无二"。其实，爱因斯坦本人也是不为名利所动，不为荣誉所陶醉的人。荣誉在他眼里"就像漂亮的衣裳一样，它最适合的位置是贮藏室。"

事实上，在名利之镜面前品行高尚的科学家，举不胜举。同样也身居尘嚣世俗的他们，之所以能对名利如此超脱，是因为他们的心灵已完全溶化于追求科学的创造性劳动之中；是因为他们领悟到，能不能经受住名利的考验，直接关系到能否保持旺盛的科学创造力。

无须讳言，在科学家的队伍中，无论古今中外，争名逐利的人也不少见。

但悲剧往往与利欲熏心者结伴而行，乙醚麻醉的发明权之争，就是典型的例子。

1846年，美国某医学院二年级学生莫顿，在他的老师韦尔斯用笑气麻醉进行外科手术实验失败后，改用乙醚麻醉获得成功，这是医学外科史上的一项重大发明。正当莫顿以乙醚麻醉的发明者向美国政府申请专利权时，他的老师韦尔斯和曾经启发他发明的化学教授杰克逊，都赶来与莫顿争夺专利权。三个人争执不下，只好向法院提出申诉，这场官司打了多年也无结果，彼此都被弄得狼狈窘迫不能自拔，最后，三个人为此同归于尽：杰克逊得了精神病、韦尔斯自杀身亡、莫顿因高血压患脑出血死去。乙醚麻醉不知减少了多少病人的痛苦，挽救了多少人的生命，可是为发明乙醚麻醉做出贡献的三位发明家，却在科技史上演出了一场争名夺利的悲惨闹剧。这使人们不由想起马克思的话："谁要为名利的恶魔所诱惑，他就不能保持理智，就会依照不可抗拒的力量所能指引给他的方向扑去。"

正因为名利有这般"魔力"，所以在以私有制为基础，以极端利己主义为基本道德原则的社会里，不能否认名利确有激励人们作出一定努力并进而取得一定的成功的社会作用。也确有一些以名利为目标通过个人奋斗而在科学上有所发现有所建树的科学家。但这种名利动力现象却有很大的局限性，暂时性和危害性。

首先，以名利为动力不能冲破科学征途上的大障碍，经不起各种情况的考验。在许多关键时刻，以名利为动力的人，常常会因为个人的穷途而丧失信心，在困难面前进退两难，甚至迷失方向。

其次，以名利为动力的人一旦获得成功，就会浅尝辄止，满足于一得之功而失去进取的动力。英国大发明家瓦特，20多岁时发明了蒸汽机而一举成名，获利百万，当上老板，从此便心满意足，他一直活到83岁，然而在科学上再也没有什么新贡献；德国数学家莱布尼茨成名后，也躺在荣誉上止步不前了；被誉为"原子弹之父"的奥本海默，在成功以后，热衷于接受各种荣誉，指派秘书每天用几个小时搜集报刊上关于他的报道和照片。他的几个橱柜里装满了各种奖状、贺电，他被荣誉所陶醉，不久便远离了科学研究工作，无所作为了。这是受名缰利锁束缚的必然结果。

还有，以名利为动力的人一旦有利可图，便会背离科学，趋利弃义。前面提到的斯塔克，就是明证。

最后，我们再举一个耐人寻味的例子：英国天文学家布拉德莱，在任格林威治天文台台长时，工作十分出色，很受人们称道。女王安娜表示要给他提薪，以资嘉奖。但布拉德莱却婉言谢绝，并意味深长地对她说："如要这个职位可以带来大量收入，那么，以后在这个职位上的人，就不会是天文学家了。"

布拉德莱的话，虽不无偏颇，但发人深思。名利同挫折一样，都是人生的试金石。它具有"二重性"：既能使人"神经兴奋"，又能使人麻醉沉沦。科学之路是一条崎岖不平荆棘丛生的陡峭山路，只有不断攀登的人，才有希望到达光辉之高峰。在这样的山路上探索、跋涉，总以轻装前进为好。背着名利包袱步入科坛的人，是很难在科学征途上走到底的。系着金块的鸟，怎能展翅高飞呢？

不为名缰利索羁绊，才能不断迈出科学探索的脚步。

意志砺石磨弥坚

——逆境之时

身处逆境而发愤有成者，古今中外不计其数。《史记》中就记载着在遭受磨难和挫折下取得成就的一些著作家，"文王拘而演周易，仲尼厄而作春秋。屈原放逐，乃赋离骚。左丘失明，厥有国语。孙子膑脚，兵法修列。不韦迁蜀，世传吕览。韩非囚秦，说难孤愤，诗三百篇。大抵圣贤发愤之所为作也。"

对于有抱负的强者，任何磨难都可成为意志的砺石，使意志越磨越坚。

翻开科学史，不少科学家是在逆境——不幸、厄运、挫折、灾难中创立科学业绩的。

先说居里夫妇吧。他们夫妻并肩进行科学探索，志同道合，爱得热烈而又深沉。有一次，居里夫人问她的丈夫皮埃尔·居里："如果我们两人之中有一个死了，剩下一个也活不了，我们分开是不能活的。对吗？"

皮埃尔·居里沉思了一会，回答说："不论发生了什么事，即使一个人成了没有灵魂的躯体，也还应该工作。"

真是"不幸而言中"！后来，横祸果真降临居里夫妇。1906年，皮埃尔·居里在去上班的路上，突然被马车撞倒，马从他身上踩过，车轮辗过他的头部……丈夫死于非命，居里夫人悲痛欲绝。然而，她没有被悲痛摧垮意志，而是把悲痛深埋心底，化为意志和事业的砺石，以惊人的毅力奋斗不已。她挑起了两副担子：接替了丈夫在巴黎大学物理系的教授职务；独自主持放射性实验室。她除了埋头整理丈夫的遗稿，悉心指导青年学者之外，于1910年写出了科学巨著《放射性专论》。她说："这是为了科学，为了人类，同时也为了我们的爱情。"由于居里夫人对科学的忠诚和巨大贡献，1911年，即在她丈夫死后的第6年，她第二次获得诺贝尔奖金。迄今为止，居里夫人是唯一一位两次获得这项科学界最高荣誉的科学家。

再说爱迪生。这位"发明大王"一生取得1093项发明，这在科技史上是空前的。也许有人以为他的事业一定是心想事成吧？恰恰相反。爱迪生一生经历过无数的挫折、失败和灾难。他成功的"秘诀"之一是：从不向逆境低头，以达观的态度对待任何不幸。最能体现这一点的，莫过于那场使他濒于破产的火灾了。

那是 1914 年 12 月。一个严寒的冬夜，爱迪生的实验工厂一片狂乱喊声："失火了！""失火了！"顷刻之间，工厂变成一片火海。附近 8 个城镇的消防队闻讯赶来扑火，但无济于事。火势，越来越猛。

面对一片火海，爱迪生的家人和雇员们束手无策，一个个像泄了气的皮球。这时，人们到处找不到爱迪生，不由担心万分：他会不会出事？眼看苦心经营起来的工厂就要沦为一片废墟，他会不会去寻短见呢？大家正焦急间，只见爱迪生带着一身烟火，从工厂的院子里冲了出来，对着大家大声喊道："快！快去把朋友们都请来享眼福！这样的大火，百年难得一见！"

大火，烧了整整一夜。次日 5 时多，火势刚刚受到控制，爱迪生就召集全体雇员开会。他神采飞扬地宣布："人往往因祸得福，旧厂烧了也好，我们要在废墟上建起更大更好的工厂！"他当即调兵遣将，着手筹划建新厂。末了，他才好像忽然想起一件小事似的问道："唔，有谁知道可以从哪里弄些钱吗？"

青春年华却遭受身残，当是人生莫大的不幸了。但强者却能以这种不幸为意志的砺石，身残志愈坚，身残而有大作为。在科学家中，不乏这样的人。

美国的"独臂化学家"萨姆拉就是一个。他 17 岁那年，有一次与朋友一道到野外打猎，一位朋友的枪突然走火，击中了萨姆拉的左臂。按当时当地的医疗条件，医生切除了他肘关节以下的半条胳膊。这一严重打击，曾一度使萨姆拉沮丧，但他很快就冷静下来。他正视现实，用右手学着做每一件事，并在极其困难的条件下坚持打网球、滑雪、溜冰，以此来增强自己的体质。通过顽强的努力，他考进了哈佛大学。毕业后，他决心向康奈尔大学医学院的生物化学教授奥托·福林求教。

当独臂的萨姆拉出现在福林教授面前时，福林感到十分惊讶，想：这位年轻人虽有理想，但搞化学离不开实验，而做实验总得用双手啊！于是这位教授用惋惜的语气对萨姆拉说："年轻的朋友，我建议你还是去学法律。"

但是，对化学有着强烈兴趣的萨姆拉，没有退却，他果断地对教授说："不，我要攻读生物化学。"就这样，他开始了新的征程，并很快取得了优异成绩。后来，萨姆拉成了赫赫有名的化学家，而且荣获诺贝尔化学奖。

青少年朋友熟悉的我国著名科普作家高士其的人生经历更是感人。50多年前在美国，一次意外的实验中，由于瓶子破裂，甲种脑炎病毒侵入他的运动中枢，给他留下了脑炎后遗症。他全身僵硬，活动功能失调，失去了正常的语言功能，只能用一种"唔唔唔"的特殊语言做口述。他每吃一顿饭都得由人将流质喂进嘴里，不经咀嚼吞咽下去。终日伴着他的是一辆手推车。高士其染疾致残时正在风华岁月，这种打击简直如致命一般。国外的医生说他"顶多只能活5年"。但是高士其以惊人的意志和生命活力，同病魔顽强搏斗了52个春秋。这半个多世纪，他并不是"聊度残生"，而是以蓬勃的热力，投身于科普创作和社会活动。他写的那些趣味横生的科普佳作，成为千千万万青少年的精神食粮。在晚年，高士其写了一首诗——《生命进行曲》，字里行间那追求和向往美好未来的激情，使人难以相信作者竟是一位被残疾折磨了半个多世纪的风烛老人。这是一种多么积极的人生态度啊！

在厚厚的科技史册中，我们还可以发现，一些科学成果居然孕育、诞生于牢房之中。射影几何学的产生就是一例。19世纪初叶，拿破仑为了达到其称霸欧洲的野心，派侵略军远征俄国。年轻的巴黎工科大学学生J·V·彭赛列被迫放弃几何学的研究，别离自己的导师、著名数学家蒙日，应征入伍，任工兵上尉。

由于法国侵略军出师不利，到俄国后，所到之处均遭俄国军民奋力反抗。1812年11月18日在斯摩积斯克，第聂伯河岸的战役中，法军惨败，彭赛列所在部队几乎全军覆灭。他被当作尸体抛在冰冷的战场上。直到打扫战场的俄国士兵发现他穿着工兵军官服装，摸摸他胸口尚有一丝呼吸，便把他抬到军营。

从军营又到了监狱。在坐牢的日子里，彭赛列时常回想起入伍之前的大学生活和导师蒙日的谆谆教导以及所喜爱的几何学。于是开始追忆自己过去学过的数学知识。由于狱中没有纸和笔，他偷偷把用于取暖的木炭藏起来，用它在墙上作图，通过牢房小窗透进来的阳光，潜心研究图形经过投影后不变的性质。

后来，彭赛列被释放回到法国，立即着手整理自己在狱中的研究成果，写出了奠基性的科学专著《图形的射影性质》。自此，一门新的几何学分支——射影几何学挺立于人类知识体系之林。

"卓越人才的一大优点是：在不利与艰难的境遇里百折不挠。"这是贝多芬的话。

人生际遇千差万别，"不如意事常八九"。失恋、情场受挫、婚姻失败曾使多少人万念俱灰，萎靡不振，甚至失去生活的信心。而诺贝尔却能在屡遭情感重创之后，一如既往为科学而奋斗。这位"炸药大王"被人称为"最富有的流浪汉"，一生无妻无室。他并非禁欲主义者，他也曾热烈追求过爱情，有诗为证：

我有一个神圣的愿望，
得到那可爱的女郎，
做一个值得她倾心相爱的人，
永不辜负她的希望。

不幸的是，来不及结婚，他心爱的姑娘就夭折了。这使诺贝尔痛不欲生。

后来，诺贝尔又爱上了一位奥地利姑娘。可是，这位善于做"爱情游戏"的姑娘在捉弄了他18年以后，却嫁给了一个匈牙利军官。

这两次打击使诺贝尔肠断心碎，以致他在日记中写道："诺贝尔，一个可悲的半条生命的人，应该由哪一个仁慈的医生在一声号叫声中把他弄死!"但是不久，诺贝尔就从痛苦中解脱出来，清醒过来，振奋起来。他在另一首诗中写道：

我仰望夜空灿烂壮丽的景象，
个人的悲痛显得那么渺小，
不觉中消磨掉心头的悲伤。
我将尽全力摆脱惆怅，
将生命奉献在崇高的事业上。

正是这样，诺贝尔从科学事业中找到了生活的乐趣。科学成了他的"终生伴侣"。

弱者在厄运中沉沦，强者在厄运中崛起！

在灿若繁星的科学家队伍中，逆境进取者举不胜举。他们进行科学探索的途程，有如玄奘西天取经，会遇到九九八十一难。且不说各种反动没落的势力怎样敌视、危害科学，顽固落后的旧观念如何阻碍科学；也不说科学研究探幽扶微的艰辛过程怎样耗人心血；就说来自各个方面的意外打击，人生道路上的飞来横祸，也往往如骤起的狂风恶雨突袭科学家。意志脆弱者可能一蹶不振。而对于以认识自然、改造自然、为人类谋幸福为天职的科学家来说，逆水行舟是他们的风格。个人的挫折、不幸、厄运不过是他们磨炼意志的砺石。逆境挡不住他们奋进的步伐。

亦庄亦谐抒志趣

——心灵之声

俗云:"言为心声。"只要不是存心说假话,一个人公开表明的生活信条、效仿目标、崇拜对象可以在一定程度上反映出一个人的情操和心灵。

科学家们的内心世界是一片内涵丰富、异彩纷呈的精神天地。在这一节中,我们仅仅选择几个特殊而又有趣的视角,从科学家的座右铭、科学家的自喻、科学家改名趣话中,去感受科学家们高尚情操和丰富心灵的若干侧面。

座右铭小集

座右铭,是一种时时警醒自己的"行为指南"。

英国著名生物学家、进化论的创立者达尔文的座右铭是:"老老实实,简单明白。"

德国生物学家洪保德的座右铭是:"伟大不过是谦虚的别名。"

加拿大科学家、诺贝尔医学奖获得者班廷的座右铭是:"人生最大的快乐不在于占有什么,而在于追求什么的过程中。"

中国气象学家竺可桢的座右铭是:"一丝不苟。"

我国著名地质学家李四光的座右铭是:"努力向学,蔚为国用。"这八个字是孙中山先生赠给他的。

著名数学家华罗庚的座右铭是:"见面少叙寒暄话,多把学术谈几声。"

卓越化学家侯德榜的座右铭是:"勤能补拙,勤俭立业。"

近代电磁学的奠基人法拉第的座右铭是:"拼命去争取成功,但不要期望一定会成功。"

著名传染病学家巴斯德的座右铭是:"意志、工作、等待是成功的金字塔的基石。"

化学科学创立者拉瓦锡的座右铭是:"不靠猜想,而要根据事实。"

科学巨人爱因斯坦的座右铭是："对真理的追求比对真理的占有更为可贵。"

中国著名数学家苏步青的座右铭是："今天能做完的事，不要拖到明天去做。"

俄国科学家巴甫洛夫的座右铭是："细心、细心、再细心。"

"发明大王"爱迪生的座右铭是："不下决心培养思考习惯的人，便失去了生活的最大乐趣。"

座右铭不是装饰品，上面提到的这14位科学家，都是自己座右铭的忠实实践者。

自喻自励

古今中外，许多伟人名家，都喜欢并且善于从自然界万物中，选择一些具体生动的形象，作为自己道德情操的比喻，表达自己所崇尚、效仿、追求的形象，并以此自励。

鲁迅以"牛"自喻，他说："我好像是一头牛，吃的是草，挤出的是奶、血"。"横眉冷对千夫指，俯首甘为孺子牛"，更是他人格的写照。

郭沫若说："鲁迅愿意作一匹为人民服务的'牛'，我呢？我愿意做这匹牛的'尾巴'，为人民服务的'尾巴'。"

茅盾接下去说："那我就做牛尾巴上的'毛'吧！它可以帮助牛把吸血的'无头苍蝇'和'蚊子'扫除。"以"牛尾"、"牛毛"自喻，表明郭沫若、茅盾对鲁迅先生无比景仰，真心服膺，谦虚诚恳的品质。

著名画家李苦禅以"竹节"自勉："未出土时便有节，及凌云处尚虚心。"

明代民族英雄于谦，以"石灰"言志："千锤万击出深山，烈火焚烧若等闲，粉身碎骨全不怕，要留清白在人间。"

这些都是好多人熟知的。而一些著名科学家精美绝伦的自喻，却还鲜为人知。

赫胥黎竟然以"斗犬"自喻、自豪。1895年，达尔文的《物种起源》一书问世时，曾在当时的英国掀起了一场轩然大波，各种宗教和保守势力对这一科学巨著群起攻之。面对这股反科学的汹涌潮流，赫胥黎挺身而出，站到捍卫科学的最前列。他豪迈地宣称："我愿做达尔文的斗犬"。"为了真理我准备接受火刑。"以致鲁迅用幽默的笔调写道："便是狗罢，也不能一概而论，……如赫胥黎，就是一匹有功于人世的好狗。"

居里夫人很赞赏"春蚕到死丝不断"的无私精神，她见到蚕时，引起了这样一番感慨："那些蚕活泼而细心地工作着，不懈不怠，令我大受感动；我觉得我跟它们是异物同类"。这里，居里夫人把自己比作无私献身的蚕的"同类"，实在是恰当不过了。

物理学家法拉第以"烛"自喻，希望自己"像蜡烛为人照明那样，有一分热，发一分光，忠诚而踏实地为人类伟大事业贡献自己的力量。"

科学探索需要坚韧不拔、全神贯注的专心。皮埃尔·居里曾以一段精彩的自喻来表达他从事科研时的专心程度："当我像嗡嗡作响的陀螺一样高速旋转时，就自然排除了外界各种因素的干扰，抵抗着外界的压力"。陀螺，由于其定轴性和进动性，既能朝着既定的目标前进，又能保持稳定。用它来比喻科学家的专注，真是惟妙惟肖！

德国一位物理学家曾用如此比喻来总结自己的科学生涯："我欣然把自己比作山间的漫游者，他不谙山路，缓慢吃力地攀登，不时要止步回身，因为前面已是绝境。突然，或是由于念头一闪，或是由于幸运，他发现一条新的通向前方的蹊径。等到他最后登上顶峰时，他才羞愧地发现，如果当初他具有找到正确近路的智慧，本来有一条阳光大道可以直达顶巅。""山间的漫游者"这个自喻，既道出了谦虚态度，又告诉人们，科学家是未知领域的探索者，必须走前人没有走过的路。

我国著名数学家、教育家苏步青更为幽默，他把自己喻为"卧牛山下旧耕农"。原来，他早年留学日本时，放假回到家乡就脱下西装，换上粗布衣，卷起裤脚管，光着脚板下地。"文革"中，他被送到江西造船厂劳动改造，劳动时，他和工人一起拣压铁，午休时，就躺在粗糙而沾满油腻的条凳上。好一个"旧耕农"的形象。

被人认为不善言辞的陈景润，在向别人介绍他的成长过程时，也曾这样自喻道："那时候，我的心情就像热爱下棋的新手，想找老棋手对弈；又像一个刚跳过一米五的运动员，想跃过一米五五一样。"

著名地质学家李四光，"三句不离本行"，曾将自己喻为"煤块"。他说："煤的可贵，在于无私释放出光和热，地质工作者要有所作为，就应舍得点燃生命之火。"

多么精美精辟、妙趣横生的自喻！

改名言志

　　名字的作用，大抵不过是作为一个人的"符号"罢了。科学家最擅长使用符号，最深知符号是约定俗成的。可是有趣的是，一些科学家也曾改过名，给自己换过"符号"。他们为何要改名呢？从下面几则科学家改名的趣闻，我们可以从中略窥这些科学家的心灵、志向和用意。

　　著名科普作家高士其，原名高仕錤。1930年从美国留学归来，在南京中央医院任检验科主任。后因当局不关心医学事业，只顾搜刮民脂民膏，遂愤然辞职离宁。1935年，他发表《细菌的衣食住行》，署名"高士其"。为什么改名？他说："去掉'人'旁不做官，去掉'金'旁不要钱。"

　　知名科学家彭加木，原名彭家睦，取"家庭和睦"之意。1956年，他自愿放弃出国深造的大好机会，主动申请到边疆工作。他在决心书中把名字按谐音改为彭加木以明志向。他解释说"'加木'合起来就是'架'字，我要跳出小家庭，为上海和新疆之间架设桥梁，为边疆'添草加木'。"

　　我国植物家、南京中山植物园一级研究员黄胜白，原名鸣鹄。他在29岁的一次回答来访者时说："我为什么叫黄胜白呢？旧社会，我看够了黑暗、腐朽，看够了欧洲殖民主义者的凶悍、骄奢，决心献身科学，使祖国富强起来，才改了这个名字。黄胜白，黄种人胜过白种人之意也！"

　　我国实验生物学家朱洗，原名玉文。他赴法求学时，家境小康，家里为他筹了点钱，本来勉强够用。可是，为了支援一位生活困难的同学，朱洗就进工厂替人干苦活。他为了表示对这种境遇不满，就对大家说："我原名叫'玉文'，可现在身上既无片玉，也无分文，一贫如洗，应当叫做朱洗！"此后，他就一直用"朱洗"这个名。

　　已故地质学家李四光，原名李仲揆。他从小聪明用功，14岁便以第一名的成绩被获准公费留学日本。他在填写登记表时，误将"姓名"栏填了年龄"十四"，当时又没钱另买一张表格重填。急中生智，他把"十"改成"李"，又觉得"李四"不好听，便在后面加了一个"光"字，寓"四面光明"的意思。就这样，原来的李仲揆变成了以后大名鼎鼎的李四光了。

　　1957年闻名全国的"大右派"、当时为中国人民大学工业经济系物理学讲师的葛佩琦，原名葛畔珩。他的改名也很有趣。1933年，他刚念完高二，便以优异的成绩考入北京大学物理系。北大乃名牌大学，入学手续严格，入学时要查看高中毕业文凭。葛畔珩拿不出文凭，当然不得入学。可当时有一名叫葛佩琦的新生，在报到之后未来上学。一位对葛畔珩的身世深表同情的老师，让他顶替葛佩琦上了学，他就这样改名了。

我国著名数学家陈建功，曾经起过一个别名叫陈念台。原来，明朝有个遗臣叫刘念台，明朝被清灭之后，刘念台不食清粟，不肯当清朝顺民，绝食而死。陈建功对日本侵略祖国非常愤恨，用陈念台这一别名。明志不当亡国奴。

姓名与志趣，犹如衣服和人，本来没有什么必然的联系。但这些科学家改名，却颇能显示其志趣。

笔者之所以在本章节不惜笔墨，是因为科学家们的座右铭、自喻自励、改名言志既是他们高尚品质的折射，又是他们创造性思维的升华。其中那些或含蓄、或深沉、或诙谐、或隽永的如珠妙语，也同科学家的创造成果一样，犹如一颗颗珍贝，在科海中闪烁着智慧之光。

春蚕到死丝未尽
——生命之火

同事都下班回家了，只有美国动物学家施密特博士独自留在实验室里，如痴似醉地摆弄着一堆毒蛇。

突然，一条南美洲毒蛇在施密特的手里狠狠地咬了一口。他急忙把毒蛇放回笼子里，赶紧从伤口往外挤血。可是，迟了！他开始头晕、恶心。想打电话到医护急救中心，偏偏电话机又坏了！

时间飞速过去，施密特知道生命难保，干脆坐下来记录自己临死前的感觉和症状，作为最后的实验报告留给后人。他颤抖着手，在本子上记着：

"体温很快升到39.5℃。燥热，耳鸣，头晕，恶心，眼皮痛。4小时了，伤口、鼻、嘴开始出血。我看不见体温表。现在，疼痛感消失，全身软弱无力，我想是开始脑充血了……"

写到这里，施密特抓笔的手一松，头一歪，永远地闭上了眼睛。

这篇死者自写的"死亡记录"，不仅为后人鉴别、诊治蛇伤提供了宝贵资料，而且是一个老动物学家临危不惧、视死如归的见证。

只有矢志献身科学的勇士，才有这种可歌可泣的"临终表现"。

生与死，一种严峻的考验。一个人在世上活了几十年，当死神来到了眼前，自知即将告别人世之际，不同的人有不同的"临终表现"。

某大哲人说："有一种人的生命像铀块似的，只要存在着，不论怎样破碎，仍在吐着光辉。"

许多科学家就是这样的人，他们的生命之火，在即将熄灭的前一瞬，仍闪耀着动人心魄的光辉。

科学史上，记载着许多科学家在生命最后一刻的不寻常表现。

居里夫人向人类贡献出镭而被誉为"镭的母亲"。她一生勤谨不息，兢兢业业。她长期接触镭，健康受到严重损害，眼睛在8年中开了4次刀，耳朵里常常觉得有轰鸣声，双手被镭射线灼烧得伤痕累累，又患严重贫血，但即便在晚年，她也没有一天离开实验室！逝世前半个月，身体已十分羸弱，仍在实验室里写科学报告，她"不相信死亡可以扰乱科学研究"。这位杰出的女性在临终之时，没有叫她的大女儿和小女儿，只是挂念着未竟的工作。她断断续续地说："各章的分段，应该是这样的……我一直在想着这个出版物……"她注视着一个茶杯，想用一把茶匙在里面搅动。茶匙在她眼里成了精巧的实验用具，她问身边的人："这是用镭做的，还用钍做的？""镭的母亲"在最后一刻想到的还是镭！

爱因斯坦病倒时，老朋友来看他，问他有什么事要办，他说："我只希望还有若干时间，让我能够把一些稿子整理好。""世界上，宇宙中，有多少难解之谜啊……还是抓紧时间工作吧！"直到病情恶化被强行送进医院，他还打电话到梅塞街112号家中，叫人把老花眼镜、钢笔、一封没写完的信和一篇没完成的计算稿送到医院来。弥留之际，他还叫身边陪伴的人去休息，说："我还要在这里做我要做的事。"

进化论的创始人达尔文在去世前的一刻钟，还坚持要儿女搀扶着他去果园里察看那些才发芽的嫩叶。

瑞士著名数学家欧拉，临终那天还在石板上演算刚被天文学家赫舍尔发现不久的天王星的轨道。算着算着，突然疾病发作，烟斗从手中落下，他的计算和心跳同时停止。

化学家门捷列夫，年过七旬之后，双眼半盲，每天仍坚持从早工作到晚。他死去时坐在椅子上，手里握着笔，面前的写字台上放着一本未写完的著作。

法国著名数学家巴休，突然患脑溢血，躺在病床上奄奄一息。悲恸万分的亲属们希望他临终前留下什么话，但巴休已失去了知觉，对亲人的呼喊没有任何反应。巴休的莫逆之交、科学家高培匆匆走来，俯下身子挨着巴休的耳朵说："请告诉我，12的平方是多少？"巴休奇迹般地开口回答："一百四十四"。说完这句话，巴休就与世长辞了。

英国化学家普列斯特利临死前还躺在病床上修改校样，说完"我现在改的才是对的"这句话后半小时，心脏就停止跳动了。

英国科学家道尔顿，坚持研究气象57年，从不间断，总是每天晚上九点半准时记录当天的天气情况。在逝世前几个小时，他还坚持进行最后一次观察，写下"今天微雨"的最后一次记录。

物理学家梅塞临终前说："这就是我一直害怕的事吗？哈！我完全忍受

得了!"

"发明大王"爱迪生临终前凝视着窗外,叹道:"那儿美丽非凡"。

医学家亨利·格林死前进行了最后的自我诊断。他数完自己最后一次心跳,说:"停了"。

生理学家巴甫洛夫临终前喃喃自语:"起来,我要起来了!"

法国昆虫学家法布尔临终前发出感叹:"要做的事是这么多!"

竺可桢是我国著名气象学家,解放后一直担任中国科学院副院长。他一生从事气象研究,工作到生命的最后一天。1972年2月6日,他临终前一天,还用颤抖的手记下当天的气象记录:"气温,最高零下1℃,最低零下7℃……"

意大利哲学家、科学家布鲁诺,信奉哥白尼的"天体运行论",反对唯心的"地心说",出版了一本宣传哥白尼的小册子,于是引起了反动宗教的极端仇视。1600年2月17日,他在罗马的鲜花广场上被火刑处死。当烈火在他身上熊熊燃烧的时候,他高喊:"为真理而牺牲,是人生的最大乐趣!"

法国数学家伽罗华21岁时便被杀害。当他知道自己即将结束生命的消息后,赶忙利用最后的13个小时,一口气写下了60多条方程式,完成了"伽罗华理论"。

俄国科学家利赫曼是研究雷电的。1753年7月26日,一场大的暴风雨即将来临,他从外面匆匆忙忙赶回家,观察雷电机器上的指针有何变化。突然烈火向他扑来,他没有躲开机器而逃命,为了看清机器上的变化,他离机器更近了,结果被雷电的火海夺去了生命。

我国地质学家李四光,逝世前在医院里说:"我已经82岁了,死是不算早的了,我所不放心的,是地震地质和地震预报,不知有没有时间让我搞完。"他记挂着周恩来总理交办的地震预报任务,嘱咐秘书把全国地图送到医院来,但当地图送到时,他已停止了呼吸。

我国数学家华罗庚,1985年6月12日下午4时,应邀在日本东京大学讲学,由于劳累过度和激动,在讲台上他的心脏病发作,当晚10时逝世。他实践了自己生前多次表示过的意愿:工作到生命的终点。

1964年6月21日,美籍德国科学家詹姆斯·弗兰克临终前夕,还对人类征服太空抱有极大的兴趣,他感叹道:"上帝啊!等我亲眼看到有人飞到月球之后,再让我死去吧!"

近代天文学创始人第谷·布拉赫病逝前对挚友开普勒说:"我的一生之中,都是以观察星辰为工作。我要得到一种准确的星表,我的目标是 1000 颗星。现在我病成这样了,却还只观察到 750 颗……"

我国化学家、太原工学院教授栾弗在病逝前引用唐朝诗人李商隐《无题》中的诗句,抒诉内心的遗憾:"春蚕到死丝方尽,我是春蚕到死丝未尽啊!"

多么可敬的人们啊!春蚕,有求于人的只是几片绿叶,献给人的却是精美闪亮的蚕丝。它毫无保留,尽心尽力,直到吐完最后一根丝才不得不悄然离去。"春蚕的品格"在许多科学家身上放出了夺目的光彩。

什么叫"鞠躬尽瘁,死而后已"?这些科学家作出了最好的回答。

回溯科学家生命之旅的终点,我们看到了一种可贵的意志、毅力、抱负、情操、人格、胸怀。"去日不可留,来日犹可追。"科学家在生命最后一刻的言行,勉励我们更加珍惜每一寸光阴,勤奋学习,不断进取,把全副身心投入为人类造福的科学事业上。

盖棺论定留"绝唱"
——不朽之碑

历史上许多著名科学家逝世之后,人们为其树碑,刻上其墓志铭,以表纪念。这些奇特的墓志铭,内容因人而异,各具特色,寓意深长,堪称盖棺定论的"绝唱"。细细读之品味之,发人深思,使人感奋,给人启迪,催人向上。德国著名数学家卢道尔夫的墓碑上镌刻着:

π=3.14159265358979323846264338327950288。

人们一望可知,这是精确到小数点以后35位的圆周率。静静地躺在这里的这位数学家,曾以毕生心血进行圆周率的计算,求得了这个精确的值。

站在他的墓前,了解点数学史的人,当然还不止看到这些。

早在公元前,阿基米德就进行过圆周率的计算。

在我国,第一个圆周率是3。这个误差很大的数值一直被沿用至汉。

3世纪中叶,汉代刘徽从圆的内接正六边形出发,依次将边数加倍至192边形,求得圆周率3.14。

我国南北朝时的数学家祖冲之,从正六边形出发,算到6×212边形。这就是说,要对9位数的大数目反复进行各种运算(包括开方在内)130次以上。这样复杂的运算,都是用罗列小竹棍(筹码)来进行的,其精确度到小数点后第7位,即:3.1415926。

在欧洲,一直到1573年,也就是祖冲之以后一千年,德国的鄂图也得到了这一数值。

因此,人们读到卢道尔夫墓碑上的数字,就像看到了一个巨星组成的光荣队伍。今天,人们可以用电子计算机求得任意位数的"π"值,但对数学前驱们仍将保持永久的敬意。

富兰克林的盖棺定论之作也广为人们称道。这位出身贫寒,仅读过两三年书,靠刻苦自学而成天才的科学家,进行过著名的"风筝实验","捉"过天电,发明了避雷针,为近代电学做出了奠基性贡献;又领导过美国人民争取独立的斗争，是誉满全球的科学功勋兼杰出政治家。但他一生都以自己的微贱出身为荣，从不炫耀自己的头衔和荣誉。他认为唯有科学的事业才是永存的，并将由后代不断地发展。他在逝世前几年，就为自己写好了如下的墓志：

"印刷业者本杰明·富兰克林的身体（像一本旧书的皮子，内容已经撕去，书面的印字和烫金也剥掉了）长眠此地，作蛆虫的食物。然而作品本身绝不致泯灭，因为他深信它将重新出版，经过作者加以校正和修饰，成为一种簇新的更美丽的版本。"

他逝世后，墓碑上除写着"印刷工富兰克林"之外，还有敬仰他的人们"强加"上去的两句话——"从苍天处取得闪电，从暴君处取得民权。"

像富兰克林这样不慕虚荣、不扬功名的科学家为数不少。爱因斯坦生前多次叮咛亲友，死后不要为他树碑立传。他去世前特意留下这样的书面遗嘱："免除公共集会、宗教仪式，花卉布置以及所有的典礼。"居里夫人死后与丈夫合葬在一起，没有自己的墓碑，只在丈夫的墓碑上加了一行字："玛丽·居里·斯可罗道夫斯卡，1867—1934。"

有的科学家连墓志铭也显示出幽默个性。牛顿死后安葬在英国威斯敏斯特教堂。他的坟墓十分讲究，墓志铭是："沉睡在这里的人十分庆幸自己，因为人类发明了如此豪华的装饰品。"

英国另一位数学家麦克劳林，是牛顿晚年在数学界里发现的一匹"千里马"，曾在经济上得到牛顿的资助，在工作上得到牛顿举荐。为感谢牛顿提携之恩，麦克劳林嘱人在墓碑上刻上："承蒙牛顿推荐。"

有一些科学家，则是用符号或图形作为自己的墓志铭，以体现一生孜孜以求的事业。

英国著名物理学家兼文学家查尔斯·帕西·斯诺（1906—1980年），生前为自己精心设计了一枚纹章，上面镶嵌着一幅奇特的图案：两支鹅毛笔交叉在一架望远镜上。他还在纹章的边上镌刻了一句拉丁文箴言，作为自己走向文理相通这条科学道路的墓志铭："我力图找到并奋勇闯开一条坚实的大道！"

法国伟大的微生物学家巴斯德发明了抗病、防病的免疫方法，救活了无数牲畜，他的墓碑上画着活泼的小鸡、小狗和小羊，以及在花丛中欢乐起舞的孩童。

古希腊数学家阿基米德，对几何学有突出贡献。他最得意的成就，是找到了圆柱体的体积是它的内切球的多少倍，这个圆柱体的面积又是这个球的多少倍。他生前为自己设计了一个墓标：一个圆柱体和它的内切球的图形。

德国物理学家、量子论的创始人普朗克的墓志铭是一个字母"h"。它是自然界的一个基本常数，现在人们称之为"普朗克常数。"1900年圣诞节之夜，普朗克向物理学界宣布发现了这个常数，从此诞生了以"h"为标志的量子力学。普朗克因发现"h"而荣获诺贝尔物理学奖，被人誉为"圣诞节之夜叩开量子大门的人"他理所当然地为他的"h"而骄傲。

"数学王子"高斯的墓碑上刻着一个正十七边形，显示这位德国数学家19岁时解决了延续二千多年的几何难题——用尺规作圆内接正十七边形。

苏联昆虫学家施万维奇终生研究蝴蝶的翅膀上的花纹。他死后，人们就把蝴蝶翅膀上的花纹作为图案刻在他的墓碑上。

发现对数螺线的瑞士数学家伯努利韵墓碑上，刻着一正一反两条对数螺线，并附有他一句言简意赅的话："再生仍故我。"

古希腊亚历山大里亚数学家刁藩都更是别出心裁。一生解过许多方程，进行过无数计算的他，临终前为自己设计了一篇特殊的墓志铭，使得人们站在他的墓前必须学会解方程，他的墓碑上这样写着：

路人，这里埋着刁藩都的尸骨。倘若你懂得碑文的奥秘，它会告诉你刁藩都一生的经历：

诸神赐予他的生命的1/6是童年，再过生命的1/12，颊下长了细细的胡须；其后刁藩都结了婚，过了一生1/7又5年，才生下头胎儿子；但这孩子命短，只活了他父亲生命的一半；丧子之后，刁藩都在数学研究中寻求慰藉，又度过了4年，终于离开了尘世。

后来，人们根据他墓碑上的这些数字，通过解方程，才知道刁藩都活了84年。

最后，作为生活在航天登月时代的我们，不能不提到"星际航行之父"齐奥尔科夫斯基和他那铭刻在自己墓碑上的名言。这位苏联科学家生于1857年，9岁那年患猩红热，几乎完全丧失听觉，同时也失去了读书的机会。14岁开始，他利用父亲仅有的几本自然科学书籍刻苦自学，到23岁时，已是伯洛夫公立中学的物理和几何教师了。他教了40年书，生活极其困苦。他曾在回忆中写道："当时，我除了凉水和黑面包以外，就一无所有了。"然而，他脑子里总忘不掉幼年时母亲买给他的那只氢气球,这气球使他产生了越来越强烈的飞往星空的梦想。

当时,世界上还没有一架真正的飞机飞上过天空,可是他顽强地研究航空科学,提出了人造卫星的设计图样和以人造卫星为星际航行中途基地的主张,发表了一系列星际航空的论文。人们骂他疯子、空想家,他的回答是:"没有疯子的空想是飞不上天空的!"

后来,他干脆豪迈地自称是"宇宙的公民"。

十月革命胜利后,他的聪明才智得到充分发挥。他制成了一只不锈钢的飞船模型,1929年又提出用多级火箭取得高速、飞离地球的理论。

1935年,齐奥尔科夫斯基与世长辞。人们在他的墓碑上铭刻着他的名言:"地球是人类的摇篮,但人不能永远生活在摇篮里,他们应当不断地争取着生存世界和空间,起初是小心翼翼地冲出大气层,然后便是征服整个太阳系。"

这一墓志铭概括了齐奥尔科夫斯基一生的追求和抱负,描绘了一幅人类进军宇宙的雄伟蓝图。仅仅过了几十年,这幅蓝图不是已成为演进中的现实了吗?

科学家的墓志铭,智慧之碑,不朽之碑!

今天,我们以崇敬之情品尝着这些铭刻在科学家墓碑上的"绝唱",不仅会使我们联想起许多科学英杰不朽的一生,更使我们从中得到教益和启迪。

山外青山天外天
——无极之路

物理学界流传着这样一件轶事：

有一次，玻尔、海森堡、布劳赫尔等几位物理学家结伴去旅行，途中在一个乡村小屋里生火做饭。吃饱喝足后，他们作了分工，玻尔洗刷盘碗餐具，海森堡清理炉灶，其他人劈柴。大家正在各司其"职"。突然，玻尔左手拿着抹布，右手提一桶脏水走出厨房，吆吆喝喝把大家叫了过去，得意扬扬地说："我刚才又得到一个论据，可以说明：用不精确的概念和受限制的方程去描述自然界是合理的。"

"什么论据？"大家茫然发问。

"诸位请看"，玻尔提了提手中的抹布，指了指桶中的脏水说："水和抹布本来就有些脏，可是我们还得用它们去把盘碗餐具洗干净。"

这句话在外人听来可能一头雾水，丈二和尚摸不着头脑，而海森堡等人则会意地笑了——玻尔又在为他自己那个受到批评的"混血儿"理论辩护了。

原来，不久之前，玻尔在经典的概念上加进了一些非经典的"量子假设"，提出了氢原子理论，用以解释当时出现的实验事实。这一成果使玻尔后来获得了诺贝尔物理学奖。可在该理论提出之初，不少人却批评这样的氢原子理论"不完美"。有人甚至嘲笑它"逢星期一、三、五是经典的，逢星期二、四、六又是量子的，像个混血儿。"而玻尔本人则笃信不存在"绝对精确"，"绝对完美"的理论，认为完全可以"用不精确的概念和受限制的方程"去描述自然界，这就像世上没有"绝对干净"的"水"和"抹布"，而我们可以用多少有些脏的水和抹布去洗刷餐具一样。因此，玻尔对一些人批评其理论"不精确"、"不完美"不以为然。

玻尔的不以为然是有道理的。他的氢原子理论的确是"不精确"的和"不完美"的，但它却是人类探索原子世界的一个里程碑。人类面对着深邃广阔的未知领域，科学探索永无止境，哪里会有绝对精确、十全十美的"终极理论"呢?

在科学发展的历史上,每一种科学理论都给人类的知识宝库增添了新的内容,使人们对自然界的认识深化一步,但同时又提出了一些新的问题,需要人们继续探索。因此,在人类面前,永远不会出现认识的"顶峰"。

科学研究的规律之一是逐步逼近。绝大多数正确的假设,都不是一次就能找到的,都必须通过逐步逼近的途径每提出一个假设,经过实践的检验,不管成功还是失败,都把人们的认识推向前进。吃一堑,长一智,不断试探,不断前进,这是认识自然和认识世界的必由之路。

看看我们的祖先认识圆周率 π 的历程吧:

我国劳动人民在长期的生产和科学实践中,很早就对圆周率值有所认识。到西汉末年,刘歆求得圆周率为 3.1547。随后,东汉的张衡亦计算出 3.1622。可是,这些数值仍然很不精确,不能满足当时生产实际的需要。

到了三国末年,刘徽创造了一种"割圆术"来求圆周率。这就是一种逐步逼近法。刘徽首先在圆上做内接正六边形,求出六边形的面积,然后又做正十二边形,同样求出其面积,再接着做正二十四边形,正四十八边形,……如此下去,一直求到3072 边形的面积。大家知道:圆面积等于 $πr^2$($π$ 为圆周率,r 为圆半径),设 r 为 1 时,圆面积就等于 $π$ 了。由于采用正多边形面积当作圆面积,随着正多边形边数的逐步增加,其对应多边形的面积也就越来越接近于圆的面积,即逐步逼近于圆周率了。刘徽所求得的圆周率值是 3.1416。

祖冲之对前人的这些成果进行了长期的、仔细的研究。他分析了刘徽的"割圆术"的特点,虽然可以无限精确地逼近圆周率,但总是比圆周率要小。他想,如果采用圆外切正多边形,同样可以一步一步地逐步逼近圆周率,并且总是比圆周率大。

于是,祖冲之采用圆内接正多边形和圆外切正多边形相配合的办法,从正六边形,正十二边形,正二十四边形……一直求到正 24576 边形的面积,从而精确地计算出圆周率值在 3.1415926 和 3.1415927 之间,平均值是 3.14159265,并且分别定为圆周率的疏率和密率。这样精确到小数点后面六位的圆周率值,欧洲人直到 16 世纪才得到,比祖冲之晚出 1100 多年时间。

在科学技术高度发展的今天,特别是高速电子计算机出现之后,要求出圆周率的更为精确的数值是轻而易举的。然而在祖冲之时代却是一件非常了不起的事。祖冲之在推算中，每逼近一次，就需要对九位数的大数目反复进行包括加、减、乘、除与开方等步骤在内的 130 次以上的运算。那时，既没有计算器，也没有算盘，他是使用筹码（小竹棍）来计算的。可见祖冲之不但具有顽强的毅力，而且具有十分纯熟的计算技巧。

科学研究就是这样，除了逐步逼近，别无他途。企图脚踏科学"顶峰"寻找"终极理论"，梦幻终究要破灭。

在科学史上，有的科学家煞费苦心地去寻找"终极理论"，造成悲剧，今天我们重温一下，是很有现实意义的。

先说个"神圣计算者"的故事。

17 世纪下半叶，牛顿在当时生产实践和科学实验的基础上，集前人力学知识之大成，奠定了古典力学的基本体系，把力学这一门古老的学科，推到了一个新的高度。人们运用牛顿力学的原理，在自然科学和工程技术的领域中，不断获得可喜的成功。到了 19 世纪初，牛顿力学已经发展成为一门理论严密、体系完整的学科。

由于牛顿力学的光辉成就和日臻完善，使得一些科学家踌躇满志，傲然自得起来。他们认为，牛顿力学是阐明宇宙一切奥秘的"完美无缺"的理论，没有什么自然现象是牛顿力学所不能解释的，一旦人们掌握了牛顿力学，科学的真理就被穷尽了。不少人觉得，科学理论的大厦业已建成，日后的科学除了对已有的理论进行修修补补之外，似乎已经无事可做。科学家的任务至多也只有在已知规律的公式的小数点后面加上几个数字罢了。在持有这种想法的人群中，法国著名的科学家拉普拉斯就是典型的一个。

拉普拉斯曾是一位比较彻底的唯物主义者和战斗的无神论者，可惜的是他对牛顿力学过于迷信了。他把牛顿关于机械运动的理论，推广到一切现象里去，把整个世界都纳入一个机械的图像之内，企图把一切运动都变为机械运动，完全抹杀高级运动与低级运动、复杂运动与简单运动之间的差别。拉普拉斯进而认为，世界上一切事物，从太阳系中的行星到人的身体内的原子，都准确地遵从着相同的力学规律。因此，任何物理现象都必须由牛顿力学做出最终的注释。

1812 年，拉普拉斯提出了他的著名的"神圣计算者"的观点。拉普拉斯认为，如果在创造世界的时候，存在于自然界的一切力量和自然界各个组成部分的详细状态，被一个知识渊博的"神圣计算者"全部掌握，那么，他就可以"用一个公式来概括宇宙中最大的物体的运动和最微小的原子的运动，也就是说，没有任何东西不是智慧者确切知道的，它对于未来的东西如同对于过去的东西一样了如指掌。"因而，"神圣计算者"能够预见整个宇宙在无论多少世代以后的一切事情。

在拉普拉斯看来，牛顿力学已经成为"终极理论"，有了它就能穷尽一切真理。拉普拉斯说："可以想象，关于自然的知识将达到这样一个水平：整个世界的过程都可以在一个简单的数学公式中表现出来，从一个联立微分方程式的巨大系统中，宇宙中每一个原子运动的位置、方向和速度都可以在任何瞬间中计算出来。"既然未来的一切皆可预先卜知，那么，科学理论自然就没有发展的必要了。

然而，科学巨人的脚步并没有满足"神圣计算者"的奢望而停顿下来。探幽索微，永无尽止，继研究低速、宏观世界之后，人类又向高速、微观世界进军。以牛顿力学为基础的经典物理学，逐步过渡到以相对论和量子力学为代表的新物理学。

科学的实践证明，牛顿力学并不是科学上的"终极理论"，而只是科学发展过程中的一座重要的里程碑。正如列宁所说：

"日益发展的人类科学在认识自然界上的这一切里程碑都具有暂时的、相对的近似的性质。"（《列宁选集》第2卷第268页）关于这一点，倒是牛顿对自己的估价值得赞扬。1727年2月，牛顿得了胆结石，自认为不行了，他说："我不知世人对我怎样看法，不过我自己只是觉得好像在海边玩耍的一个小孩子，有时很高兴地拾到一颗光滑美丽的石子，但真理的大海，我还是没有发现。"

当然，比牛顿力学更高级的相对论也不可能穷尽物理学的真理。随着认知结构的演化，科学理论的更新是不可抗拒的，除了牛顿力学、相对论，还会有更高层次的新理论出现。

人类对自然界的认识是一个由浅入深、逐步完善的无限发展过程，每一种假说、观念和理论，都只能达到当时的历史条件所许可的程度，都只是人类认识的无限长途中的一个路标。从事科学探索的人如果看不到这一点，就可能在科学的新发展面前陷入迷茫甚至酿成悲剧。原子学说的发展过程，又是一段发人深省的历史。

古时候，人们仰视日月星辰，奇峰峭壁，俯察长河大川、沙石草木，有时不禁提出这样的问题：品类繁多的宇宙万物到底是由什么构成的？是怎样构成的？

大自然中千变万化的事物，给人们提供了许许多多发人深思的现象。譬如一堆沙粒，从远处看去似乎它们都是连续的整体，而实际上却是由无数颗小沙粒组成的；天上的银河，一眼望去好像是一条白色的辉带，然而，它却是由数量庞大的星体聚集而成的……，这些现象很容易使人们想到：一切大的东西都是由小小的颗粒构成的。这就是人类对"原子"的最古老最朴素的猜测。

1803年，英国科学家道尔顿用原子论解释了定比定律，提出了倍比定律，并测出了一些元素的原子量，从此，原子学说就从一种古老的猜测，变成为科学的理论，结束了化学史上愚昧的炼金时代。

原子学说阐明：物质是由原子组成的；原子是不可再分的最小微粒；同一种原子的重量、大小都是一样的；一切原子都处在不停地运动之中。原子学说的创立和发展，对当时的科学发展无疑起了促进的作用。人们利用这个学说解释了不少过去所不能解释的物理现象和化学现象。到了19世纪，原子学说就占据了统治地位。

但是，科学实验只证明了物质是由原子构成的，并没有证明原子是"不可再分"的最小微粒。当时许多科学家并不理解这一点，他们把原子"不可再分"的观点奉为"金科玉律"，因而原子是构成整个世界的"最小砖石"就成了当时不容置疑的信条。

由于原子学说取得了一定的成就，使得不少的科学家沉醉于完美而和谐的气氛之中，认为既然原子是构成整个世界的"最小砖石"，那么，一当人们认识了原子以及它们的运动规律，真理就被穷尽了，终极理论就形成了，科学除了对已有的理论进行修修补补之外，似乎已经无所作为了。正如普朗克的老师菲利浦·若里所说："其实，科学已到达了它的顶峰，研究它已没有多大意义。大厦已建造好了，如果其中还有什么不足的话，那是可以用一些枯燥无味的修饰工作来消除的。"若里的话并非一己之见，当时多数科学家都作如是观。

然而，正当这些科学家举杯庆贺"终极理论"大厦的落成，举手欢呼科学到达登峰造极的境地的时候，一系列新的科学发现，打破了"终极理论"的迷梦，在人们面前展示了一个崭新的世界：

——1895年，德国科学家伦琴发现了X射线；

——1896年，法国科学家贝克勒尔又发现了一种从铀的化合物中放射出来的新射线；

——1897年，英国物理学家汤姆逊发现电子；

——1898年，居里夫妇发现了镭，镭能放射出α、β、γ三种性质不同的射线；

……

这些科学上的重大发现，把一向被认为是"不可再分"的原子打碎了，剥开了原子的"表皮"，雄辩地证实了：原子的内部还有复杂的结构，它根本不是组成物质的"最小的砖石"。这就有力地否定了把原子学说视为"终极理论"的形而上学的观点。

按理说，对于科学上的新发现，应该伸出双臂来欢迎。但是，被形而上学的"终极理论"思想僵化了头脑的人，无法理解科学土壤中萌发出的新生幼芽，相反，却把它们视之为"不可理解"的"怪物"。

起初，他们试图对一系列的科学发现进行各种解释。然而，他们所用的武器却几乎都是从旧的原子学说的武器库中寻找出来的，想把新的科学发现束缚在旧学说的框框中，这当然是徒劳的。于是，他们苦恼、彷徨、徘徊、甚至对科学丧失信心。著名的物理学家洛伦兹哀叹道："在今天，许多人提出了与昨天他们说过的话完全相反的主张，在这样的时代，真理已经没有标准了，也不知道科学是什么了。我很悔恨，我没有在这些矛盾出现的五年前死去。"著名的科学家玻耳兹曼甚至走上了自杀的道路。这完全是形而上学的"终极理论"所酿成的悲剧。

鉴往知来。科学探索注定是一种没有"终极"没有止境的接力赛。究其原因，一方面是由于人们在科学研究中不可能不受到各种客观条件和主观条件的限制，不可能一次就取得对研究对象的正确的认识，总是要经过由实践到认识，由认识到实践的多次反复。人们认识任何具体事物，总要不断地总结经验，纠正错误，才能逐步地达到主观同客观的一致，从而实现预期的目的；另一方面，人类的认识能力虽然是无限的，但是个人的生命和认识能力却又是有限的。这个有限与无限的矛盾，也只有在无限的前进过程中，在无止境的人类世代更迭中才能得到解决。这也就是科学上的一些重要科学理论和学说的建立，往往需要几十年、几百年，而后来又被更新的理论和学说所包容或所取代的道理。

世代在更替，历史在发展。现代科学技术革命的进程，正在加速地向前发展。层出不穷的新课题，人们至今还不能做出科学的回答。许多新的科学规律，还有待于我们去发现，去归纳，去总结。过去曾经认为做出过满意回答的问题，今天又开始迷惑不解，甚至不能自圆其说了。这正好印证了爱因斯坦在几十年前就说过的一句话：

"科学不是而且永远不会是一本写完了的书，每一个重大的进展都带来新的问题，每一次发展总要揭露出新的更深的困难。"

漫天春色锁不住

——真理之光

近代科学的旗手培根有一句名言："知识就是力量！"

假如我们说："科学就是力量！"恐怕也不会有多少人提出异议。因为，在科学之树上，人类已经收获了丰硕的成果，并对未来幸福生活寄厚望于科学。

然而，科学也会受到非难、敌视和摧残、镇压。

一部科学发展史，既是睿智与愚昧、真理与谬误的斗争史，也是进步与反动殊死搏斗的历史。

科学史上一页页光辉的业绩，不仅是科学先驱者们辛勤劳作洒下的汗水的结晶，而且是他们用鲜血和生命写成的篇章。

1543年，波兰杰出的天文学家哥白尼发表了他的不朽著作——《天体运行论》，提出了著名的"日心说"，第一次向宗教设置的禁区挑战，把地球从宇宙中心的宝座上拉了下来，降为一颗普通的行星。这沉重地打击了以"上帝创世说"为核心的宗教神学。因此，日心说刚一诞生，就受到宗教教会的压制和扼杀。哥白尼的学说被指控为"异端邪说"，著作被列为禁书，而对日心说的传播者则进行了种种的残酷迫害。

但暴力并不能扑灭真理的火种。不少科学勇士为传播和捍卫"日心说"而义无反顾，甚至成了科学真理的殉道者。

出生于意大利的布鲁诺就是一个。这位充满叛逆精神的硬汉，不仅足迹踏遍整个欧洲，四处发表演说，宣传和支持日心说，而且比哥白尼"走得更远"，公然宣称太阳也只是太阳系的中心，而不是宇宙的中心；地球不过是宇宙中一粒微小的尘埃。这些"无法无天"的言行，极大地触怒了宗教势力。1591年2月，布鲁诺落入了反动教会的魔掌，被送进了宗教裁判所。他在毒刑拷打的铁窗中过了8年，宁死不屈。

1600年2月17日，罗马教会在鲜花广场上对布鲁诺进行了最后的裁判。

他被押上了火刑架，宗教裁判官威胁说："再过一会你就要站到你的创造者面前去了，赶快放弃你那异端邪说，向上帝忏悔吧！"布鲁诺大义凛然的回答："我不愿意放弃，我没有可以放弃的事物。"在主教的指使下，审判人开始用颤抖嘶哑的声音宣读判词。布鲁诺听后骄傲地说："你们对我宣读判词，比我听到判词还要畏惧。"接着，烈火在布鲁诺脚下燃起。在熊熊烈火之中，布鲁诺坚定地说："火并不能把我征服！未来的世界会了解我，知道我的价值的。"

布鲁诺倒下了，火刑堆上发出的火光，照亮了中世纪漫长的黑夜……

火刑烧毁了勇士的身躯，但却不能焚灭科学的真理。伽利略——另一个日心说的坚定信奉者，踏着布鲁诺的血泊继续前进。他用自己创制的第一架天文望远镜，观察到月亮表面上有起伏不平的"山脉"和"海洋"，驳斥"天上星球完美无缺"的神话；观察到木星有4颗卫星绕着它转动，驳斥"只有地球是一切天体的中心"的谎言；观察到金星呈时盈时缺的现象，证明了较小的天体绕较大的天体公转是自然规律……所有这些发现，都是对地心说沉重的打击，都为哥白尼学说提供了确凿的证据。

可是，证据愈是确凿，教会的愤恨就愈是炽烈。他们觉得伽利略的发现太可怕了，于是向伽利略伸出了魔爪。

1633年6月21日，宗教裁判所判处伽利略终身监禁。伽利略被迫在判决书上签了字。可是，他签完字，掷开笔，却喊道——"地球依然在转着"。

是的，地球依然在转着。地球的自转和公转不为人的意志而转移。科学真理终究不可抗拒。历史终将把一切纳入正轨。

1757年，教庭不得不宣布解除对《天体运行论》一书的禁令；

1882年，罗马教皇无可奈何地承认了日心说；

1979年11月10日，罗马教皇在一次公开集会上正式承认：300多年前教会对伽利略的"审判"错了；

1980年1月10日，在梵蒂冈举行的世界主教会议，为伽利略300多年的沉冤"平反昭雪"……

这"马后炮"般的"平反"当然有点滑稽，因为历史早已作出最公正的审判。地球不是宇宙的中心，早已是连小学生都懂得的常识！

有一句著名的格言："几何公理要是触犯了人们的利益，那也一定会遭到反驳的。"事情正是这样。当没落腐朽的统治阶级的利益受到科学威胁的时候，它就采用一切手段，从欺骗、恐吓、直至暴力镇压，猖狂地摧残科学，扼杀真理，禁锢思想。翻开科学史，这样的事件一幕接一幕：

一科学家帕利西因说化石是动物的遗体而不是"造物主的游戏"，被"宗教裁判所"判处死刑。

比利时生理学家维萨留斯，由于出版了解剖学著作《人体结构》，于1564年被迫去圣地——耶路撒冷作忏悔，归途中遇难。

4世纪，埃及亚历山大城的女天文学者伊巴蒂研究天体而被视为妖术，惨遭杀害。

塞尔维特在《基督教信仰的复兴》一书中提出血液循环的见解，被烤两个多小时后死去。

公元前5世纪，希腊学者希帕斯对"万物都是数"的错误命题提出异议，被当作"叛徒"活活抛入大海里。

391年，希腊女数学家海帕西娅，坚持传播科学知识，被暴徒施以肉刑，投放火中。

……

然而，"野火烧不尽，春风吹又生。""沉舟侧畔千帆过，病树前头万木春。"近代科学尽管历经劫难，却能在血和火的洗礼中，由小变大，由弱变强，发展崛起，并终于汇成摧枯拉朽一泻千里的科学潮流。日新月异的科学奇迹，使人类对未来充满憧憬，也给人类所居住的地球带来了漫天春色。

今天，生活在航天登月时代的人们，又有多少人仍然相信地球是宇宙的中心呢？又有多少人不为科学技术所创造的人间奇迹欢欣鼓舞呢？

悲壮的近代科学发展史向我们昭示：人类需要科学真理，就如同瞎子需要明眼的引路人一样。真理之光有时可能被遮掩而显得暗淡，但永远不会熄灭。

真理的力量不可战胜！

II 科学本无过

《科学本无过》是本书作者的一部科学散文。该书于1993年12月由广东高等教育出版社出版。出于技术上的考虑，这里删去原书的《自序》。

缪斯女神遇"非礼"

缪斯——掌管诗歌、音乐乃至一切艺术创造灵感的女神，浪漫而圣洁，不容冒犯亵渎。

"赛先生"——科学（science）王子，严密、理智、庄严、天性拘谨。

多少年来，为人类立下奇功的"赛先生"四处攀亲结缘，唯独对于缪斯女神，一直持慎重态度，只限"远距离欣赏"，极少"套近乎"，更无"非分之想"。

因此，在讨论"现代社会艺术发展趋向"的国际会议上，日本权威理论家河北伦明曾不无自信地宣称："先进的机器和电脑固然给人们的物质生活带来极大的便利，但要能使人性更为完善，还得依靠艺术和美育……文艺与手工艺创作，乃是与计算机相抗衡的最后阵地！"

然而，断言过早矣！

如今，科学技术正向"最后的阵地"——文学艺术领域猛烈冲击，步步推进。

于是，有人惊呼——赛先生"非礼"缪斯！

事非小可，不能不说道说道……

"电脑小说"

报载：加拿大十几名对文学一窍不通的电脑专家联合"创作"了世界第一部"电脑小说"，一炮打响，发行量达 4500 万册。

续闻：美国某出版公司看到这种用科学技术炮制的小说有利可图，便不惜重金，不择手段，把那十几位加拿大"电脑作家"收买过去。于是，一部接一部的"电脑小说"在美国横空出世，给美国小说界带来了一阵不大不小的骚动……

"电脑小说"现已在 80 多个国家大行其道，书名大多都很罗曼蒂克。它们的女主人公，年龄总是在 20 岁上下；而男主人公则都是 30 岁到 40 岁的单身汉，他们英俊、富有而且手握权柄。这些小说中的男男女女，在经历过各种误会或阻力之后，最后总是得到美满的结合，皆大欢喜。

这类"电脑小说"吸引了很多西方女性读者；但人们怀疑：它们的文学价值到底几何？

众所周知，小说创作是一种十分艰辛的劳动，但炮制"电脑小说"却甚为容易。"作家"们无须绞尽脑汁去构思情节、刻画人物，只要搜罗足够的信息就行了。比如，要写一部反映煤矿工人生活的小说，只要把收集来的各种与煤矿工人直接或间接有关的信息全部输入电脑，电脑就能按"作家"们给它的程序指令，对杂乱无章的信息分门别类加以处理，编制出一条"情节链"。这条"情节链"就是小说故事的梗概，"作家"们只需再补充些细节，一部"电脑小说"就算"制造"出来了。

此类"电脑小说"虽能吸引一些读者，但非议之声四起，有人说这是对小说以致文学这一神圣领域的亵渎；有人说这是电脑专家对作家的公然挑衅。但也有人持赞赏态度。目前争论的主要焦点在于："电脑小说"算不算小说？它是否有文学价值？

尽管评论家们对"电脑小说"嗤之以鼻，称之为"畸形发展的电子游戏"，但这一"流派"仍引起了极大关注。卡耐基·梅伦大学已为文学系学生开设了电脑小说写作课程。

"计算机画家"

几百年前，当欧洲文艺复兴的曙光刚刚升起的时候，意大利画坛出现一场有趣的争论：绘画大师的桂冠应归谁？

许多人推崇达·芬奇，因为他"用最美的线条和色彩描绘世界"。

但达·芬奇却不同意此说，他认为与其说自己用最美的线条和色彩描绘世界，倒不如说是"用整个心灵感受世界"。

达·芬奇似有先见之明。从现代科技的角度来看，"最美的线条和色彩"绝非艺术家的"专利"。

随着电子技术的发展，现代的电子科学与古老的绘画艺术互相渗透、融合而产生了一种新型的绘画艺术——电脑绘画。

不信？请听一位画家的自述：

有一天，我去拜访友人 B 先生，一进门就见他屋里挂着一幅《墨竹图》，问他出自哪位名家之手，他竟哈哈大笑："此画正是敝人之作，准备送去参加评奖哩！"我无法相信这是真的：B 君是计算机专业毕业的"画盲"，分别仅一年，怎么可能创造出如此艺术佳品呢？他看出我的心思，转身从抽屉里拿出两件计算机软件，上标有"计算机国画画家系统"和"计算机书法系统"的字样。B 告诉我：即使是对书画创作技法一窍不通的人，有了计算机和软件系统当助手，也能进行多种流派、多种风格的书画创作；还可以通过绘画系统的变换、加工和处理，将一幅传统的艺术作品变成一幅别致新颖、人工所不及的现代派艺术新作。它临摹别人的名作，可以达到乱真的程度。它还能集各家之所长，创作出具有独特风格的书画佳作。

B 君最后说："电脑，无疑将是历史上最多产的画家！"

听 B 君一席话，我不由张口结舌，目瞪口呆。这，难道会是真的吗？

当然是真的。看来这位画家对画坛这种新动态有点信息失灵哩。

电脑绘画开始于 20 世纪 60 年代中期，起初艺术家用它设计画案花纹，进而用来创作现代绘画及设计雕塑。它融会了抽象派、象征派等现代艺术观念，加之不受时空限制，从而可在一个多维空间内描绘出绚烂多彩的景观。

首创电脑画的当推日本艺术家河江洋一郎。他是东京电脑学院工艺学教授，早年专攻西洋画艺术。后来"异想天开"，放弃了用笔和纸去作画的传统方法，而借助于电脑作媒介，将构思好的画图意念编成数码方程式，输入电脑记忆系统内储存。当需要作画时，只需要将数码组合和设计造型先显示在荧光屏上，修改满意后即按动电键，由电脑操纵的电子彩色画笔即可迅速绘出一幅图画来。

德国的富朗科，也是著名的电脑绘画设计家之一。其作品曾同来自欧洲、美国、日本的 80 余幅电脑绘画在西门子博物馆展出，使人"耳目一新"。

十几年前，在美国几乎找不到学习电脑绘画的地方，而今，一个艺术学校如果不开设这类课程简直就无法立足。艺术学校的学生们就在摆满了各种类型计算机的研究室里攻读学位。

在未来的画室里，没有画布，没有画笔，没有未干的油彩气味。电脑程序设计人员就是画家。他们在一个高科技的近乎是数学天地的环境里创作，绘画工具可完全被电脑取代。人们根据数学模型、意象观念、电脑按键来"制造画面。"——这可否算是科学家和未来学家的"危言耸听"？对此，不知画坛人士有何感想？

新"红学家"R4

"红学"成热，众所周知。世界上有多少"红学家"，恐怕谁也说不出个准数。

红学研究，史料是个关键。不少红学家毕生搜罗秘本，博览群书，掌握珍贵的佚文、孤本、残稿、手迹等资料。这些资料是《红楼梦》研究和考证的依据。

从某种意义上说，掌握和分析处理的资料多少，在一定程度上决定了红学研究的水平。而在资料的储存和处理方面，再博学的红学家恐怕也要望其项背了。

电子计算机具有惊人的记忆能力，它能将200多年来《红楼梦》研究的全部资料，甚至连断篇残稿、诸家注评和草稿手迹，全部储存在计算机里；并且还能对这些资料进行比较、分析、归类、分目、汇编、综合、存疑。因此，有人称它为"新红学家"。

在我国台湾省台北大学数学和控制论研究所里，就有这样一位"新红学家"，它的名字叫"快速电子计算机R4"。它正在加紧"阅读"《红楼梦》的各种版本、孤本、残稿，以及200多年来浩如烟海的红学考证史料。一旦它"读"完了这些资料以后，它就能编写一系列属于《红楼梦》研究的辞典：诗词戏曲辞典、大观园辞典、器具服饰辞典和研究作者运用语言技巧的解释辞典、词组辞典等等。

据说，它编纂一部四卷集的《红楼梦词汇辞典》大约只要一年多时间，而人工编纂，少说也得花十年八年。

你说，R4算不算个"红学家"？

写实艺术家的尴尬

照相机和摄影技术在问世之初，作为科技向艺术的渗透，曾创造了令人瞠目的效果。写实艺术家的表现力，似乎在照相机的快门声中消失了。写实主义艺术首次遇到了挑战。

摄影器材的更新又掀起了一次冲击波。什么长焦镜、广角镜、鱼眼、偏光镜、十字镜，甚至紫外线光也一起上阵，创造了更加令人目眩的视觉效果。一个不知名的摄影师随便找几个模特儿摆一摆，立刻能拍出一幅与当年绘画大师名作类似的作品。

这不能不使写实艺术家们平添几分尴尬。

今天，电子计算机进入艺术领域，更使摄影变成了"万能的艺术"——它能模拟油画、水彩、木刻、水粉画……而且模拟得惟妙惟肖，令人叹为观止。

在电脑的作用下，摄影机已从仅能展示粗略的、静止的、纯自然的视觉空间中开拓出来，开始创造凭人的直观体验无法展现的视觉空间。

可以说，利用先进科技拍摄的光构成照片——运用示波器、荧光灯、激光——是现代感最强烈的抽象性摄影，而将抽象摄影推向一个新领域的则是经过电脑处理的摄影。只需将两个以上的照片输入电脑，经处理后就可变成神话般的离奇摄影。例如美人身与鱼尾嫁接、跳高投篮的运动员变成螺旋弹簧脚，汽车可以在天空行走，轮船可以在沙漠飞驰……一张少女的照片，你可以随意改变她的服装色彩、改变她的体型，还可以与其他人或动物进行合成……

美国人 D·卡罗尔曾拍摄了一幅题为《单杠大回环》的照片，使人看了拍案叫绝。他用电脑系统把相机与闪光灯的操作连贯起来，利用电脑造成的 O 形移动，配以适当的频闪次数，把运动员在杠上的一整套动作沿着回旋形线清晰地摄在一个画面上，使人能从他每一个造型中欣赏到不同形态的美，体验到一种旋转的韵律。这种视觉和心理效果，是传统摄影艺术无法达到的，更是写实艺术家们靠"写实"难以比拟、只能望而兴叹的。

日新月异的科学技术还将促使摄影技术出现新的突破，人们又开始"想入非非"了："写实"艺术创作题材是否可以扩展到天体和宇宙？是否能按相对论的观点创作一个多维时空的画面？这一切是否具有新的审美价值？

"给希腊雕塑涂口红"

目前，国际影坛上出现了一项引人注目的新技术，即经过电子计算机程序加工，将黑白影片变成彩色影片。

加拿大多伦多绘色影视股份有限公司与美国洛杉矶色彩系统技术股份有限公司，分别研究出将黑白片变成彩色片的同一方法。这种"彩色化"就是"电脑配色技术"。人们只要先将黑白片制成录像带，电脑便可大施其配色之能，定出多种彩色的标准，逐格给录像带上色。现在已有几十部20世纪初的黑白片被制成彩色影片。据说，《大国民》和《卡萨布兰卡》等巨作，也已被列入"配色"计划。

这种先进技术的应用在西方社会引起轩然大波。

有人指责：电脑配色"违背了制片人的初衷"，完全是"破坏文化遗产"的"无礼行为"。

有人讥讽：这无异于"给希腊雕塑涂口红"。

据说，英、美等国的一批老导演已组织起来，呼吁制定法规，禁止和抵制电脑配色之类的"反艺术之举"，保护神圣的"黑白世界"。

但支持配色技术的人士却认为，电脑配色并没有破坏经典作品，而是利用新技术使旧片锦上添花，去吸引新一代的观众。

论争，迄今尚未平息……

"演奏"的异化

曾几何时，搞电脑音乐的人在美国还屈指可数。而如今，电脑音乐已流行于街头巷尾。

当音乐家利用电脑作曲时，可以通过音乐合成器把所有乐段播放出来，再不用像从前那样凭想象去捕捉乐感了。合成器的音色也不坏，它模仿钢琴和长笛足以达到以假乱真的地步。

时下一些新颖的乐器不仅外观与传统设计迥异，功能更是强大数倍。史丹佛研究人员杰尔夫设计的电子大提琴，声音居然可媲美整个交响乐团。

更大的进步是用电脑演奏乐曲，只要人在电脑的输入键盘上操纵，电脑便能通过程序天衣无缝地演奏爵士乐、摇滚乐以及古典音乐，听起来给人以亲临现场音乐会的感觉。匹兹堡市的卡耐基·梅伦大学里的一位电脑科学家还编制了一个伴奏程序，在音乐家用钢琴弹奏《蓝色狂想曲》时，担任这部作品管弦乐部分的伴奏。在演奏中，电脑像一个真正的伴奏者一样"聆听"

着,合着节拍时而舒缓时而急骤,甚至还能校正钢琴家漏掉的一两个节拍。

日本早稻田大学理工系的加藤一郎教授,还弄出个能弹钢琴的机器人,它能表现演奏钢琴时的手指微妙的触觉。演奏时,它能用双手和一只脚灵巧地弹奏。演奏钢琴要靠手指的触觉差来体现不同的音色。因此,加藤教授在机器人的每个手指中装上了能识别速度和位置的传感器,巧妙地控制手指的动作。这个机器人能熟练演奏舒曼的《快乐的农夫》。通过给计算机预先输入乐曲的音符和音调(目前输入的还包括难度较大的肖邦的《即兴幻想曲》),据说,其演奏水平已接近钢琴大师的演奏水平。继弹钢琴的机器人之后,加藤教授还计划下一步开发能演奏小提琴等弦乐器的机器人。有朝一日,机器人管弦乐队将走上舞台,给人们作精彩的表演。

这,不能不说是人间奇迹!

再比较一下百老汇舞台的今昔吧。30多年前,音乐剧《美妇人》在百老汇演出,台上用了6个麦克风,被看作一个革命性事件。如今呢,预录音带效果、合成器、音响控制台、电视监视技术一齐上,整个演出不啻一桩组织严密而繁复的高技术事务。

技术革命使百老汇戏剧发生了"异化"。不经电子设备处理的歌声和音乐已经告退。第四排的观众也听不到直接出自歌手喉咙的歌声。一切都经过音响控制台。一位拔尖的百老汇音响设计师说:"演出是否成功取决于你的音响操作员的技术如何。"

对此,有人欢呼,有人抱怨。有些老牌戏迷无论如何总感到不习惯。但有一点是真的:剧场中每个座位都能享受到同样美妙的音响。一位音响技师曾说:"我们越来越多地使用电子设备,但并不想让音乐听来震耳欲聋,只是要让他听来更为自然。"在这样的演出里,一旦设备失灵,哪个演员也无法救场。

这场震撼了百老汇的技术革命前景如何呢?

以后大概会物极必反吧。艺术毕竟是艺术。同样一部作品,需要演员演出和观众欣赏时共同参与的再创作。一位知名的音乐指导说,电子技术操持的音乐剧使观众变懒,他们不知道如何听出更多的东西,他们要人用汤匙去喂。

看来,当通俗音乐剧舞台上的电声技术革命达到饱和点时,"人声"或许会东山再起吧。

民间文学"现代化"

科技发展的浪潮,甚至波及"土里土气"的民间文学。

首先是科技发展使民间文学出现了"现代化"和"非民间化"趋势。随着现代数学、物理等的发展,一些以这些现代学科的术语为谜底的民间谜语应运而生。如"短路(谜面:捷径)"、"对顶角(谜面:羊打架)"等。这些内容无疑如新鲜血液注入传统的民间文学,使它焕发生机,更加贴近时代,从而吸引更多的接受者。此外,科技的发展带来了传播媒介的现代化和广泛普及,口耳相传的方式变成了大规模的广播传播和电视表演。

其次,发达的科技又成为民间文学的掘墓者。以神话为例,随着科学技术的日益发达和普及,人们对自然的认识逐渐加深,人们不再把社会生活中的天灾人祸当成冥冥之中天神主宰的结果。科技还对民间文学产生间接的作用。它造就了发达的社会形态,培养了在这个社会中生活的人们的快节奏感觉,摧毁或破坏了被民间文学的韵律、节奏、格调等培养起来的欣赏习性。

旧画"拼"新术

新近发展的取样分解作画法,使更多的画家加入了这一用电脑分解作画的行列。

这种作画法,是利用电脑等新科技,将几幅名画、优秀画分解出其中适合你的新画的部分,拼成一幅新图画。

这项技术是日本一位画家相内启司发明的。1992年2月,他在东京举办画展,展出了他的分解画作《受胎公告》。这幅画是一幅历史名画,出自达·芬奇之手,描绘的是天使告知圣母玛丽亚,她怀了圣胎的圣经故事,但相内启司利用分解画的技术,赋予这幅画以新的主题。他在原画的背景上,进一步突出玛丽亚脸上亦惊亦喜的表情变化。拼合的基本程序如下:首先将天使与玛丽亚身上从面部到手指的表情在电脑上取样;再利用电子笔计算出它们所使用的颜色,存储到电脑中;最后,根据自己的意向,在一张纸上将它们重新组合,玛丽亚和天使的表情便有了新的含义。

可是,这样一来,关于著作权的问题又如何是好呢?

"电影＋电脑"

当电脑屏幕上的两扇嘴唇圆滑地变成为一辆小轿车时，在场的人无不为电脑的神奇而惊叹不已。其实，电脑在这方面的作为远不止这些。

早在 15 年前，好莱坞利用电脑技术制作科幻片《星球大战》中的大量奇特效果，使得该片票房收入超过了 10 亿美元。随后，1988 年的《威探闯通关》、1991 年的《终结者》，使其技术得到进一步的提高。最近拍摄的《贝比》，由于演员是个右撇子，而贝比是个左撇子，对电脑来说，只要一个"镜面"转换功能就能完成了；原来影片中要 2 万多名观众，而实际只有 1000 人参加拍摄，后来，经过电脑把 1000 人多次复制就变成了 2 万人的宏大场面。

由于电脑可以随时修改电影胶片中的人物，1992 年迪斯尼电影制片厂在拍摄《美人鱼》、《美女与野兽》中人与动画结合的影片时，每分钟的费用由 30 万美元降到了 20 万美元。

如今的好莱坞，已经把电脑作为战胜对手的必备技术。经济因素是一个方面，更重要的是，一旦影像经过数字化输入电脑后，就可作为永久保存的资料，需要时，可随时利用电脑上的一切功能对其进行修改，反复输出使用。

激光跻身艺术界

在人们的观念中，激光的应用不外乎是打孔、切割、焊接之类。孰不知，在艺术世界，激光也占有一席之地，并赋予人们以美的享受。早在多年前，美国辛辛那提市艺术博物馆就已建成了一个永久性的艺术画廊，由激光造就一幅幅绚丽多姿的艺术珍品，令人赞叹不已，流连忘返。

传统的绘画，以及现代时髦的指画、漆画等等，本质上都用一定的工具蘸取颜料，人为地涂抹到布、纸、木板、塑料等画底上。激光绘画既不用笔，也无须颜料，而是利用几支发出不同颜色光的激光器，使激光束通过某些事先安排好的光学器件，如透镜、棱镜、衍射光栅、透明板、光导纤维等，从背面或前面将激光束投射到具有一定面积范围的玻璃、塑料、纺织品等物体上，就可以在上面映成一幅幅斑斓多彩的画面。

科学家对激光映画作了不少成功的尝试与研究，发现有机玻璃是最好的画面材料。辛辛那提市艺术博物馆就展出了达·芬奇的名作《蒙娜丽莎》惟妙惟肖的激光画像。当关闭激光器时，这些激光画像也随之消失。一幅激光绘画的成功与否，就看光学器件的排置是否合适了。

这，算是科学还是艺术?!

光怪陆离的"创作"

科学技术闯入艺术领域，可谓惊人之"作"迭出，令人目不暇接。

再试看几例：

——"脑波变音乐"。史丹佛大学和圣荷西州立大学研制出一种装置，利用电子感应器，装在音乐家的头上或前臂，即可演奏音乐。感应器将脑波和肌肉的波动放大，由电脑转为声波，就可发出乐音。亦即只要移动手臂就可演奏小提琴等乐器，无须真的拉小提琴或弹钢琴。

果真这样，还有谁不能当演奏家呢?!

——"宇宙风景画"。美国旧金山的戴布·阿查作画不用笔而用 150 万伏特的高压电。作画时，是在玻璃板上涂好颜料，再施以电击，这时颜料即起泡飞散，甚至着火，因此产生的画面，阿查称之为"宇宙风景画"。尽管阿查的举动有点故弄玄虚，但作品却颇受欢迎，一幅画最贵的竟可卖到 1.5 万美元。制造"宇宙风景画"要冒天打雷劈的危险，稍不注意，连画家自己也得成为焦炭。好事者云：多赚些钱买个人身意外保险倒是上策。

——"作诗电脑软件"。纽约的一位诗人正在大肆推销他的一种"作诗电脑软件"。这种软件可以为诗歌创作提供多种帮助。例如，可以找出所有同韵词，并用不同颜色标出来。最宠爱这种软件的是那些蹩脚的流行歌曲作者们，而真正的诗人，却对其嗤之以鼻。

音乐家摄影师齐声指控

西方一些发达国家的音乐家、摄影家中，不少人患有"电脑恐惧症"。

最令音乐家恼火的是，用电脑武装起来的数码录音设备，能够将音色各异的录音样品编码，根据需要进行不同的组合，从而制成简单音带难以实现的十二轨音道录音带。这种如抽象派招贴画似的新型音乐直接触犯了音乐家的权益。

对于摄影家来说，最头痛的地方在于，新的图示计算机可以不留痕迹地增加或减少摄影作品中的内容，使摄影者丧失了作品的版权。而且，如果出版商从原来只能使用一次底版变成可以重复使用贮藏在计算机内的照片，摄影家们的收益就将大大受损。更令人心寒的是，由于电脑的介入其真假难辨的模仿，令新闻照片的真实性大打折扣。

在音乐家和摄影家看来，电脑的这种"技能"对他们的地位无疑是个打击，使他们对自己的作品的控制权几乎完全丧失。正如一位加入"反计算机派"的摄影家所说的："就像在科学和武器等领域一样，技术能力远远胜于智力和道德的发展。"

不过，为电脑而辩护者大有人在。他们振振有词："电脑为音乐家、摄影家们打开了令人振奋的新途径，使他们摆脱了清规戒律的制约。"

"非礼"之我见

如何看待赛先生对缪斯的这些非礼——科学技术对文学艺术领域的种种冲击和挑战呢？以下是笔者的一点浅见，权当引"玉"之"砖"。

为避免泛泛而论，有的放矢，笔者将对"电脑小说"、"计算机画"、黑白影片"彩色化"作些评论。

关于"电脑小说"。要对其进行正确评价恐怕得先理解使用电脑的意义。人类所使用的任何工具，都是人体自身的延伸。望远镜是眼的延伸，扩音器是嘴的延伸，汽车是腿的延伸，电脑则是人脑的延伸。人借助电脑处理各种复杂的信息，能够极大地减轻脑力劳动，加快处理信息的速度。只要输入电脑的信息是客观的、全面的、系统的，电脑就能够整理出有价值的文献。"电脑小说"也正是这样诞生的。小说无非是反映社会生活的一种艺术形式，只要"电脑小说"符合这种形式，并能在一定程度上反映社会生活，就应该承认它是小说，承认它的独立的文学价值。

当然，"电脑小说"的出现毕竟是对作家的挑战。这种挑战有两个方面的意义：一是迫使作家学会使用电脑进行创作，在"电脑小说"的基础上再发挥作家的创造力，以减轻部分脑力劳动。二是迫使那些平庸的作家退出文学殿堂。对于文学大师来说，不管使不使用电脑，其不朽名著都是"电脑小说"

所望尘莫及的。

关于"计算机画"。可能有的画家会惊呼:"天哪!假若允许这些玩意跻身画坛甚至参加评奖,我辈将如何活下去呢?达·芬奇、郑板桥的在天之灵会有何感叹呢?"

这种担心是可以理解的。确实,如果仅就"线条和色彩"而言,计算机几乎是"完美无缺"的,甚至比最优秀的画家还技高一筹。然而,计算机绘画充其量也只能达到"形"美,却难以达到"神"美,因为它无法"用心灵去感受世界"。计算机与画家的根本区别,就在于后者具有创作的灵感,而前者只是人的灵感的再现。从这个意义上来说,计算机不过是个"被动的艺术家"而已。因此,画家们大可不必自卑自贱。面对着计算机"用最美的线条和色彩去描绘世界",达·芬奇、郑板桥等艺术大师的在天之灵,一定会奋臂疾呼:"弟子们,用整个心灵去感受世界吧!"

关于被人讥为"给希腊雕塑涂口红"的黑白影片"彩色化"问题。记得西方有一位历史学家说过这样的话:"任何历史都是现代史。"这话的意思绝不是说,要把历史一笔抹杀,而是说,任何时代的人,都是用"现代"的眼光去看待历史、理解历史的。从这个意义上说,用现代的色彩再现历史的画卷,不仅是技术的进步,而且也是时代的需要。当然,话说回来,在历史上产生的任何事物,都有其独立的艺术价值和历史价值,假如"彩色化"导致所有的黑白拷贝都"化"为乌有,那又另当别论了。

至于电脑对音乐家、摄影家权益的侵犯之类,那不是电脑本身之过,而是人的行为使然。这种问题的解决,除了立法,别无选择。

人机关系新难题

千百年来，人类有个梦寐以求的目标：把自身的智能赋予机器，从繁重的体力和脑力劳动中解脱出来。电脑和机器人的出现，已经使人类美梦成真，如愿以偿。这无疑是人类的福音、文明的进步。但始料不及的是，机器智能化给人类带来希望之光的同时，也带来令人烦恼的阴影。亲手创造了智能机器的人类，却面临着智能机器的严峻挑战。

"人机关系"——高科技时代人类必须面对的"新大难"问题。

脆弱的电脑社会

这是一则震惊全球的新闻：

1988年11月3日，美国国防研究机构和许多大学的近万台计算机，因被一个电脑专业的大学生编制的程序"污染"而关机，直接损失9600万美元。在这之前，美航空航天局的计算机系统也曾感染电脑"病毒"；两名巴基斯坦人编制的破坏性程序"巴基斯坦病毒"蔓延全球35万台计算机。

这一恶性事件，已被国内外多家报刊列为"1988年世界十大科技大事"之一。

这场巨大的"高科技灾难"无情地打破了"电脑万能"的神话，也暴露出电脑社会的脆弱性。

人类不得不用几分陌生的眼光，去重新认识电脑！

当今，在美、日、德等发达国家，电脑已被广泛地用于工业、国防、行政、教育、医疗等各个领域，在银行、国库、情报、档案的管理中担任会计、出纳、资料员等重要角色，逐步深入到社会生活的各个角落。电脑应用的社会化，当然是人类文明的进步、科学技术的结晶。但电脑社会的脆弱性，却使许多有识之士忧心忡忡。

请看几个有案可查的事件：

1986年一天深夜，在美国某警察局，负责"发号施令"的电脑突然"神经错乱"，疯狂地向外发出大批错误的逮捕命令，吓得值班警官立刻拔枪向它射击……

20世纪70年代中叶，日本某铁路干线，电脑控制着列车运行。一次，在新大阪车站内，电脑竟命令列车以200多公里的时速冲过月台。又有一次，东京车站以西52号道岔尚未与干线接通，而停在附近的列车却接到电脑"以时速70公里发车"的命令，结果差点酿成脱轨翻车的惨剧。

1987年，美国一家医院的护士们，突然大惊失色——医院电脑贮存的病历，竟无缘无故从系统里消失得无影无踪！医院请来专家给电脑进行一番彻底检查。几个星期后，一切才水落石出，原来该系统让人"下了毒"——一种干扰性极强的电脑程序，正在逐步破坏原有的程序。

电脑系统"患病"对金融、经济秩序的扰乱和所造成的损失，也是令人触目惊心的。1981年，美国一个电脑系统突然"患病"，使美国银行和金融机构的现金总额出现了一笔370亿美元的差错，这笔差错在电脑里存储了3周，造成了金融界的大混乱，给美国的股票和证券市场造成了高达650亿美元的票面损失。1988年8月，电脑"病毒"侵入日本，首先受害的是日本电气公司的PC—VAN通信网。这种"病毒"使通信网的使用者之间的通信交换密码全部被盗，窃密者可以任意使用该网络，而当网络经营者按密码通过银行结算费用时，盗用者使用的费用全部被加到受害者头上。

说来令人惊讶，在经济界、金融界许多造成巨大损失的电脑大案中，竟然有不少是个别电脑工作者利用电脑泄私愤所为。美国一电脑公司的程序人员被解职后，回到家里越想越生气，决定来个报复，当晚即回公司输入一程序，让电脑发病。这个程序5年后发生作用，使整个作业系统紊乱，专家们费尽九牛二虎之力，才将其排除。另一位在银行工作的电脑人员，在电脑里输入了一个程序："若我的名字在人事档案中不见了，则令会计系统紊乱"，结果当他被解职后，不仅银行的会计系统紊乱，而且所有和这家银行联网的单位都出现了紊乱。

更令政府首脑、军界领袖伤透脑筋的是那些用于控制国防机器、军事设施的电脑。1979年美军演习时，通讯电脑突然"发疯"，致使演习失败。美军保卫人员如临大敌，追缉破坏演习的"间谍"。最后才发现是由于通信电脑

"癫痫病"发作，一些电脑"神经细胞"突然发生的干扰暂时控制了电脑。1981年1月18日，苏联驻美大使多勃雷宁的专机差点在纽约一个军用机场上空被电脑"击毁"。当时，专机上的电脑飞行显示仪上的地面导航讯号突然消失，幸好飞行员技术高超，才着陆成功。后来查明，是控制雷达的电脑"渎职"闯祸……

不是危言耸听，国防、军事系统的电脑一旦"发疯"，还可能给人类带来"核灾难"。1979年中，美国用以侦察防备苏联袭击的电脑就出现过50次以上的错误。一次，当美国军方使用电脑进行模拟演习时，电脑竟发出苏联袭击的"真正"警号。美国军方立刻动员，准备发射飞弹进行反击，后来发现了错误，一场可能毁灭人类的战争，才得以幸免。像这样因电脑"谎报军情"，好几次差点引起美国对苏联的核攻击！

总之，高度依赖电脑的社会，是个脆弱的社会。电脑在给人类带来自动化、信息化福音的同时，也会给人类带来祸水！

"高科技艾滋病"

上述的种种电脑闯祸案例，尽管具体情况不尽相同，但危害电脑社会的罪魁祸首，当推电脑"病毒"。

何谓电脑"病毒"？

先让我们"开开眼界"——

1992年3月6日，某新闻单位。一台乳白色外壳的电脑前，端坐着女编辑余帛，她正在构思一篇当天新闻。突然，电脑屏幕上的字符像活跃的松鼠一样跳动起来，前后字块在瞬间串行，余帛大叫一声："哎呀，大事不好！"旋即大呼："是不是'米开朗琪罗'？"这并非一千多年前那位著名的意大利雕塑家，而是一种毁灭电脑的"凶手"——电脑病毒！所幸，经检查，余帛只是敲错了一个键，造成了电脑的临时故障。但是，我国10个省、市中的28个单位的微机却毁灭于"米氏"的袭击之下。国家统计局、工商行政管理局、民政部等国家机关电脑里的大批重要资料，在瞬间灰飞烟灭；数家报刊社已编排好的版面，在几秒钟内被冲得一干二净；一位作家用心血铸成的几十万字的文稿，在他眼皮底下从电脑里活生生地消失……到目前为止，我国还没有一部保护电脑安全的专门法律。1990年，有人制造了"6·4"病毒，一旦染上这种病毒，屏幕上就会出现血迹和反动标语，将正常的运行程序破坏殆尽……

电脑"病毒"是一种专门设计的破坏性程序，它可以自动复制而且像瘟疫一样地在计算机网络扩散开。如同病毒悄悄侵入人体危害人体健康一样，被某些人偷偷存入网络的电脑"病毒"也是在人们不知不觉中，潜入某些计算机系统后为非作歹的。目前已发现多种电脑"病毒"。比如有一种"病毒"，可导致"白痴症"。它可使存贮的大量数据及程序瞬间被抹除干净。患了"白痴证"的电脑无异于一堆废铁。还有一种"病毒"则更加可怕，它不是抹去已有程序或数据，而是将已有的程序和数据搞得面目全非，被这种"病毒"感染后，电脑当然会闹出许多乱子甚至危险来。

具体说来，电脑"病毒"传播的途径可以是这样的：

1. 编程序的人在程序中装入"病毒"并把带有"病毒"的程序登录在程序图书馆处；

2. 一无所知的被害者把受感染的程序复制到自己的计算机中；

3. 执行受感染的程序时，"病毒"就活动起来并潜入计算机的基本软件中去；

4. 在基本软件受感染的计算机中，一个接一个地使未受感染的程序受到感染，"病毒"繁衍，把这样一些受感染的程序登录于程序图书馆或与别处的通信网交流时，不知不觉地传染开来。

可以说，电脑"病毒"的传染和蔓延是防不胜防的。如果网络中的电脑受到"病毒"感染，与该网络相连的电脑系统也难以幸免。

难怪有人惊叹：电脑"病毒"是一种"高科技艾滋病"！

这不是故作惊人之语。细细想来，电脑"病毒"实在是比艾滋病还可怕——

首先，电脑的数据处理控制功能在发达国家的社会活动中起着重大作用，而这种功能是高度集权式的，若发生个别差错，就会影响很大。

其次，现代社会依赖的大量信息，高度地集中在各种电脑数据库里，如果数据库受到破坏，就势必造成社会动荡。

再次，电脑连成了庞大网络，这种网络通常是在国家公共通信网基础上建立的，信息、数据在这个网络里流动、传递，易被窃听、篡改、增加、删除，安全缺乏充分保证。

最后，电脑内部构造日益复杂化，如果某些电脑专业人员图谋不轨，制造"病毒"，局外人就很难及时发现。

由此看来，从这种意义上说，电脑社会确实是一个脆弱的危机四伏的社会。

当然，亲手创造了电脑的人类，终将也能制服电脑"病毒"这种"高科技艾滋病"。因害怕电脑"病毒"而弃电脑用算盘，那是因噎废食；而想让电脑完全取代人脑，则是一种盲目的"拜物教"。

病毒品种何其多

电脑"病毒"之所以被称为病毒，是因为它对信息起破坏作用。

生物病毒靠 DNA 或 RNA 密码，潜入生物体的活细胞后，能复制出无数个与自身相仿的病毒，这些病毒又去感染其他健康细胞，危害生物体。

电脑"病毒"内涵指令代码，它能藏在存储器中并把自己复制到磁盘上。由于计算机应用的网络化和社会化，一台带了"病毒"的电脑很快就会感染其他电脑，并无休止地蔓延。

目前发现的电脑"病毒"有"良性"与"恶性"之分。"良性病毒"只是使用户荧光屏上出现诸如"不必惊慌"之类的废话。"恶性病毒"则可毁掉电脑储存的全部资料，或使一个庞大的工业或国防系统失控失灵，使一枚电脑控制的导弹脱离弹道，或使金融通信网突然中断……

电脑"病毒"的名堂之多，可谓五花八门：

——"巴基斯坦玩笑"。《普罗维登斯日报》一位女记者准备写一篇文章而走入计算机房，把记载着半年采访内容的磁盘放入计算机。可是一操作，荧光屏上却闪烁着"磁盘错误"的字样。女记者心里一阵发毛，找来计算机专家"诊断"，一查，不由倒吸一口冷气：存在磁盘里的竟然全是"巴基斯坦商店"的电话号码，还有"欢迎您到城堡来，与我们联系种牛痘"的废话。原来，存储在磁盘里的资料全被称为"巴基斯坦玩笑"的电脑"病毒"毁了！后来查明，这种恶作剧病毒的发明者是巴基斯坦拉舍尔做电脑买卖的卡卢齐兄弟，他们把这个病毒程序输入磁盘卖给那些贪便宜的旅游者，目的是治一治非法翻制软件的人。

——"小甜饼妖怪"。这种电脑"病毒"类似一种游戏程序，计算机的工作常被它打断。荧屏上经常莫名其妙地出现"想吃小甜饼"字样。如你按其要求输入"小甜饼"3个字，屏幕上随即出现"小甜饼妖怪"字样，瞬刻间，你的程序和数据已被清洗干净。

——"世界和平信息"。青年电脑工作者德鲁和布兰多是这种"和平病毒"的炮制者。1987年春天，世界上成千上万的电脑屏幕上都突然出现"给世界以和平"这么一句话，德鲁得意扬扬地告诉别人，这个病毒至少可以使人们注意到他编程序的技巧。同年3月，美国和欧洲的3万多台电脑的屏幕上，都出现了地球的图案和"来自全世界的和平信息"的字样，签名"布兰多"。德鲁和布兰多是一对好朋友。

——"摇滚录像"。这是一种邪恶的病毒。它在消除用户磁盘文件之前，会先在荧屏上显出歌星马多娜演唱的动画片，毁掉资料后还讥笑你太愚蠢，为什么不储存摇滚音乐。

……

应该说，在电脑"病毒"中，有些是温和无害的，开开玩笑而已。比如"世界和平信息"，虽说令人讨厌和生气，但这种病毒是"良性"的，一会儿就会在它自己的指令下，从屏幕上自行消失。

然而，谁能保证炮制出"良性"病毒的人不会去发明真正的灾难性的病毒呢？谁能保证电脑恐怖主义者不会击倒五角大楼呢？谁能保证满腹牢骚而又面临被"炒鱿鱼"的电脑雇员不会用电脑"病毒"去发泄不满和报复公司呢？

莫里斯父子的较量

人们不会忘记1988年世界十大科技大事之一：美国国防系统和许多大学的电脑因病毒感染而不得不全部关机，直接损失9600万美元。

但鲜为人知的是：这次电脑"病毒"的编制者莫里斯，恰恰是美国最著名的电脑安全专家老莫里斯的儿子！父亲设计的电脑防卫程序成了儿子设计的电脑病毒的攻击目标。

这一令人啼笑皆非的戏剧性事件，反映出莫里斯父子在社会责任感方面的"代沟"和他们之间的智能较量。

应当说，电脑"病毒"在电脑时代的初期就诞生了。老莫里斯甚至可称为电脑"病毒"的第一个发明者。在 1961 年和 1962 年的许多个晚上,老莫里斯和他的同事做完工作后仍留在实验室里玩电脑。他们在无意中发现:如果指令代码有微妙的改变,程序就会"吃掉"存储资料。于是他们发明了"磁心大战"游戏。这个互相毁掉别人电脑资料的游戏,就是电脑"病毒"的雏形。

当时,老莫里斯很快地警觉到,这种"游戏"和它的变种如果被人滥用,将会酿成电脑系统的灾难。出于科技工作者的职业道德和社会责任感,莫里斯和他的伙伴们发誓,永远不公开这种游戏的细节,不透露电脑"病毒"存在的可能性,以保证电脑系统的安全。

然而,"病毒"的秘密还是被泄露出去了,电脑"病毒"的编制方法也无密可保。

令老莫里斯始料不及的是,破坏自己设计的电脑防卫系统,造成 20 世纪最大的电脑"中毒"灾难的,竟然是自己的儿子小莫里斯。

小莫里斯 1965 年 11 月 8 日生于新泽西州莫里斯敦,童年时代对情节复杂的科幻小说如痴如醉。上中学后,他的癖好转向电脑,并大露其电脑智慧的锋芒。17 岁那年,小莫里斯已能到他父亲工作的贝尔实验室负责编写一些电脑保安程序。他的好友兼同窗说,小莫里斯以电脑"病毒"侵害美国 6000 多部电脑,不是为了扬名,也不是为了求得高职,只是出于向智能挑战的心理;待到这一恶作剧酿成大祸,小莫里斯向电脑界的朋友求助,试图阻止电脑"病毒"的蔓延,但一切已经无可挽回了。

魔道斗法无穷期

电脑"病毒"的危害震惊了电脑界,电脑专家们陷入一片恐慌,对付电脑"病毒"成了当务之急。在所谓什么都要有法可依的西方社会,首先出现了"电脑保护法案"。迄今已有美、英、法等十几个国家先后建立了一整套的"数据法",对电脑数据和采集、处理、储存、保管、使用、传输、销毁一一作出法律规定,对违反者依法论处。

但法律并不能保证电脑的安全,甘愿"以身试法"者大有人在。于是,西方出现了"电脑保险业",各种专管电脑保护的公司应运而生。有的电脑机构甚至把电脑系统深藏到地下室,或迁入加了电子屏蔽的房间里。此外,人们对使用电脑更加小心翼翼。曾经诊断出各种电脑"病毒"的华盛顿大学系统分析家佩克曼说，如同生物病毒一样，电脑"病毒"需要预防。就像避免与不了解的性伙伴发生关系可以遏制艾滋病的传染一样，电脑用户之间不要随意分享软件也有助于抵制电脑"病毒"的传染。

然而，单从立法和外部条件上实施电脑保护毕竟还是很不够的。因此，许多电脑专家致力于电脑自我防卫能力的研究。电脑"疫苗"随之应运而生。

电脑"疫苗"可称为电脑"病毒"的"克星"。它实质上是一种可以预防、检测、去除电脑"病毒"的软件。使用它可监视每个数据文件的"电子封条"，以检测受过感染的数据系统，并简化被污染系统的重建过程。此种"疫苗"类似人体的免疫系统，能够抗病毒而不感染自身。

伦敦的IDC有限公司研制的"金丝雀"软件。就是一种"疫苗"。把它装入电脑后，屏幕上就出现一只小鸟，如果发现有"病毒"，小鸟就会"死去"，于是用户就得把所有的处于危险中的数据从存储系统转移到"干净的"软盘上，再将硬盘存储系统加以清理，然后重新装入资料，并且用"金丝雀"再次测试。可惜的是，"金丝雀""疫苗"如今还只能用于IBM兼容机和用于防治特定的"病毒"品种。

人们寄希望于"疫苗"的法力。美国的程序图书馆已收集、保存了许多"疫苗"软件。

但不尽如人意的是，电脑"疫苗"还不是对付电脑"病毒"的特效药。

首先，一种"疫苗"只能治一种"病毒"。电脑"病毒"种类繁多且不断"推陈出新"，每发现一种新的"病毒"，就得重编一种相应的"疫苗"程序。从这个意义来说，"疫苗"之于"病毒"，是处于被动防御的地位。

其次，电脑"病毒"还可以从一个品种变异成另一新的品种，而且能够在其突然爆发之前不致被检查出来。

再次，电脑"病毒"转移快、蔓延快。危害华盛顿大学的"病毒"，可能起源于巴基斯坦；而起源于加拿大某出版商的另一种"病毒"，可能蔓延到加利福尼亚的一家公司，突然出现于西雅图的一家软件库，并最后出现在世界各地的电脑公报上。"疫苗"对它可说是"追"也"追"不上。

最后，电脑"疫苗"只能检查并"治疗"电脑"病毒"，却无法有效地追踪制造"病毒"的"犯人"，甚至无法确认某个被怀疑者是否"犯罪"。这使得那些利用电脑"病毒"搞恶作剧的人有恃无恐。

还有，"疫苗"的功能不断受到抵抗，"病毒"的炮制者们正在编制"反疫苗"程序，以保护"病毒"不受"疫苗"的"追杀"。最近已有一种具备"抗疫苗"功能的"逆转录"新型病毒出现。它在存储器净化后，还会重现于电脑系统中继续捣乱，现有的"疫苗"对它无可奈何。

看来，电脑"病毒"与电脑"疫苗"的魔道斗法，将会是没完没了的。

人与机器人竞争"就业"

一部电视纪录片介绍：美国某汽车厂工人多，薪金占成本的比例过大，在竞争中处于劣势。为了扭转局面，厂方决定大量使用机器人承担繁重工作，以裁减员工，减少薪金总量。但这一决定遭到强大的工会势力的激烈反对而无法实施。最后该车厂只好关门，解散全部工人，另成立新公司，引进大批机器人从事生产。这些机器人不饮不食不拉，可以每天24小时不停地干活，而且不争待遇，不计较报酬，深受老板的宠爱。不久，新公司内部工人与机器人之间的关系逐渐恶化，工人憎恨机器人时时威胁着他们的饭碗，被机器人挤出车间大门导致失业的阴影笼罩在员工们的心头……

该纪录片所展现的情形和揭示的问题，在西方发达国家带有相当的普遍性。

当今，仅以美国的钢铁业和汽车业为例，由于大量使用机器人而被解雇的工人就达33万人之多。据未来学家调查预测，在今后20—30年内，仅美国装配线上的工人，就将有3000万人会被机器人夺去饭碗，而且这些失业者大部分很难重新回到原来的工作岗位上。

从理论上讲，使用机器人代替人的部分劳动，是人类认识世界和改造世界的一个历史性飞跃。机器人的大量使用，使工人从繁重的劳动中解脱出来，为人们获得大量的闲暇时间创造了条件，而闲暇时间又为人们的自我发展创造了条件。那些失业的人，可以转移到新的产业中或转移到能够充分发挥自己智慧的工作岗位上去，促进知识密集型的新兴产业的发展。

但在实践中碰到一系列的问题。最尖锐最直接的难题就是：被机器人"挤"出来的工人难以立即转移到新兴产业中去，社会如何给这批人以出路和安置？这个问题值得我们认真思考。

新的劳动异化:"电脑监工"

"计算机把白领阶层的办公室变成老式的血汗工厂,这是一种邪恶的现代化方法;管理人员现在可以轻而易举地使技术适用于对他们的手下进行监视。"

——这是剧作家巴巴拉·加森在其新作《电子血汗工厂:计算机如何把将来的办公室变成过去的工厂》中提出的看法。

她说,计算机把工作场所变成了冷酷无情的地方。现在计算机能把喝咖啡、休息、打电话、甚至击键的次数都计算出来,从而使雇员每个工作日的分分秒秒如何度过都有据可查,使他们被统计数字所牢牢控制。

这位剧作家并没夸大其词,实际情况或许比她说的还要严重一些。

在西方发达国家的许多行业中,电脑既是工人的劳动工具,同时又严密监视着雇员的劳动表现和行为。千千万万的人在"能说会道"的电脑系统监督下拼命地干活。据统计,仅美国就约有1300万人在"电脑监工"目不转睛的监视下工作。其中以那些操作案头电脑终端的职员为甚,因为中央电脑会不停地记录他们输入资料的速度、工作时间和错误。甚至记录下他们打了几次私人电话,上了几次厕所,几次离开工作岗位。其他行业的从业人员亦不能幸免,在商店、工厂、办公室里,一些过去吊儿郎当的职员,现在没有丝毫偷懒的机会,整天忙碌不迭,竞相完成任务,生怕被"炒鱿鱼"。因为不少机器已装配了电脑计算设备,老板通过"电脑监工"时时刻刻监视着他们。

这种情形引起了员工的强烈不满。他们认为,"电脑监工"虽可提高工作效率,但会带来许多不良后果,例如造成员工沉重的心理压力和精神负担,容易诱发精神性疾病等。因此,许多劳工集团已开始向"电脑监工"发起攻势。仅美国就有包括自动化和通信行业的人员在内的200多个工会组织联合抗议"电脑监工"侵犯劳工的权益,提出限制"电脑监工"的有关条款。据报道,美国的一些州,例如威斯康星州和罗得岛州的议会,已着手制定限制"电脑监工"的法规。

看来,要禁止在工作场所安装电脑监视系统,不可能也不应该。问题是这种监视究竟应该限制在何种程度,这无疑会有一番众说纷纭、见仁见智的争执。

平心而论，电脑从工人手中的工具变成监视、管理工人的工具，这实在是一种新的"劳动异化"。不过这种异化的根源不在电脑技术的进步本身，而在于私有制。因此，我们似乎不应该把电脑监视系统看成是与工人不可调和的对立面。只要作出适当的法律规定，电脑监视系统不仅无须拆除，而且还应该完善。严密的电脑监视系统，既可以及时发现生产和工作中出现的问题，防止各类事故发生，又有利于工人自身提高技术，促进劳动者的自我完善。

何处藏隐私

美国影片《警察与女兵》中有这样一个情节：警察一按键钮，电脑立即打印出某某人的个人生活资料，资料的内容非常详尽，甚至有"此人在幼儿园咬过小朋友，14岁时还尿床"之类的记录。

电影中的这个情节虽说不无虚构的成分，但在当今的发达国家，电脑对人们私生活情报的搜集和存档，确实已引起了人们的诸多不安和担心。

请看一个真实的例子：美国芝加哥电气实业公司青年女工罗尼突然接到厂方通知，说她违反合同，没有把自己怀孕的情况及时告诉当局，所以决定提前解雇她。罗尼感到莫名其妙——自己是个未婚未恋的处女，何来"怀孕"之说？她又气又急又羞地跑到公司总经理办公室申辩，但管理人员深信他们得到的情报确切无误，不予理睬。后经医院妇产科检查，证明罗尼仍是处女，有关人员才无话可说。原来，该公司把所有雇员的名单、简历、家庭情况等全部编成程序输入电脑系统，并将此电脑系统与公司以外的其他单位、部门的电脑终端相连接，从而及时收集、掌握雇员们的情况和动态。这次罗尼"怀孕"的情报失实，原因在于电脑将安装工罗尼与女打字员莎莉的信息卡片"张冠李戴"了。

我们姑且撇开电脑也会出错这个问题，仅就"何时怀过孕"之类的私生活情报也受电脑掌握这一点而言，电脑对人类"隐私权"的威胁就够大的了。难怪生活在西方社会的许多人得了"电脑恐惧症"！

在那些已进入信息时代的发达国家，行政、管理、金融、福利、医疗、卫生等社会部门广泛使用电脑信息系统，大量收集、贮存个人情报，这本是电脑技术带来的社会进步，但抗议电脑侵犯隐私权的呼声也随之而来。电脑信息系统的广泛使用，使人们的生活几乎时时处处受到电脑的"监视"。你什么时候到哪家银行存了多少钱，什么时候得了什么病，什么时候到哪家医院堕了胎，什么时候因何事情被有关部门罚了款等，无不在电脑系统中存了"档案"。这就给那些管理电脑的"文明歹徒"带来了可乘之机。偷偷复制存有私人资料的带子，出卖他人私生活情报的事件屡见不鲜。从电脑信息系统盗取他人隐私情报，进行敲诈勒索、恫吓威胁的案件时有发生。

国外的报刊就曾披露这样一件事：美国某富翁有一爱女，几经波折与人订了婚。消息传开后，一个管理电脑的家伙立即通过电脑信息系统取出那位富翁千金的个人资料，结果发现姑娘有神经病史，曾三次进过精神病医院。这位"文明歹徒"如获至宝，立即登门拜访富翁，以此进行要挟，索取"保密费"，否则就将姑娘的病史公之于众。富翁为了女儿顺利与意中人完婚，无可奈何，只好付给那家伙2万美元。

难怪西方一些社会学家惊呼：电脑侵犯隐私权是信息时代的社会"癌症"！

在人们的生活经历中，总有一些属于个人的秘密。大多数人希望这些个人秘密得到尊重和保护。特别是那些不能公开的隐私，更希望严加保密。隐私权作为人身权利的一种，理应受到保护。但如一按电钮就可以得知人们的详细生活史和私人秘密，这不能不说是对个人隐私权的威胁和挑战。

完全可以预见，随着电脑应用的社会化和网络化程度的提高，电脑对人们隐私权的威胁将越来越严重。这种现象虽说令人担忧，但它并非电脑本身之过，说到底还是管理制度和人的行为使然。笔者认为，要防范别有用心的人利用电脑系统侵犯他人隐私权，可以采取两条措施：一是技术防范，给电脑系统增设识别装置，使电脑具有抵制"未经允许的存取"的功能，这在技术上完全办得到；二是完善电脑立法，对惩处非法使用电脑软件作出法律规定，同时加强对电脑管理人员的审查考核和职业道德教育。

"机器人杀人案"风波

1981年7月4日晨，日本兵库县一家工厂的机器发生故障，37岁的修理工浦田宽二切断电源进行检修。他认为已经修好了，便重新接通电源。谁知，仍存在故障的机器人突然伸出两只铁钳般的手，猛不及防地抓住浦田宽二，把他当作"加工材料"硬塞入运转着的机器中，将他活活绞死。

诸名此类的"机器人杀人案"，在西方发达国家时有发生。1980年12月，美国佛罗里达大学实验室大楼的一个机器人，不知哪条"神经"出了问题，突然暴跳如雷，用铁臂将自己的支座一拳砸碎，然后张牙舞爪地扑向正在那里做实验的研究生立卜金，老鹰抓小鸡般地把他一手提起，好在附近的工作人员及时赶来，按下制止电键，立卜金才死里逃生。1982年，日本山梨市某活塞厂一个操作车床的机器人，违章开动车床撞人，一名工人当即死于非命……

不时见诸报端的"机器人杀人案"震动了西方社会。有些人奔走呼吁停止使用机器人，或限制机器人的活动，有些人担忧机器人会"反仆为主"，变成人类的未来主宰，把人类关进它们管理的"动物园"，使人类沦为机器人的奴隶；更多的人则惊叹机器人"不通人性"，"凶残狠毒"……

究竟应当怎样评价"机器人杀人"这类事件呢？

当然，人命关天，对机器人在特殊情况下的"凶残"，是得引起足够重视，加强防范措施。至于担心人类沦为机器人的奴隶，则大可不必。从本质上讲，机器人只不过是人类创造出来的机器，而不是比人类更高级的动物（人）。不管机器人如何"发疯"，终究是可以被人类制服的。有些人在自己使用的工具中丧生，这的确可悲。但这并非使用机器人独有的现象，任何新技术的应用都有类似的问题。如电的应用"杀人"之多，已是众所周知，我们并不因此就不再用电。

"冷血谋杀"

前苏联的棋坛上曾经发生了一起智能机器人残害棋手的惨案，使科幻电影中描绘未来世界机器人犯罪的预测成了现实。

这部机器人配有前苏联设置的超级电脑，不仅输入了世界国际象棋高手的奇招妙术，还具有喜怒哀乐等情绪，在输棋赢棋后表现得尤为强烈。专家在试用这部智能机器人期间，请了许多棋坛名将与它对弈，它都大获全胜，一旦对方按下宣告失败的电钮，它就会发出欢快的电子合成音响。最后专家请来了当时的全苏冠军戈拉·戈夫与它对弈。足智多谋的戈拉·戈夫弈至关键之处，没有按流行的棋谱看棋，而是采取了古谱中的怪招，致使这部机器人一筹莫展，连输3盘。正当戈拉·戈夫按下第4局对弈的启动电钮时，一股强烈的电流突然通过他的全身，将这位可怜的冠军当场活活电死。

前苏联当局最初以为是电脑短路以致引起漏电，但后来对电脑进行详细检查，却证实电脑本身完好无损。因此，当局怀疑是电脑谋杀了戈拉·戈夫。于是控告这部超级电脑。

警方调查官沙尔列夫在莫斯科对记者说："这宗命案不是意外事故，而是冷血的谋杀。戈拉·戈夫连胜三局，使得电脑'恼羞成怒'。当象棋大师执棋开始下第四局时，电脑向金属棋盘表面发送了一股强电流，致使戈拉·戈夫立即触电，在数万名观棋者的注视下惨死。"

调查人员最后确定电脑为了赢棋，竟然自行改变其输往棋盘的电流。沙尔列夫说："电脑是输入赢棋的程序的，所以，当它在棋艺上赢不了对手时，便设法把对手杀死。审讯一部机器看起来可能有点荒谬，但是比任何人都能更快捷思维和解决问题的电脑，是必须对自己的行为负责的。"

这宗命案发生后，据说行凶的电脑即被"拘留审查"，后被"拆骨"惩处。

"向机器人抗争"

自从1946年第一代电子计算机诞生以来，电脑业可以说是一日千里地发展着。但是，"电脑恐惧症"也由此而生。有人担心由电脑操纵的机器人，有一天会成为"超智慧的机器人"，反过来会对人类发号施令，人类反而沦为它的奴仆。所以，有人把电脑比喻为"潘朵拉盒子"——希腊神话中把自私、疾病、罪恶、疯狂等散布于人世间的"罪恶的根源"。

1992年，美国上演了一部名叫《终端》的电影。电影描述了两个脱离系统控制的电脑终端（机器人）胡作非为的情形。人们有理由希望：这种失控的终端永远不会出现。

电脑、机器人的发展会不会被异化到控制人的程度？抑或它只是永远按照人的意志行事的机器？

现在看来，智能机器有可能借着人类赋予的智能，逐渐伸展它那向人类挑战的手。而人的本能，最容易把人导向一条看不见边的极限之路。

历史好像又要重演第二次工业革命时期那种"机器排挤人"、"人捣毁机器"的话剧。一场"向机器人抗争"（Say 'NO' to Robots）的运动已在一些发达国家的一些部门展开。因为机器人的出现使不少人丢失了工作，失业者要为自己的工作权利而斗争，要对机器人"说'不!'"

如果历史的话剧注定要重演一次的话，这次本来应该是喜剧。以多功能、高精度、超人性为特点的机器人的出现，一开始是很讨人喜欢的。它们沉着地进行超高温焊接，搬运着剧毒物品，在危险的环境中泰然自若地作业……使人得到了解脱，而不像第二次工业革命时期的大机器，把人的生理能力推到极限，让人一开始就从生理的本能上反感。只是由于电脑业的发展，使得机器人越来越能干，越来越聪明，最后到了夺人饭碗的程度。电脑、机器人从人的需求入手，让人宠爱有加地接纳它，最后又使人感受到了威胁，以至于要向它"抗争"。

——这似乎有些滑稽!

但这滑稽或许蕴涵着人类社会科技进步和经济发达的某种必然。它至少可以启示我们：人与机器人的"人际关系"将是高科技时代最重要的人机关系。亲手创造了机器人的人类，必须以积极的态度，以自己的"万物之灵"的聪明才智，去协调人与机器人的关系。

与其"向机器人抗争"，不如与机器人和谐相处。

基因操作双刃剑

周镇宏 科学散文

1978年，美国出版了一本既非科学专著又非科幻小说的图书——《和他一模一样》。作者罗维克在书中透露：第一个人类无性系男孩已于1976年12月诞生。一位不能公布姓名的科学家，从一个67岁的百万富翁身上抽出肝细胞，提取出遗传物质DNA，注入已挖去细胞核的卵细胞中，在试管里培育成胚胎，再移植到一位妇女的子宫中发育。9个月后，该妇女便生出一个全部遗传性状均与那位百万富翁一模一样的男孩来。

这本书如一石击水，在科学界内外引起了一阵不大不小的波澜……

里程碑还是恶作剧

那位"不能公布姓名的科学家"姓甚名谁？那位"67岁的百万富翁"究竟是何方人氏？那位用技术手段"复制"出来的男孩今在何处？作者一直守口如瓶，至今仍是个秘密。时过境迁，人们对这"秘密"也不再去深究了。但《和他一模一样》一书的历史意义在于，它首次向社会公众披露：从一个体细胞培养出一个"遗传复制品"来，在理论上是可行的，在技术上也没有不可克服的困难。

大家都知道"落地生根"、"石莲花"这样的植物吧，只要把它们的叶片埋在土里，不久就会从叶缘齿状凹入处或叶腋处长出一棵棵新苗来。目前，用组织培养法培育良种，已经成为一种高效、快速、保持遗传特性好、容易人工控制和可以实行工厂化生产的先进方法。把植物的花粉、叶片等组织消毒后，放在特制的培养基上培养，就能育出大量的幼苗来。一片叶片经过不断培养，一年以内可以轻而易举地得到百万株以上的优质种苗，而且新的一代具有和其母体完全一样的遗传特性。这就是说，这些组织细胞，携带有原物种的全部信息。

以前，人们只知道生物的生殖细胞是携带遗传信息的信使。现在，人们已经弄清，机体的每一个细胞，都携带了机体的一切信息。只要有适当的条件，任何一个体细胞都可以长成一个完整的机体。这就是生物全息现象。

随着科学界对生物全息现象的深入探究和基因技术的发展，培养"遗传复制品"甚至"复制"人，已被提上议事日程。一些科学家断言，利用生物全息律和基因技术，复制出"牛顿"、"爱因斯坦"、"拿破仑"这样的伟人完全可以成为现实。只要从这些伟人的尸骨上取出保存完好的细胞，进行DNA操作和无性繁殖，就可以"复制"出形貌与逝去的伟人一模一样的生物体来。尽管有人对此半信半疑，但1977年美国缅因州一个实验室用"复制"方法培养出7只小老鼠的事实，却使人们看到在生物圈中出现"遗传复制品"已是翘首可待的事情，"复制"人也已不是新编"天方夜谭"。

但由此而来的是伦理学家的发难。他们提出这样的问题：用技术手段在实验室里"复制"人，是理性的人道的，还是邪恶的疯狂的？是生命科学的里程碑，还是"践踏生命尊严"的恶作剧？它会不会对人类这一物种的生存起破坏作用？假若这种"复制术"被集权统治者或恐怖集团所滥用，会不会使"复制人"充斥人群，"千人一面"，"四海之内皆兄弟"？这种可能后果，是传统的伦理观念所无法接受的。

裙子·原子·DNA

据说，17世纪后半期，法国的太太小姐们最喜欢穿衬架裙，而科学界人士最爱谈论原子。裙子和原子，成了非常时髦的话题。当时的法国学者，要是对某一科学问题无法解答，就会耸耸肩膀："这个嘛，是原子……"

有趣的是，那个时候的科学家，在毫无实验基础的情况下，展开想象的翅膀，提出了许多"原子原型"。据记载，其中最受欢迎、最多人乐于接受的"原子模型"，就是把原子的结构和形状，描绘成一条衬架裙——两者都是最时髦的东西！

过了近20年，在科学界乃至一些粗知科学的人中，最时髦的话题是"DNA"，其时髦的程度一点不亚于当年的"法国原子"！

1953年，华生和克里克——一个生物学家和一个物理学家精诚合作的杰作"DNA双螺旋模型"，标志着分子生物学的诞生。接着，生物遗传密码之谜被揭开，基因学说逐步发展成为基因工程学。此后，医学科学和传统生物科学跨入了一个崭新的阶段，DNA基因重组研究初露端倪。

DNA，即脱氧核糖核酸它是有机的大分子聚合物，由碱基（环状有机化合物）、脱氧核糖和磷酸三种物质组成。生物体的性状、功能和遗传规律由细胞核染色体上的基因控制，而染色体则由大长链DNA组成。每一种生物的基因很多，每个基因实际上就在DNA链条上一定位置的片断中。因此，DNA的序列决定并携带了生物的全部遗传信息。所以，人们把DNA称为"生命之神"。

所谓DNA重组，就是采用类似工程设计的方法，按照人们的需要来操纵"生命之神"DNA。具体说，就是将不同生物的基因，在体外进行分离、剪切、组合、拼接，然后把人工重新组合成的基因，转入到一种生物细胞内大量复制，表现出新的遗传特件，从而人工构造出新的生物，或使原有生物得到新的功能。形象一点讲，这就像服装设计师和缝纫师裁剪制作服装一样，把所需要的片断剪切粘贴起来，放到合适的环境中形成新的产物。

到了70年代，科学家已经能把两种不同的DNA分子经过剪切、重新组合，创造出一个新的DNA分子，再通过"质粒"（一种独立地自我复制的环状DNA）或经过改造的病毒作为载体，导入大肠菌等微生物的体内，使它产生外来基因（即DNA片断）的表达产物。

DNA基因重组技术现已发展为当代生物技术的两大支柱之一。它的出现使人类能够按照自己的意愿，通过基因重组，改良生物体。目前，不仅像细菌那样的低等生物的DNA，而且人的DNA也能用于基因重组，胰岛素等人体内存在的蛋白质也已投入工业生产。今后，DNA基因重组技术的应用将进一步扩大，其重点将是用于诊断和治疗各种疾病。

生物技术今后最重要的课题是关于人的研究。人类可以通过DNA基因重组技术，定向创造出符合社会需求的生命新品种、品系和类型，改善人类自身的生命质量，形成人的新能力和新素质。

细胞中的"阿波罗工程"

基因研究和基因技术现已进入这样一个崭新的阶段：绘制人类有史以来最为复杂的"蓝图"——"人的基因图"，以期译解出决定每个人特点的全部遗传信息。美国的一些实验室已在悄悄地进行这项工程，包括"绘制"每个人体细胞中 10 万多个基因的位置，确定 30 亿个化学单位（构成这些基因的核苷酸）的精确次序。

这是一项规模浩瀚、耗资巨大的生物工程，它可能导致大批新的诊断器械、药物、疫苗及医疗方法（如修复有缺陷的基因使人体健康）的出现，甚至可以根据一个人独特的遗传密码建立社会安全卡。据说，它还能解答数百万年来人类是怎样进化的古老问题，相当精确地预测我们将来是否可能患心脏病、精神病或癌症。因此有人说，这项工程的意义，比得上"阿波罗"飞船登上月球，堪称细胞中的"阿波罗工程"。

科学家试图绘制成图的遗传信息，统称为人体染色体组，它能确定人体的一切因素，从身高、头发颜色到大脑的脉络。根据这个染色体组开发计划，30 亿个核苷酸的次序将全部被绘制出来。完成这次工程至少需要 10 年时间，投资 30 亿美元，雇用数千名工作人员，使用超级计算机以及尖端技术装置。这项工程完成后，单是一个人的遗传信息，就有 13 本英国百科全书那么厚。

哈佛大学诺贝尔奖获得者沃尔特·古尔伯特称这项工程为"人类遗传学的圣盘"。他相信，它将打开通向理论生物学的全新领域之门，帮助科学家找到许多基本问题的答案，比如人是怎样长大和衰老的？人类与动物不同之处的本质是什么？还有些科学家说，排列染色体组可以提供解决诸如"受精卵为什么会发育成为人体？"这类基本科学问题的工具。

这个雄心勃勃的计划虽然得到许多知名生物学家的积极响应，但也遭到一些人的反对。

有的科学家认为，全部基因图的 95% 可能是废物，它们是进化的残留物和死胡同。需要研究的不是全部基因图，而是 DNA 机能上有意义的片断——基因本身。因此，没有必要为绘制人的全部基因图而耗费巨资。

前苏联科学院蛋白质研究所所长 A·C·斯皮林院士答记者问时就表示，他不是人的基因图计划的拥护者。首先是由于它技术上的庞大性：需要译解长达 30 亿个信息组合的文本，而其中大部分都没有意义。其次，由于"译解"是纯粹的技术工作，不是科学创造，因此，把大批智力和物力集中到这个工程上。可能影响其他创新领域科学研究发展的速度。

诺贝尔奖金获得者巴尔迪摩不久前也对人的基因图计划发表评论。他说，这是一个"没有多少科学价值的计划"。

有一位深知基因技术的专家则对绘制人的全部基因图提出耸人听闻的担忧：有了这张图，就能有意识地把明显不同的基因结合到一个有机体内，培育出各种凶恶的嵌合体，例如培育出有害的嵌合细菌、侵犯性厉害的动物和半人半兽等等。

某些科学家甚至警告说，人的基因图有可能成为"种族武器"。因为，如果知道某个种族所特有的那种基因，就能有选择地影响它，以便消灭某个民族，因此必须看到这个"可怕的前景"。

看来，科学家的研究是超前的，他们的忧虑也是超前的。

第一头"人体基因牛"

这可说是基因技术的最新成就。

1993年7月2日，智利兽医学会教授，智利兽医协会副主席乌戈·迪亚斯·奥尔亚顿向新闻界宣布：世界上第一头带有人体基因的公牛已经成功地培育出来了！

这位动物遗传学专家说："这项试验将会给人类、特别是儿童带来巨大的利益！全世界科学家们进行了几十年艰苦探索，终于有了成果！无数科幻故事、科幻童话中描绘过的幻想与憧憬，终于实现啦！"

奥尔亚顿教授激动地作了如下解释和说明：

培育出的名为"埃尔曼"的公牛，是欧洲一闻名遐迩的世界一流基因培育实验室和荷兰莱夫德生物公司共同培育成功的——它的染色体中带有人的基因。

根据生物规则，选这头公牛配种后，繁殖出的母牛的奶中将含有丰富的"含铁乳酸"。人体对这种乳酸中的铁质吸收率几乎达到100%，只要每天饮用半升这种牛奶，就不会患缺铁性贫血了。

含铁乳酸是对付缺铁性贫血的"最佳良药"。含铁乳酸主要存在于人的眼泪和母乳中，且含量极微。如果给全球1%的缺铁性贫血患儿治病，那么一年就需100万公升母奶。显然，用大量宝贵母奶去提取含铁乳酸是不现实的。而只要繁殖出1000头上述的母牛，就能满足世界市场的全部需要。

大家知道，缺铁性贫血自从人类形成时起，几十万年来一直是世界儿童健康大敌。现在，攻克这种顽症的时代已为期不远了。

此外，这种含有人体基因的牛奶还具有母乳特有的"免疫功能"。

众所周知，当今全球的"文明症"之一是母乳哺育率越来越低。多年来，全世界的儿童营养专家曾无数次呼吁"提高母乳哺喂率"，但是收效甚微。有识之士早已指出，真正解决这一问题的方法是发明一种"代母乳品"。这种替代品一定要具有母乳最重要的免疫功能，否则只能算一种类似牛奶乳品。

现在，这种代母乳品终于发明了！

不过，还是有比较冷静的记者没有忘记问他："这种带人体基因的牛奶什么时候能上市？"

这位教授的答复是："埃尔曼"繁殖出的第一批母牛，到 1995 年就能产奶，预计到 1997 年即能批量上市。

这无疑值得欢呼。但基因技术的如此突飞猛进，容易使人又一次联想起它的另一些"潜在可能性"……

争争吵吵几十年

早在 20 世纪 70 年代初，DNA 基因重组研究进入实验操作之时，关于基因技术的"隐患"的争论就拉开了序幕。

事情始于 1973 年 6 月的一份科学报告。当时美国的 S·科恩在国际核酸研究年会上报告了一个实验：将一两个不同的细菌质粒在体外加工后，得到了一个重组体，把它导入大肠杆菌中进行复制表达，显示了双亲的遗传特性。这一成果使人们立即意识到一种十分方便的基因操作手段已被科学家们掌握，同时也有不少人觉察到这种技术可能潜藏着很大的危险性，比如，采用这项新技术有可能使各种有害的重组体迅速而大量地创造出来，有可能被不道德地应用于人体等。科学界出现一片争吵之声。

争论惊动了为生物技术的发展作出过重要贡献的著名科学家、DNA 双螺旋结构的发现者之一华生。他曾就有关的争论在日本东京国际生物技术博览会上发表演讲。他说："我认为，通过基因操作能改善人体。对此有人反对，认为这有伤人的尊严。其实，没有必要认定人身上有需要改善的部分就觉得耻辱。如果通过基因操作能使人体更加完善，我们就应朝着这一方向进行研究和尝试。"

但一些人坚持认为，这种技术一旦被人滥用，就可能造成人类基因库朝单一性方向退化，造成人类遗传的混乱。同时，DNA基因重组技术本身有可能带来其他"潜在的危险"。

这就在DNA基因重组技术上形成了功利主义与人道主义之争。

1974年夏，美国科学院在一批科学家的呼吁下，成立了以著名分子生物学家P·伯格为主席的特设委员会，并建议暂停DNA基因重组研究，直到国际会议制定出适宜的安全措施为止。

1975年2月，美国卫生研究院召开了有关DNA重组研究的国际会议。会上，专家们直言不讳地指出，DNA重组"这项可使极不相同的生物遗传信息相结合的新技术，把我们置于一个具有许多未知因素的生物学领域之中……正因为这个'未知'迫使我们在进行这项研究时，最好谨慎从事。"第二年，美国卫生研究院公布了"DNA重组分子研究准则"，美国一些都市议会决定禁止DNA重组实验。继美国之后，英国、法国、德国也相继订出了本国的DNA重组研究准则。

这些准则公布后，围绕DNA基因重组研究的争论从科学界内部迅速扩展到社会各界。部分科学家主动出面建议禁止某些DNA重组技术的言行，在社会上引起了轩然大波，公众舆论哗然。由于公众不了解DNA重组技术的实质，因而对此充满了恐惧感。这种恐惧心理促使他们以极大的热情去呼吁限制甚至取消DNA重组技术的研究。例如，1982年，正当日本筑波城兴建DNA重组实验设施时，就遭到当地居民的强烈抗议。一些反对者在建设工地的围栏上挂起了写有"看不见的细菌比原子弹更危险"的标语牌。这种抗议行动，足以反映出公众对DNA重组技术的深切不安。社会普通公众对一项尚未全面应用的技术如此关注以致反对，这在科学史上是罕见的。

综上所述不难看出，在科学界内部，围绕DNA重组争论的关键点在于对该技术的利弊权衡，而社会公众和忧虑不安乃至反对，则主要的是出于对生物战争的恐惧。

回首看"隐患"

斗转星移，一晃眼几十年过去了。现在回过头来看，DNA重组技术的危险性和潜在危险性比原来想象的要小得多。今天，人类正在享用DNA重组技术所带来的种种利益。

通过阅读以下事例，DNA重组技术的优越便可显而易见：

——用基因图预报疾病。基因测试技术居于领先地位的美国马萨诸塞州的联合试验研究公司，于1987年10月发表了一张包括人类23对染色体的基因疾病关系图。在这张图上，标出了与3000多种人类疾病有关的基因。如果发现你的染色体上有某些致病基因，请不必担心，因为这恰恰能帮助大多数人注意生活习惯，使这些疾病降低发生的机会，同时也有助于有针对性地早期发现某种疾病以求得及早治疗。如华盛顿特区的福克斯技术公司为杰普电话公司的1 000名雇员做了基因分析试验，计算机在分析了受试者的家族病史后，血样被送去做与14种疾病有关的40项试验，一位健康咨询医师向被发现带致病基因的雇员提出了预防方案，结果这一为期一年的计划取得了满意的效果。

——用DNA鉴别法识别罪犯。警方追查或识别疑犯的传统方法，主要是鉴别指纹或血型。日本警方已采用一种更为精确的识别方法——DNA鉴别法。日本警方的研究人员已能够从一小块皮肤、一缕头发甚至一滴汗，分析出一个人的DNA独特排列模式。由于每个人的DNA的结构是不同的，因此，利用此法可准确地识别罪犯。

——用"基因疗法"治绝症。不久前，美国全国卫生研究所的一个咨询委员会批准了用基因疗法治疗一些致命的疾病，这是历史上第一次批准用这种疗法。它可用于治疗患有恶性皮肤病的患者，以及患有遗传性免疫系统缺损的儿童。这个委员会的主席杰勒德·J·麦克加里蒂说："这是一项具有历史意义的决定。我们目前所做的东西，是在医学武器中除了疫苗、抗生素和放射疗法以外又增加了基因疗法。"

……

应用基因技术的"隐患"当然是存在的，包括这种技术可能被战争狂或恐怖主义分子滥用而造成人类灾难性的后果。但人类不能因噎废食。任何技术成果，包括电、激光、核能……都有被滥用而导致灾难的可能。这种滥用即使今天还没有发生，但谁也不敢保证今后不会发生。从根本上说，真正的"潜在危险"或"隐患"，并不在技术本身，而在于它的使用者。

滥用基因技术的行为，当然必须防止。为此必须规定最严厉的国际禁令，严禁不人道地使用这种技术。但是，人类任何时候都不应该停止追求关于生命、关于人体的新知，了解且正确地加以利用才是我们真正所应从事的。

器官移植悲喜剧

1989年之夏，英国的莱斯特城举办了一次别具一格的"器官移植病人运动会"。800多名器官移植病人参加了长跑、游泳、乒乓球等20多个项目的角逐。这些来自英国各地的"运动员"，年龄最小的才5岁，最大的已60多岁，有的移植了肾脏，有的移植了心脏，有的移植了肝脏或肺……

翌年，"全欧器官移植病人运动会"又在英国举行，20多个国家的约3000名"运动员"参赛。前苏联的两位心脏移植者——17岁的安德烈依·扬钦科和50岁的古雪夫，分别荣膺1500米赛跑的金牌和铜牌。

据说，这样的"运动会"以后还将定期举办。有的器官移植病人将被物色为"职业运动员"，参加世界各地的"例行比赛"。

队伍庞大壮观的"器官移植族"，正借助科学技术成果与命运顽强搏斗，张扬生命活力。器官移植技术创造的人间奇迹，足以令造物主刮目相看！

然而，千古法则，祸福相依。器官移植技术的辉光背后，也有暗影……

L君的故事

L君，我国上海一家企业的青年职工，志在出国闯世界，四处借款筹资欠下一身债，终于如愿以偿踏上太平洋上某岛国。

然而，哪个国度也不是黄金遍地、"一拧水龙头就流出牛奶"的天堂。L君给家里的第一封信便大诉其苦，说那儿经济不景气，工作不好找。这使家中父母兄弟心里焦忧如焚。以后他来信都是这个调子，说混不下去，欲提前回国云云。

此后几个月，L君像失踪一样，音信杳无。这更让老父母忧愁难耐。

一天，鸿雁翩然而至。L君在信中说，他不日即将启程回国，所欠之债定能还清云云。

果然！L君回国时相当气派：在上海最豪华的饭店设了两桌宴席，将所有债主请到，如数归还借款及利息，并各赠送数额不等的红包。随后，L君给家里陆续购置了高级音响、大屏幕彩电，令邻居啧啧称羡……

他父母亦觉得蹊跷：几个月间哪里来这么多钱！

再三催问下，L君不得不向父母诉说原委：

他在国外走投无路之际，经人介绍来到一家医院，经检验血型后，被安排到一阔佬家的别墅里静养了几个月，然后动了手术，取出一只肾脏，移植给那因患肾病濒临死亡的阔佬身上……

钱，原来是出卖自己身上的肾脏换来的！L君全家听后个个毛骨悚然，全家陷入一片沉思……

女人在走投无路时打自己身体的主意，这属古已有之；而男人靠出卖自己身体器官换钱，堪称器官移植时代的畸形现象了！

全球"器官荒"

一个肾脏能换来大把钞票，其中当然有"经济规律"的作用。

"物以稀为贵。"器官供求关系的严重不平衡，被人称为"器官荒"。

随着器官移植技术的不断进步和日益普及，排队等候做器官移植手术的人越来越多。目前，世界上已有300多万人靠移植的器官生活，而翘首以待希望早一天施行移植手术的人，不知道还有多少个300万！据统计，仅仅美国，每年就需要22.3万个心脏、19.7万个髋关节、7.3万个膝关节供移植之用。然而，一个严峻的事实是，"供"远远满足不了"求"。人体器官供源告急！

怎样解决这个问题呢？科学家们想出了两条出路：

一是用人工制造的器官当代替品，来顶替天然器官，即用特殊的材料经特殊的工艺处理，制成人造器官，供病人移植。

二是选择合适的动物，比如狒狒等，将其器官移入人体。

但是，这两种"权宜之计"目前还很不尽如人意。人造器官毕竟是人造的，其功能尚不能与天然器官天衣无缝地匹配。动物器官引入人体，弄成"人面兽心"或"人心猪脾"之类，容易令人恶心。况且，这两种办法目前在技术上还未能完全解决"异物排斥"的反应问题。

因此，解决器官移植中供体不足问题最直接最现实（至少在目前）的途径，还是回到"人体资源"上来。像扩大输血的血源需要寻找献血者一样，人体器官只好从同类的身上获得。

然而，献器官与献血又不可同日而语。献血者都是活着的人，献出一定数量的血液并不影响他们的身体健康，而且可以很快地再造出血来，所以一个人可以多次献血。而人体的器官除了肾脏以外每人最多只有一个，所以，围绕着用于移植的人体器官，引出了许多复杂怪诞的问题和难题，器官移植技术蒙上了阴影……

如此"贸易中心"

在美国丹佛市邮局，一名工作人员发现一个外面写着"喷雾器"的包裹里有液体流出，打开一看，里面竟是5颗人头！报警后，警察查出此包裹的邮寄者是费城的一位医生，收件单位是丹佛市耳科研究中心。经警方搜查，发现该研究中心还存有25颗人头和5只手臂，那位医生的寓所则有一些经过化学处理的人体部分，还有一份从丹佛市寄来求购人头、人脑和手臂的"订货单"。

这种"人尸"买卖，在美国已是公开的秘密，干这一行当的大多是医生。盗尸出卖的事情亦不罕见。在纽约就曾发生过这样一件事：为一个刚去世的男人举行葬礼时，家人打开棺盖向遗体告别，发现尸体胸腹腔内的器官早已"不翼而飞"。

近些年来，人体器官交易已成行成业，并跨出了国界。走私活动十分猖獗。

据调查，美国每年以偷运方式输出肾脏约1000个。

英国伦敦海关人员在一次行李毒品检查中，发现一只封闭严实的冷冻器里并排存放着两只鲜红色的人体肾脏。这显然是一起从活人身上窃取器官的走私案。

在日本，贩卖及出口肾脏的情况也不下于西方。据调查，日本一些由黑社会控制的高利贷组织，在欠债者无法付债款时，往往以强迫手段，逼使他们"自愿""拿出"部分器官（如肾脏、眼球等）以抵债务，然后转售牟利。

生意兴隆的人体器官买卖，已形成国际中心。当今世界上最大的人体器官贸易中心，首推印度的孟买和马德拉斯。

专营肾脏器官生意的印度大夫阿特马·拉姆说："我们正在从事一项兴旺的买卖。"他是从新德里的医学科学研究院的病人身上摘取肾脏来出售的。为此，他发了大财，自己买了一辆日本轿车，把子女送到学费昂贵的上等学校念书，拥有一个中上层社会家庭所具有的一切享受。他每出售一只肾脏要价1 660美元，从中可得275美元至553美元不等。

在印度，目前活人身上的一只肾脏卖到1 500美元；一块角膜和一块皮肤的价格分别为4 000美元和50美元。不少国家尤其是波斯湾地区的人，纷纷云集印度，急于替换掉他们身上出了毛病的器官。孟买城聚集了大批阿拉伯的有钱人，不惜以任何价格买下肾脏，并以一天200美元的住院费接受移植手术。同样，马德拉斯城也成为新加坡人和泰国人最爱去购买器官并接受器官移植的地方。

在印度，参与人体器官生意的有大夫、医院的其他工作人员、技师、研究人员和各种各样的社会其他人员以及专门的代理商。这一"实业"当然也遭到舆论的批评。雅斯洛克医院著名的神经病学家科拉伯瓦拉大夫说："这样贸易是为了个人私利而不顾道德，我们却为这种贸易打开了闸门。"世界卫生组织对这种"不道德的买卖"深表忧虑，并敦促其成员国禁止这种买卖。

然而，印度的官员却不以为然，他们似乎只准备制定一些法规，以便"对这种买卖进行管理"，而不是禁止。

"丛林法则"下的"两相情愿"

当今世界，既有亿万富翁，也有需要出卖器官以求生存的穷人。有众多需要移植器官的病人，也有被生活所迫"愿意""有偿转让"器官的人。

几年前，美国曾爆出新闻：某些外科医生，受富有患者之托，到巴黎去物色身体健康的儿童，在付给儿童父母一笔巨款之后，对那些可怜的儿童进行活器官摘取。一颗心脏最高价格为2万美元。

这类骇人听闻的医疗丑闻爆出之后，美国卫生部门及司法机关，曾陆续查出数百个类似案件。当时的《时代周刊》曾以"世纪之耻"谴责为富不仁的美国社会，指出此类勾当比动物世界弱肉强食的"丛林法则"更加残忍卑劣。

而如今，穷人出卖自己身上的器官，已不是什么奇闻。

巴西一个叫布鲁斯的失业汉子，只因需要钱养家糊口，在里约热内卢的报刊上登了一则出售自己肾脏的广告，当天晚上就有人找上门来，要他立即去医院割售。

一位30岁、已有两个孩子的母亲，因其丈夫失业，百般无奈，只好出卖了自己的一只肾脏。她说："我能不损自尊心地出卖的东西唯有一只肾脏。"

印度有一对夫妇，为筹款购买印刷设备出版专为穷人发行的报纸，夫妇双双各自出售一只肾脏。这对夫妇男的叫莫洛伊·孔杜，32岁，女的叫塔帕蒂，27岁。夫妇出售肾脏总共获得了20万卢比，他们计划恢复一份名为《时代》的报纸，该报停刊时已发行了1万份，刊登了大量有关贫民窟的新闻。孔杜先生说："出售肾脏是最后的办法，因为没有人为穷人的报纸捐款。"

不久前的一次调查表明，大多数"自愿转让"器官的人都是一些贫苦的门房、劳工或技工。对于这些人来讲，出卖一只器官得到的钱要比他们一生积攒的钱还要多。一位出让器官的37岁的中年人用他出售自己的一只肾脏得到的钱开了一家廉价的茶叶店。他说："我甚至准备出售我的一只眼睛或一只手。"

唉！这种血淋淋的"两相情愿"的确让人不忍提起啊！

"健康检查"的陷阱

假如说，被斥为"世纪之耻"的人体器官买卖尽管血淋淋，毕竟还算一种"交易"的话，那么，设下陷阱"巧取豪夺"人们身上的器官，就纯属丧心病狂的强盗行径了。

在非洲，数以百计的人在进行身体检查时，被丧尽天良的医生暗算，然后被切除肾、肝、心脏或眼睛，作为移植器官出售。

在尼日利亚的贝宁城，盗取人体器官的活动非常猖獗。该市医疗委员会的巴克尔医生说："贩卖器官是一门大生意，我们不知道怎样制止它。只要人们需要移植，愿意出钱买器官，那么就一定会有盗取器官的医生。"

乍听起来这种事似乎不大可能发生，但实际上盗取器官却是一种很简单的手术。那些强盗医生，通常会选择通信不发达的农村设立临时诊所，对所有上门求医者提供免费健康检查，当求医者进入密闭的医疗诊室后，医生便用麻醉剂将他们彻底麻醉，然后从容开刀摘取所需要的器官。当病人苏醒时，医生已失踪，他们身体上的一种器官也不见了。大多数病人被盗取的是一只肾脏。至于被切除肝或心脏的可怜病人，则永远不会再醒来。

巴克尔医生说："这类黑诊所通常开设不到48小时，因此，警方常常是贼过兴兵，当警察赶到诊所时，强盗医生早已逃之夭夭。被盗取的器官大都以最快的速度空运往欧洲、南美洲和墨西哥的一些大城市。在那儿，已有愿出高价的患者在等待着接受移植。"

据透露，这种骇人听闻的野蛮事件，目前仍不时发生。

死刑犯的"最后善举"

1991年始，台湾实行"死刑犯可捐献器官"的法规。据说，死囚们"捐献甚为踊跃"，法规实施之初就有几十名死刑犯有此种"最后善举"，"捐献比率"之高出人意料。对此，"法务部"官方发表谈话，认为"这种现象主要出自死刑犯的赎罪心愿"。

然而，在1991年底举行的日本医学会年会上，却有一位与会的台湾学者公开披露：台湾的死刑犯捐献器官"不人道，有违犯人意愿"。这引起了日本媒体和医学界舆论大哗。

1991年12月16日，日本NHK电视台的3位记者被获准赴台湾了解、采访死刑法捐献器官的真相和情形，并于当日通过电视台向全世界报道。两位已要求捐献器官的死刑犯在接受采访时，异口同声地说："捐献器官是为了做死前的最后一件善事，没有受到任何的劝导，是完全出于自愿的。"其中一位姓蔡的死刑犯还补充说："捐献器官完全是依照个人意愿，如果官司没有希望，捐献器官是最后善举，可弥补自己的罪过。"云云。

中国人向来崇尚"完尸而葬"，假若台湾的死刑犯真有这等"觉悟"，愿意"遗爱人间"，确实不失为善举。不过，此事的影响跨越了国界，引起新闻界那么浓的兴趣，似也说明：器官的捐献和移植，是多么敏感的事情。

"热线"新闻：怀孕只为堕胎！

1989年伊始，美国"热线"电视荧屏上，一位女士语惊四座：她要怀孕的唯一目的是堕胎,以便取得胚胎组织拯救她那患帕金森氏症的父亲。因为墨西哥医生研究证明,移植胎儿的胚胎组织可以医治帕金森氏症病人受损的神经系统。

时隔不久,又有另一位妇女声称"想怀个孩子用于堕胎",为的是得到胎儿组织,提取能制造胰岛素的细胞,移植给自己以治疗她本人的糖尿病。

这些想利用怀孕又堕胎以取得胚胎组织来治疗疾病的言行,受到了反对堕胎者的猛烈抨击,他们认为,为拯救一条性命而夺去另一条生命,是不人道的。但是面对这些言行,目前美国法律上并没有明确的条文,因而是无法裁决的。

通过移植同胞兄弟姐妹的骨髓治疗白血病的新技术,也在美国引起争论。不久前,美国加州"希望之城医疗中心"为19岁的骨髓性白血病患者安妮萨移植了同胞妹妹——父母"特意生育"的14个月婴儿玛丽萨的骨髓。最近5年来,美国各地至少有40例用父母"特意生育"的婴儿为他们的同胞兄姐提供了异体骨髓。

按照遗传学理论,异体器官、组织移植后产生的排斥反应有三种情况:一是同卵双生的兄弟姐妹之间,抗原性完全相同,互相移植双方的器官组织,不产生排斥反应;二是同父母所生同胞兄弟姐妹互相移植器官,不产生排异反应的几率是25%;三是没有任何血缘关系者之间移植器官,不产生排异反应的几率只有0.1%。这说明,抗原性差异越小,移植器官的成功率越高。由婴儿为同胞兄姐提供异体骨髓的新医疗技术就是基于这一理论施行的。

但这种行径又受到了谴责。一些伦理学家认为,婴儿作为移植器官、组织之源,违反了"人生来应有获得珍爱权利"的道德原则。医学界则认为,新医疗方法并不妨碍婴儿的生存权利,父母也同样抚育爱护他们。争论仍在继续。

"无脑儿"能"废物利用"吗?

美国加州有个叫布伦黛·温勒的妇女,她在妊娠5个月时进行超声波检查,证实孩子是个无脑儿。温勒决定把无脑儿献出来,让其器官造福于其他病人。

不料,温勒的美意和"慷慨馈赠",却在社会上引起了一场有关医学道德的争论。

美国有关器官捐献的规定指出，只有在捐脑主死亡的情况下，其器官才能被使用。无脑儿的脑干是完整的，他们仍存在短暂的呼吸，不属于脑死亡。有的医生认为：有关器官捐献的这条规定，应予以修正，因为美国每年有1 500个无脑儿出世，对急需做器官移植手术的病人来说，这无疑是救命的宝藏，白白扔掉太可惜；另一方面，对无脑儿的父母来说，生无脑儿是不幸的，但如果能够帮助他人，则又是一种安慰。但对捐献无脑儿器官持有不同意见者认为，无脑儿也是人，他们有权捍卫自己的利益，不应该在他们尚存一息时就移植其器官，尽管他必死无疑。

她为何自杀？

德国一个消防员因心脏坏死，生命危在旦夕，必须尽速施行换心手术才可得救，他的妻子爱夫情切，在丈夫卧病的医院内开枪自杀身亡。医生按照她预先写下的遗书意愿，迅速将她的健康心脏移植进她的丈夫体内，终于挽救了她丈夫的生命。

这个伟大的妻子名叫嘉芙莲娜·博列特，49岁。她与52岁的丈夫冈特·博列特结婚多年，夫妻恩爱，育有4个子女。

一年前，博列特心脏出了毛病，功能不断衰退，医生认为他需要接受换心手术，方能延长寿命，于是将他列于等待新心脏的病者名单之内，这对夫妻便日夜轮流守候在电话机旁，希望有一天接到有人献出心脏的喜讯。

可是，日复一日地过去，救星一直没有出现，而博列特的心脏情况变得更坏，随时可能出现危急情况。

谁也没想到，一天，博列特太太到医院探望丈夫之后，走到漱洗室内，用携来的手枪射向自己的头颅，中弹身亡。医生从她染血的衣裙上，发现一封用扣针扣着的遗书，内容是要求医生把她的心脏割下，换到丈夫体内。

博列特接受了换心手术后，情况好转。这个胸腔里跳动着爱妻一颗火热的心的男子汉，悲喜交集地说："我既十分感激她，但又不愿意她这样牺牲自己，她太好了！"

博列特太太对丈夫的爱，确实够得上"撼人心旌"四个字了。谁能不为她这种牺牲精神而动容？然而，道德学家们对此事却诸多微词。他们的意见是——"这种行为不值得提倡。"

器官可"索还"吗？

这是发生在英国的一桩离婚纠纷：

李察与珍妮于 1982 年结婚。婚后不久，珍妮因肾脏功能衰退，有生命之危。李察为了拯救爱妻的性命，毅然将自己的一个肾脏移植给她，使珍妮的生命得以延续。珍妮得到丈夫的肾脏和爱情，不但活了下来，而且活得很好，很健康。这本来是个相当动人的忠贞相爱的故事。

岂料到了 1986 年，李察对妻子的一片爱心却受到了沉重的打击——

有一天，李察提前下班回家，竟然发现珍妮和一个陌生的男人赤裸着躺在床上……

李察悲愤欲绝，一气之下，跑到法院提出离婚诉讼，并强烈要求索回自己已经移植到珍妮身上的肾脏，他在法庭上诉说得声泪俱下：

"索回肾脏无疑是太绝情了。然而，若是离婚之后，将一个属于我身体一部分的肾脏，留在深爱过却无情地背叛了我的人身上，我是无法忍受的。既然离婚，我就有权索回原本属于自己的血肉，哪怕对方丧命也要索回。"

真可谓"爱之欲其生，恨之欲其死"。你说法官该如何判决呢？

"稀少细胞"之争

人体组织是否属于一个人的私有财产？1990 年夏天，美国加利福尼亚高等法院在受理一名叫约翰·穆尔的人对科学家起诉一案时，就碰到这样一个颇为棘手的问题。

穆尔是个白血病患者，1976 年医生为他切除了脾脏。手术后，医生在研究摘下的器官时，发现里面有一种"稀少细胞"能产生类似生物激素的物质，甚至还有一些罕见的抗体，加利福尼亚大学将这些细胞加以繁殖，在固定的培养基里培育，获得了极其珍贵的物质。后来，在桑托斯制药公司合作下，科学家以这种培养液为基本原料，制造出 10 种可用于治疗癌症及包括艾滋病在内的各种免疫系统疾病的药品。这些药品使制造商们获得的利润高达 30 亿美元。

穆尔得悉此事后，立即起诉加利福尼亚大学、遗传研究所和桑托斯公司。他声称：从未许诺任何人利用从他身上取下的细胞，既然现在发生了，他要求得到应有的经济利益。

被告在法庭上辩解说，对摘除的人体组织及器官的研究乃是正常的医学实践，如果一举一动都须经本人同意，医学研究将束手无策。

法院经过激烈的辩论后作出裁决：一个人可以对他在手术中取出并在今后科研中使用的人体细胞组织保留产权。当研究人员出于经济利益的考虑要利用患者身上取下的某个组织或器官时，医生有责任通知患者。所以，穆尔有权就医生未曾将自己细胞能获取经济利益一事通知他而起诉，并应得到一定的经济补偿。

对此，一些科学家和生物道德学家抨击说，这一裁决将会扼杀新的研究，阻碍生物技术的进步，败坏以捐献器官和组织为特点的"捐献道德"。

但也有人认为，就案例本身来看，该判决影响甚微，因为像穆尔那样拥有"稀少细胞"的人毕竟是少之又少。

人工脏器，舆论并不一律

古代神话相传，大将军李靖的儿子哪吒，不畏强暴打死了东海龙王三太子，闯下大祸。东南西北四海龙王带万名龙兵，捉拿李靖。哪吒为了父亲，挺身而出，一人做事一人当，拔剑自刎。哪吒的师傅太乙真人得知后，到荷花池里摘了荷叶、荷枝，又挖了几枝嫩藕，摆成人体的样子，然后大叫一声："哪吒，还不快起来！"荷花、荷枝、嫩藕立即变成活脱脱的哪吒。在民间，也广泛流传古代名医华佗用柳枝为骨折病人接骨的故事。这些神话和传说，寄托了人类长期以来所憧憬的用生物材料代替人体组织的幻想。

随着生物材料科学的发展，人们正在逐渐把神话和幻想变成现实。人体某些器官损坏后，可以像换机器零件那样换上人工器官。

在西方发达国家，人工器官的应用已相当普遍。不少美国人已不是"原装"！美国贝斯以兹医学中心的调查结果表明：在美国，平均每3个人就有2个人身上装有假牙、人工指甲、人工眼水晶体、假肢、人工心脏等人工器官。由于近年来关节炎等疾病患者逐年增加，美国每年大约有50万人动手术将髋部、肩膀、手肘和膝盖等部位换成人工关节。在循环系统方面，美国每年大约给10万名患者装入人工心瓣膜，移植130个人工血液泵，至于人工心脏，现在仍有人正在靠它维持生命。

但人工器官的出现和应用，带来的并不都是欢呼和颂扬之声。评价和舆论并不一律。

一般说来，对于诸如人工眼球、人工皮肤、人工肢体之类的"外围器件"的应用，人们并无多少异议和争论。但对于应用人工心脏这种"核心脏器"的利弊和评价，却颇有争议。

人工心脏究竟是能够救死扶伤的生命使者，还是使人苟延残喘却耗费宝贵医疗资金的伤财之物？不久前美国人工心脏的发明者罗伯特·贾维克与纽约市一所医学道德研究院的丹尼尔·柯洛汉就上述问题进行了辩论。这是一个由美国全国出版俱乐部组织的辩论；正好在同一天，美国国会的一个委员会举行会议听取关于使用人工心脏的利弊的争论。

柯洛汉认为，使用人工心脏是否有好处，不仅对于可能的接受者是个问题，而且对于整个社会也是一个问题。据美国心、肺、血液研究所1987年估计，每年可能要求植入人工心脏的有17 000—35 000人，每植入一个人工心脏的费用为15万美元，仅此一项就要使美国每年的医疗费用多支出25亿到50亿美元。柯洛汉认为，如果将这些资金用于健康卫生教育，以促进行为和饮食上的改变，从而避免心脏病，效果将会更好。

贾维克指出，美国每年花费于电视娱乐的钱达30亿美元，相比之下，用于人工心脏的钱是值得的，它可以使那部分人继续成为社会生产的成员。

此外，在目前人工脏器昂贵的情况下，人工脏器的应用还涉及一个资源分配的问题。有一位肾脏医生曾叙述他经历过的一种情形：

"我在急诊室里亲身遇到过这样的问题：一个18岁的女大学生，还有一个53岁识字不多的老农，他们之间谁更有资格接受仅有的一枚人工肾脏？这是我行医生涯中最困难的一次决定。当时面对两名濒死的病人，只有我一个医生，我简直焦虑得快发疯了。但现实毕竟是现实，虽然残酷，却不能不面对……"

这一类典型的资源分配问题，近年来已成为医学伦理讨论的热点。医生面对着"谁更有资格得到仅有的一枚肾脏"之类的选择，必须立即作出决定。有些医生可能仅凭直觉作出决定，但一名真正成熟的医生，却可能从哲学观、社会价值观、伦理观等许多方面进行思考。

捐献运动步履维艰

13岁的戴维·基林斯伯利在一次车祸中受重伤，27小时后死去。医生发现他身上带有一张他签订的器官捐献卡，立即征求他双亲的意见。他们回答：在确诊戴维的中脑死亡后，即可摘取他生前表示愿捐出的器官。"全英移植服务中心"立即从电脑中找出可与戴维的器官相容的病人，并通知有关医院。结果共有8个病人因有幸移植了戴维的器官而受益。

英国早从1972年始就发起器官捐献运动，每年散发550万张捐献卡。这种捐献卡正面印有"我愿死后帮助某些人活着"的口号，背后印有各种器官的名称。愿捐献的人可在卡片上签字，标明愿捐献的器官的名称。为避免亲属对摘取死者的器官产生不安和异议，英国医学界对"死亡"作出定义：中脑死亡使人无法再有任何感觉即为生命死亡。这一定义，经专家多方验证，已为英国的公众接受和认可。"

但在世界上，像英国那样卓有成效的器官捐献运动，毕竟还是少数。在一些国家和民族，尤其是在"完尸而葬"观念根深蒂固的国家和地区，捐献器官还存在着许多社会上的阻力和观念上的障碍。

台湾的一些医院曾应众多急需得到器官移植的伤病者的要求，组织社工人员劝募器官，但成效甚微。这些社工人员随时注视着垂危病者，一有机会就去联络病人的家属，一俟病人气绝，便立即以三寸不烂之舌展开劝说。他们通常对丧家晓以大义，把捐献器官冠以"遗爱人间"的美名。但可惜成功率甚低。

提起他们的劝募过程，社工人员总是满肚子苦水。他们最怕两种人：一种是阿公、阿婆，一种是虔诚的教徒。如果危急病人身旁有祖父祖母，千万别靠近，否则一提起捐献器官，一个大骂"夭寿短命"，另一个就拿着扫帚把你轰出去。如果是佛教徒，他们相信人死后下地狱还有另一种新生活。如果碰上基督教徒，他们通常都不忍心破坏遗体。这些都给社工人员带来不少挫败感。

而最令社工人员惋惜的是，有人愿意捐出器官，但他们因某种宗教的关系，认为人在死后72小时灵魂才会离开躯壳，所以坚持要医生在3天之后才摘取器官，但问题是届时器官早已坏死，不堪使用了，等于白捐。

不管社工人员如何神通广大，也难以克服宗教和祖父母们的障碍。某些社工人员能募得器官，大都归功于家属早有意愿。两年前台湾有一名女孩子因脑血管病变而死亡，她的父母不等社工人员劝说，就主动捐出皮肤、肾、角膜等，目的是"替孩子积阴德、赎罪"。另有一名父亲认为死于车祸的儿子生前花了社会不少钱，但却无以回报社会，因此就将儿子的器官捐出。他认为这是儿子唯一能做的事。对这个父亲的所为，有的人大受感动，也有的人认为："虎毒不食子，竟然在儿子死后出卖器官，真是丧尽天良！"

台湾长庚医院几年前也曾设有"死后器官自愿捐赠书"，只要愿死后遗爱人间的都可向社工组织申请。因是第一次，大概基于好奇的心理，申请的年轻人真不少。但不到几个月，该医院就接连不断接到许多家长的抗议。而且，那些签署自愿卡的大都是年轻人，实不足以解决迫切的"器官荒"，因为很难知道这些人何时死和死在哪里，自愿卡实际意义不大。

器官的捐献是个颇为复杂的问题，其中不仅涉及技术问题、观念问题、伦理道德问题，而且还涉及法律问题。就观念而言，崇拜死人，崇尚完尸，均属根深蒂固的陈腐思想。国民捐献器官之风的形成，远非朝夕之功。

器官捐献运动，真可谓步履维艰，任重道远！

"新人道主义"与"遗体国有化"

1976年以来，所有法国公民都成了默认的器官捐献者。

法国政府发表在1976年12月23日的《政府公报》上的《器官采取法》第2条对这一点作了明文规定："为了治疗或科学的目的。可在一个在世时未宣布拒绝采取器官的死者身上采取器官。"

1988年12月22日，法国政府公布《接受生物医学研究者保护法》明确规定："在对一个人进行生物医学研究之前，必须先得到此人明确的同意……但是，如果生物医学研究是在紧急情况下进行的，情况不允许事先征得接受此种研究的人的同意……将可以不必征求此人的同意，假如后者在场的话。"这个法令给在长年处于植物状态的病人身上做非治疗性实验打开了大门。

法国的这两个法规，多少已有一点"遗体国有化"的味道了！

新加坡不久前也通过了人体器官移植法案，法案规定："所有新加坡居民和在新加坡长久居住的居民,年龄在21岁至60岁之间者,在意外事件中丧生后,如果生前未有不愿捐出肾脏之表示,都可被认为是自愿捐出肾脏者。"

世界上,迄今实行"遗体国有化"最坚决的国家首推比利时,该国的法律明确规定:"机体属于国家。这不是为了占有或支配的目的,而是由于代与代之间的关系,各代人之间能够而且也应该互相救助。"

实行"遗体国有化",无疑必须突破长期以来形成的观念障碍和道德禁锢。即使在当今的法国、新加坡和比利时,也还有相当多的人,对"遗体国有化"存有异议,总认为把遗体捐献给他人或科学,应完全属于自愿的行动,而不应当带有法律强制性。

关于这个问题,笔者非常赞赏人类生物学国际研究所秘书长乔治·厄兹的如下见解——

"为很纯正很崇高的、必将加强公民之间和人与人之间联系的国内和国际行动及时捐献器官和遗体,这是一种新人道主义。"

大脑移植:"无人性的暴行"还是"有缺陷的人道"?

猫逮耗子,是一种本能。狗追耗子,则被人讥谓"多管闲事"。但科学界却传出奇闻:前苏联科学家饲养的一只灰兔,竟也有撵耗子的本能。它虽无猫的利爪,也无狗的威势,但一见耗子,立即耸起双耳,扑将过去,"兔假猫威"的场面令人捧腹。人们大笑之余不禁要问:这只兔子为什么"猫性"十足呢?

原来,这是一只换了猫脑的兔。指挥它行动的已经不再是兔脑而是猫脑了。

"猫脑兔"的出现很容易使人想到"换脑人"。

换脑术是人类早就梦寐以求的事情。但千百年来却一直是个禁区。一代名医华佗,就是因为要给曹操"开颅以换脑"而屈死刀下。然而,科学技术的发展总是以锐不可当之势冲破一个又一个禁区。在人体大部分器官都可移植更换的今天,"换脑",这是一个多么诱人的课题!

还在二十几年前,科学家们就开始了动物换脑试验。美国神经科大夫罗伯特·荷华领导的研究小组,把一只老鼠的头接到另一只老鼠的头上,一举成功。接着他们又进行了"双头狗实验",将一条狗的头移植到另一条狗身上，结果两个狗头都会汪汪叫，只是争吃骨头时，原狗头反应敏捷，新移植的狗头因神经功能较差，反应迟钝一些。近年前，美国一位叫韦特的脑外科大夫，把一颗猴头移植到另一血型相同的猴子头上，目前，这新植的猴头能摇头晃脑，能吃能喝，而且有意识，只是灵活性差一些。管理人打算给它娶亲，看它会不会生一个小猴，当个猴爸爸；另外，也考察它所生的小猴子能否正常成活。据透露，美国科学家下一步将拿猩猩做换脑试验。

任何动物实验，归根结底无一不是为了造福于人类自身。目前，人脑移植已被提上科学家的议事日程，甚至已被付诸实践了。

不久前，国外报刊披露：前苏联已成功进行了两例人头的移植，被换脑的这两个人，年龄都是二十几岁，据说都是绝症病人。前苏联医生声称，换脑手术以前，对病人严加保密，为的是更好地观察他们换脑后的生理反应、心理反应、精神状态以及脑的损害程度。有消息说，这两个换脑人在手术后活了两个多月。据称，在此之前，前苏联已进行过14次这样的医学实验。

1987年3月，香港多家报刊又报道了一则更为惊人的消息：

瑞士街头发生了一起严重车祸，一男一女遇难。医生及时对这两个人作出如下鉴定：男子，内脏和四肢已全部损坏，已无法施行手术，且心肺在到医院不久就停止运动，只有大脑器官完好；女子，四肢及身体无重损，但大脑处于死亡状态……拥有世界上最优秀的医生和最先进医疗设备的瑞士某医院，立即对这一男一女施行脑移植手术——把男子的大脑移植到女子的头颅中去！医生克服了重重技术障碍，把细如蛛丝的神经纤维一根根连接起来……终于，一个"男人大脑女人身"的"复合人"出现了！经过一段时间的昏迷，该"复合人"逐渐康复，其大脑（男脑）依稀记得撞车那一刹那间的恐怖情景，并感到吃惊不已：自己的声音怎么变成女人音？胸部怎么会有一对丰满的乳房？……据说，这个男女合二为一的人现在已经能够起床活动了。

1987年3月25日泰国《星暹日报》报道：

11岁的恩芝和10岁的薛尼斯姐弟俩，在公路玩脚踏车，不幸被汽车撞倒，姐姐的头颅破裂，弟弟的胸骨碎裂，内脏多处裂开。医生在征得他们双亲的同意之后，决定把弟弟的头移植到姐姐的身上！此项移植头部手术是由荷拔居利西尔医生主持，花了17小时。荷拔居利西尔说："从电脑检查她接受头部移植手术后的脑电波看，她似乎可以接受，但我们仍不放心，直到她的眼睛能够开合，口能够发音，我们才松了口气。大脑的延髓跟脊髓的神经系统的接驳，是移植头部最重要的一环。现在她的眼睛、嘴巴能够活动，证明她的生理构造没有严重损坏，看来她可以恢复健康……荷尔蒙是人体内部产生的，故男孩的脑袋移到女孩的身上，对于性别方面没有问题。"

这些报道的可靠程度当然还有待考究，但有一点却可肯定无疑，那就是：人脑移植在技术上已无不可克服的困难，人类憧憬已久的换脑梦想即将变为现实了！

然而，最棘手的难题还在人脑移植实现之后。

请看这样一个镜头：

两位姑娘在同一时间内成了车祸的牺牲者——A小姐大脑重伤致死；B小姐内脏损毁夭折，但她的大脑完好无损。器官移植中心领导人赫瓦斯特教授当即决定：把B小姐的大脑移植到A小姐的躯体上。手术一举成功，各界为之震惊。新生命肉体上的自我感觉良好，可是心理上却非常痛苦。A小姐明白发生的一切后，从此必须起一个"合二为一"的名字，并强迫自己把两位素不相识的人认作亲爹亲妈。而从前最亲密的女友竟疏远她。更可悲的是，A小姐和妈妈会面时，妈妈却无法相信她是自己的女儿：数日前不是亲眼看着她火葬了吗？……

这是前南斯拉夫上映的科学影片《难以置信的事实》的内容。

我们也可以展开"想象的翅膀"，构想出这样一个可能发生的场面——

某名人A患了脑瘤住进医院。医生告诉他，保住生命的唯一办法是换脑，医院恰好存有一副健康的大脑，它是一位死于车祸的司机B的家属自愿提供的。A反复考虑，表示同意，可是，就在手术准备就绪，即将施行时，A突然从手术台上翻身坐了起来，问："医生，大脑移植后，我究竟是A还是B，是他拯救了我还是我拯救了他？"

"也许都算……"医生模棱两可。

"请说清楚一点！"A恼怒地说："作为特定的名人的'我'还存不存在？"

"躯体的'你'存在，思维的'你'不存在。"医生坦率地说。

"那手术后谁是'我'的夫人？是我原来的夫人？还是给我大脑的B的夫人？还有子女呢？户口呢？工作单位呢？职务、级别呢？"

"这……"医生无言以对。

换脑术带来的这种种难题，不要说医生无法回答，就是社会学家，恐怕也会张口结舌。谁都知道，大脑是主宰全身的"总司令部"，是生命的中枢。《灵枢·经脉篇》说："人始生，先成精，精成而脑髓生。"大脑主管着人的高级中枢神经机能活动。一个人换了他人的大脑以后，原有的记忆、精神意识、性格、文化、生活经历等一系列社会属性将消失殆尽，而代之以另一个人的"灵魂"，意识行为已完全属另一个人。这样，一大堆问题就接踵而来：他和原先的配偶、子女算什么关系？他应该对原来自身的社会经历负责还是对新"灵魂"负责？以后他犯了罪是躯体受判刑还是"灵魂"受判刑？社会和法律承认他的躯体还是承认他换来的"灵魂"？……

其实，难题又何止这些？换脑人这个"合二而一"的"共有人物"，假如术后要生儿育女，生出的子女算谁家的后代？该姓什么？假若将男女两性互换大脑，换了脑的"男脑女身"或"男身女脑"该进男厕还是女厕？……

这些问题是如此怪诞，以致会使人对换脑技术的积极意义产生怀疑，甚至提出换脑技术是否符合人道主义原则的问题。这是毫不奇怪的。

事实上，有关换脑技术的研究和实验，从一开始就受到来自各方面的强烈反对和指责。反对者们认为，大脑是人体中最神圣不可侵犯的器官，企图用技术手段实施换脑，把人的精神（灵魂）与躯体相分离，那是惨无人道、丧失人性的暴行。换脑人的出现，会给人类社会带来人伦关系的紊乱等灾难。

在反对者的阵营中，不乏自然科学家和医生。比如，德国癌科专家汉斯法兰基医生，获悉前苏联科学家给活人开刀换脑，就斥之为"暴行"。他说："进行换脑的手术，是野蛮的行为。除了苏联之外，相信没有一个国家准许这样做。此举系邪恶的表现和灭绝人性的行为。"

无须讳言，假如真的有一天换脑技术进入临床而且广泛应用，确实会带来一系列的伦理、道德、社会难题。因此，对应用这种新技术可能会出现的各种问题、后果进行预测、研究和论证，是必要的和有益的。但反对者把换脑技术斥为"邪恶"、"暴行"和"灭绝人性"，视为洪水猛兽，却未免失之偏颇。

首先，换脑技术不但不是"灭绝人性"，而且是符合人道主义精神的事情。对于罹患神经和内分泌疾病者、丧失记忆者及其他在老化过程中更高等级功能衰退者，均可借助换脑技术对其大脑进行部分移植而大大获益。更重要的是，换脑技术能够从濒于死亡的两者中拯救出一个活人来，而不换脑则两者俱死。这无疑是科学技术和人道主义的共同胜利。

其次，换脑人带来的各种问题并不是不可解决的难题。比如，可以有这样两条出路：

1. 既然我们承认灵魂指挥躯体，那么，脑袋与躯体的异体结合所形成的新人，理应属于提供脑袋的那一方。因为这个人的知识结构、心理结构、性格特点、生活积累等，都是由脑袋决定的。

2. 如果按第1条出路会引起双方亲属的长期纠纷的话，那么可以通过立法的方式，承认换脑人是一个独立的新人。他（她）只对今后的行为负责，而不对以前的经历负责。这个人可以重新组织家庭，包括同原来双方配偶的任何一方结婚，但必须履行一切法律手续。社会尊重他（她）的独立人格，并尊重他（她）的一切合法的选择。

任何规定当然都是有缺陷的。但有缺陷的人道比"完美"的非人道毕竟要进步得多。

生殖工程是非多

周镇宏 科学散文

1978年7月26日，人类历史上的第一个"试管婴儿"——路易斯·布朗在英国问世。她的诞生标志着现代人类生殖工程新技术，已经能够创造"有血有肉"的人——不经过两性性生活而借助于人工方法促进精子和卵子结合，产生新一代个体。

一眨眼十几年过去。现代人类生殖工程技术——人工授精、试管婴儿、胚胎移植、献卵代孕等等，可谓"硕果累累"。人类自身繁衍的方式已经进入了一个人类自身难以思议的新纪元。

人，创造了现代生殖工程技术；现代生殖工程技术又实现了"有血有肉的人的再创造"。人们在惊叹科技神奇可补天的时候，却无法回避由此带来的伦理的、道德的、法律的迷惘。

法庭辩论：精子是什么？

1987年7月21日，新加坡一位29岁的医生从高处摔下，惨遭意外。急救医生认为，患者脑子虽已死亡，但在其妻从巴黎赶回之前，仍应对"死者"进行人工输氧。死者妻子凯林莎赶到医院后，向医院提出一个要求——取出其丈夫的睾丸为她人工授精！但院方因为她"想为死去的丈夫生一个孩子"，以"用已死男性的精液进行人工授精是否合法"为由予以拒绝，只将死者的精液冷冻起来，争端由此引发。

在新加坡现行法律中尚无直接涉及此类问题的条文规定，因此有4位律师就此事发表看法。他们认为，凯林莎取下其死去的丈夫的睾丸，一旦人工授精成功，怀孕后生下了孩子，这事就会变得很复杂，因为根据现行法律，这个孩子不能跟从父姓，因而似乎也难以享有继承其父遗产的权利。

新加坡国家卫生保健部认为，在新加坡没有禁止人工授精，只禁止"代客生子"的经营行为。但有关组织提出非议：已死去的人怎么可以做孩子的父亲，况且死者在生前曾登记自愿献出他死后的器官，睾丸是死人的一部分，未亡人没有权利索要睾丸，正如凯林莎没有权利索要她丈夫的一条腿或者一只耳朵一样。

这样的奇案，已不止一宗。1981年8月，法国的科丽娜结识了父亲的年轻助手阿兰警官。两人一见钟情，朝夕相处，形影不离。但好景不长，不幸的事发生了——阿兰患了睾丸癌。

主治医师是阿兰的好友，他知道阿兰病情的严重性，手术即使很成功，术后也必须采用大剂量的化疗药物与放射线治疗，阿兰将永远失去生育能力。他向阿兰建议：手术前储存一点精液，以便将来不致失去做父亲的机会。

同年12月7日，法国人工授精的先驱——乔治·大卫教授领导的精液研究保存中心，从阿兰身上取走了精液。

事后，阿兰又劝科丽娜中断与他的关系另择佳偶，但科丽娜忠贞不渝。12月23日，科丽娜与阿兰在马赛一家医院里举行了婚礼。

可是，手术未能阻止恶性肿瘤的扩散，婚礼48小时后，阿兰便病逝了。

阿兰是独生子，是父母遗产的唯一继承人。阿兰在世时，没有使科丽娜怀孕，科丽娜决定"一个人来为阿兰传宗接代"。1984年2月6日，科丽娜给大卫教授写信，索取阿兰的冷冻精液，准备接受人工授精。大卫教授认为这是个道德问题，声称他无权处理，必须得到内阁卫生国务秘书处的批准。科丽娜转而求助于埃德蒙·埃尔韦国务秘书，得到的回信告诫说：不要匆忙行事，这件事还有待商榷。

科丽娜认为，这都是遁词，是欺负年轻丧偶的孀妇。她恼怒地到法院起诉，控告研究保存中心"侵权"。

于是，双方各聘律师。卫生部和司法部联合成立了部际小组，组内包括专家数人，以制定对策来处理此案。官司打了将近一年，问题涉及面很广，主要集中在三个方面：道德、继承法和孩子的地位。

这个案子争论的问题与第一个案件大致一样，其焦点在于：精子究竟是什么？

马赛律师团的头面人物保尔·隆巴尔充当科丽娜的代言人。他认为阿兰在研究保存中心的冷冻精液属于寄存物，根据法律规定，寄存物应归还本人；在本人已故的情况下，归还其继承人，是理所当然的事。他说："由于道德和司法的原因，研究保存中心以'不道德'为借口拒绝把精液归还给科丽娜，请问，究竟是谁不道德？是这位失去亲人的妇女，还是那些拒不让人生孩子而绝人后代的先生们？看看法律是怎样谈论道德的吧：意愿自主是不可动摇的，两相情愿的自主也是不可动摇的。既然涉及遗产的时候，人们尊重死者的意愿，那么当涉及一个人或一个孩子的时候，为什么就不再尊重死者的意愿了呢？"

他还说："阿兰在患病期间，三次明白表示储精的愿望，1983年12月23日，他们是在神甫主持下举行的正式婚礼。这一切都是事实。"

精液研究保存中心的律师是能言善辩的卡特琳·帕莱·樊尚夫人，她振振有词地对保尔·隆巴尔反驳：研究保存中心有权把阿兰的精液当作公共的"动产"而储存、处理；中心的目的是向患有男性不育症的夫妇免费提供精液。法国的继承法对主体与客体有明确的划分。精液是主体还是客体？显然，既非人，又非财产，也可以继承吗？再说，人体是不可分割的，正如同尸体不能继承一样，人们不能去继承精液。她说："没有证据表明阿兰打算死后生育，他没有这种遗嘱。为了增加人工授精成功的可能性，原则上要在研究保存中心储精几次，而不是唯一的一次。"

她还反问说：

"少妇丧偶本身就是不幸的，人们还想让不存在父亲的孩子来分担母亲的不幸，又于心何忍？"

"至于孩子的地位，更难判定。私生子吗？不认识父亲，父亲并没有承认他；婚生子吗？男'造物主'在受孕前就死掉了；继承法中的家族关系，没有一项是适用于婚姻解体后300多天才出生的孩子。"

针锋相对的法庭辩论，引起了社会的强烈反响，法国人对此问题的看法也大相径庭。

该案件促使法国卫生国务秘书处补充了一条法规："人工授精只适用于活着的夫妇，还必须是丈夫患有不育症；人工授精必须事先得到有关卫生当局的批准。"

看来，法律与科学成果之间的鸿沟正在不断加深，这在科学的每一个领域都不可避免。精子的保存、人工授精、试管受孕、生物工程等等，给传统的法律、道德及价值观念，都提出了挑战。

"试管孤儿"发难

这是一个颇具戏剧性的案例：

美国加利福尼亚州 57 岁的大富豪马里奥·里奥斯和他的妻子 40 岁的埃尔莎，原已有数名子女，中年以后竟又想有一个试管婴儿。于是，夫妻一同来到澳大利亚墨尔本市的维多利亚女王医学中心，留下了两个授了精的卵子冷冻起来，准备环游世界后埃尔莎再来这里接受将受精卵移植到体内的手术。但万分不幸！这对夫妇偏偏在智利的一次飞机事故中双双罹难。他们留下了一百多万美元的遗产，也留下一个十分棘手的案件：这对夫妇留下的那两个已成为"孤儿"的试管婴儿（受精卵子）能否存在和生长？

胎儿的生长和发育是需要母体的，而失去母亲的"试管孤儿"，今后移植给谁？他们还有没有权利继承遗产？

对此，澳大利亚一些宗教界和法律界人士众说纷纭，各抒己见。

圣公会的尼科安斯牧师说："圣公会主张立即废弃、终止试管婴儿的生命。"

天主教神父诺曼·福特则认为"天主教虽然不赞同搞冷冻试管婴儿，但里奥斯的试管婴儿是唯一例外，因为道德上的责任应使他们活下去。"

法律界也有两种意见，一种认为，试管婴儿是由父亲的精子和母亲的卵子结合而成，因此他们有权继承父母的遗产。

另一种认为："如果这两个试管婴儿不移植到另一位妇女体内，他们是不能生长发育的，因此他们不能继承遗产，否则会引起许多道德、法律和伦理学上的问题。"

官司越打越大，最后最高法院判决——"解冻受精卵，毁灭胚胎！"

类似的案件也发生在美国。1989 年 8 月 7 日，在田纳西州一所只有 60 来个座位的小法庭外面，装有抛物面天线的摄影车停在草坪上，20 部摄影机也已整装待命，随时准备通过卫星直接向世人报道人类文明史上前所未有的一宗离婚案的审理过程。

新闻界后来这样描述这次庭审：

"7 个未来的孩子——冻在液态氮中的 7 个受精卵，使 W·扬法官吓出了一身冷汗。他面对着司法史上的一个空白、一个史无前例的伦理问题。"

"9月21日的裁决将是划时代的。全世界都在等着这个判决。"

案情其实并不复杂：30岁的小戴维斯和28岁的玛丽·休要求离婚，家具、房子等财产都平分了，剩下的就是处理他们共同创造的7个受精卵的问题了。玛丽·休要求保存他们，因为这是她"当母亲的最好机会"了，小戴维斯却不希望他的孩子在他离婚两三年后降生。许多医学专家和法学家出庭作证，各执一词。有的认为受精卵只有细胞构成，任何器官都未发育，不能给它们以一种身份；有的则认为从受孕起生命就开始了；更有的指出，"着手实施体外受精计划的妇女应被认为是怀孕，即使她的受精卵被保存在液态氮中"；玛丽·休的律师反复强调，"人们从来没有拒绝让任何妇女继续怀孕的权利，这是最重要的法则。"

这两宗案件，尽管情节有异，实质问题却完全相同，那就是——"受精卵究竟是什么？"

这可是个难题。无论是受精卵、胚胎还是胎儿，都不是"社会的人"。因为他们没有自我意识。但它们又是生物学意义上的生命，具有发展为一个有自我意识的理性人的潜在可能性。因此对他们的操作必须加以法律的、社会的、道德的控制。

一经出生的婴儿，就具有继承遗产等权利，这是毫无疑问的。但是，出生后的婴儿还仅仅是生物学上的人，必须经历长时间的社会化过程，才发展成为社会的人。如果由于特殊的需要，能否从婴儿再往前追溯到胎儿乃至受精卵，给予继承遗产等权利，让它发育、成长、出生呢？这似乎不应该是一件奇怪的事情。不拘泥于某一固定的观念，解决新科学技术带来的许多新问题就好办多了。

"婴儿工厂"与"卵子公司"

自从第一个人类试管婴儿在英国曼彻斯特郊外的奥德姆总医院诞生以来，全世界出生的试管婴儿已成千上万，可谓"试管人流如潮涌"，国际上甚至举办过"试管婴儿运动会"。印度、澳大利亚、美国、法国、德国等相继有了自己的试管婴儿，我国的台湾、香港也有试管婴儿出生，中国大陆的第一个试管婴儿名叫"萌珠"，于1988年3月10日上午8时56分在北京医科大学第三医院问世。

试管婴儿技术有一个相当严重的问题：很容易导致一胎多生。

据统计，试管婴儿的三胎率比自然妊娠高 60 倍，四胎率高 30—50 倍！

这方面已有不少例子：

意大利一位 37 岁的妇女在都灵大学附属第二产科医院一胎生出 4 个试管受精婴儿，并且全部成活。

美国马宝郡惩教官员雷蒙和他的妻子米雪花了 4 000 美元进行试管婴儿手术，医生取出米雪 15 个卵子与雷蒙的精子受精，72 个小时后，医生证明有 7 个卵子是良好的。为了确保至少成活一个，医生把这 7 个受精卵全部植入米雪体内。10 个月后，米雪顺利产下 3 男 2 女，这是历史上第一例一胎 5 婴的试管婴儿。

由于试管婴儿多胎率极高，西方某些国家的商人，已在筹建"婴儿工厂"，准备从事婴儿的"批量生产"和投机买卖。许多社会学者甚为关注，担心人口贩子"粗制滥造"婴儿。

此外，随着试管婴儿研究的深入，在技术上有可能成功地进行卵与卵受精、单性生殖及人的复制等，这也将给社会伦理道德提出新的问题。

继"精子库"、"精子银行"之后问世的是"卵子库"和"卵子银行"。它们将从女性的卵巢中取出的卵子加以保存，并提供给为不孕而苦恼的夫妇们，从而使他们喜得贵子或"千金"——这种人类的"卵子银行"已于 1987 年 7 月在美国俄亥俄州著名的克利夫兰医院宣告诞生。

卵子的保存采用冷冻法，利用生物"冬眠"原理，将卵子置于低温下冷藏起来，以降低卵子的新陈代谢速度和耗氧量，使其在贮存液中存活备用。

据报道，早在 1983 年，澳大利亚的科学家就采用冷冻保存的卵子，使其受精，并植入一位女性的子宫内着床成功，后来因发生感染而中止妊娠。1987 年 7 月 4 日，世界上第一例由冷冻卵子受精而发育成的孪生儿，终于在澳大利亚阿德莱德市的弗林德斯医疗中心顺利降生。新生儿共一男一女，男的体重 2.87 公斤，女的 2.86 公斤。婴儿发育正常，身体健康。

美国的"卵子银行"规定，志愿提供储备卵子的女性必须在 18—35 岁，身体健康，已婚者还需征得丈夫同意。接受卵细胞的患者，必须持有疾病诊断证明书，并经夫妇双方同意。受精是在试管中用其丈夫的精子与卵子结合，然后植入女患者的子宫内。为了让婴儿生长得更像其"生母"，"银行"将尽可能选配在身高、体重、眼睛、发色、血型、人种等方面与"生母"更吻合或相近的志愿者的卵子。

据说，这种方法还有一个好处，就是不让接受卵子的夫妇知道卵子的提供者是何人，从而可以避免像"代孕母亲"那样所带来的诸多问题。

新加坡首创冷冻卵子成孕法的曾永贤医生也宣布将着手筹建"卵子库"。他说，该卵子库可冷藏优良卵子以备用，也可惠及一些患有危害卵巢疾病的妇女，包括癌症、复发性囊肿及感染等。就算是切除卵巢的妇女，仍可以利用"卵子库"的冷冻卵子，进行试管受精成孕。这个"卵子库"可使全球妇女受益，可望为家庭计划生育带来革命性的方法。

"卵子库"、"卵子银行"的建立，也会像"精子库"、"精子银行"一样带来很多问题。它甚至可能使提供冷冻卵子的技术商品化。不久前，美国芝加哥生殖遗传研究会就已提出设立"卵子提供公司"的申请，只是因受到一些社会团体的激烈反对而未被批准。

过去，接受从卵巢中取出卵子进行试管授精手术的妇女，通常把多余的卵子献给其他病人，因为卵子的保留不能超过一天。胚胎冷冻术问世后，可将多余的受精卵储存备用，以防第一次的尝试失败。美国目前有 125 个医疗中心，以 500 美元至 1200 美元的代价收购卵子。但这引起了一些人的反对，他们认为，女性卵子的商品化，将损害妇女的尊严。

看来，"卵子库"、"卵子银行"建立起来后该如何应用？在什么范围内应用？特许应用对象是哪些人？等等，还将继续争议下去。

"异源"即"野种"？

1988 年 4 月中旬的一天，一位脸色苍白的年轻女子迈进了上海市一法院的信访接待室，声泪俱下地向法官诉说了她和儿子的不幸遭遇。

原来，她结婚数年来一直没有怀孕，不孕的根源在丈夫身上。一年前他们夫妇闻悉本市一市级医院能进行人工授精手术。他俩经过商量后由丈夫通过熟人关系到医院联系手术，接着又由丈夫数次陪妻子去医院落实，终于如愿以偿，她果真怀孕了。丈夫殷勤地伺候妊娠期中的妻子。当然，这一切都是瞒着别人进行的。1987 年 4 月初，一个既漂亮又逗人喜爱、足有 3 公斤多重的小男孩出世了。

可是，天有不测风云。婴儿的伯伯，即丈夫的兄长，发现这位侄子的脸蛋丝毫不像弟弟，顿生疑窦，于是再三盘问。憨厚的弟弟终于将真相和盘托出。此后，"野种"的叫骂声四起。最费解的是，那本来喜气扬扬当上"爸爸"的丈夫，居然也对妻子大肆咆哮。妻子惊愕极了，忍不住回顶几句，竟被赶出家门。忍无可忍的她，不得不来到法院，提出离婚诉讼。

这是我国发生的第一起人工授精婴儿引起的案件。

该案最后判决如下："准予离婚，孩子归母亲抚养，男方应承担孩子的抚养费。"

案件是了结了。但它给人们留下了广阔的思考空间。

人工授精的任何方法，都涉及供精问题。精液可以取自己的丈夫，而更多的是取自不育夫妇之外的男性，后者称"异源人工授精"或"非配偶人工授精"。

显而易见，上述的那对夫妇，就是借助于"异源人工授精"得子的。而问题和争端也正是出在这"异源"供精——即由"第三者"的供精上。

由于异源人工授精是使用供体的精源，于是难题由此而生：谁是孩子的真正的父亲？是养育他（她）的父亲——"社会父亲"，还是提供遗传物质的父亲——"生物父亲"？人工授精是否切断了婚姻与生育的联系？是否破坏和扭曲了婚姻关系？妻子的卵与第三者的精子结合而生出与第三者有血统关系的婴儿，这与通奸致孕有什么不同？接受第三者精子而怀孕的女性，是"守贞借种"，还是"变相通奸"？在观念上、伦理道德上乃至法律上，如何作出相应的调整，从而认识和规范这种现象？提出诸如此类的问题，并非杞人忧天，上述案件中那位女子的丈夫和公婆，不正是在理性上和感情上都承受不了传统观念的压力，无法接受那个"异源"的"野种"而翻脸反目的吗？

上述案件结案后，司法机关向上海卫生领导部门提出了如下司法建议："如有不育夫妇要求施行手术，必须提供夫妻双方签名并经过公证的书面协议。医院也要为施行手术者办理正式治疗手续，作出详细病史记录，建立永久性的病史档案。"上海法学界人士也呼吁：应该确认由"异源人工授精"术所得到的孩子的法律地位，同时要对育龄夫妇和全社会进行普及现代科学常识和破除封建思想意识及世俗观念的教育，以避免类似离婚案件的产生。他们还建议国家有关部门尽快制定法规，完善"异源人工授精"术的登记、公证和管理制度。

是的，随着人工授精技术在我国的发展，相应立法是应提上议事日程上了。

阴差阳错

1990年2月，美国纽约一位中年妇女控告曼哈顿一间精子库和当事医生玩忽职守，并坚持要求被告赔偿其经济和感情上的"损失"。此案使法院也感到棘手。

原来，这位白人妇女几年前曾把已故白人丈夫的精子存入这家精子库。在做人工授精手术时，由于精子库管理人员及当事医生错把别人的精子植入这位妇女的子宫，使她生下了一个与其丈夫毫无血缘关系的黑种"女儿"！

你说，这"经济和感情上的损失"该如何"赔偿"？！

更巧的"差错"还有——

意大利有一对年轻夫妇，男的叫安吉洛，女的叫伊莎贝拉。由于男方不能生育，夫妇双方经过商量后，决定让妻子用意大利精子银行的冷冻精子受孕。结果生下了一对双胞胎。这对年轻父母喜气洋洋。

可是，好景不长！精子银行事后发现：用于伊莎贝拉授精的精子，竟然与使她母亲怀孕生下伊莎贝拉的精子，同属一个批号！

这一来，这对夫妇的欢乐立即变成了恐怖。仔细一查又发现：伊莎贝拉和她新出生的双胞胎，竟同是一个人捐赠的精子孕育出来的！这就是说，她生的双胞胎，其实就是她的同父妹妹！

造成这一事故的原因，是精子银行接受成千上万个捐赠者的精子，许多人已捐了很长时间，用于使伊莎贝拉受精的精子，已在冷藏库存放了多年。再加上伊莎贝拉婚后用了她丈夫的姓，与她母亲的姓不同，精子银行的人员忽视了她母女之间的关系，而计算机也未能测算出来，遂造成了这个差错。

对此，授精专家安东尼斯医生说："这是医学史上一宗奇案，它的可能性只是亿分之一。"

然而，对于当事人伊莎贝拉来说，这种"可能性"却已成噩梦般的现实！

朗多们该当何罪？

英国人工授精医生朗多，长期以来用自己的精子授予要求作人工授精手术的妇女，共制造了 6000 多个有他的血统的孩子。最近东窗事发，已锒铛入狱。

朗多每次作人工授精手术，都说要去精子库购买精子，向病人索取高昂的费用，其实使她们受孕的，全都是他的精子。有些要求做人工授精手术的妇女，她们丈夫的精子本来可以成孕的，但这位缺德医生也不予使用，而换上他自己的精子。

后来，一个护士察觉到他的实验室的后边有蹊跷，便报告了警察。警方搜查了朗多的诊所，发现存档的出生证明书上每张写的捐精者都是这个缺德医生。

现在，朗多已被判 10 年徒刑，但事情尚未了结。因为经他授精出生的孩子，有的已到成年，他们很有可能不知内情而与自己的同父异母兄妹结婚。为避免乱伦和生下畸形儿的悲剧，伦敦的有关部门正逐个辨认朗多的孩子，把他们的材料输入电脑，以备他们结婚时查核之需。

这样的"捐精怪案"最先出现在荷兰，近些年其他国家也时有所闻。美国亚历山德里亚地区法院最近正在审理专治不孕症医生雅各布森被控"未经患者许可使用自己的精液对几十名妇女实施人工授精生下 75 名婴儿"的案件。据报道，雅各布森共面临 47 项指控，如罪名成立，最高可判 285 年监禁。

朗多们的恶作剧，使精源蒙上了一层可怕的阴影。

在我国，虽然还未出现这类怪案，但人类精子库可能带来的问题已引起人们注意。1987 年 12 月 23 日的《文汇报》就发表了一篇《名不副实的精子库》，文中指出："精子库里没有精子，这是湖南医学院（已更名为'湖南医科大学'）传出的信息，该院人类精子库创建 6 年，至今只有一位自愿提供精子者。这意味着在他们做的 137 例人工授精者中，已怀孕的 66 例不久将产下的小宝贝，都是同一男性的后代。"文章见报后，湖南医科大学空前"热闹"，对精子库的工作人员责问者有之，讽刺者有之。有人甚至写信给精子库的负责人，骂他们"干缺德事，不讲道德，把人当畜生"。而精子库的发言人则公开申明：《名不副实的精子库》一文严重失实，真相并不是那么回事！于是引起一场不大不小的风波……

湖南医科大学的精子库中有多少位供精者的精液，我们暂且不去深究。但在我国，精源告急却是一个事实。出现若干个人工授精婴儿同属一个男性供精者的后代，也不是不可能的事。

据不完全统计，目前我国至少有 17 个省市开展了人工授精，收到要求授精的信件上万封。面对这种人工授精热，有识之士惊喜之中又生忧虑：

一是精源短缺。"一滴精胜过十滴血"的传统观念，使得"志愿献精者"寥寥无几。有的医护人员就不得不作出"自我牺牲"，甚至动员自己的亲朋好友。二是由于精源短缺导致有的地方供精报酬一涨再涨，甚至还要授精夫妇出"好处费"。这样，一旦供精发展成商品化，有人就会像卖血一样去卖精，为了赚钱，他们可能隐瞒家族遗传病史和自己的现病史，甚至到不同医院反复供精，医务人员如不严格把关，其后果不仅会人为地造成遗传病儿的出生，还会增加十几年后同父异母授精儿的近亲婚配的危险系数。所以，有关专家呼吁：对人工授精要慎之又慎。

但也有人援引瑞士学者汉斯·穆塞的说法，认为不必杞人忧天。汉斯·穆塞于 1979 年在巴黎"人工授精与精液储存"专题国际讨论会上，运用群体遗传学理论和统计遗传学方法得出的结论是：人工授精血缘婚配的总体危险是微不足道的，即如果一个供精者供精生 10 个授精孩，20 年内，才可能有 1 对同父异母授精孩结婚。更何况，"可能"不是"必然"。

当然，婚姻是人类最无定数、最难以预测的事情。群体中的千分之一、万分之一固然微不足道，但这个比例落到某个个体身上，却就是百分之百的灾难！

"诺贝尔精子库"在"玩弄天主"吗？

1980 年，几乎全世界的媒体都在同一时间报道了一个爆炸性新闻："诺贝尔精子库"在美国加利福尼亚横空出世！顷刻间，社会舆论为之大哗。

1982 年 9 月 20 日，第一位"诺贝尔婴儿"多伦呱呱坠地，又引起了一阵强烈的舆论震荡。

如今，诺贝尔精子库已经培育出 40 多个诺贝尔奖获得者的后代，另有 10 多位母亲正在怀孕。诺贝尔婴儿的队伍正在不断壮大。

在诺贝尔精子库十多个春秋的历程中，世人对它和它的创建者一直是毁誉不一，众说纷纭……

诺贝尔精子库的创立者是美国著名社会人类学理论家兼企业家罗伯特·

葛兰姆。葛兰姆早在 1970 年就自费出版了《人类的未来》一书。他在书中叙述了采用现代人类遗传学知识加速人种优化的理论，并提出一个大胆的设想：建立一座收集历届诺贝尔奖获得者精液的"仓库"。经过 10 年的努力，葛兰姆终于在美国西海岸加利福尼亚州圣迭戈市郊 100 多公里外的埃斯孔迪多镇，建立了这所诺贝尔精子库。

传统观念都认为，搬离嘈杂的城市住宅区，迁往文化水准较高的郊区学校，对孩子的成长较为有利。这是一种十分朴素的观点。而葛兰姆则强调：要想使自己的孩子才华出众，必须给他（她）以好的基因。他坚信，如果将天才男子的精子输入聪明健康的女子卵巢中使之受孕，便可生出智慧高超的下一代。

这一观点立即招来了一阵口诛笔伐。反对者的攻击给刚刚成立的诺贝尔精子库带来重重困难。但支持者也大有人在，其中有因发明晶体管而获得 1956 年诺贝尔物理学奖的威廉·肖克莱等著名人物，他们自愿捐献出精液，从而使精子库摆脱了困境。

诺贝尔精子库其实不局限于收集诺贝尔奖得主的精子。它也收集其他卓有成就的科学家、学者和艺术家等天才人物的精子。精子捐献者的智商必须在 140 以上。

所有捐献精液的天才人物都不愿披露大名，只有一个人例外：威廉·肖克莱。

收集到的"天才精子"储藏在液化氮气缸中，据称可以保存上千年。要求接受这些精子的女性年龄不得超过 39 岁，要有高尚的职业、一定的智育和良好的家庭背景，以保证未来的天才儿童有一个优越的成长环境。

凡是申请到"天才精子"的妇女都可领到一个小册子，上面记录着精液捐献者的"特征"，但匿去其姓名。葛兰姆保证为提出申请的妇女"永远保密"，他对此解释说："父母都不希望别人认为他们的子女是'特制'的，我们也不想给孩子的前程染上奇彩，尤其是父亲更希望别人把孩子看成是'正常诞生'的"。因此，几乎所有申请天才精子的妇女都隐姓匿名，只有心理学家布莱克女士公开宣称自己向诺贝尔精子库"求子"并如愿以偿。

诺贝尔精子库是非营利组织，葛兰姆除了花几百万美元的创办费之外，每年还自掏腰包支付工作人员 10 万美元的薪金。

第一位"诺贝尔婴儿"有个颇有深意的名字——"多伦"。在希腊语中，

"多伦"意为"礼物"。显然，多伦的母亲——心理学家布莱克女士，把多伦视为优生学给她送来的一份无价"礼物"。

小多伦生于1982年9月20日。孩子长得活泼可爱，特别好动，喜欢游戏和玩具，对音乐的兴趣尤为浓烈。这些特征，与他那位获诺贝尔奖的"父亲"甚为相似。据诺贝尔精子库的档案记载：那位匿名的"父亲"是位金发碧眼的英俊男子，是体育运动学的教授，身体健壮。大学期间，他各门功课名列前茅，而且对音乐十分爱好，在古典音乐演奏比赛中获过奖。唯一不足的是他患有痔疮。此人的个人档案存放在精子库的保险柜里，谁也休想知道他的真名实姓，包括布莱克女士在内。

为了跟踪记录多伦的成长情况，诺贝尔精子库专门为他设立一份档案，供研究之用。每天前来翻阅档案、研究多伦智力和身心发展的科学家至少有几十人。据有关人士介绍，多伦在4个月时，智能已超过10个月大的一般婴儿。多伦满1周岁的时候，母亲为他举行了生日晚会，记者们目睹了多伦的调皮活泼劲，摄下了许多精彩的镜头。据说多伦的个性和自我意识很强，如果他正在看自己喜欢的电视节目，别人休想换频道，否则他会没完没了地大喊大叫。

多伦的母亲不愧为心理学家，伟大的母爱加上科学的培养方法，使孩子的成长处于"最优化"状态。孩子1周岁期间，母亲着重培养他的认识事物和理解事物的能力。布莱克发现，多伦的记忆力、理解力和表达能力十分出众。布莱克女士非常自豪地宣称："我的小多伦太伟大！他才两岁半，就具有令人惊讶的语言能力——他读了许多许多的书，当然都是儿童读物……"

为了开发孩子的智力和动手能力，布莱克女士有计划地购置了一些智力玩具、电子游戏机、微电脑，还买了一辆旧摩托车，供他玩耍摆弄。一天，3岁多的小多伦被妈妈扶上摩托车后，他动作纯熟地把锁匙插入锁眼，打开启动器，转动着手柄上的加速旋把……一切动作竟然得心应手！原来，多伦已把妈妈平时发动摩托车的动作看熟记牢了。更令人难以置信的是，多伦4岁时，便能熟练地操纵"娃娃"微电脑，并能应用该电脑所有的教育程序进行算术练习。

后来，多伦的体格和智力都有了很好的发展，各项指标均超过了正常值。智力测验结果证明，多伦的智力确实超过同龄的普通儿童的水平。

诺贝尔精子库和"诺贝尔婴儿"，招来了许多批评与谴责，也引发了旷日持久的争论。

一些哲学家认为，诺贝尔奖和智商，不能作为有益社会和衡量一个人人生价值的唯一指标。

部分科学家则强调，迄今未有数据和证据证明基因是起决定性作用的智力复合体，即使以后证明了这一点，抽象的智力也是不能遗传再生的。无论是通过两个天才人物的结合，还是借助天才人物的精液去复制"天才雏形"，都不过是妄想而已。

社会学家的批评更加尖锐。他们认为葛兰姆等人在"继承法西斯的衣钵，步希特勒的后尘"，并提醒人们不要忘记三四十年代纳粹德国的"人种改良学"——当年德国法西斯正是打着培养纯雅利安后代的旗号，杀死了大批无辜的平民。他们指出葛兰姆企图改良人种，让高智商者多生孩子，不让低智商者或智商平平者生孩子。他们谴责葛兰姆的所作所为"是反人类的行为"。

梵蒂冈的主教甚至指责葛兰姆等人的工作是"疯狂的行为"，是"玩弄天主"。

对这些批评和指责，葛兰姆辩解道：他的目的并不是企图制造只有高智商的人类后代，而是期望借助高智商的父母，培育出有创意、能力强的新一代，只是渴望见到一个由"质量较高"——身体和心理都较健康的下一代组成的"较好社会"。同时他也明确强调："高智商的人并不一定会成功，因智商的高低通常是由测验而来的，而现实社会中的锻炼才更真实，因此除了善于利用高智商之外，还需加上后天的努力和机遇，才能完成成功的指标。"

面对着来自各方面的指责和压力，葛兰姆我行我素，坚持他的信念：人类若要更好地生存，必须有更多的天才涌现。他表示："尽管大多数公民目前对我们的工作仍不感兴趣，但我们对自己的工作充满信心。我们需要的是时间。"

我们应该怎样评价诺贝尔精子库这一现代科学技术的产物呢？

从理论上讲，现代文明和舒适的生活环境破坏了人类社会自然选择的进程。要改变这一状况，就得依靠现代科学技术来改善人类遗传素质和提高人种的智力天赋。

从实践来看，诺贝尔精子库创造出的几十位"诺贝尔婴儿"的智商均高于一般水平。虽然，由于种种原因，目前还未对所有"诺贝尔婴儿"的成长情况做出全面而详细的调查,但已有的事实却表明:人为地控制和选择授精的确能改变人的遗传素质。

不管怎么说,诺贝尔精子库的出现和"诺贝尔婴儿"的诞生,无疑是人类进化史上的一个里程碑。它表明人类已经开始逐渐摆脱漫长的自然选择的进化过程,转而采用先进的遗传学知识,改良自己的遗传素质,从而优化人类自身。这是人类繁衍进化从"必然王国"走向"自由王国"的可喜飞跃!尽管人们见仁见智,众说纷纭,但诺贝尔精子库的建立及其探索性工作,毕竟是一项创举。

"M婴"事件与借腹交易

当今美国,有一名叫怀德海特的"政治活跃女性",她又是出书,又是演讲,又是穿梭游说,被人称为"反借腹斗士"。据说,由于她"成功展开运动",已使美国11个州把商业性"借腹行业"列为非法。

然而,谁能想到,正是这位"反借腹斗士",几年前却"出租肚皮",充当"替人生子"的"代孕母亲",惹出了一桩难分难解、难理难断的"M婴"事件。

事情起因于"代孕":

年届40岁的女医生伊丽莎白·斯特恩因自己不能生育,便通过纽约"不孕服务中心"的介绍,请当时刚好30岁的怀德海特女士"代孕",由斯特恩先生提供精子,用人工授精技术使怀德海特受孕,讲明"代孕费"为1万美元。

怀德海特十月怀胎生下一个女婴后,不由产生了母女之情。当斯特恩夫妇前来领取婴儿时,怀德海特女士只好忍痛将孩子交给他们,但拒绝接受那1万美元的"代孕费"。

怀德海特并非愿意"免费服务",而是对那女婴动了骨肉之情,所以几天后便向斯恩特夫妇请求将婴孩"借"去同她生活一个星期,斯特恩慨然允诺。

可是,过了一个星期,不见怀德海特夫人将婴儿送还,斯特恩夫妇便向警察局求援。6名警察随同斯特恩夫妇赶到怀德海特住处时,发现人去楼空,孩子被带跑了。

后来怀德海特在另一个州被警察查获,但她坚持称孩子是她生下来的,是属于她的。双方争执不下，只好诉诸法庭。

法庭对这桩诉讼感到很棘手，因为它既不能单纯按"违反合同案"处理，也不能单纯地按绑架婴儿案处理，判决缺少可遵循的法律依据。

后来，经过长达3个月的"审理"，美国新泽西州法庭总算理出了个"结果"：宣布"代人生女"的怀德海特"无权收养女婴"，并且"永远不能去探望孩子"。花了1万美元"借用"怀德海特之腹的伊丽莎白·斯特恩夫妇高兴地抱回了孩子，取名"梅莎莎"——新闻媒介称之为"M婴"。

但此案并未真正了结。怀德海特在记者招待会上声泪俱下，发誓要争回抚养权。她说："我绝不放弃，我一定要斗争到底。""社会应该明白，在孩子回来之前，我们不能算是个团圆的家庭。"她还向社会宣布，9个月的怀孕使她觉悟到，她签下的"代孕合同"是自欺欺人。她呼吁社会禁止借腹生子的协议。一些社会人士对法院的判决也有诸多争议，认为不能把一位法官的判决当成是社会的最后决定。

后来，新泽西高等法院"修改"了先前的裁判，把"借腹"合同列为非法，但"M婴"仍判由伊丽莎白·斯特恩夫妇收养，怀德海特可"享有接触权利"。

再后来，怀德海特成了"名人"和活动家。她出版了一本书，详细记述了"M婴"事件始末，也描写了她"与M婴保持接触"的感受，还亲赴伦敦，为这本书作宣传，她声称将致力于"阻止更多的M婴出现"。

"M婴"模式——把求子男子的精子注入代母体内供其与代母的卵子结合成孕，在美国被人称为"传统的"代孕。说它"传统"，指的是代母毕竟贡献出卵子，在遗传学上说还是"名正言顺"的"母亲"。

既有"传统的"，当然就有"新潮的"。这就是：利用胚胎移植新技术，将一对夫妇的受精卵在试管中培育成胚胎，再植入代母子宫内孕育。这样，代母与她生下的孩子，在遗传学意义上就没有母子关系了。

"传统的"代孕有官司，"新潮的"代孕也有官司。

加州有一对青年夫妻——卡尔弗特夫妇，由于妻子作了子宫切除手术而无法生育，但小两口"爱子心切"，无论如何想要一个"自己的孩子"。经过一番筹划，丈夫卡尔弗特先生于1990年1月与一名叫安娜·约翰逊的女护士商定，"借子宫"代怀六甲，酬金也是1万美元。俗话说，"钱可通神"，双方签订合同后，由卡尔弗特夫妇的精子和卵子通过试管培育的胚胎便移植到安娜女士的子宫中于同年底产下一男孩，取名迈克尔。

事情本来到此就结束了。不料，安娜女士在产下迈克尔后反悔了！她以卡尔弗特夫妇"拖欠付款"和对她"态度冷淡"为由，不要美元要孩子。卡尔弗特夫妇当然不干，于是就引出一场官司，双方都要求法院"仲裁孩子的归属问题"。

此案拖了半年多，法官终于判决：安娜女士败诉，小迈克尔归卡尔弗特夫妇。理由是安娜女士"从生理上说与迈克尔无关"，因卡尔弗特夫妇是在体外受精后，将受精卵移至其体内的，安娜女士"从遗传学上来说是个外来者"，只不过充当养母而已。

安娜女士对此不服，又告到美国高等法院。

1991年10月22日，美国高等法院就此案作出终审判决：代母安娜无权索回婴儿抚养权。根据仍然是：安娜女士对婴儿来说是"遗传上的陌生人"。

"传统的""M婴"出在美国，"新潮的"小迈克尔也生在美国，这并非偶然。

近些年，"借腹母亲"代人怀孕生育，在美国大有形成一种"新兴行业"之势。自1979年以来，美国已有成千上万例代孕交易。那些害怕生儿育女会影响体型的太太，那些担心十月怀胎不利于工作的少妇，那些久婚无儿的女士们，可以通过专营"借腹"项目的服务机构，从"待租"的妇女中挑选一个"借腹母亲"，从而坐等"千金"或"贵子"降世。一般地，只要愿意拿出1万美元左右的酬金，就不愁找不到"借腹母亲"。

当然，"借腹母亲"不仅美国有，其他一些国家也有。据有关方面统计，充当"借腹母亲"赚钱的德国妇女至少有1000人。尽管德国人认为借腹伤风败俗，法律不允许借腹生育和充当"借腹母亲"介绍人，并以高达5万马克的款额重罚，但借腹交易还是屡禁不止。

借腹交易一开始就引起一些人的强烈反对。美国"全国收养委员会"主任威廉·皮尔斯早就明确表示："替人生孩子把本来非常隐秘的事商品化了，它根本就不该发生。"

沸沸扬扬的"代孕案"更使反对者的队伍日益壮大，也使有关的争论日趋激烈。

综观若干年来"借腹行业"的实践和出现的各种"代孕官司"，主要的争论和问题有：

1. 这种行为是"互惠服务"还是亵渎母性？子宫可以出租吗？花钱把怀胎生育之苦转嫁给别人道德吗？这算不算一种婴儿买卖？它与把婴儿当作商品交易有何差别呢？借腹生育对生下的孩子有何心理伤害呢？让"借腹母亲"与其亲生骨肉分离合乎人情吗？

2. 谁是真正的母亲？谁有抚养孩子的权利、责任和义务，是提供卵子的人呢，还是实际生育孩子的人？孩子将来对谁有遗产继承权呢？

3. 如何"理顺"人伦关系？任何人之间都可以进行代孕交易吗？48岁的南非妇女帕特·安东尼曾借腹为其女儿卡琳娜"代孕"，生下了三胞胎。这3个孩子是卡琳娜的儿女还是弟妹？谁说得清呢？

4. 怎样裁决纠纷？据统计，每100例"借腹"交易中就有6起纠纷。这些纠纷一旦出现并诉诸法律，都会成为"烫手的山芋"。比如，假定孩子诞生后"移交"过程发生争端，涉及的是"合同"问题呢，还是"监护权"问题？美国一些州曾试图制定有关代孕的法规，但多数因意见分歧实在太大而告罄。

所有这些问题，如何从伦理上、道德上、法律上去理顺、去解决？目前还未见端倪。

"孩子不是超级市场的玩具娃娃！"

不久前，英国的伯明翰爆出了一条震惊全国的新闻：处女要生育。

一位隐姓埋名的青年女子，既非同性恋者，也从未与男性发生过关系，却要求伯明翰医院为她进行人工授精，使她生一个肤色、头发、眼睛符合其要求的孩子。

医院满足了她的要求。于是，"黄花闺女"生儿育女，开创了人类繁衍史上前所未有的先例。

此举轰动了整个西欧，各方反应强烈。

法、意宗教界人士对此怒不可遏，大肆声讨：孩子是男女爱情的结晶，不是超级市场的玩具娃娃。医院出于经济利益接受她的要求，既"不人道"，也"不合法"。

一些医学界的专家也感到惊讶。英国和法国进行试管婴儿试验的两位先驱认为"此事荒唐"。有些专家指出，只有患不育症的夫妇方可接受人工授精。他们怀疑一个拒绝异性之爱的女子是否能抚养孩子并使孩子正常成长。

政界人士也沉不住气，出口不逊了！英国一些保守党议员怒斥此事"不道德"、"可耻"、"不负责任"，呼吁政府阻止这种做法。

为了平息公众的愤怒，英国卫生部不得不出面表态："正在研究制定一项人工授精法。"

一波未平，又起新波。不久，又有两位处女效而仿之，向伯明翰医院提出"生育"要求。

出人意料的是，面对四起的讨伐之声，伯明翰医院竟态度强硬地宣称：医院的工作不是"捍卫道德"！

看来，该医院可能将"继续我行我素"，卫道士们又将如何对之？！

怀胎也可"速成"？

前苏联科学家调制出一种加速胎儿发育的神效药物，使妇女可以怀孕4个月就生产，这可真是医学史上的突破。

莫斯科大学产科与妇科研究所主任柏拉索夫，率领研究人员进行了6年的研究，在医学杂志报道了这一惊人的成就。莫斯科大学发言人维涅克说："在接受试验的妇女中，有效率达90％，孩子诞生时均健健康康。"有些妇女身上患病，如果怀胎10月，可能会威胁她们的性命。过去医生为了她们的安全，往往会禁止怀孕，有了这种催速婴儿成长的药物，对患恶疾而又想要孩子的女性来说，是莫大的福音。

维涅克说："这种新技术，使癌症、糖尿病及患其他疾病的妇女，也可获得生儿育女的机会。"凡试用过这种新药的母亲，都称赞这种药物。维涅克引述其中一位妇人的话："我的孩子比正常婴儿细小，不过，这是意料中的，但他长得很健康。"维涅克指出，药物对母亲百分之百安全，因为它避过胎盘，直接注入子宫。

作为医学研究和新发明，这种药物的问世当然有其科学价值。但假若要推广普及的话，"十月怀胎"观念根深蒂固的人们，会接受这种"四月怀胎"的"速成"吗？

"胎儿性别选择"再争议

某君一心想得贵子，几经周折疏通了医院的关系，让怀孕的妻子去作了

"B超"检查，结果大失所望："女孩！"于是，这位"预备父亲"不顾亲友和同事的劝阻，硬是动员妻子做了人工流产手术。可是流产后小两口却后悔得呼天喊地——"流掉的原来是男孩！"

这是不久前发表在《北京晚报》上的一则消息。

这种用技术手段识别胎儿性别以决定"取舍"的做法，绝非个别现象。用超声波测试判定胎儿性别的方法，始于80年代初，现已十分普遍。这使得在那些喜欢生男孩的国家和地区，堕掉女胎的情况日益严重。比如在印度，测试胎儿性别已成为一种兴旺的"行业"。1983年，孟买就开始有3家胎儿性别测试诊所，现在已发展到20家。又如在韩国，虽然官方禁止测试胎儿性别，但实际上每年平均有30000多名孕妇经过测试而堕胎。

这样的态势很值得人们深思。科幻影片《男人的世界》以艺术的表现手法涉及这个问题，我们将其故事梗概略作介绍——为了生男孩，成百上千的新婚少妇，排着长龙到医院做分离XY染色体的手术，99％如愿以偿生了男孩。

10个月后，凡是生男孩的家庭都隆重设宴庆贺，唯有生女儿的A家冷冷清清——他"不走运"，碰上了那1％的失败率。

10多年后，大学的课堂里坐着的全是男学生，他们是男人世界的第一代。

咖啡馆里的顾客，除了老年夫妇，就是青年男子汉。

露天舞厅里，精彩的现代舞表演者也是一群男扮女装的光棍男子汉。

精神病专科医院里就诊的也全是青年男子汉，他们因找不到对象而苦恼成疾。

有一天，公园里突然出现一个年轻的科学家与他年轻美貌的妻子，众多男子汉蜂拥而至，把他们团团围住，问长问短。原来，科学家的妻子是机器人！科学家带着众男子汉去参观老画家的画室，全体男子汉有生以来第一次看到这么多漂亮的青春少女，不禁发疯似的扑向画像……

男子们听说20年前A家曾生1女孩，纷纷到A家求婚，搞得A不知所措。

男子们在竹林里风餐露宿时，抓住了一个小偷。原来她女扮男装，是一个从很远的"振兴女子中心堡垒"逃出来的女子。众男子非常高兴，求少女做向导，与A乘快艇向"女子堡"进发。

"女子堡"里的所有女子,都是当年被重男轻女家庭遗弃的女婴。堡内有着先进的防御系统。于是,快艇被击退,男子们纷纷落水,当了女兵们的俘虏。

女主任愤怒地要严惩A,A慌忙从口袋中掏出两张照片。女主任认出了这老汉就是30年前遗弃自己的父亲。A在现实面前,承认了自己重男轻女的错误。女主任热泪盈眶地对男子们说:"我希望一个真正男女平等的世界在你们手中建立起来……"

不久前推出的一部"荒诞片"也虚构了类似的故事:

在重男轻女思想作祟的社会里,有人发明了只生男孩的"染色体",以致地球上的女性逐渐消失,社会成了男人的世界,医院的护士清一色男士,纺织工人清一色男士,芭蕾舞演员清一色男士,连尼姑庵的尼姑也清一色是男士,人类生态、心态失去了平衡,世界成了残缺、畸形、变态的世界。小伙子没有对象可找,感情无处寄托,于是,集体愤然入戒当和尚,进寺庙修身养性;闷得不行,又到"80年代少女回顾展"去寻求慰藉,幻想画幅上的窈窕少女纷纷下来与之翩然起舞……

这两个影片中的荒诞故事揭示的问题并不是杞人忧天。近些年,胎儿性别选择技术已取得重大突破,有关的消息和报道接二连三见诸报端——

《科学画报》报道"选择生男生女的新技术":

日本庆应大学医学院教授率领的科研小组,不久前使用离心分离法把只具有X染色体的精子分离出来,然后采取人工授精技术,让6对夫妇得到自己所希望的女孩。

生男生女取决于带X染色体和带Y染色体两种精子同卵子的结合。如果想生男孩,就让带Y染色体的精子同卵子结合,如果想生女孩,则让带X染色体的精子同卵子结合。

《新民晚报》报道"生男生女可由人":

用分离精子来控制胎儿性别,在台湾已获得基本成功。在过去两年中,台湾荣民总医院台中医院的妇产科,从33对已经生育过而要求能获得一个男孩子的夫妇身上,使用"人类血清蛋白层析法"做精子分离,共取得43次精液标本。结果发现,分离后的精子活动率,以及含有Y染色体的精子比例,皆有增加,显示以"人类血清蛋白层析法"进行精子分离后,也有利于不孕症患者的治疗。实验结果显示,控制生男孩的几率高达85%,生女孩的几率更高达 95%。

《科学新闻》报道"生男生女妙药"：

英国一位病理学家发明了一种能控制生男生女的药片。药片分为"育男"和"育女"两种类型。药片外形类似避孕片，使用的方法与避孕片也差不多。同房前 3 天，将药片放入阴道，连续放 3 天。药片置入女性阴道后，会使阴道的酸性与碱性平衡发生变化。如果置入"育男"药片，就易生男婴；置入"育女"药片，则会生女婴。英国曾用这种药片对 1000 对新婚夫妇进行试验，选择生男或生女的效果达到百分之百。

《科学家》报道"要男则男，要女即女"：

我国医务工作者韩安国首创的"绒毛早期妊娠胎儿诊断法"，应用遗传学、细胞学、分子生物学的基本原理，在妊娠早期吸取胎儿羊毛囊四周的绒毛，通过对染色体的检验，有效地诊断胎儿的性别和先天性畸形、肿瘤以及各种遗传性疾病，从而使人们期待的优生优育、提高人口质量和选择胎儿性别的愿望，得以实现。这种方法比穿刺取羊水的方法以及宫腔镜取绒毛法更安全有效，国际上称之为"韩氏法"。

《每日新闻》报道："再揭生男生女奥秘"。

《中国妇女报》报道："决定胎儿性别技术引起激烈辩论"。

……

胎儿性别选择技术的突破，已经在一些国家和地区诱发了所谓"胎儿性别选择热"。仅日本，就有几百名大夫接受普及掌握了这一技术，并已有 60 多家私人诊所从事该项业务。

最近英国伦敦几家诊所公开使用性别选择技术为育龄夫妇提供选择后代性别的服务，此事再度引起世界范围的争论：性别选择技术究竟是利大于弊还是弊大于利？是否应禁止或限制使用性别选择技术？

在性别选择技术的前身——性别鉴定技术（如羊水细胞鉴定、B 超检查等）出现时，人们曾达成共识，除了用于防治遗传病和优生，应限制使用性别鉴定技术，否则会引起一个社会的阴阳失衡，导致诸多复杂的社会问题。当然也有人持反对态度，认为不管人们如何鉴别后代性别，一个社会总有维持其阴阳守恒的机制。如今英国的性别选择技术公开运用而且更加先进，再次引起人们关注。它比性别鉴定技术大大前进了一步：在妻子受孕前选择产生男孩的精子（含 Y 染色体的精子）或产生女孩的精子（含 X 染色体的精子），然后根据夫妇的愿望用相应的精子给妻子授精，使他们获得想要的男孩或女孩。

研究和运用这项医学技术的医务人员认为，性别选择技术不仅仅可以用于防治性连锁疾病（伴性遗传病），而且应当用于满足夫妇对孩子性别的选择，它是科学技术推动社会发展并满足人们愿望的具体体现。性别选择技术不会造成阴阳比例的失调，因为并不是所有夫妇都想选择男孩，特别是经济发达国家的人们并不偏重选择男孩。英国剑桥大学最近对2000多名孕妇调查表明，绝大多数妇女并不偏爱男孩（或女孩），甚至在怀孕时不愿知道是男还是女，她们觉得都一样。美国底特律的一项调查表明，绝大多数夫妇要第一个孩子时，并不特意选择要男孩，在问到愿意要男孩还是女孩时，两者的数字几乎完全相等。在匈牙利布达佩斯对1500多对夫妇调查时发现，如果免费让他们使用性别选择技术，只有21%的夫妇愿意使用这项技术选择孩子的性别，其余人觉得应该"让上帝来安排"。

持反对意见的人尤其是发展中国家认为，应禁止或限制使用性别选择技术。因为由于经济和文化、风俗的因素，会造成人们偏爱某一性别而导致男女失衡。例如印度人结婚时，新娘家必须付给新郎钱财或礼品，使得人们偏向选择要男孩。在孟买，一些公司或掮客公开打出广告鼓动孕妇做性别鉴定，"今天付出500卢比，将来节约50000卢比。"仅1990年，孟买的6所医院就有80000名胎儿在做羊膜穿刺鉴定性别后被流产掉了，其中只有一名是男胎。因此印度政府明文规定，除了为医治遗传病，鉴定胎儿性别是违法的。尽管这样，在印度人们还是暗中鉴别胎儿，流产掉女胎。

还有人认为，胎儿性别选择技术的出现及其完善，使人类的性别比例从自然调节的"必然王国"进入了可以人为调节的"自由王国"，是一个巨大的历史飞跃。人类既然掌握了这种科学技术，就不愁没有办法恰到好处地使用它，让它为人类造福。正确运用这种新技术，恰恰能控制性别平衡，特别是对于由天灾人祸（如战争）所造成的性别比例失调的地区，更是一大福音。

可以预期，选择胎儿性别的药物和技术，今后还可能"推陈出新"；"胎儿性别选择热"也还会在一些地区局部出现。对于人类来说，这到底是喜还是忧？是祸水还是福音？它会产生什么影响？争论将会是异常激烈的和旷日持久的，在人工选择胎儿性别已进入临床的今天，这些问题已不容回避。最后只能是各个国家依据自己的国情，通过调查研究和科学论证制定相应的法规和政策来解决。

我国从计划生育国策出发，明文规定禁止鉴别胎儿性别。即使这样，仍有某些地区的调查表明，男女婴出生之比已高达113.8∶100，因此比性别鉴定更先进的性别选择技术在我国理应受到限制，除非用于防治伴性遗传疾病，例如让有红绿色盲的夫妇选择要女孩（这种病只在男孩身上体现症状），让红斑狼疮患者选择要男孩（这种病只遗传给女性）。

上述情况告诉人们，对性别选择技术这一尖端医学技术，必须根据社会的具体环境和状况来利用，发挥它有利于人们的一面，限制其可能带来副作用的另一面，以使其更好地造福于人类。

男性妊娠？

"禅主吞餐怀鬼孕，黄婆运水解邪胎。"这是我国古典小说《西游记》中的一段故事，说的是唐僧师徒四人去西天取经，到了"西梁女国"的境内，唐僧和猪八戒一时口渴，误喝了"子母河"的清水，谁知不到半个时辰，竟腹痛难忍，渐渐肚子大了，而且觉得有婴儿在腹中不停地蠕动。经过一个老太太的解释，方知他们两人怀了孕，不日将要分娩。当时，不仅唐僧大惊失色，就连猪八戒也哼道："爷爷呀，要生孩子，我们都是男身！哪里开得产门？如何脱得出来？"要不是孙悟空到解阳山"落胎泉"取来泉水为他们堕胎，还不知要闹出什么笑话哩！

古往今来，妊娠和分娩一直是女性独特的生理现象，而能够做母亲也向来是妇女的骄傲。然而，今天的科学技术却向自然界提出了挑战，男人妊娠分娩已不是不可能的了。遗传生殖学家已将它作为一项尖端课题进行研究了。

男人也可以妊娠，最初是从新西兰一位妇女的异位妊娠病例得到启示的。1979年，住在新西兰奥克兰市的一位名叫马格丽特的妇女在接受子宫摘除手术8个月之后，产下了一个体重2268克的健康女婴。原来，她的受精卵在寻找子宫时误入腹腔，于是就在肠子上着床了。接着，受精卵在没有子宫滋养的情况下，发育成熟，最后，正常足月而出世。马格丽特的主治医生杰克逊在对记者谈到这一成功的宫外孕时预言说，如果把受精卵移植到男人的腹壁上，男人也可以妊娠。

据医学文献记载，世界上曾有24位妇女在接受子宫摘除手术之后仍然能够妊娠。人们因此而得到了一个有益的启示：没有子宫也可以妊娠。而事实上宫外孕一直就是遗传生殖学家们所感兴趣的异位妊娠现象。

目前，医学界已设想出一套男子妊娠的方法：首先，医生通过外科手段从妇女的卵巢中取出卵子，放入培养皿中，让它和男子的精子"缔结良缘"（受精）。在30—50个小时之后，受精卵分裂成2—8个细胞，犹如针尖那样大小。接着，放入试管中准备移植。医生在对准备妊娠的男子进行检查后，打开他的腹腔。在腹腔内结肠的下面，有一块像围裙那样下垂而且布满血管的脂肪组织，叫做"大网膜"。医生就把受精卵黏附在大网膜上。如果顺利的话，受精卵就在这里着床，胎盘也随之形成，妊娠便开始了。在这段时间或更早一些时候，内分泌学家还要给男子提供激素，使他体内的激素状态与普通孕妇的情况相似。9个月以后，对他进行类似于剖腹产式的手术，这样婴儿就可以降生了。

但这毕竟还只是理论上的可能性。为了探讨男子妊娠的技术可能性，解决技术上存在的一系列问题，美国华盛顿大学医学院的亚科夫逊博士曾在60年代后期做过一项大胆的实验。他在同事的协助下，把雌狒狒的受精卵移植到了雄狒狒腹腔内的大网膜上，受精卵在那里可以获得充分的血液和营养成分。亚科夫逊还给这只雄狒狒投以微量的化学药物，使得它的妊娠状态维持了4个月。狒狒的妊娠期一般为7个月，但亚科夫逊在4个月时就取出了胎盘，他不无遗憾地说，胎儿的发育是正常的，如果让雄狒狒的妊娠期足月，我们就可以接生出一个活着的胎儿了。实验结果表明，胎儿有很强的自立能力，受精卵一旦着床，就可以自己形成从母体吸收营养的器官——胎盘。胎盘上的绒毛具有侵蚀性，只要是体内血液和营养丰富的地方，胎盘都可以依附在它的上面。这次尝试足以使人感到鼓舞。

医学界透露了男性妊娠的可能性之后，世界上各种宣传媒介竞相传播了这一奇闻。一时间，许多因妻子患不孕症而希望亲身妊娠和分娩的男子，纷纷求助于生殖研究机构，迫不及待地要求接受男性妊娠试验。

对此，科学界内外舆论大哗，议论纷纷。因为这不仅涉及医学，而且还涉及心理学、社会学和道德观念。

原全苏妇女儿童保健科学研究中心早期胚胎发生实验室领导人、医学博士鲍·列奥诺夫认为，不论男人或女人，都应遵循自然规律。虽然原则上讲，随着医学、生物化学、外科学和胚胎学的发展，将来有可能在自然处所之外，甚至在男人的腹内培育出胚胎来，但是，必须预先在男人的肉体上做某些准备工作，实质上就是把男人变成女人。从内分泌的观点来看，男人和女人有很大的差别，首先是血液中的激素状态不同。为使男人充当母亲的角色，就不得不校正这种激素状态，也就是说，要进行直接的或药物的阉割，从而改变男人的全部第二性征，其中包括性心理。到头来，实际上还是女人生孩子。

鲍·列奥诺夫博士指出，近年来发展起来的某些治疗妇女不育的新方法，将更有发展前途。当妇女患某种疾病后变得不能怀孕时（比如输卵管阻塞），可采取"试管妊娠法"，即从患者体内取出卵细胞，进行体外受精，当受精卵开始分裂时，再送进子宫去。目前世界上这种方法成功的几率为25%左右。现今全世界约有15%的夫妇因患某种不育症而无子女，其中有的妇女患有禁忌怀孕的疾病。在这种情况下，可以采取由健康妇女充当"临时母亲"的办法。

日本庆应大学医学部妇产科教授、体外受精的权威专家认为，男子妊娠存在着下列几个问题：

首先是体外受精和受精卵移植，即使技术上可行，受精卵着床的成功率也相当低，把受精卵黏附在腹腔内从结肠垂下的大网膜上，仍然会有大部分不能着床。

其次是维持妊娠所需的激素。一般而言，孕妇在妊娠的第6周，卵巢内就会分泌出黄体激素，男子没有卵巢，当然也不可能分泌出黄体激素，必须从外部提供，至于效果如何，那是未知数。胚胎和胎盘要在妊娠3个月后才能自给激素。因此，在男子妊娠的初期，流产的可能性相当大。

最后还有一个更为严重的问题，那就是胎儿或新生儿异常的问题。男子妊娠时，胎儿置身于高浓度的男性激素之中，如果胎儿是女性，很有可能会发生女婴男性化，即假性半阴阳、阴唇愈合等畸形，甚至还会因卵巢障碍而发生永久不孕等异常。这种异常在动物实验中已有先例。

冷冻胚胎专家、墨尔本莫纳会大学人体早期发育研究院院长特朗森也表示，男性妊娠"是一种危险的行为"。"男人不宜怀孕"。他已坚决地拒绝受理数以百计的男人希望生小孩的要求。

不少知名人士则站在伦理道德的立场，指责那些位于人类生殖尖端领域的研究人员"无事生非"，认为男性妊娠是对自然平衡的破坏性行为，为伦理所不容。他们发难说，由男人"生"下的孩子该叫谁为"妈妈"呢？

但一些医学专家则对男人妊娠持赞赏态度。他们认为，人类对自身的生理构造应该重新加以认识。人体的原型是女性，这一点在胎儿产生的初期就很明显。例如，男性胎儿的阴囊是从大阴唇变化而形成的，在男子身体中残留着女性的组织。"男人的一半是女人"。男人也能够授乳，这已不是新闻。男子也有乳腺，一旦乳头受到吸引刺激，就会作用于脑下垂体，从而释放出分泌乳汁的激素——催乳激素。因此，在人类生育的"分工"上，也应该来个"观念更新"。

"父"的异化

报载：前苏联科学家曾以超乎寻常的热情迎接一个超乎寻常的婴儿出世。该婴儿之不寻常在于其父亲已死了1000多年！这是一个男婴，他的母亲是基辅一位女科学家，他的"父亲"则是在公元900年战死于西伯利亚的一名维京战士！

基辅大学基因学家戈格迪斯说："我们在冰天雪地的西伯利亚北部发现了不少古代维京男子的尸体。由于该处气候寒冷，所以这些尸体均保存得很好，他们的精子仍有生命，可用于人工受孕。""这个男婴的基因特性与其父亲十分接近。"

死了1000多年的维京人，居然还有机会当上"父亲"！

假如消息没有"水分"，人们就不能不重新思索"父亲"这个称谓的内涵、底蕴和定义了。

按照传统的观念，父母，即为生育和抚养儿女的人。上述那个不寻常的男婴诞生后，法律该承认谁是他的合法父亲呢？如果是那位死于1000多年前的维京战士，不是"活见鬼"吗？用这种方法"生"出来的儿子连"遗腹子"也称不上。作为"遗腹子"的母亲，不管怎么样，总归是见过儿子的父亲的。可是，用异源人工授精生出的孩子的母亲，不仅可以没见过孩子的"父亲"，甚至还可能在她孩子的"父亲"死去时，这位母亲还没出生！

"父亲"已经异化——异化成"精子提供者"！

近些年，由于人类生殖技术的发展，非自然生殖婴儿（比如试管婴儿）大批问世，家庭里的"父亲"不再是生儿育女所必需的了。

不过，说试管婴儿之类没有父亲也不妥当，除了精子提供者之外，人们还把某某对体外授精技术作出重大贡献的科学家称为"试管婴儿之父",以此而论,把受精卵送入母体的技术人员算不算父亲?似乎也该算,这种多"父"之家算什么家?在过去的家庭分类学上还没有过。因为,即使在一妻多夫制家庭中,也不是称所有的男子为父亲的。

看来,人类生殖技术正在改变着"父亲"这个概念的含义。"父亲"这一名词正在异化!

人类生殖工程新技术——人类"生命再生产"的革命,使人们对自身繁衍的观念发生了深刻的裂变,也带来了法律、伦理、道德的连锁变革。一个个使人感情震颤却不敢深想的命题被提了出来:

"传统意义上的父母正在异化!"

"父亲将向'类继父'转化!"

"科技正在改造父母与子女的关系!"

"父母究竟是什么?"

"父将不父,母将不母!"

……

人类"生命再生产"这场革命发生在20世纪,而它对人的观念、情感以及人与人之间关系的震撼,则属于21世纪。

在我们这个重伦理、重教化的有着古老文明的国度,人们的传统观念和社会心理,能承受得了这种震撼和冲击吗?

易性技术添怪诞

周镇宏 科学散文

很久很久以前，蛇给了亚当和夏娃一次诱惑和机会。假若可将神话当史实，则亚当与夏娃融合的那一瞬，当是人类"性际关系史"的开篇。

自此，有了"阳半球"与"阴半球"。

自此，有了男性刚阳威猛、女性温柔如水的刚柔相济的和谐世界。

本来，除了造物主偶有差错之外，芸芸众生之中，须眉巾帼一目了然，男界女界一清二楚。一般而言，判断一个人的性别，非彼即此，当属不成问题的事情。

然而随着科技的发展，请看"人妖"现象如何在性别问题上给人类平添怪诞平添困惑……

《天使行动之二》神秘"爆棚"

不久前，香港星辉影业公司推出一部新影片——《天使行动之二》，令冷清萧条已久的影院一时门庭若市，票房价值大增，粤语称之"爆棚"。

如此"轰动效应"，个中主要原因之一，是片中那位亭亭玉立、仪态万千、娇俏迷人的女角夏云娜，竟是一位变性人。

港人好奇，先睹为快。港报猎奇，纷纷刊出夏云娜的玉照，介绍她（他？）的身世。

夏云娜原是一名男子汉，几年前在澳大利亚求学时，花了1万澳币，在一家私人诊所里做了变性手术，摇身变成女儿家。

据说，这位"女角"很有女性的矜持和羞涩，在星辉影业公司拍片时，拒绝作性感暴露，拒不向记者透露三围数据，还娇滴滴地说："这是秘密呢！"

夏云娜出生于马来西亚，17岁时获得奖学金赴澳大利亚读书，4年后接受变性手术。她说："这种手术大致分为三阶段，首先是接受心理测验，然后吃一段时间的荷尔蒙丸，最后才动刀子改造生殖器官。"夏云娜说自己"从没认为自己是男孩子，这可能是与生俱来的性情。"她声称："未做变性手术之前，已有男仔追求我。"

夏云娜对"变态"两字很反感。她声称："说我是变性人，我乐意接受，说我变态，就十分反感。"她表示当手术成功做了女人后，心情很愉快，无奈由澳大利亚回到马来西亚的家里时，家人对她并不欢迎。不过事到如今，家人也已改变了态度，父母已接受"生仔变生女"的事实。

夏云娜现在身份证上的性别还是男性。她说本可以向马来西亚有关方面申请改变性别，不过她信奉回教，依照教规不能改性，所以身份证只好保留男性的性别。

她说第一次来港时，曾因为护照遗失，持临时证件办理入境手续，由于"性别问题"，搞了好久才得以批准。

在香港"走红"之后，夏云娜在大马电视台担任供搞人，并与星辉公司签了8部片约。她说："如有机会，我是很想来港发展的。谈到婚姻，她说几年来已交过几位男朋友，但后来对方知道她是变性人，便打了退堂鼓。"她表示："今后择偶的对象是高大威猛的男士，不必很有钱，最重要的是，对方能接受我是变性人这个事实。"

何止一个夏云娜

男女易性，说怪也不怪；翻开史册，古已有之。

最早的记载见于《史记》："魏襄王五十三年，有女子伦为丈夫。"

我国清初名著《广泉杂记》中亦去："长沙有李氏女，其母尼也。年将二十，许字人矣。忽变为男人。往退婚，夫家以为诈，讼之官，官令稳婆验之，果男子矣。其声音、相貌、举止、意志犹俨然女人。"

到了当代，国内关于男女易性的消息也时有所闻。湖南某大学一位男职工，与一姑娘结婚生下一个胖小子后，又以新娘身份出现在婚礼席上。云南某县有个工人，具有男女两性器官，1971年和一妇女结婚后，与其妻生了一个孩子，1976年，"他"的女性特征逐渐明显，男性特征逐渐消失，因此不得不和妻子离了婚。后经医院施行手术，使"他"变成了一个名副其实的女子，于1981年与一男子结了婚，婚后夫妻生活正常，还生了孩子。

必须说明的是，上述这些人之"变性"均非技术手段人为所致，而是医学界至今未能阐明原因的"自然"的两性畸变，不以当事人的意志而转移。

滑稽的是"夏云娜"们。他们的生理状态完全正常！却偏偏异想天开，执意与造物主的意志"对着干"，通过特殊手术和治疗人为地改变自己的性别。

请看见诸报端的几个例子：

——1985年6月10日，上海某报转载了《周刊朝日》一篇题为《须眉或巾帼，喜得女儿身》的文章，介绍了英国一家教育器械制造公司的总经理凯·福尔，经过"性别改造手术"后，从一个英俊潇洒的37岁男子变成一个美丽的金发女郎。在该报上还附载了他手术前后的两幅照片。

——1986年，一家报纸刊登过一则国外消息：一个女体育裁判员经过"性别改造手术"后变成了一个长着大胡须的男裁判员，还有的报纸发表文章称这种"人类性别改造术"的成功是近代科学的"伟大发展"之一。

——1988年2月23日，香港玛丽医院为一位芳龄30岁左右的女性进行变性手术。在尊重变性者的"不宜多作宣扬"的保密意愿情况下，院方指定"政府外科部"医生及医护人员组成一个手术工作小组。上午9时开始动手术，直到深夜12时，经过艰辛的15个小时才大功告成，将她身上温柔的女性特征，变成刚强的男性标志。

——1984年，洛杉矶奥运会上南非著名的短跑女明星原来竟为一男子，是经过外科手术才变为女子的，故其运动成绩在女运动员中名列前茅实不足为奇，乃丑闻一桩。

当然，如众所周知，变性人的"世界之最"在泰国。

泰国人把那些通过技术手段由男变女的"姑娘"称之为"人妖"。尽管这一名称不太好听，我们还是姑且用之，并"约定俗成"用它统称一切变性人——包括由女人变性的假"男人"。

笔者于1991年底出访泰国期间，曾到过"人妖"云集的旅游胜地——芭堤雅，考察那闻名于世的"人妖部落"。

泰国有多少"人妖"？芭堤雅有多少"人妖"？接待我们的泰国朋友谁也说不出一个确切的数字。说芭堤雅的"人妖部落"是个引人注目的群体大概不会错吧。那里的街头、海滩、旅游点常见"人妖""露峥嵘"。看她们那花枝招展的风采，那形象、举止中所蕴涵的"女人味"，要不是当地人指点，又有谁看得出是"人妖"？

芭堤雅有个剧院专供"人妖"进行歌舞表演。我们花了300铢泰币买门票进去看蒂芬妮人妖歌舞团的演出。只见舞台上"满台春色"：妙龄"女郎"们载歌载舞表演着节目，性感的装扮，纤细的腰肢，丰满的胸部，俏丽的脸蛋，"地道"的女人腔……实在很难想象这些人原来竟是男子汉！

看完表演，走出剧院，刚才舞台上那些仪态万千的"人妖"早已出现在门口，热情有加地拉观众与其合影——当然得给点"小费"。每有"上钩"者，她们都主动搂腰搭背作亲密状，煞是大方。

据说，这些人原来大多生理正常，进入青春期后施行变性手术——吃药打针动刀子，终于"脱胎换骨"，由男变女成了这般模样。

有人问：假若这些人出国，护照上"性别"一栏该填"男"还是填"女"？

答曰：只能填"男"，出生证上的性别不能更改。

又问："人妖"该进男厕所还是女厕所？

回答很肯定：当然进女厕所。

泰国朋友介绍说，这些人一般都没有恋爱，没有结婚，更不可能生儿育女，而且大多短寿。

"这样的人会幸福吗？"又有多嘴者问。

泰国朋友双手一摊——无可奉告。

当然难以奉告，因为这是个"蠢"问题。大千世界，光怪陆离。一样米养百样人，各人有各人的活法，"幸福"观自然也是千差万别的。

一则讣告的背后

泰国"人妖"堪称"世界奇观"，但最"著名"的"人妖"却未必出在泰国。在西方社会，还有"人妖"自己著书立说，为自己树碑立传"知名度"甚高的哩！

1989年夏，美国《纽约时报》曾刊登一则讣告："克里斯蒂妮·约根森女士因患膀胱癌和肺癌，于5月3日在加利福尼亚州圣克莱蒙特总医院逝世，享年62岁。"这个讣告简短而平常，但许多人都知道死者很不平常。严格地说，死者一生中只有37年是"克里斯蒂妮·约根森女士"，其余25年应称为

"小乔治·约根森先生"。

此人1927年出生，男性，受洗礼时名为小乔治，曾在美国陆军服役，退伍后突发异想，希望改变自己的性别。于是他到丹麦去进行变性外科手术和荷尔蒙治疗。事后，她（他）于1967年出版一本自传，详细地叙述了由男变女的经过和体验。这本发行量相当可观的自传，使她（他）成为名人。

她（他）在自传中说，其童年生活很正常，参军后干的是文书工作，但不知为什么越来越感到自己是一个"包着男人躯壳的女人"，退伍后便决心变成女人。1950年，他开始注射女性荷尔蒙药剂，1952年到哥本哈根的丹麦国立医院由汉柏格医生做变性手术。"手术完全成功并被报刊广泛报道。""小乔治先生"变成"克里斯蒂妮女士"的奇迹曾经轰动全美国，因为她（他）是第一个由男变女的美国人。

如愿以偿变成女性后，克里斯蒂妮由害怕难为情渐渐变得毫不在乎地到处宣讲自己的变性经历，并以此获得丰厚的收入，后来干脆动笔为自己立传。她（他）在传记中说自己对于变性的决定从不后悔，并说她（他）之所以想变性"部分地是由于受到50年代'性革命'思潮的影响"。

布洛涅森林：人妖卖淫业的天堂

每当夜幕降临大地时，许多小汽车开进巴黎西郊的一个森林。在车灯灯光照耀下，可以看到沿着林间小道旁伫立着一个个全裸或半裸的妓女和人妖。她（他）们即使在冬天也只是披上一件毛皮大衣。她（他）们挑逗着车主，而车主则以挑剔的目光在她（他）们身上扫来扫去：有的纯粹是猎奇跑来看一看，更多的是在物色自己喜欢的"货物"。与被选中的"货物"谈妥价钱后便与车主步向附近的单间公寓，或者钻入小车内，或者干脆就钻入森林……

这里就是法国人所称的当今世界上最大的露天妓院——布洛涅森林。在这占地863公顷的美丽森林里，每当夜幕降临后，全然变成一个光怪陆离、令人惊愕的淫乱世界。在这里卖淫的有600多人，他们当中除少数为妓女外，绝大多数是动过手术变为女性的人妖和性倒错而仍保留其性器官的专搞同性恋的男人。人妖主要来自拉丁美洲国家。

对于生活在里约热内卢或布宜诺斯艾利斯贫民窟的年轻人来说，通过变性手术和性激素变为人妖，在布洛涅森林中获得"工作"简直是进入了"天堂"：每个晚上挣到的钱比他们在家里几个月挣的钱还多。然而，这是带着血和泪的钱！

森林中的人妖是卖淫业中特殊的帮派。他们按人种、民族而划分为不同的"部落"。他们几乎个个都是吸毒者，不少人还兼作扒手。为了保持其"女性"的魅力，他们都要用性激素，用硅胶制造巨大乳房。

据俄罗斯《星期》周刊最近披露，森林中的妓女、人妖队伍最近补充了来自东欧、独联体各国的"新鲜血液"。面对布洛涅森林的性污染，法国人激烈地争论着究竟该"怎么办"。

法国原卫生部长巴尔扎什称布洛涅森林为"艾滋病林阴道"，他呼吁关闭森林，重开早在1946年就已被关掉的妓院。一些专家也指出，只有将妓女处在严格的卫生监督之下才能遏制艾滋病的扩散。而财政、经济部门的官员也表示支持，他们甚至认为借助于妓院——准确地讲是嫖客所支付的税钱——可以弥补国库里的漏洞。

反对的呼声亦很高。当局不愿使国家被指责"靠妓女生活"。反对者们提醒人们：历史上妓院并未能杜绝梅毒等性病和"街头野鸡"的流行，也不能制止医生、警察的恫吓受贿。重开妓院必然使妓院落入拉皮条客手里，而这帮家伙用重金贿赂当地官员、警察，甚至议员政客，便可以更多地榨取妓女的血汗钱。妓女也反对重开妓院，她们说整天被关在里面是要累死的，过去的老妓女回忆一天工作20小时的悲惨情景仍历历在目！

争论还在继续，巴黎警察局仍在采取措施。局长波尔·维尔布留盖提出夜晚关闭森林，白天不准小汽车驶入森林。为此，巴黎市政当局拨出经费、增加警力。每天从森林中清扫出的各种污秽的垃圾达60立方米。但这也只是干了几天而已，因为关闭森林在技术上难度很大，同时关闭后人妖大军要么涌向巴黎附近城市，要么就在巴黎乱窜……

布洛涅森林作为社会的痛疽也在日益刺痛美丽的巴黎。

科技推波又助澜

一个显而易见的事实是，近二三十年来，"人妖"队伍日益壮大，且有"方兴未艾"之势。资料表明，当今西方社会，有变性愿望者并非个别人。仅原联邦德国就有6 000多名青年人以五花八门无奇不有的"理由"提出"变性申请"。70年代初，仅美国一个城市就有38位年轻人实施变性手术。

这当然有复杂的社会原因。德国青年欧尔茨希望变成大姑娘是因为他觉得：面对激烈竞争的社会，男性必须挑起家庭重担，而他自己又是个"低能儿"，所以还是变成个与世无争的"妇道人家"好。而一位16岁少女则相反，她申请变性是因为："这个社会坏人太多，他们尽欺侮人类的弱者——女人！所以我得变成强者——男人！"

依笔者之见，"人妖"日多的另一个主要原因是"赛先生"（科学）的推波助澜。随着科学的发展、医学的进步，人为改变性别在技术上已非难事，此其一。而在科学家队伍中，又有那么一些人热衷于这一行当，此其二。

目前德国就有一个公开挂牌的"变性诊所"，主持该所的大夫是一位赫赫有名的生理学家。他声称：如果哪个青年想要改变自己的性别，那么他可以提供"卓有成效"的服务，使他（她）如愿以偿。该"变性诊所"开业后，门庭若市，每天都有十几名男女前来要求"变性"。一位叫狄特曼的小伙子，非常想当姑娘，经注射雌性激素和施行手术后终于如愿。一位名叫玛丽的歌女，经过三年"变性服务"，终于变成大汉。有对夫妻经手术和治疗后，妻子变成了"丈夫"，丈夫变成了"妻子"。针对这种现象，德国著名电影导演法斯宾德专门拍了一部名为《一年十三个月亮》的电影，描写了一个男人通过手术变成女人的故事。

中国，开始"试刀"

我国的变性技术从无到有只用了两三年的时间，现已达到一定水平，变性手术取得成功的报道曾见诸报端。变性手术这一"禁区"已被打开了一个不大不小的缺口。

1993年3月20日《羊城晚报》发表过一篇陆斌的题为《中国变性手术面面观》的长文。该文材料颇丰，现将部分段落摘录如下：

1990年春季的一天，上海长征医院何清濂教授的诊室里来了一位奇怪的就诊者。病人叫秦惠荣，毕业于上海复旦大学外语系。从进入青春期开始，他就表现出越来越严重的女性化倾向，对女孩艳丽的服装羡慕不已。大学毕业后，他来到云南一所大学任教，从此完全以女性装束出现：涂红描眉、精心打扮。后来，在无法自控的情况下，他两次自残，用刮胡须刀片割掉了阴囊和阴茎，变成个不男不女的人，学校以"道德败坏"、"不宜工作"为由，将他退回复旦大学重新分配工作。许多人把他看作是"怪物"、"傻瓜"。

听完秦惠荣的诉说，何教授明白，秦惠荣是典型的男性易性癖患者。这种病，通俗地说，就是男人想变成女人，女人想变成男人。

在长达半年的时间里，何教授和助手们详细了解了秦惠荣的病史和病症，确认秦惠荣不是精神病，也不是同性恋，而属于严重心理变态范畴内的易性癖，由于自残造成了严重的后遗症，若不及时施行手术，秦惠荣可能失去工作和生活能力。同时，秦惠荣是独身，改变其性别对社会、家庭和他人均无直接的妨碍。因此，从人道主义出发，决定为他施行变性手术。

手术于1990年7月25日和8月10日分两次进行。第一次将秦惠荣残缺的阴茎切除，利用敏感皮肤改造阴部，做成阴唇、阴蒂和阴道，尿道改植成女式。第二次又为他做了一对手感柔软、均匀对称的乳房，同时作了喉结切除手术。尔后，秦惠荣在妇产科专家的指导下，进行了激素调整等一系列治疗。至此，在经历了10多年困惑、躁动和痛苦之后，秦惠荣终于梦想成真，从"他"变成了"她"。

据了解，在此之前，我国曾悄然进行过两例变性手术。然而由于种种原因，手术后两例变性人旋即与医生失去联系，杳无踪影，连手术效果如何也不得而知。但是秦惠荣却以极大的勇气，表示愿意公开自己的一切，让全社会理解、帮助所有还在受煎熬的易性癖患者。秦惠荣成了中国第一个公开亮相的变性人。

秦惠荣的变性手术经新闻媒介披露后，为那些饱受痛苦的易性癖患者打开了一扇希望之门。一时间，来信来电雪片似的飞往上海长征医院，来信的易性癖患者遍布全国各省市，他们中有教授、研究生、工人、职员、医生、农民、战士，年龄最大的56岁，最小的才10岁。

1990年底，一个27岁的姑娘，拿着登有何清濂为秦惠荣做变性手术消息的报纸，急匆匆从外地来到上海长征医院，要求变为男人。在以后的几个月里，她又四次往返，行程达1万多公里，陪她来的母亲几次下跪，一把鼻涕一把泪地恳求："救救我的孩子吧！"

这位名叫李一妮的姑娘是外地一家宾馆的服务员。她向何清濂教授详细讲述了病史：

"很小的时候,我很正常。虽说家里都是女孩子,我还是最小的一个,但父母从来没有给我男孩子的打扮,我一直穿女孩子的衣服,梳小辫子。长到五六岁,渐渐开始显得与众不同,不喜欢女孩子的玩具和丢手帕之类的游戏,喜欢汽车和冲锋枪。"

"十三四岁的时候,我的性格、行为更像男孩子。那时我骑自行车的水平,可以和小伙子媲美。有时在上学路上玩起车技,令路人惊讶。吃饭时三口可以吃下一个二两的包子,气得妈妈说'没有一个女孩子像你这么不文明。'因为我脾气大,力气也大,在我们大院,与我年龄相仿的孩子,无论男孩女孩,对我都敬畏三分;我还没有怕过谁的记忆。当然,天不怕地不怕的性格也使我吃了不少苦头。身上的大伤口共缝合了12针,其中有4针是在没麻醉的情况下缝合的,我没因痛而哭一声。"

"因为从小就具备男子汉的心理,而这种心理又是自然形成的,所以我对女性的身份感到伤心、厌恶,一直拒绝穿女装,渴望成为一名男子汉!这种渴望愈强烈,内心也愈痛苦。在过去的几年里,我曾三次在失控的情形下自杀。第一次服安眠药,昏睡了两天后醒了过来;第二次服降压片,被抢救过来;第三次是切腕,被家人及时发现送医院缝合。我一直没有了断死的念头。每当家人苦苦求我、痛哭流涕的时候,我的内心都在流血,是我让他们痛苦、挂念、担心,我对不起父母和姐姐。宝贵的青春,就这样让痛苦缠绕着过去了。"

特别可敬的是李一妮的妈妈,她不仅没有对女儿的"怪念头"加以责骂,还四处奔波为女儿准备手术前必须置齐的各种证明,她给各个有关部门写了一封恳求信:

"各级领导:

为了能使我孩子解除十几年来的痛苦,为了她将来乃至一生都能像一正常人一样生活,堂堂正正做人,我同意李一妮做女变男手术。作为母亲,我能更深切理解孩子,她的痛苦与压抑是一般人所不能忍受的,也是无法用语言表达的。她是个诚实、上进的好孩子。她对待生活、对待困难、对待挫折的勇气以及独立的个性令我们全家人佩服。因为有病;她失去了一次又一次发展的机会。所以我们支持她通过医疗手段来解除这种痛苦,去拥有一个幸福的未来。我希望大家都能理解她,给她一个快乐的人生。

李一妮母亲拜请"

李一妮顺利取得了单位、居委会、派出所等有关部门同意手术的证明，自己也写下了手术申请书。何教授终于决定为李一妮施行我国首例女变男手术。

女变男的变性手术，较之男变女，要困难得多。为慎重起见，何教授决定手术分两步走。第一次手术为李一妮切除了乳房和女性生殖器。手术很顺利，病人的易性癖病情得到了稳定。第二次手术在几个月后进行。何教授和助手们在李一妮的腹部切取了两块相仿的皮，运用病人自身的组织，制成一个乒乓球板状的人造阴茎和人造阴囊。

手术很成功。本着严谨的科学态度，何教授决定观察李一妮术后一个时期再公布这例手术。就在这时，千里之外的北京医科大学成形外科主任夏兆骥教授大胆创新，完成了世界上首例男女内部性器官同时互换手术。

"你要是后悔，现在还来得及。"夏兆骥教授对躺在手术台上的王京说。"这是我梦寐以求的时刻。"王京声音很轻但语气坚定。

夏教授又移步来到隔壁的手术室，用同样的话问躺在手术台上的何小眉。何小眉也笑了："绝不后悔！"

"那就开始吧。"夏教授向十几位助手发出了命令。这是1992年7月14日上午8时。即将开始的是世界上第一例男女内部性器官同时互换手术。

刚满30岁的小伙子王京从小有女性倾向，长大以后，说起话来轻声细气，举手投足柔情万种，长发披肩，一身女性装束，就连个人喜好也是织毛衣、做时装。他坚定地认为是上帝把他的性别搞错了。他10来岁的时候，正是"文革"中样板戏风行之时。他学着唱李铁梅，一年多下来，居然唱得有板有眼，字正腔圆。1977年全国恢复高考后，他报考一所艺术大学，初试、复试都顺利通过，在最后一关面试时，他选唱了一曲旦角段子，唱得挺好，却落选了。后来他听说，上面有精神，不招男孩学旦角。这一下对他的打击太大了，加剧了他的易性癖病情。如果说，以前他只是心里想着"要是做个女孩该有多好"的话，那么，自此以后他更付诸行动，为了把自己变成女孩不惜任何代价。

造物主真是捉弄人。22岁的姑娘何小眉则自小一副小子样，青春期发育时曾向妈妈叫嚷："真想拿把剪子将胸前两砣肉绞了去！"高中毕业时，她一阵苦拼，考上了北京一所重点大学。全家人都为之兴奋。但却没有人知道她正经受着痛苦。在脱离了家庭的新环境里，她的易性癖病情日益严重。一年级还没念完，她便写信给父母，说自己决定做变性手术，变成个小伙子，"你们知道吗，一个人内在的心理和生理的对抗是一种什么滋味？"她四处打听、联系能做这种手术的医院和医生，还给中国医学科学院院长吴阶平去信求助。她这样做的时候，不刻意去瞒谁。不久，同寝室的同学便知道了。再后来，连学校的教师们也一清二楚。

1992年4月，王京和何小眉先后来到夏教授的诊室求治。夏教授对他俩进行了全面检查，包括染色体测定、血液中睾丸素和卵巢滤泡素水平测定、内脏功能检查等。最后的结论显示，王京与何小眉都患了严重的易性癖。鉴于两人的病情和本人的强烈要求，夏教授决定为他俩施行变性手术。本来，这是两次没有特殊意义的变性手术，因为在此之前，男变女和女变男手术都已有先例。但也许是这两个患者前脚来后脚去的缘故，也许是两个患者都是A型血的缘故，夏教授灵感一闪：将两个性别不同的变性手术放在一起做，可能具有特殊的探索意义。

1992年7月14日上午8时，王京和何小眉被推进了北医三院的5号和6号手术室。锋利的手术刀划开了何小眉的下腹部，主刀大夫将子宫、卵巢取出，用灌洗液冲洗干净。同时，另几名医生对王京的睾丸摘除也进行得很顺利。尔后，夏教授动手将细若游丝的精索内动、静脉血管吻合到受体上。手术整整进行了19个小时。何清濂、夏兆骥等医生为我国整形外科一个新崛起的分支——变性手术，积累了珍贵的开创性的临床经验。

如愿以偿的秦惠荣等变性人愉快、兴奋的心情自不待言。但当他们走出医院，以另一种性别角色重返社会之后，社会对他们又会是怎样的态度呢？

秦惠荣手术后，在复旦大学领导的关心下，住进了一幢女生楼。尽管她是独居一室，但左邻右舍的天然女子们对这位"人工之女"颇有戒心。有几位还去校长室提交"照会"，意欲"驱逐"。校领导含笑答曰："秦已是女性，不住女生楼，难道住男生楼不成？"这几位女生自然败下阵来。但她们确也有几许难言之隐。秦堂而皇之地进出女厕所，害得她们只得舍近求远。更难堪的是秦竟然拎一脸盆、趿一拖鞋，怡然光临女浴室，这下可把那些天然女性吓得哇哇大叫，秦却听而不闻，顾自宽衣解带，弄得众女性进也不是，退也不得，女浴室可只有这一个呀。让秦惠荣最伤心的，是家里人认为她给祖宗蒙羞，断绝了和她的关系。秦惠荣说："我知道家里人的心里也很不好受，身后也有人对他们指指点点。我家祖祖辈辈以种地为生，经济上一直不宽裕。

前些年全家人节衣缩食供我上大学,本指望我能衣锦还乡,光宗耀祖,哪想到我竟这样。所以,他们不理我,我能理解,可是,我又真的很希望他们能理解我。"

在手术以后一年多的时间里,秦惠荣的经济状况十分窘迫。她没有户口,没有工作,也没有任何救济补助,连身份证都没有,尽管她有外语专长,但一些原本很需要外语人才的单位,一听是变性人便避之唯恐不及。后来,上海市政协主席、复旦老校长谢希德闻得此事,伸出援手,方使秦惠荣找到了"饭碗",走出了困境。

变性两年后的秦惠荣,皮白肤细,长发飘洒,身姿婀娜,骑一辆新潮女式单车,除了声音尚有待进一步尖细之外,标准一个妙龄女郎。她说:"我希望有一个家,我的丈夫应该受过高等教育,文雅、渊博,年纪大点没关系。"对于她无法生育这一事实,她轻松地表示可以领养一个孩子。不过她强调:"当然不会是男孩。"对于恋爱,她还有顾虑,怕对象接受不了她的变性人身份。正因为如此,她准备把自己的经历写出来。"让全社会理解我以及所有还在受煎熬的易性癖患者。"

再说说其他变性人。

李一妮变成男人回家后,同事们纷纷前来看望他,称赞他"好帅的小伙子"。单位领导还允诺报销他数千元手术费,近日,他在写给何清濂医师的信中说:"我现在好开心啊!痛苦与死亡已离我远去。我要为新生活而奋斗……"

在世界首例内部性器官互换手术中由女变男的何小眉,曾经警告过同寝室的女同学"谁也甭来看我,谁来我和谁翻脸",但女同学们依旧前来看他,他也照样同从前一样大声说笑,只是在临别的时候才严肃地说:"我以后得注意一点,不能和你们太随便了。"

现在,大学毕业的何小眉已以男人的身份去新分配的单位报到上班了。对于今后的生活,一贯豁达、豪爽的何小眉依旧十分自信:"凭我的能力,我不仅能胜任工作,还能活得滋润。不过,我现在耿耿于怀的是父母养育了我这个女儿这么多年,我还让他们掏这么多钱把我变成儿子。七尺男儿,心中有愧啊!我只有日后好好工作,报答他们的恩情。"倒是夏兆骥教授告诫他:"对未来的生活不要想得太简单。生活嘛,风风雨雨、坎坎坷坷总是有的。"

作为我国变性手术的先驱者,何清濂教授认为,目前变性手术在我国不宜推广。难题有三：

其一，不少人一听到易性癖就想到同性恋，其实两者有着明显的区别。同性恋患者的特点是在幻想或实际生活中，喜欢与同性发生性关系，它是一种对别人的感觉。而易性癖患者的特点是对自己的性别认同有困扰，它是对自我身心的感觉，并不是一种性关系的方式。但是，从众多的来信及就诊中发现，有时候同性恋与易性癖有交叉，有时难以判别，这样问题就变得复杂了。

其二，易性癖可分为原发性和继发性两种。原发性易性癖是与生俱来的，占一小部分。大多数易性癖都属继发性，它是患者受家庭、社会等影响后天产生的。一般来说，对原发性易性癖患者可以放心施以手术治疗。对于继发性易性癖患者则最好采取心理治疗或精神分析治疗，同时辅以药物。如贸然施以手术，继发性患者有可能产生后悔。但是，原发性易性癖和继发性易性癖的界定，又颇费思量。

其三，在西方国家，医疗部门特设有变性咨询机构，由性心理、精神分析、内分泌、泌尿、整形、妇产科和法律等方面的专家组成，对患者进行一系列分析、检查、研究，再集体决定是否实施手术。但是，我国尚无此专门机构，大面积推广可能出问题。

因此，何清濂教授采取了极为慎重的态度。在通过一系列严格甄别确诊为真正易性癖后，患者在手术前必须考虑和解决很多复杂社会问题，诸如手术后的工作、生活、经济、家庭组成、社会舆论等等。患者还需有适应性准备，如日常生活中试行异性行为及角色，服用药物以取得心理平衡等。然后患者还需提交各项证明，包括：个人申请、公安部门证明、精神病院证明、居委会证明、父母兄弟姐妹证明，已婚者还需解决好配偶问题并出具证明。最后再由医院报有关部门审批。

变性人困扰国际体坛

出生时，他叫雷伊，后来做了变性手术，成为"她"，改名为艾蓓莉。艾蓓莉重新投入以前他所熟悉的跑步运动，并且在许多重要比赛中赢得冠军，她的出现重新成为国际体坛争议的话题。

艾蓓莉出生于美国东部的伊利市，而且一直住在那里，她做变性手术在当地尽人皆知，艾蓓莉也从不掩盖这一事实。随后，她参加保龄球运动，许多同场竞技的选手说："她比赛的动作看起来根本就是个男性，她的手臂和肌肉相当结实。"艾蓓莉在许多比赛中夺得冠军，引起女子保龄球员们的不满。

1996年4月21日，艾蓓莉参加自己"女性生涯"中第一次长跑比赛，以23分48秒跑完5公里全程，而且爱上了长跑运动，成为当地长跑比赛中的常客。在一次比赛中，艾蓓莉被以前的教师约翰认出，约翰认为她不应参加女子组比赛，因为这是不公平的。另一长跑爱好者珍妮说："从背后看来，无论是肩膀、腿或是臀部，她无处不像个男人"。许多人为此去图书馆查阅资料，发现变性可以改变人的外观，但没办法改变人的体质。一个曾经身为男性20年或更久的长跑者，与女性相比，他的生理机能占有绝对优势。

尽管批评的声浪愈来愈大，但艾蓓莉仍照常参加女子比赛。有一年的夏天，艾蓓莉在一项10公里跑比赛中夺得冠军，同年在匹兹堡的长跑赛中获得第5名。美国田径协会一直在关注此事，但没有及时采取措施，只是宣布将以特案的形式处理此事。

从1968年起，各项大型国际比赛一直用口腔黏膜来测试性别，受试者伸出舌头让医生刮取口腔内壁的细胞壁，然后再用显微镜检查，女性的染色体是XX，男性为XY。这种方式可以测试出人出生时的性别。在物理学实验中，艾蓓莉是女性，但染色体实验证明她是男性。

真不知当今体坛该如何解决这等难题呢！

谁与人妖结姻缘？

"人妖"结婚，似乎并非不可思议之事，因为变性人身上也有生殖器官——尽管是"人造"的器官。

问题是，一个正常人和他的亲属、家人是否能接受自己的配偶原来竟是自己的同性这一事实呢？英国伯明翰一个家庭，就曾因此而引起纠纷。25岁的小伙子马克，在陆军服役，邂逅了女子曼黛，双方开始来往。不久就难分难舍，坠入爱河。于是他们在伯明翰的一所教堂举行了婚礼。喜庆的气氛犹在，家婆突然发现媳妇的脚特别大，因此起了疑心，很快弄清了这个女人是男性手术后变成女子的。老太婆大发雷霆，责骂儿子是个十足的傻瓜，马克本人则如五雷轰顶，惊愕不已。但生米毕竟已煮成熟饭了。

"人妖"生孩子的事情也发生过。始作俑者，是瑞典32岁的吉娜。变性前的"他"名叫罔纳。变性专家蔡森为他做了世界上首宗"自女人身上把女性生殖器移植到男人身上"的手术。外科手术两个月之后，吉娜每个月都来月经。一年之内，她怀孕了，并剖腹产下一个3公斤的男婴。据说，由于吉娜的乳房是硅质的，不能产奶，所以婴儿只能用奶粉来喂养。

要是在以前，这样的事件应当归入"天方夜谭"。可如今，男人经过"技术处理"竟也能怀孕分娩。人类在繁衍后代的性别"分工"上是否也得来个"观念更新"？

法官面对烫手的"山芋"

个例不等于规律。"变性人"能否真正"胜任"妻子、母亲（或丈夫、父亲）的职责是一回事，法律、社会允不允许和应不应该允许这类人有合法婚姻又是另一回事。

1991年7月5日，新加坡婚姻登记部门宣布了一条新法规：今后新加坡公民凡要求登记结婚者，必须向登记机关出示当事人的出生证。婚姻登记部门以此确定申请结婚者的性别。在新加坡境内的外国人，如要求办理婚姻登记，在没有携带出生证明的情况下，必须向婚姻登记机构说明他们出生时的性别。有关方面以他们出生时的性别而不是他们现在是男是女来决定能否给予注册。

新加坡的这一新法规并非多此一举。不久前，新加坡一位女保姆与一位原来也是女儿身但后来做过变性手术的"男"铲车司机结为秦晋之好。新加坡司法机关发现真相后，宣布她们两人的结婚证作废，对其婚姻不予承认。理由是：这两个人出生时的性别都是女的。

对于司法机关的这一裁决，新加坡国内议论纷纷。一位知名律师诘难司法机关："如果一人出生时男性，另一位出生时女性，其中一位后来做过变性手术。假如这两人达到法定结婚年龄，愿意结为夫妻，我们的司法部门能不能因为这两人出生时的性别就承认他们的婚姻有效？"

这可是一个颇有力度的反诘。

看来，"人妖"现象给法官带来的无异于"烫山芋"。

难题当然不仅仅在婚姻方面。近些年,其他与"变性人"有关的纠纷也时有所闻。15年前做了变性手术的一名澳大利亚甘蔗场工人,最近"经法庭裁定确认为妇女身份,并获准领取一笔养老金"。事因澳大利亚法律规定,妇女60岁便可领取养老金,而男子则要高到65岁。已"当了15年妇女"的这位工人在60岁生日前夕向有关部门申请养老金,但遭拒绝,原因是此人出生证上的性别是男性。这位工人不甘罢休,将此事诉诸地方法庭。经审理,法庭发言人公开宣布:"此人是于1976年做了变性手术后由男性变为女性的,其女性身份已合法化。因此,法庭裁决其有资格领取妇女养老金。"

从生物学观点看性别

"人妖"现象,既有生物遗传问题、医学技术问题,又有社会伦理道德问题,不可谓不复杂。

我们不妨从生物学角度来考察一下性别问题。

一般而言,动物的性别大都是先天的,生之初,已有性之别。但生物学家们也发现,不少低等动物能够改变性别:红鲷鱼群中的雌鱼在"丈夫"死后能够由雌变雄;倍良鱼的性别随年龄而变,先雌后雄;牡蛎的性别随季节、气温、营养食物的不同而改变;人们熟见的黄鳝却都是雄性……科学工作者曾用非洲爪蛙做过试验,结果表明,在雌性激素的影响下,雄性幼体不仅可以全部发育成雌性的外形,而且照样能够产卵受精。用这种性反转雌蛙跟正常雄蛙交配受精,所产生的后代全部是雄蛙。

因此,一些生物学家认为,性别的发育跟其他任何性状的发育一样,都是遗传和环境相互作用的结果。有性别分化的生物,不管性染色体如何,幼体都具有向雌雄两方面发育的可能,如果内外环境非常有利于某一性状的发育,可能产生跟性染色体相反的结果,这在遗传学上叫做"性反转",或称"性变"、"变性"。

虽然动物变性之谜仍是生物学家探索中的课题,但有一点可以肯定:动物变性是适应环境和求得生存的需要,说到底是"适者生存"的古老法则使然。

而作为"万物之灵"的人类呢?

英国女性主义作家维基妮亚·渥尔芙说:"每个人的内心都由两种力量

所统治——男性的力量和女性的力量。"

瑞士科学家卡尔·容格认为,"人天生具有异性的某些特质。"他提出了著名的人的"双性化"论,即:世上没有一个男子或女子是绝对的男性化或女性化的;每一个人都有其"男性侧面"和"女性侧面"。其最主要的论据是:从生物学观点来看,男性既分泌雄性激素也分泌雌性激素;女性既分泌雌性激素也分泌雄性激素。

这似乎是说:无论男性还是女性,都具有成为异性的生物学意义上的"物质基础"。

那么,这是否可以说明人为变性具有某种"内在合理性"呢?

不。问题没有这么简单……

"性角色"可以"学习"吗?

问题的复杂性在于:人不同于低等动物;人除了生物性还有社会性;人有不同于任何物种的情感、心态和理性。

因此,不能把人仅仅视为生物体而采用单纯的生物医学模式任意加以"改造"。

下面的案例很能说明问题:

大约20年前,美国一犹太妇人生出一对男性双胞胎。按照教规,须做包皮环切术。可是一次医疗事故把其中一婴儿的阴茎烧焦了。失去阴茎的男性,男不男女不女,一辈子如何是好?父母心急如焚,决定寻求补救措施。

大学教授约翰·马奈是性医学方面的专家,曾成功地为几名"阴阳人"做过性别再造术。几经磋商、权衡利弊,他承担起给该男童改变性别的任务。男童17个月时,切除了阴茎残根和睾丸;4个月后做了人工阴道,使"他"变成了"她"。此后又给她服用雌激素,促使第二性征发育。同时配合女性化家庭教育:取女性名字,穿女儿装,打扮得花枝招展,教她女孩子该玩什么不该玩什么,该做什么不该做什么。渐渐地,她有了女性的外在角色,似乎也有了女性内在的心理状态。

随着时光流逝,她一天天长大,出落成一个仪态端庄的大姑娘。英国广播协会电视台打算以此女为素材,拍摄一部关于性别再造的电视片。马奈教授因此而得意扬扬,抛出了一个新观点——"性角色是学习的结果。"

然而，就在这时，事情发生了使人目瞪口呆的逆转：这姑娘进入青春期后，行为粗野，失去了文静温柔的女性性格，变得男子气十足。她时常被女性所吸引，流露出自己"想当男子汉"的意念……

这一始料未及的变化使其父母陷入一片迷惘，马奈教授也困惑不解。

后来，生理学家的研究揭开了谜底：性别的区别还在于大脑，这男孩虽然再造了女性的性器官，接受女性化的家庭教育，而她的大脑中却一直有着男性的"性别密码"。一旦进入青春发育期，"铭刻"在丘脑的"性别密码"就会被激活而顽强地表现自己本来的性别角色。

看来，马奈教授"性角色是学习的结果"的结论可能武断了一些。

见仁见智话变性

借助医学技术手段人为改变性别，自然引起了科学界内外的关注和争论。对此唱赞歌者有之，痛心疾首严词斥责者也有之。

支持者认为：人对于自己性别的选择，就如同人对于职业的选择和对于生活道路的选择一样，是人的正当权利，也是人的价值实现的重要前提。就某些人而言，也许选择性别对其一生有着比选择职业更重大的意义，特别是那些"异性化"倾向严重的人，内心极其痛苦而又无法摆脱，如果通过药物、心理治疗能帮助其克服异性化倾向，自然是件天大的好事。但如果经反复治疗仍无效果，本人又认为只有改变性别才能更好地生活的话，那么，未尝不可，社会应当尊重他们的这种选择。这无论是对于当事人还是对于社会，都有积极意义的。

反对者则认为：假如允许人类易性技术广泛应用于临床，那将给现代人类社会和家庭带来许多消极性影响。因为人不同于动物。在动物身上施行"性别改造术"，确实有深刻的科学意义，但如果把这种技术应用于改变人的性别，岂不是一种典型的"单纯生物医学模式"？这与应允某些精神分裂症病人的"阉割"要求而去进行手术又有什么区别呢？还有，有变性要求者，不少属性变态者，在医学上叫做"易性别癖"（frans-sexualism），对这种患者，社会和医学界应当设法纠正其性心理变态，而不应该去迎合和迁就他们"变性"的病态要求，否则就是科学道德和医学道德的双重沦丧。

人兽瓜葛扯不断

"人类，属灵长目；具有直立的姿势，解放了的双手，复杂而有音节的语言，善于思维的大脑；并有制造工具、能动地改造自然之本领。"这是《辞海》对"人类"这一条目的诠释。

"二足而羽谓之禽，四足而毛谓之兽。"这是《尔雅·释鸟》所云。

较之兽类，人原本是很平凡的物种：威武不如狮，凶猛不如虎，灵巧不如猫，嗅觉不如狗，听觉不如羚羊……是劳动创造了人，是劳动使人类告别动物界进化为"万物之灵"，是劳动使人与兽界限分明。

然而，人类的高级创造性劳动——高科技活动，却使人兽之间增添了诸多瓜葛……

女婴，从猩猩子宫中取出

"借用一只猩猩的子宫，将一个人类受精后的卵子移植进入，9个月后，猩猩顺利生产出一个人类的婴儿……科学家让实验成功的猩猩进行自然分娩，将体重3600克的女婴由猩猩的子宫中取出……"

这则惊人的消息发表于美国杂志。进行这项实验的科学家透露，实验的程序是这样的：

1. 在试管中，先将人的卵子受精，这个方法现今普遍得很，也就是一般的试管婴儿的方法。

2. 受精后的卵子成长到一定的程度后，再移植入成年雌性猩猩的子宫内，这是利用手术来进行的。

3. 进入子宫内的受精卵子，也与人类的胎儿一样，依赖猩猩的脐带来获得营养，得以成长。

4. 9个月后，猩猩便诞生出婴儿，这个婴儿是"百分之百的人类婴儿"。

无独有偶，新加坡的《联合晚报》也于1987年12月28日报道了遗传学家让母牛和母羊替人类怀胎的消息：

遗传工程学家贺尔特，正率领一个研究小组进行实验；他证实过去几个月，悉尼的研究人员一直试图把实验做好。他说："没有什么充分的理由，足以反对利用牛羊等牲畜为人类怀孕。"贺尔特还说："若将健康的人类胚胎适当地移植到这些动物的子宫内，将来所生产的婴儿应该完全正常。"他表示无意用这种方法完全代替人类代孕，但至少可提供给人们一种新的选择。

人们对生命科学研究者的这种惊人之举，自然是反应强烈，毁誉不一。有人称赞这类实验对生命科学的研究意义重大，还可以消除由人代孕所带来的法律及道德问题，另辟了一条生育蹊径；有人谴责进行这样的实验是"漠视生命伦理"，"践踏生命尊严"。

这类借用动物之腹来孕育人类婴儿的实验，虽说与传统的生命观念格格不入，但诞生的毕竟是人类婴儿。"借腹"之前，人的精子与卵子已经结合，这就决定了新生命无疑是人的生命，出生的婴儿属于"人"这一点绝无法律上的争议。笔者认为，需要认真考虑的主要有两个方面。一是心理上的压力，即以这种方式诞生的婴儿长大后，周围的人是否会嘲笑他（她），歧视他（她），使他（她）不得不痛苦地承受巨大的心理压力？二是生理的素质，即兽腹孕育将会使新生命产生怎样的变异？

"人造人猿"工程

世界上的许多民族，都流传着不少"人兽通婚"的神话。那些神话说，每个民族的祖先都是人与某种野兽通婚生下的产物。如美洲印第安人的族源神话，就有人蛇结婚生祖先的说法；非洲尼罗河流域一些部落民族，也盛传着人鱼结婚产生本族祖先的神话。我国畲族的"盘瓠神话"也说，畲民是龙犬盘瓠与高辛女婚配后繁衍的产物。

从历史上看，流传着"人兽通婚"神话的那些民族，都有过对野兽的图腾崇拜。"人兽通婚"神话，正是这些民族远古图腾崇拜的反映。

人类的进化和科学文明的发展，已经使这种原始的图腾崇拜一去不复返，再也很少有人相信"人兽通婚"的神话了。但变相的新的"人兽交合"却成了某些科学家新的"兴趣焦点"。

澳大利亚珀斯东部某牧场不久前就曾发生过这样一起误将人类精子输给绵羊而导致变相"人兽交合"的事件：

牧场主人米尔顿和埃琳娜·弗劳利夫妇，老两口结婚30多年，一直未能生育，极感遗憾。今年初，弗劳利夫妇请来美国动物人工受孕公司，替他们所养的绵羊进行人工繁殖。后来，他们发现其中一只怀孕的绵羊腹部异乎寻常的大，生产时表现异常痛苦。老夫妇急找兽医布鲁斯·伦斯摩尔求助。兽医助产之下，首先看到一个人婴的头钻出来，三个人简直不敢相信自己的眼睛，过了一会，婴儿诞生，竟"哇"的一声哭起来。三个人坐在牧场上，呆视良久不得其解："绵羊生人婴，这怎么可能呢？"

科学上唯一的解释是：母羊在接受人工受孕过程中，误输进了人类精子，变相的"人兽交合"使绵羊怀了"人胎"而生下男婴。

这个见诸报端的事件本身是否完全真实，笔者无从考究。但有关"人兽交合"的科学实验早已有人进行则是肯定无疑的。在美洲就有人进行着一项秘密实验，试图用从黑猩猩体内取出的卵子跟人类的精子在试管里结合，从而培育出一种非人非猿的怪物。透露这个惊人秘密的是意大利佛罗伦萨大学的遗传学教授查利里博士。他对记者说："进行这样的实验，从技术上来说，是毫无困难的，我知道这件事已经在进行。"他指出："如果那个胎儿出生，必然是半人半兽的怪物。我们应该明白，这是非常荒谬的，尤其是没有目的就着手做这种实验，就更加荒谬。"然而，他却不肯说出他是怎样获知这个消息以及是什么人在什么地方进行着这种实验。

值得一提的是，类似这样的试验，我国科学家早就进行过。"文革"前夕，中国科学家就曾经将人的精子授予一头雌猩猩，而猩猩居然受孕了！这个人兽结合的胚胎在猩猩子宫里顺利地孕育、成长，只因"文革"动乱中断了照料，"人造人猿"的幼小生命才中途夭折，后来再未重新进行。

近时又见香港《文汇报》报道，国际刑警正在追捕一种半人半猿的怪物及制造该怪物的澳大利亚医生。国际刑警发言人汉斯·歌兹说："至少已发现过三个半人半猿的生物，而实际存在的数量可能远远超过这些。"据说，这种毛茸茸的怪物，是澳大利亚的安顿·乔巴希医生的"制品"。乔巴希医生的真实姓名是弗兰基斯坦，20年前，他失去了医生的执照。为了报复，他在1984年4月，就开始用人类精液使猿或猴的卵细胞受精，成功地创造了一种怪物，叫尼安德特人。国际刑警已经到澳大利亚北部山区进行调查，询问了与乔巴希一起在实验室工作的乡民,并得到几张怪物的照片。这些怪物的眼睛深陷,耳朵很大,浑身长满了毛发。据乡民说,这些怪物能够发出声音,但不能讲话,它拍完照后就发狂,把乔巴希医生的两个助手击倒,然后逃到外面去了,但经常在森林中被人发现。另一个怪物在法国巴黎的火车站被人发现,第三个怪物在意大利海滩被人发现,有人见到它和一个像乔巴希医生的人在一起。

"人兽交合"与借动物之腹怀人胎有着本质的区别,后者诞生的无疑是人类婴儿,而前者诞生的却是人兽合一、非人非兽的混种,这会带来许多非常棘手的伦理、法律和社会问题。是承认他(她)是人呢,还是兽?这问题恐怕是无法解决的。

"人面兽心"?

夜阑人静,新加坡科学园高科技工业区太平洋生物医学公司大楼外,一辆卡车准时于11点钟到达,进行不寻常的交货后,便飞驰而去。待到深夜3时,卡车又再次抵达……每晚如是。卡车是从屠场驶来的,车上装的全是盐水泡着的猪心。数小时后,"太平洋"的技术人员开始了一天的工作:剪掉猪心的组织,取出主动脉,制成人造心瓣。这些"猪心制品"在国际市场上销售,供医院做人类心脏手术之用。

"用猪心治人心",这还不算奇迹。把动物脏器活生生直接移入人体的创举更使人叫绝。不久前,一位患败血症的前苏联少女病入膏肓,注射抗菌素无效,按往常只能等待死神的降临。但最后医学家采用猪的脾脏,移入她的体内取代其已经坏死了的脾脏。结果,体内细胞没有产生排斥现象,在短期内,这个少女手腕上的血管便已连接起来,血液循环得以畅通,因而捡回了一条生命。

这种把猪的脾脏移入人体的技术,是治疗败血症的新方法。据说,迄今已有许多败血症患者应用此法治疗而获救。不过,所有接受了这种手术的病人,在康复后可就都是"人心猪脾"了!

把动物器官移入人体,这是器官移植技术的一大突破。各界对此甚为关注。最近,英国器官移植专家万克尔·比伊克由于过早向新闻界透露了伦敦达利奇医院研究给人移植猪器官的细节而遭到责难,现已被迫离开了这家医院。这位在过去20年来先后负责过2 000宗器官移植手术的教授说，达利奇医院的医生们已发现一种化学物质，它能够产生"抗体滤器"的功用，可以抑制身体对移植的器官出现排斥现象。经实验证明，这种物质非常有效。这将解决"排异反应"这一老大难问题，极有可能使动物器官移入人体的新技术很快进入临床，并广泛应用。由于比伊克在向新闻界透露情况之前，没有同他的同事们商量，他的同事对此非常恼火。

其实，不沦比伊克是否向外界透露，科学界许多人都知道，关于动物器官移入人体的研究和实践，已经有20多年的历史了。

早在1968年，伦敦国家心脏医院医生唐纳德·罗斯就破天荒第一次给一名病人移植了一颗猪心。当时人们对人体排异现象还是一无所知，移植后发现猪心很快红肿——出现急性排异反应。猪心跳动不到两分钟就停止了。这次手术虽然失败了，但它证明，如果能够克服排异现象，这种移植很可能获得成功。

此后，英国心脏移植医生马格迪·亚科布把一个行将死于心脏衰竭的13个月男孩的循环系统，同一颗狒狒的心脏相连，男孩活了16个小时。

1984年，美国医生伦纳德·贝利给一个心脏发育不全的16天女婴移植了一颗狒狒的心脏，女婴活了20天后，死于防止排异的药物所引起的肾衰竭。

再看最近报刊广为传播的"世界首例把狒狒肝脏植入人体"的手术：

1992年6月28日，美国匹兹堡大学医疗中心把一只15岁雄性狒狒的肝脏植入一位生命垂危的35岁男子体内。由于患者体内乙型肝炎病毒可能传染到植入的人体肝脏，医生们才决定用他们认为"不易被感染"的狒狒肝脏。手术进行了11个小时，术后当天，狒狒肝脏就开始发挥功能。为了减少患者体内对狒狒肝脏的排异反应，医生们采用多种抗排异反应药物，包括尚处于实验阶段的FK506。7月2日这位男子手术后第一次刮了胡子，并开始食用流质食物。佢到了8月下旬，病人开始发烧，随后得了感染，肝脏渐渐失去功能。9月6日下午，医生正准备去除病人使用的呼吸器时发现他大脑颅内出血，随后进入昏迷状态，7小时后心脏停止跳动。这个病人术后共活了71天。现已查明，该患者死亡的主要原因是过量使用了用于减轻排异反应的抗癌药物。美国匹兹堡大学医疗中心发表在1993年出版的英国《柳叶刀》杂志上的调查结果表明，手术后的2个月中，患者每天服用一种环磷酰胺的抗癌药物剂量过大。这种药物进入人体后可延缓癌细胞的生长，医生们原计划利用这种药物减轻患者体内抗体对植入的狒狒肝脏的排异反应，但过多的这种药物使患者的免疫能力大为下降，当患者感染细菌后已无力抵抗，最终导致脑血管破裂而死亡。

此后，同在匹兹堡大学医疗中心接受这种手术的第二例病人，又于1993年2月5日死亡。

从这些案例看来，能否克服排异现象，乃是移植成败的关键。比伊克透露的达利奇医院在克服排异现象方面取得重大突破的消息，无疑是动物器官移入人体这种新技术的希望之光。专家们纷纷就此发表预言和预测：

——比伊克说，大概需要2—3年的时间，他就能开始实施向人移植猪肾的手术。

——美国斯坦福大学的心脏移植专家廷京在最近召开的一次医学会议上表示：用不了太长时间，动物心脏移入人体将会完全变为现实。

——剑桥附近的帕普沃思医院的心脏移植医生约翰·沃尔沃克认为：给人移植猪心的时间，可能要到本世纪末。

——首开向人体移植动物器官先河的罗斯述宣称：除了猪和狒狒之外，另一种可能提供移植器官的动物是大袋鼠，到本世纪末，可能会移植大袋鼠的肾脏。

应该说，科学家们热衷于向人体移植动物器官的研究和实践，并不是无事生非。虽然，现代医学的发展使人的器官可以互移，也可用人造器官代替人的器官，但是，一方面人的器官实在难得，"器官荒"严重；另一方面，人造器官存在不少问题，比如，人造心脏的平均使用寿命只有一年左右，最高使用寿命也才两年。因此，把来源丰富的动物器官移入人体，对科学家无疑具有很大的引诱力。

但这种做法却遭到一些人的反对和非议。

首先是动物保护主义者激烈抗议。就在上述第一例把狒狒肝脏移植入人体的手术后的第3天，一群兽权活动分子就在匹兹堡大学医疗中心外面举行抗议活动，反对杀死一只健康的狒狒来为一个垂死的病人移植肝脏。抗议者们所举的标语牌上写着："动物并非次要！"，"动物不能当作牺牲品！"

其次是部分医疗工作者对这类手术有异议。就在1992年、1993年第一、第二例接受狒狒肝脏移植手术的病人先后死亡之后，美国数千名医生反对将狒狒的肝脏移植人体。他们称这种移植手术是"坏医疗和坏科学",并要求停止施行这种手术。

再有就是一些社会学者和宗教界人士的反对。他们认为,把动物脏器移入人体是一种变相的"人兽合一";会使那些接受手术的病人变成"人心猪肺"、"人心猪脾"、"人肺猪心"、"人面兽心",是对人类尊严的亵渎,人类不应该接受这种事实。

假如说这种理性上的不接受还可以通过"观念更新"来解决的话,那么还有另一个严重的问题摆在人类面前:动物脏器与人体脏器毕竟有许多不同,用动物脏器来取代人的脏器,是否会导致病人心理畸变或生理"异化"呢?

这种担心并不是多余的。摩洛哥首都拉巴特有位47岁的船务职员穆罕默德。他患了严重的心脏病,生命危在旦夕,因为医院找不到人的心脏进行移植,医生征得病人同意后决定用猪心来代替。进行手术后,那颗植入穆罕默德体内的猪心正常地跳动,经过一段日子的疗养,他离开医院回家。但不久,他的行为就发生怪异现象:当他到餐厅点了一碟牛排,一嗅到菜的香味就反胃;他在走路时,喜欢用双手和双膝触地爬行;他还嗜好到垃圾堆里乱扒乱吃,即使全身肮脏不堪也不在乎。他的家人阻止不了他这样做,后来他的妻子因无法忍受这种情况而与他分手。他的老板也不能容忍这种行为而把他解雇,使得他的处境更加狼狈不堪。

为什么穆罕默德在手术后有些行为变得和猪一样呢?医生也无法解释,只能认为他的这种怪异行为是出于心理因素,是可以逐渐矫正的。

再往深一层想,人兽器官"珠联璧合",是否会影响人的遗传性状呢?

有一则"科学幽默"涉及这个问题,我们照录如下:

医学在进步,移植器官的范围也在扩大,甚至睾丸都可以移植了。知道这一消息的史密斯老先生去一所有名的医院,请求不惜费用给他移植一个"最有活力的"睾丸。

医生晓得史密斯是个千万富翁,就郑重地说:"'最有活力'的睾丸倒是有,但不是人的,而是猩猩的。移植它可以使你恢复到20多岁时的状态,只是价钱相当高昂。"

"这没关系,求你一定把猩猩的睾丸移植给我。"

史密斯如愿以偿。手术一终,他马上举行了结婚仪式。

一年之后，听说史密斯夫妇生了个小孩，那位施行移植手术的医生大吃一惊，马上给史密斯挂了个电话："生的宝宝是男孩还是女孩呀？"

话筒里传来史密斯怅然的声音："还搞不清楚。那小家伙一生下来就爬到院子里的树上不下来了……"

虽说这则"科学幽默"所涉及的问题在目前可能还属"科幻"，但动物的脏器哪些可以移入人体，哪些不能移入或者应该禁止移入人体，恐怕也是一个值得研究的问题。

人脑与兽脑能"等价交换"吗？

具有高级、发达的大脑，能够进行复杂的理性思维活动，这是人类的自豪和骄傲，也是人类与兽类的根本区别。

假如说，用一般动物器官"修补"一般人体器官，人们尚可"有保留地接受"的话，那么，人脑与兽脑的"互易"则实在是很难思议的事情。

然而，科技的发展却迫使人类不得不去思议这些近乎"不可思议"的事情。

德国某外科医生小组已成功地将一副人脑移植进一头黑猩猩的头壳里。这次手术在柏林的坎波尔特大学医学中心进行。外科医生将一个临床上已经死亡的患癌少年的大脑割出来，随即移植进一头雌性大猩猩的头盖里面。由于手术异常复杂，经过18小时的紧张工作方才完成。据医生说，那猩猩的脑电波显示出与人类相同的模式。通常移植器官手术都会碰到排斥现象的障碍，但这项手术完成后未出现器官排斥现象，猩猩的声带功能也正常。神经医生说，据此情况预测，这头猩猩短期内"可望学会与人交谈"。

一直对人兽器官"互补"这种技术不大作声的前苏联科学界"走得更远"。据西方人权组织透露，前苏联科学家进行过一项秘密实验：将一只猩猩的头移植到人的身上。德国的鲁斯克医生说，苏联人在1988年8月20日做了上述手术，接受猩猩头的"病人"至今还活着。前苏联当局矢口否认鲁斯克所揭露的事，斥其为"造谣诬蔑无中生有"。但鲁斯克有文件和图片为证。他得到从位于莫斯科东部的一家研究实验室偷运出来的机密文件，清楚地显示了"人兽换头"手术的每一步骤和过程。在手术过程拍下的许多照片中，最后一帧赫然是"人身猩猩头"的图像。

这一爆炸消息激怒了不少人。有人指责前苏联科学家"只为了国家的利益和服从国家的命令，全然不顾人类生命尊严和道德规范问题，做得实在太过分了。"1987年从苏联移居德国的麦克穆杜夫医生还指出，前苏联进行此类实验已非一朝一夕，如果举世维护人道的人不施加压力予以阻止，他们绝不会停止这种实验，只不过这次将猩猩头移植到人身上之举特别使人感到恶心罢了。

从"山绵羊"到"新人种"

1839年，德国植物学家施莱顿和德国动物学家施旺共同创立了具有划时代意义的细胞学说。这个学说被恩格斯誉为"十九世纪自然科学的三大发现"之一。根据细胞学说的理论，当时有人提出：可以将不同植物或不同动物的细胞相互合并，创造出新的植物或新的动物来。

在当时的科学背景下，这种设想只不过是一种幻想而已。随着细胞工程的诞生和崛起，这个当时的幻想已经成了今天的现实。

细胞工程已经创造了不少奇迹。例如，细胞工程研究者巧妙地使马铃薯的细胞和西红柿的细胞融合，培育出一种新的植物——"土豆西红柿"。这种植物不但地上部分可以长出西红柿，地下部分可以长出马铃薯，而且保留了马铃薯和西红柿所具有的天然抵抗某些疾病的能力。再如，国外一些科技人员已经成功地使山羊的细胞和绵羊的细胞互相融合，培育出一种新的动物品种，这种动物的头和尾像山羊，躯体像绵羊，人们形象地称之为"山绵羊"。

近20年来的研究成果表明，细胞工程技术完全可以培育出地球上从来没有过的动植物。科学家们宣称："人类已经进入创造新的生命形态的时代。我们的面前将会出现一个人工创造的新的生命世界！"

但这就可能带来一种可怕的事实——出现人工制造的"新人种"！

美国社会学家史塔伯福特和物理学家蓝德在深入研究了目前各种科学范畴的状况之后，已经提出了一个论断：不久的将来，会有8类"新人种"出现！

据预测，最早诞生的"新人种"有下面几种：

"鱼人"——专为在水底工作而设计，具有鳃和肺，在水中或陆上都能生存。鱼人的身体特征是具有蹼状的脚，如同潜水用的橡皮鳍状肢，也有类似海豚的声纳系统。

"ET 人"——这是一种为开发太空而设计创造的人。他们将有 4 只长手臂,那是由于在太空无重力状态下无须靠脚来支撑身体,因此让另一双手臂取代双脚。据报道,澳大利亚试管婴儿研究组的一名成员已经透露,他们准备将冷冻的人类细胞送到太空上去与其他动物细胞"杂交",造出一种"货真价实"的"太空人"。墨尔本的莫纳什大学妇科专家威廉·沃尔特斯认为,这种在太空"土生土长"的"人",将会比来自地球的移民更容易适应太空的特殊生态环境。

"ZT 人"——这是未来地球上的"超级寿星"。他们的外表基本上与今人无异,但可活到 300 岁,寿命是那时"普通人"的 2～3 倍。据悉,前苏联科学家早已着手"炮制"这种"生命超人"。

此外,有些科学家还提到一种令人毛骨悚然的设想——培养一种智能极低但体力很强的生命"嵌合体"——"人兽",用于给人类提供移植器官或充当"仆役性工人",有关的"人兽细胞拼接"实验已经开始并有所发展。

细胞工程的成就和科学家们的这些设想和行动,给社会学家、人类学家、伦理学家提出了一堆难题:人类是否应该允许用人工方法"批量生产""新人种"?是否应该允许"仆役性工人"之类的怪物混迹于人类之中?"新人种"的出现将会带来什么后果?未来的人伦关系如何确定?我们能与"新人种"和平共处吗?……

有人说,人类能够用科学技术创造新的生命形态,乃是人类的胜利,造物主的失败;有人却认为,假若由人类之本创造"新人种",那恰恰是人类对自己的亵渎,是人类自身的悲剧。

"人鼠"与"哈佛老鼠"

在医学上,为了研究各种病毒的来源及其防治方法,往往需要在动物身上做试验。但是有一些病毒,如引起艾滋病、流行性感冒、肝炎、慢性幼儿腹泻病等疾病的病毒只侵袭人体,在动物身上不发生作用。因此,在研究这些病毒时,就无法做动物试验。最近,美国科学家通过一系列"操作",制造出一群具有细小人体器官组织的老鼠,解决了这个难题。

首先制出这种"人鼠"的是美国加利福尼亚州医学研究学院的免疫系统

学家迈克·麦桥。他在诊治艾滋病患者的过程中，曾设想过许多种治疗法，但无法进行动物试验，于是产生了在老鼠身上培植与人体一样的免疫系统以便进行艾滋病治疗方法试验的构想。他从未满22周的人体胎儿中取出胸腺、肝和淋巴结，再把它们分成几百份，通过显微镜的帮助，把每一种器官的一小件单元纤维移植在老鼠的肾内。在几天内，老鼠的血管就会进入这些人体纤维内，给它营养和助它成长。在一两个月内，这些人体器官就会长到像紫黑浆果那么大，渐渐形成具有免疫能力的细胞。据麦桥医生说："目前的研究工作还处在初级阶段，但目前老鼠体内的人体纤维都具有正确的结构组织和健全的血液供应，可供试验之用。"

为了解决动物试验问题，科学家们甚至"发明"过动物。1988年4月下旬，美国政府专利局就向哈佛大学颁发了世界上第一项"动物发明专利"。科学家用遗传工程技术创造的一种"哈佛老鼠"作为一项"动物发明"受到了美国法律的保护。获得这项专利的两位科学家是哈佛大学的菲利普·莱德尔和蒂莫西·斯图尔特。他们在几年前发现了一种能使许多人和动物患上癌症的基因。他们通过实验室的人工模拟条件培育这种致癌基因，对控制基因活动的染色体做了部分改动，然后把它植入到老鼠的早期胚胎中。这些老鼠出生后，体内的细胞都含有致癌基因，只要接触很少量的化学致癌物质，就会很快诱发癌症。因此，这种老鼠是很理想的癌症人工模型和试验对象。癌症研究者用它们进行实验，可以确定哪些物质能致癌。由于植入小鼠早期胚胎的是小鼠乳房肿瘤基因与致癌病毒的结合物，所以这种癌症人工模型特别适用于乳房癌的研究。

此项专利获得者莱德尔博士说，这种采用遗传工程技术培育出的老鼠有助于研究基因对癌症发展的影响。其他一些专家也指出，这项技术为试验治疗癌症的新药物、新途径提供了一种较好的方法。美国的《华盛顿邮报》甚至发表文章认为，美国专利局此举为实现生物技术商品化树立了一个里程碑。专利局专员唐纳德·奎格说："此项专利的颁发在深入发展遗传工程学的道路上迈出了关键的一步。它将大大有助于人们同正在肆虐的癌疾做斗争。"工业界人士和一些从事遗传研究的科学家更是欣喜若狂，视之为"遗传工程产业化的强心剂"。

然而，对制造"人鼠"、"哈佛老鼠"之类的作为投反对票者也大有人在。动物保护论者担心，遗传工程可能最终把动物"种"的概念也消灭掉。宗教界则对把人与动物的基因加以组合和拼接表示震惊,他们指的是美国农业部等部门在试验将人的生长基因移入猪的体内,以图培养出更大的瘦肉猪的事。还有一些人担心,创造新生命形式的技术会被用于创造对人类有危害的生命形式,甚至用于控制人类。就连一些科学家也不无忧虑:遗传工程的发展是否超越了社会承受力的极限?

"兽道"与"人道"的较量

以上的人和事可谓无奇不有。有的人开口"人权"闭口"人道",有的人却以维护"兽权"和"兽道"为"神圣使命"。

颇可玩味的是,"人权"、"人道"有时还不得不向"兽权"、"兽道"妥协让步。

这等事情在现今的科坛并不少见。

由于黑猩猩与人类在解剖及生理方面相同,法国一位专门在猴子身上做试验的科学家艾兰博士打算用黑猩猩进行艾滋病的治疗试验。最初,艾兰教黑猩猩阿曼达怎样用手势与人沟通,以便了解阿曼达在试验中的感觉。阿曼达十分聪明,学得很快,且时常与艾兰博士一起玩耍打闹。当艾兰告诉阿曼达,他打算将艾滋病毒注入其体内时,据说"黑猩猩哭了起来,并用手势表示:你怎能如此待我?你难道看不出我已爱上你了吗?"

这一真实性颇为可疑的消息传开后,对艾兰博士的声讨、谴责之声四起。在"兽权"、"兽道"的"感化"和舆论压力之下,艾兰博士不得不放弃了他那造福人类的科研计划,并令人费解地表白他其实"很爱慕"黑猩猩阿曼达这"富有感情的女性"。

美国康奈尔大学女药理学家米基克·奥卡默特最近的遭遇更能说明"兽权"、"兽道"的力量。十几年来,这位潜心科学研究的女性在利用动物进行医药实验方面成就卓著。比如,她通过连续8周对不同组别的猫喂以苯巴妥(用于作镇静药、催眠药和解痉挛药)之后突然停止供药的实验,掌握了大量资料并得出结论:即使是医生处方的、剂量温和的镇静类药物,如果过长时间经常服用,也会像街上出售的麻醉药那样使人上瘾。这一研究成果获得了美国反毒机构的高度褒奖,并已载入医学史册。然而,就是这样一位为人类健康苦苦求索劳苦功高的女药理学家,却因其研究触犯了"兽道"而遭到围攻和迫害。

原来，宾夕法尼亚州有一位著名的"动物权利保护主义"者西格尔公开宣称：奥卡默特的行为"是糟中之糟、不能更糟的事"，煽起了对奥卡默特广泛而猛烈的攻击。他们编印小册子，说什么"当猫儿们被突然停止喂药物，是如何痛苦地颤抖着，大口流着唾液，然后痉挛着、惨叫着、瘫痪、暴卒……"西格尔的支持者们还在奥卡默特的实验室四周放哨，给她打去无数抗议电话以干扰她的心绪和工作。康奈尔大学和美国国家反毒中心每天都收到一大堆抗议信，内容都是措辞激烈地谴责奥卡默特的"残酷"实验。

最近，会员众多的"全美保护动物协会"又对康奈尔大学发动声势浩大的围攻，大学门前的示威、请愿队伍"层出不穷"，弄得校无宁日，专家教授们诚惶诚恐。迫于压力，奥卡默特不得不宣布"投降"——承诺"停止用猫做实验"，并退还了政府拨给的60万美元的科研经费。

对此，全美动物保护协会宣称：这是他们取得的"一个了不起的胜利"。而奥卡默特却在给国家反毒中心的信中悲哀地写道："兽道终于战胜了人道……"

死亡线上新"情结"

生的啼哭——生命交响乐的第一声鸣奏,激动人心。

死的丧钟——生命交响乐的永久休止符,震撼灵魂。

人,无须为自己的降生操心,却不能不面对死亡。

生与死,生命的两极,生物进化的链条上不可或缺的两个链环。

法国一代艺术巨匠毕加索说:"我不怕死,死亡是一种美。"这真可谓一语破的。新生之美,自不待言;而死亡,生命的极境,又何尝不蕴涵着悲壮、深邃的美?

假若从现代科技发展的视角去审视死亡,则一串串新的"死亡情结",会促使人们从另一个角度去思考"死"的真谛。

80 万人的"死亡演习"

这是一幕离奇怪诞而又千真万确的人间悲剧:

一个年仅 16 岁的英俊少年,竟然为了"濒死体验"而进行死亡"演习",结果弄假成真,断送了自己的生命。

悲剧的主角小 L 是某市一重点中学的学生,出生于知识分子家庭,从小循规蹈矩。进入高中后,竞争激烈的学习生活使他不胜负荷,苦不堪言。

一天晚上,他拿起爸爸从单位借回来的一本杂志,翻开目录,一篇文章的标题立即跳入他的眼帘——《濒临死亡究属何样?》

他的心顿时被攫住了:文章说"濒死体验"如何如何之美妙,并言之凿凿地声称,经历过"濒死体验"的人,将变得智商特高,智慧超人……

这使小 L 精神为之一振。他在日记里写道:"我决心一试,把自己变为神童、超人、上帝……从而可以彻底摆脱无休止的苦读……"

于是,他精心设计了"濒死体验"的方案:把"悬梁自杀"的时间精确地定在母亲下班回家前的几分钟。这样，既可经历一场具有"转折意义"的"濒死体验"，又可在下班回家比报时台还准确的母亲解救下脱离死境。

然而，"自作聪明反误了卿卿生命"。世界竟有如此悲惨的"巧事"——那天小 L 的母亲上班走得匆忙，偏偏忘带房门钥匙！

死神，无情地把"演习"的小 L 拉入了自己的怀抱……

多么残酷的"玩笑"！

就事论事地说，这幕悲剧的直接成因，乃是"濒死体验"的诱惑。

但奇怪的是，当今世界上，对"濒死体验"如痴似醉跃跃欲试者，著书立说津津乐道者，甚或当作科研课题而导演"死亡"演习者，皆大有人在。

在美国一家医院的急救室里，医护人员正在抢救一位老妇人。荧光屏上的心电图曲线表明，她的心脏跳动极其微弱。突然，荧屏上显现出一条可怕的曲线——老妇人的心脏停止了跳动。3 分钟过去了，医生还在坚持不懈地抢救……蓦地，老妇人的心脏重新启搏了……

翌晨，老妇人清醒过来后，向医生们叙述了自己在那短暂的临床死亡期间的奇特感觉："我穿过了一片令人快乐的黑暗，看见了灿烂的阳光。我感到无比快乐。"

要是在过去，对病人叙述的这种奇特的经历，医生一概认为是疯狂的呓语，但在近些年，西方一些科学家和社会学者，却在一片反对声中开始研究这种现象。

美国明尼苏托的肿瘤学家、催眠疗法学家莱维塔，为了解除病人死前的精神痛苦，曾先后对十几名病人进行"死亡演习"，以阐明他提出的"处在弥留之际的病人没有痛苦"的假说。病人"演习"后，都要将自己"死亡"时所看到的情景、感觉作一番描述。

莱维塔观察统计后发现，病人对"死亡"感受的叙述大同小异。有的人说感到飘飘然地升到了"天堂"，有的人说"死亡"那阵子"大脑好像与身体分离了"。

有一位母亲在"死亡演习"时看到儿女们悲痛欲绝的情景，莱维塔便安慰这位母亲：这是很自然的事，因为她正在离开自己养育的儿女。据莱维塔说，在整个"死亡演习"过程，病人的典型反应是感觉舒适，无疼痛感，并意识到死亡并不可怕，只不过是一种自然的生物终了现象，与人呱呱坠地那一瞬间没有什么差别。

不久前，美国康涅狄格大学成立了一个专门研究这种死亡现象的组织——"国际濒死体验研究协会"。该协会已采集了包括认知、情感、超常、超然四个方面16个项目的"濒死体验"资料和数据。

最近，闻名遐迩的世界民意测验研究所在美国进行了一次广泛调查，结果令人吃惊——80万美国人声称自己经历了死后复活或"死亡演习"的"地狱之行"！

著名的哲学医学博士雷蒙德·穆迪写过一本名为《生命后的生命》的书。它的出版轰动了西方。

在该书中，穆迪首先使用了"濒死体验"一词。他认为，"濒死体验"是"人在弥留之际产生的一种现代科学尚未发掘的奇迹现象，"是一种"生命后的生命"。他用第三人称对"濒死体验"作了一番典型描述：

"他奄奄一息。当他进入极度痛苦时，听到医生宣布他死亡的话音。一阵震耳的噪音传来，像是铃声哨哨在响，又像飞虫嗡嗡在叫，同时觉得自己非常快速地穿过一条长长的黑暗隧道。尔后他忽然发现远处有自己的身影……他注意到自己躯体犹存，但完全不再是生前的那个了。不一会，他碰见了已故亲友们的'灵魂'——一道神秘之光出现在他面前——他们给他看全景'录像'——他一生中的重大事件在眼前一晃而过。他感到了自己走到标志着尘世与'天国'的边界线上。他想他必须回到人间，还未到死亡的时辰。然而，他已沉湎于生命之后的舒适与安谧，真不愿回来了。尽管如此，不知怎么地他觉得自己的灵魂又回到了自己的躯体上……"

还有一些学者，对经历过濒死的幸存者或参加过了"死亡演习"者进行了调查，发现还有所谓"五大阶段"体验，还有所谓醒悟感、与世隔绝感、时间停止感、太阳熄灭感、被外力控制感、被"阎王"审判感、升天成仙感……

多么光怪陆离的"体验"！是这些人确有真情实感，还是故弄玄虚？

既然有"濒死体验"一说，就不乏有人对其进行"理论图解"和加配"注脚"。

美国麻省理工大学的两位教授认为，所谓"濒死体验"不过是因窒息而致的幻觉罢了。人处于濒死状态时，丧失意识，停止呼吸，但思维活动仍在缓慢地进行，从而产生梦幻现象。当人从濒死的深度昏迷中苏醒后，常保持着这种梦幻的记忆。

生物学家罗兰·西格则从生物化学角度进行阐述。他认为，每个人在濒死时，大脑都会分泌出过量的化学物质，从而引起奇特的幻觉。

有人还试图用印度的瑜伽现象解释"濒死体验"，认为两者之间有许多惊人的相似之处。但此说多少有些牵强附会。

许多的药物学家倾向于认为"死亡体验"属于某些药物引起的幻觉。用于急救的药物中往往含有致幻物质。例如环己酮这种用于静脉注射的麻醉剂，就会使人产生脱离躯体之感，而当病人恢复知觉后，脑海里留下的则是幻觉影像或者是非常生动的"死亡之梦"。

神经学专家也是"三句不离本行"，且说得颇为玄乎："濒死体验"是因为濒死者神经系统失常而在脑海中"闪现出异常生动的三维幻象或具有时间扭曲感"，云云。

……

众说纷纭，假说种种，不一而足。

早在1982年，美国的赖因格教授就与加拿大多伦多"根达尼研究中心"主任联合进行过研究。他们提出了这样的问题：瑜伽迷们勤奋锻炼并追求一生，却很难有人能真正得到那种超人本领。可是有过濒死体验的人都声称曾轻而易举地获得了这种超人本领，这究竟是为什么？

经过研究，他们撰写一本专著《超智慧之人》。书中表达了以下观点："现代人类正生存在宇宙发展的决定性阶段，人类将出现比1万多年前新石器时代的革命更深刻更重要的变革。濒死体验可能是变化中的一种机制。尽管目前这种变化只影响濒死者，然而，它却是人类将向一种新状态的飞跃。在这种新的状况下，人类身上迄今沉睡的多种心灵势能和特异功能将会释放出来，人类将会真正成为超人……"

这种"超人"的诱惑甚至促使美国心脏病专家迈克尔·萨博下决心"开一次生命玩笑"，亲自"去地狱出差"。他建立了一个由"濒死体验"的幸存者组成的监督小组，同时又组织了一个高水平的抢救小组。经过这次"地狱考察"，他撰写了一部著名的论著《死亡的回忆》，声称濒死体验是"人类最大的奇迹"。

对于这种"研究"、"考察"、"实验"及其可能造成的后果的意义，各界人士的评论是大相径庭的。

诚然，人的死亡心理是一大自然之谜，它有待人类去探索。对人濒死时的生理及心理状态进行科学的研究，可以深化人类对自身的认识和理解，有助于对濒死者进行救生、安抚和医护。从这一点来说，科学家们的这些研究，有一定的积极意义。

但应该看到，"地狱考察"、"死亡演习"之类的出现和渲染，导致一些人对"濒死体验"梦寐以求，有的借此对社会发起抨击，认为这个世界上充满了冷漠、欺诈、自私、痛苦和悲惨，而地狱里的"鬼"却给予"鬼的候选人"以无限的温馨和欢乐，阴曹地府胜似人间天堂！于是，那些绝望者为了摆脱困境，追求濒死体验的"幸福"，竟然自杀，白白送掉了性命。这种渲染，就不是道德的和有益于社会的了。而从科学的本义来看，一切事物一旦过分地渲染，就势必走向其反面。

冻尸"复生"梦

人体冷冻学属低温科学技术的范畴。它是一门专门研究如何对死人、绝症病人或人体器官进行冷冻处理、长期保存，以便等待将来技术一旦成熟再使其恢复生命的科学。

有人说："这是异想天开。"但下面几个案例，却似乎透射出一线冻尸复生的希望之光：

——1960年，有一位被埋在雪坑里已冻僵的拖拉机手，当被人们发现时，心脏已停止跳动，临床"死亡"达2小时之久，最终却被抢救再生。美国有一个人驱车在山野中，被一场突如其来的暴风雪深埋在雪底下，冻了10多个小时，经抢救获得第二次生命。

——前联邦德国一位中年妇女服毒自杀死亡，医生萨姆普尔征得她的亲人同意将她冷冻起来，把遗体放进一个大玻璃匣子里，周围放满冰块，经冷冻42天后，她竟奇迹般地苏醒过来，体内的器官开始活动，通过连续3天的护理和治疗，她康复了。

——1960年，法国一支登山队在阿尔卑斯山中发现了一个"冰藏体"。当时这个冰藏体在冰层中直卧着，整个身体被坚硬的冰层密封住夹在中间，但"尸体"的样子却很新鲜。冰藏体原是法国的一个士兵菲立普，1917年在阿尔卑斯山中失踪，被冰层整整覆盖了69年。医院的医生试图运用新技术来将他复生。史威博士说："欲使菲立普苏醒，不可操之过急，必须拟定一个严肃的解冻程序,要尽量避免刺激他的心脏。"这种"解冻复活治疗"法在世界上从来没有人正式做过,故专家们无不战战兢兢。数月后,菲立普终于慢慢地睁开了眼睛,第一句话就是,"我现在在哪里?"

——1981年12月,美国的一位少女在-26℃冻僵之后,经过抢救又得以复苏的事实,震惊了全世界,引起了人们极大的关注和科学家们的兴趣。

科学家们对这些奇迹的解释是:低温环境可使活组织的代谢活动能力显著降低;当外界温度低到一定程度时,机体的细胞就既不会衰老,也不会退化,处于"生机停顿"的状态,因而使其生命得以永恒"封存"。一般认为生命停止活动的温度区间是-15℃到-50℃,一旦能顺利越过这一段临界温度区域,则不管冷冻多长时间,该生命都将被安全地保存下来,而一旦获得解冻,就可能恢复生机。

这使得许多人对人体冷冻技术寄予厚望。特别是一些绝症病人,企图求助于人体冷冻技术将自己的生命暂时"冻结"起来,等待来日治愈绝症,起死回生。

世界上第一个要求"冷冻待医"的人,是美国加利福尼亚大学的心理学家佩德福特教授,时间是1967年。这位教授身患癌症,在弥留之际立下遗嘱:死后立即将遗体冷冻,以等待治癌的特效药发明之日,再将遗体解冻治疗,"恢复生命"。他坚信在人类征服癌症之时,他定能复活再生。根据佩德福特的遗嘱,1967年1月19日,医生为他做了长达8小时的史无前例的人体冷冻处理。在冷冻过程中,医生把他体内的所有液体都抽出来,并用一种化学液体取代血液,同时还有一名医生为他按摩心脏,尽可能使细胞活得长久些。当最后一滴血被抽出时,"人体"已被冷冻到-199℃的低温,然后把这具"尸体"装进用不锈钢制造的灵柩内,再放到一个像蜂房似的"冰墓"中去。

这样的例子并非绝无仅有。美国某市一位15岁的少女被谋杀,她的父母将她未受损伤的脑交给一家遗体深冻公司保存,希望有朝一日能把这颗脑解冻后移植到另一个人的颅内,使之恢复生机。

一位83岁的老太太由于严重关节炎住进医院。她的儿子不希望她就此永远离去,便求助于一个叫"爱尔克生命延续基金会"的组织。该组织取下他母亲的头,并将其冷冻在液氮中,以备科学能使人复生之时,再将这个头"安置"在一个新的躯体上。

据统计，这样的"遗体"在美国已有34例之多。在洛杉矶和纽约，都有专门的遗体冷冻机构，收留希望复活的冰尸。以致一些身患绝症而未死去的人，也被冷冻技术保存在冰棺里"待医"。这些每月得付几万美元的"冷冻保存费"的"冷冻人"，都有一个共同的遗愿——将来终有一天，科学的进步可以把他们解冻，重新医好致命的疾病，起死回生，重返依依不舍的人间。

冻尸复生的奇迹究竟能否实现呢？

科学家们似乎对此很有信心。现代科学技术已经能创造出非常接近"绝对零度"（－273.15℃）的深度低温。低温技术已经能够使人类的血液、精子、眼角膜、皮肤组织、神经组织以及骨骼得到无限期的储藏。低温科学家已成功地将一只大鼠冷冻于－20.56℃然后使它复生。日本科学家曾使一只猫脑冷冻了203天后恢复其生机。最近美国的《发现》杂志又报道，美国加州大学伯克莱分校的科学家已成功地将一只狗冰冻起来，过一段时间后又使其复苏，现在这只狗仍健康地活着。

但是，目前的低温技术还不能迅速冷冻人脑及其他组织而不破坏人体中攸关重要的一些细胞。况且，并非所有动物实验的结果都令人乐观。科学家们对猴子进行冷冻实验，结果就使人大失所望。研究人员先把猴膛切开、换血，冻至－195℃，经372小时之后再用铝箔包扎，解冻，升温，输氧，人工呼吸等，看起来猴子的皮肤恢复到原来的颜色，但这只猴子的生命并没有复苏。后来用兴奋剂注入猴体并通电刺激，均无济于事。这不能不给冻尸复生的前景蒙上了一层阴影。有的科学家甚至讥讽说："要是冻尸能复活，那么汉堡包也能再变成牛了。"

冻尸复生能否成为现实，答案当然还在未来。目前作出肯定或否定为时尚早。"冻尸热"闹剧的高潮是悲是喜，还是个未知数。说句俏皮话，冷冻"待医"的那些人，是就此进入"天堂"，还是返回人间，那得看"上帝"能否等待。

假使冻尸真能复生，是否就是人类的福音呢？

未见得。问题复杂着哩！

其一，死亡是自然规律。没有死亡就不存在国家和民族的优生，就不能优化人类的质量。假定这种用冷冻来保存生命的方式很成功，科学技术真的能够确保冻尸复活，一个异常尖锐的问题就会出现：如果今后每个人都能享受冷冻保存，而且又可以多次重复直到老得无疾而终为止，那么冰棺的数字将比坟墓还多，人类社会岂不成了老弱病残充斥的世界了吗？这是社会的进步还是倒退呢？

其二，那些暂时"冻结"生命的人，在"冻结"期内是否还具有人的资格呢？比如说，应不应该注销其户口呢？他（或她）的配偶如果要重新择偶组织家庭，需不需要办"离婚手续"呢？如需要，又该怎样听取和征求那冰棺里的人的意见呢？怎样与他（或她）协议分割财产呢？

其三，那些"冷冻人"具有法律地位吗？他们有没有继承权？怎样行使继承权？对不对以前的经历和行为（比如与他人的债务关系）负责？如何负责？

其四，如何"理顺""冷冻人"与其他人特别是与其家人、亲属的关系？一个冷冻了几十年的人复活过来，仍像几十年前一样的"年轻"，而他的儿子都已成了白头老翁，人们能接受这样的事实吗？

……

看来，如果人体冷冻学创造了奇迹，免不了会爆发一场"能否允许冻结生命"、"能否允许冻尸复生"的伦理道德大论战。

植物人："主活"还是"主死"？

1980年10月4日，上海制药三厂干部李德英骑自行车上班途中被一辆卡车撞倒。由于大部分脑组织坏死，医生切除了她左半脑的大部分。她虽然活下来了，但从此不会说话，不会行动，没有知觉，成了一个每天24小时需要护理的"植物人"。

李德英成为"植物人"后，治疗费用已愈7万元。按照当时的处理，肇事单位金山县张堰六里塑料厂负担李德英40%的工资补差、医院的护理费和流质营养费，上海制药三厂按劳保规定负担医疗费、并参照长病假发60%的工资。对这两个单位，这无疑都是令人头痛的问题。家属也陷入了漫长的痛苦中。医生判断，李德英无好转的可能，但短期内也不会死去。李德英的丈夫周全渔认为自己有权安排好后半生，经过痛苦的折磨，终于提出与李德英离婚。法院准予了离婚，但决定周全渔仍为李德英的监护人。

令人哭笑不得的是，多少年了，李德仍然作为一名干部登记在册，她在1985年和1987年还涨了两次共16元的浮动工资，她的党籍还保留着，因为,"6个月不过组织生活","并非出于自愿"。

对李德英这个典型的案例,人们议论纷纷。有人提出,如果手术使病员从此永远告别正常的生活,这手术是否还应当实施?或者说,能否宁可让她在手术时安静地死去,也不要造成今天这种不死不活的结果?华山医院神经科主治医师杨涵铭说,医务界对抢救的通常做法是,动员一切最有经验的医师,动用一切最有效的治疗手段,这一做法充分保证了人的生存权利。在能否对李德英采取"明智措施"让其辞世这个问题上,李德英的亲属和同事态度谨慎,他们担心那样做很难与社会公德保持一致。一位新闻记者在感叹之余愤然发问:对待植物人这些法律未涉及的"特殊群体",难道就没有更公正更人道的做法吗?!

这可是一个十分"敏感"的大难题。

顾名思义,"植物人"是指能生长发育但无感觉和思维的有机体,处于这种状态下的病人,动物功能丧失而仅保留植物的功能如呼吸、营养、分泌等。

1972年詹尼特和普卢姆首先用"持续性植物状态"或"慢性植物状态"来表示在严重头部损伤后,长期缺乏高级精神活动的人。

1976年日本太田富雄等学者,正式称这些人为"植物人",并将病程在3个月之内的叫做"早期植物人";病程在3个月以上的称作"持续植物人"。当前世界上比较多的学者,都同意把病程在3个月以上的称为"植物人"。实际上,"植物人"是指医学上诊断的失去大脑皮质状态、无动性缄默和闭锁综合症。

法国著名作家大仲马,在他的名著《基督山伯爵》中,用生花妙笔描写了一位老人诺弟埃:"……他的手臂已不能动,他的嗓子已不再能吐出声音,他的身体已失去活力,但一对有力的眼睛已足够代替一切。他用他的眼睛来发号施令,他用他的眼睛来表示感激。总之,他用一对活的眼睛,表达出一具尸体脑子里的全部感情。在那个大理石似的脸上,有时会射出一道愤怒的火花,有时会流露出一片喜悦的光芒,看了令人非常吃惊。"诺弟埃的四肢完全瘫痪了,仅用眼球做垂直运动,来表示"是"或"否",或用睁眼闭眼,表示同意与反对。这类病人就是"植物人",在法国则称为"基督山综合症患者"。

有一篇散文,对植物人的描述颇为生动:

你这样活着已经很多年了。

说你活着，实际上你早已死去。

在人们的眼中，你已不再是人，人们唤你做"植物人"。

我此刻站在你的床前。

你的床四周是栏杆，这不能不使我想起另一类地方。

你的眼睛大大的，却惨白无光漫无目的的转动。我不敢看你，尽管你根本看不到我。

你黄焦焦的头发稀稀地长出来，像深秋的枯草。也有零落的几根胡须，只证明你的过去曾经是个男子汉。你的手像蜕过皮的枯树枝，白生生的没有光泽，你的肢体在渐渐萎缩，薄薄的床单盖着你一丝不挂的躯干。

你若是植物，你却没有植物的生命芬芳，你没有长在土里、浸在水中的根。你不是在自然环境下一天天生长的植物，你只是一天天萎缩下去的人。

你若是人，你却没有了意识，自然也丧失了作为人的尊严，你已没有了羞耻心。没有了情感，作为人的一切你都没有了。

若没有了这些，作为一个人，实际上比死亡更可怕。

面对你我只有深切的悲哀。你站在阴阳界上的那座奈何桥上，好像永远地凝回在那里，我在生命的桥头喊你，你只是不应。

我没有回天之力，不能把你从阴阳界拉回来。

这是文明人类的悲剧。

……

台湾学者路灯照先生，在其所著的《植物人与安乐死》一书中，对植物人的苦难有这样的两段描述：

"可恶的魔爪，把一个原本活泼可爱的人生，径自遗置在孤寂冷漠的角落。摧残不息的荼毒利刃，一直不断涌出昏暗奇臭的泡沫，与日俱增的枷锁，紧紧缠裹着无声绝望的灵魂。"

"'植物人'无语问苍天，是世间无可奈何的总集成，任何横竖摆布，遑论赤身羞辱，逆来只好顺受。护士眼中，他是病床上的彬彬君子，因为任怨任艾毫无企求。在医生诊断书中，他是医院中的'经济病号'，无须服药把脉，虚居终日，唯求一席之地而已。"

对"植物人"的判断标准，目前尚无统一认识，不过较多学者认为有下面几条临床标准：

1. 智能活动丧失，眼睑睁开，眼球无目的地活动；

2. 丧失随意运动功能，对肢体的疼痛刺激有时有屈曲性逃避反应；

3. 主动饮食能力丧失，部分患者能吞咽口中的食物和水，有些人也可咀嚼和磨牙，但有些人却丧失吞咽和咀嚼功能，需要鼻饲饮食，以维持生命；

4. 不会说话，不能理解他人的言语，少数人能靠眼睛运动表示"是"与"否"；

5. 大小便失禁，完全不能自理；

6. 新皮质损害，在早期脑电图可见到平坦的脑电波或出现静息电位，受伤后数月多数患者会出现高波幅慢波，或偶有α节律，对视听及有害刺激有反应。

总的来说，"植物人"的主要问题在于脑的深部受到严重破坏，导致意识障碍及运动障碍，只留下了呼吸、心跳等维持生命的条件。

至于造成"植物人"的原因，有人统计出有10种：

1. 严重的脑创伤或脑干坏死；

2. 一氧化碳中毒或脑缺氧；

3. 医疗中因手术失误或药物中毒（特别是使用镇静麻醉剂）致残；

4. 脑中风或老化恶症（包括酒精中毒）；

5. 儿童期发高烧或脑膜炎；

6. 严重水脑症末期病人；

7. 高血压脑充血或血管栓塞症；

8. 火伤、难产、嚼槟榔（病灶可能是因牙齿损坏，脓肿严重伤及脑神经）；

9. 脑瘤所致；

10. 其他不明原因。

植物人古已有之，但"现代植物人"更多，随着科学技术日新月异的发展，抢救病危病人的水平不断提高，尤其近几年来重症监护医学的兴起，使许多过去不可能出现的奇迹出现了，但它也带来了愈来愈多的"植物人"。

全世界有多少植物人？迄今未见统计数字。据路灯照先生的调查，仅在中国台湾省，植物人就达700名之多，其中最小的年纪为4岁，最大的为78岁，处于植物状态时间最长的是原台北第二女高中学生王晓民——她在病床上"活"了22年之久！

植物人的存在，给家庭和社会都带来了沉重的负担和压力。台湾的《中华日报》曾对此提出："曾在华航任飞机修理师的法先生，其妻杨桂芬是前'台湾疗养院护理长'，九年前因车祸成'植物人'，幸亏其夫收入颇丰，但每月要付出38 000台币医药及护理费。现法先生行将届临退休，已无法付出此一庞大费用，这将如何是好？至于一般贫寒之家，借贷无门，又该上哪儿哭告皇天？"

国外曾有一女病人在植物状态下存活了17年，护理费用高达600多万美元。所以有人称"这是比死亡更坏的命运"。有人甚至认为，大批植物人的出现"是重症监护医学的悲剧"。

对于如何对待植物人，医学界、宗教界、社会学界长期以来争论不休。大致说来，争论各方可分为"主活"和"主死"两大派。

"主活"派极力为植物人争"活权"，认为植物人不过是重病人中的一种，医生应本着人道主义精神，尽一切手段，维持植物人的"生命"，以保证其作为人的生存权利。

"主死"派则相反。他们认为植物人实际上已经不是人，或者说是"活死人"。既然已确认其不可恢复人的机能，治疗只能增加病人无意义的痛苦，维持的也只能是"表面生命"，因此医生没必要和无义务延长其死亡过程。在他们看来，让植物人"安乐死"比让其"恶活"更合乎人道，而且可以解脱家属的受累和社会的负担，这更符合"统计的道德"。

家属在对植物人"主活"还是"主死"这个问题上，态度较为微妙。有些家属不承认他们家里的病患者就是植物人，而只说是"老病号"，更反对别人替他们呼吁"安乐死"。有些家属怕负"不孝不道"的恶名，口头不说，心底里希望家里的植物人尽早"归天"。还有一些家庭，不同成员的态度也不一样。如前面提到的卧床22年的王晓民家属，母亲受尽煎熬，因而希望给予"安乐死"；父亲则老泪纵横，坚决投否决票。于是演出了"双亲大人，分庭抗礼"的一幕。

反对让植物人"归天"的"主活派"，还有一个很强硬的理由，那就是被医生判为植物人的病者中，也有奇迹般地复苏者。有的甚至在"沉睡"了十几年之后突然间恢复意识。不管国内还是国外，这样的消息确曾见诸报端。虽说这种奇迹发生的几率据说只有百万分之一，但具体到某一位植物人，谁又能断定他（她）在这"百万分之一"之外呢？要有"沉睡"多少年的"资历"才够"格""安乐死"呢？

植物人问题不仅是一个生物学问题，而且掺杂了大量的心理、社会因素，涉及法律、宗教、社会、人道以及医药技术等方面。加强对"植物人"的认识和研究，并对此进行道德、伦理、立法上的探讨，很有意义，也很有必要。

"活脑袋"的闹剧

据《长沙晚报》报道，湖南湘潭县留田乡前进村，有个 21 岁名叫王宇穹的年轻人，杀了一条毒蛇，准备美餐一顿。可是当他收拾蛇的内脏、尾巴及头时，手指触及了刚离开肢体的蛇头，就意想不到地被蛇的毒牙死死地咬住不放。虽然经过医疗抢救，仍没见效，事隔三天后，身中蛇毒而死。

这件事的科学解释是：一些爬行类动物，比如蛇，在砍头后的一段短时间内，尽管其心脏已经不能给脑细胞供应带有氧气的新鲜血液，脑细胞也不会一下子就全部死亡，因而其头颅尚有活动知觉。

动物是如此，那么人呢？

人的头颅，一旦离开了躯体，在瞬间内，到底有没有知觉呢？是不是掉下来，分作两截后，就一点也感觉不到人间之事了呢？

长期以来，"杀头"、"脑袋搬家"这些话，无疑地成了"死"的代名词。但在科学技术高速发展的今天，脑袋离开了躯体，是否就意味着一个生命的终结呢？

这个问题，吸引着无数科学家去探索。可是谁都没有勇气一试砍头后的滋味。但人类的智慧毕竟没有克服不了的困难，法国有个聪明的医生终于想出了一个办法。他到死囚中找到一个身体素质好、气质刚烈的江洋大盗，告诉他如积极配合这一实验，医生愿付一笔可观的酬金以扶养他那可怜的母亲。实验的设计是当强盗的头颅一掉下来，医生马上跑上去，拾起他的头颅来，呼唤他的名字，如果头颅有知觉，听到呼唤声就睁开眼睛瞧一瞧。

行刑的日子来到了。当江洋大盗被绑赴刑场时，医生相随来到断头台前。钟声敲响，刽子手的屠刀落下，头颅滚了下来，医生即刻跑上前去，把头颅捧起，大声呼唤其姓名，只见紧闭的眼睛慢慢地睁开，朝他看了一下，然后又闭上，当接着再呼唤时，眼睛却再也没有睁开。医生的研究得到了一个正确的结论——人的头颅离开躯体后，在很短时间内还是有知觉的。

前苏联科学家进行的一次实验表明，人类还将能跟死去多年的亡灵"交谈"。他们运用最新技术手段，通过电脑与一位被冰冻了60年的死人脑袋接触。这个人是一名苏联工人，因于1921年跌入西伯利亚的一个雪坑内而冻死。他身体的中部以及脑袋在被发现时仍很完整。这次科学实验是这样进行的：莫斯科基地的专家把死人的脑袋割掉，使它跟尸体分离，然后用电脑跟它联系，由科学家向它提出6个简单的问题，请求这个脑袋表示意见。这6个问题是："你是否感到舒适宁静？你知道身在何方吗？你能否记忆起自己的姓名？……"结果，监测仪器显示：通过电流后大脑立即有了反应，几分钟后，这个脑袋对科学家提出的问题有所表示。

这些实践带来的信息使科学家们作出更大胆的设想："抢救"离开躯体的脑袋，用技术手段人工延续"活人头"的生机。现在，这种设想已被付诸实践。

不久前，两位德国显微外科专家发表一份报告，宣称他们使一个人头"活"了6天，并用技术手段与它沟通和"对话"。这个人头是一位身首分离的车祸受害者留下来的。这两位医生使人头保持大脑功能并观察其头部神经系统达146小时之久。令人难以置信的是，仪器的记录和监测表明，这个已经"搬家"的脑袋，居然还能清晰地思索并作出决定。医生说，这个用人工延续生命的"活人头"，在头76个小时中思维绝对正常，以后就慢慢衰退了，他们找来一个神父和他谈话，"活人头"也能接受赎罪悔过。6天后，人头内大脑死亡，两位医生的实验遂告结束。

无须置疑，这两位医生的研究和实践在医学上是有意义的。倘若有一天，医学能使搬了"家"的脑袋都活下来并维持正常的思维能力，那或许是人类的一个福音。

但由此而带来的一些问题，则可能会使社会学家们大伤脑筋。比如说，截了肢，甚至高位截肢的人，照样享有正常人所享有的一切社会权利和法律权利，那么，截掉整个身躯而保留下来的活人头还算不算人呢？还有没有人的各种权利呢？比如说还有没有选举权、继承权呢？

应该说，在人类已经能够制造出活脱脱的真人一样的机器人时代，要解决这些问题是不太难的。可以这样设想：当科学技术能够使人头长期存活的时候，就制造出与活人头相适应的机器人躯体，使之成为一个完整的新人。这个由假躯体和真脑袋结合而成的人，具有人的意识、人的思维、人的情感，是一个地地道道、真真正正的人。因此，他（或她）应该享有人的尊严和人的其他各种权利，应该与平常人一样不受任何歧视地正常生活。

问题是，理性上的"应该"是一回事，现实可能性又是另一回事。社会能否接受这样一批人？他们的亲人、亲属和家庭成员能否接受这种事实？他们与亲人、家人原有的人伦关系、情感关系能否得到承认和维持？他们与周围的人的人际关系能否正常？他们的正当的个体需要和人生要求如恋爱、择偶等，能否得到理解和承认……面对这些问题，人们的伦理观、道德观、人生观以及社会规范、法律规定等，都将发生震荡和变革。

"死亡标准"之论争

在某些文艺作品中，我们常见这样的描写死亡：一颗伟大的心脏停止了跳动，他永远地离开了我们……在电影银幕上我们也经常见到这样的镜头：某人心脏病突然发作，医生、护士们一边抢救一边开动心电图机监视，当患者心电图波线下降成一条直线时，医生们无可奈何地摇了摇头，紧接着，患者的亲属、朋友们大呼其名，号啕大哭……所有这些都给人们一个印象：心脏停止跳动就意味着死亡。

科学的发展，动摇了这种"天经地义"的观念！

瑞典有一位名叫雷弗·斯登堡的企业主，连续几年拒交税款。税务部门几经交涉无效，只好诉诸法律，指控他"无正当理由长期抗税"。斯登堡接到法院传讯，许多朋友替他担忧：这官司输定无疑。但斯登堡却胸有成竹，认为打赢这场官司十拿九稳。

在法庭上，斯登堡振振有词地援引一条国家法令说："根据法律和司法实践，当一个人的心脏停止跳动以后，这个人即被认为已经死亡。死人是不纳税的。我的心脏停止跳动已经两三年了，我是借助人工心脏生活的，所以理所当然地不在纳税人之列。"

法官们听了斯登堡这番怪论，个个张口结舌，无以驳之。

这桩官司的棘手是不言而喻的。长期以来，"心脏停止跳动"被天经地义当作"死"的标准。这个标准沿袭了几千年。但随着现代科学技术的进步，特别是1967年南非医生巴纳德首创心脏移植手术以后，用人工心脏取代自然心脏，使过去被判"死刑"的人得以维持生命，已经成为现实。人工心肺机和人工心脏的发展，以及心脏的可置换性，使得"心脏停止跳动"失去了作为死亡标准的意义。这样一来，在司法实践中就出现一个如何判定死亡的新问题。斯登堡正是钻了这个空子。

　　无独有偶，另一桩轰动全世界的棘手官司也与"死之标准"有关。1974年初夏，美国发生了一起车祸。司机瓦克刹车后因惯性撞倒了一名少女。胸外科专家鲍尔博士发现姑娘形体无破伤出血，呼吸和心脏跳动也未停止；但脑电图显示，其人脑生物电活动已停止。鲍尔博士认为姑娘已处于"死亡"状态，于是将她的心脏移植给其他病人。法院根据鲍尔博士提供的诊断结论和事实，决定追究司机的刑事责任，哪知瓦克的辩护律师却提出应追究的是鲍尔博士的"过失杀人罪"。这位律师依据当时国际公认的人类死亡标准，认为车祸后那位遇难姑娘的呼吸和心跳并未停止，不算死亡；只是由于鲍尔丧失了医生的人道主义原则，野蛮采摘心脏，才导致姑娘生命的终结。

　　这桩车祸案又使法官处于两难境地。

　　以上两个案例的棘手之处，都在于当时"死亡标准"还缺乏新的法律规定。

　　关于死亡标准的争论，已经进行了20多年。早在1968年，即心脏移植手术取得成功的第二年，美国哈佛医学院特设委员会就发表报告，建议改变传统的标准，把死亡标准定义为不可逆转的昏迷或脑死。该委员会的脑死亡定义引起了剧烈的争论。这场争论超出了国界，波及了许多发达国家。科学界、医学界、伦理学界、社会学界、法学界对这个问题一直争论不休，至今论战仍在进行。

　　论争归论争，科学技术进步而带来的法律难题，最终只能通过修订、调整相应的法律条文或另行立法来解决。为了从法律上重新划定"死亡线"，确定"死亡标志"，不少国家先后通过立法，把死亡标志从"心脏停跳"改为"大脑死亡"。1980年，美国高等法院作出"脑死亡是人体丧失生命的唯一标准"的法律规定，并对1974年初引起轰动的那桩"车祸官司"作出如下判决：鲍尔博士在受伤少女"脑死亡"之后采集心脏无罪；肇事司机瓦克未使少女心脏停跳，可作为"脑死亡"新法生效前的特例获得特释。1987年5月6日，瑞典议会也通过了"大脑死亡特别法"，规定"当一个人的所有脑功能完全停止起作用并无可挽救时，即被认为死亡；大脑死亡可以先于呼吸停止和心脏停跳，也可在其后。"该项法案还提出了脑死亡的具体判定标准是：不可逆转的昏迷、自动呼吸停止、瞳孔放大、其他脑干反射消失等。显然，按照新颁布的大脑死亡法，上述"税务官司"中的抗税人斯登堡就没有空子可钻了。

比较而言，"脑死亡"比"心跳停"更科学、更精确地体现了死亡的意义。那些大脑已不可逆转地毁损、脑电波消失而靠人工心脏等技术手段维持着心肺循环和呼吸的人，承认其"活"着只能给亲人带来极大的痛苦和沉重的包袱，给社会造成负担和消耗。站在生与死的角度，应该把这种人视为死亡。

新的"脑死亡"标准的确立，无疑可以避免许多徒劳无益的抢救，并拯救一大批心脏停跳而大脑仍活着的"假死者"。目前，从法律上承认"脑死亡"为人体死亡标准的已有美国等十来个国家，从医学上承认的已有德国等十几个国家。

把"脑死亡"作为死亡标准是否就完美无缺了呢？是否就不会再出现伦理、道德、法律方面的难题了呢？

那也不是。难题还是接踵而来——

其一，无脑儿能否"废物利用"？这个问题已成为美国医学道德界争论的新热点。

美国加州有个叫布伦黛·温勒的妇女，她在妊娠5个月时进行超声检查，医生沉重地对她说："你怀的孩子是个无脑儿。"温勒一下惊呆了。痛定思痛之后，她决定把无脑儿献出来，让其器官造福于其他病人。不料，温勒的行动却在社会上引起了一场有关医学道德的争议。

有关捐献器官的规定指出：只有在捐献者本人脑死亡的情况下，其器官才能被利用。无脑儿的脑干是完整的，他们仍存在短暂的呼吸，不属于脑死亡。有的医生认为，有关器官捐献的这条规定应予修正，因为美国每年有1500个无脑儿出世，对急需做器官移植手术的病人来说，这无疑是救命的宝藏，白白扔掉太可惜；另一方面，对无脑儿的父母来说，生无脑儿是不幸的，但如果能帮助他人，则又是一种安慰。而反对利用无脑儿器官的人则认为，无脑儿也是人，他们多数能活两小时至两天，他们有权捍卫自己的利益，尽管他们必死无疑，但人们不应该在他们一息尚存时就移植其器官。

类似的案例在加拿大也曾出现过。加拿大的医生在一次手术中，竭力抢救一个无脑儿的生命，然后将其心脏移植到一个男孩身上。但此举遭到一些人的强烈谴责和反对。反对者甚至向法院提出起诉，振振有词地申述道："因为该婴儿天生就无脑，也就不可能达到脑死亡的标准，因此不能被认为是合法的正式的死亡，采集其器官移植给他人是不道德的和不合法的。"

其二，无脑儿何时才可"废物利用"？这是一个更深一层的问题。

既然有人认为无脑儿"不属于脑死亡"或"不可能严格达到脑死亡的标准"，一生下来就采集其器官不人道，于是有人就提出"折中方案"：无脑儿可以"废物利用"，但必须在婴儿死后。可是问题在于，即使动用脑电扫描仪也难以及时判断无脑儿是否死亡。如果过早确认其死亡而采集器官，等于变相"杀"了无脑儿；而如果过晚确定其死亡，摘取其坏死器官移植给他人，则是对受体不道德和不负责任之举。那么，在临床上如何确认无脑儿已经死亡呢？

其三，脑死亡的人生孩子合理吗？这是对脑死亡标准的又一发难。

不久前，一个在脑死亡的母亲腹中发育的婴儿在美国加利福尼亚州的凯瑟·波马内特医院降生。这个女婴名叫米切尔。加利福尼亚儿科专家司梯芬·弗尔班克大夫说，这个婴儿"各方面都正常"。

婴儿的母亲是因患肿瘤损伤了大脑而被宣布为脑死亡的。当患者的父母得知女儿脑死亡的消息后，曾要求切断其生命支持系统，这引起了一场争论。后来法庭命令：在婴儿出生前不准解除这位脑死亡的孕妇的生命支持系统。凯瑟·波马内特医院的唐纳德·戴森医生说，近几年来在该院至少有5个婴儿是由脑死亡的母亲生下来的；这些婴儿没有表现出发育不正常的情况。

对于这种事件，伦理道德界也议论纷纷。按新的标准，脑死亡即被认为是死亡。让死人在其死亡七八周后再履行生孩子的功能，这合理吗？人们在观念上能接受这样的事实吗？假如有人坚持要解除脑死亡的孕妇的生命支持系统，使胎儿死于其亡母的腹中，那又如何呢？

其四，如何界定脑死亡标准的有效期。

"心跳停"的死亡标准之所以被"脑死亡"所取代，是由于心脏的可置换性而大脑在目前临床实践中的不可置换性。但从理论上说来，科学的发展完全可以使生物躯体的任何部分（包括大脑）用人工装置或其他动物器官来代替。目前就已出现了狗的断颈再接手术、猴头移植、猫兔换脑、电脑软片植入人脑等新技术。一旦人脑移植成为可能并进入临床，大脑由不可置换变成可以置换，那么脑死亡还能作为死亡的标准吗？在脑死亡标准被新的死亡标准取代之前，因脑死亡而换了脑的人算死人还是活人呢？这些问题恐怕是目前无法回答的。

沸沸扬扬"求死案"

美国某法庭审理过一宗"求死案"。34岁的赫克托·罗德斯因服过量药品而全身瘫痪，生活完全不能自理，在医院里靠喂食管维持生命。他完全不能说话，但思维尚存在。他要求院方拿走喂食管，让他死去，以免受精神和肉体之苦。能否这样做呢？法庭为此召开了听证会。听证会上有两种意见，一种意见说，让罗得斯死是人道的，应满足他求死的要求，另一种却持相反意见，认为每个人享有生的基本权利，没有生命就没有一切，让罗得斯死就是剥夺了他生的权利，同时也是医疗上的一种投降行为。法庭最后未作出判决，而不了了之。

这是近年来国外出现的"求死"案例之一。

以下是在别人帮助下"主动自杀"的"求死"又一案例：

病人英格丽德·弗兰克是女体育教练，年仅28岁。她于1985年因车祸致残，四肢僵直，全身瘫痪，住院两年后，因无法忍受，决定自杀。可她无法获得致死药物，更无法自己服药，医生又拒绝帮忙。后来，慕尼黑一个民间团体委派一位73岁的老太太和弗兰克女士长谈36次，详细了解了她"生"的痛苦和死的愿望之后，为她弄来一些氰化物药粉，并安排了她"主动自杀"的步骤。弗兰克女士的病床前安放了一台录像机，旁边的桌子上放着一只由两本书垫高的杯子，杯内盛有溶解了的毒药，还插着一根吸管。弗兰克艰难地俯下头，咬住吸管将毒药一吸而尽。整个过程被摄入录像机的胶片上。弗兰克女士在死前一天还录下了一盘临终谈话磁带。她说："死亡意味着最后走向光明并找到和平。"她呼吁联邦德国政府尽快制定承认"死权"的法律。

一个人决定要死，别人也很难阻拦。事实上每天世界上都有难以数计的自我否定的轻生者。但这并不说明人有死亡的权利。

在许多情况下，许多人的生存，的确是苦难。所以常可听到人说：真不如死了好。但真要从道义上、法律上承认死亡的权利，也很难。因为向上、求生存，是人的本能。

在我国古代，有过红白喜事之说，就是把死视为喜，作为喜事办。目前世界上也还有为死人而庆祝的民族。然而，无论古今，把死亡当作喜事操办者，皆指正常的死亡，如同目前仍在群众中流传的、人过八十而殁叫做"笑葬"。的确也应该笑，要不然人人皆万寿无疆，三千岁、五千岁的三皇五帝还活在今天的世上，那就麻烦了。要说承认死的权力就是承认自然规律，也不无道理。

自然归自然，人的主观愿望却很顽固；再说人的主观意愿也是一种自然，也是客观反映。所以，尽管不实际，但古往今来都有祈求长生不老者。这也难怪，谁都想活得长久一些，即使轻生的人，也是迫不得已，是违反常情的，所以，要承认人的死亡权力，目前在人们的心理上还是难以承受的。

法律保障人的生存权利，尽管它有保障多数人还是少数人生存权利的本质区别。因此，无论是哪种社会制度的国家的法，要公开确认人的死亡权利，还涉及一系列需要解决的难题。

人有无死的权利？这是科技发达时代提出的难题，正因为难，故至今仍悬而未决。但它不因未决而不存在。

我们再来看另一宗案例引起的法律争端。

1975年4月的一个晚上，美国一位21岁的卡里恩小姐和朋友在一家酒店饮酒，她吞服了一些镇静药后，饮了一点混合酒。突然变得神志不清，好像停止了呼吸一样。她的朋友叫来了救护车进行急救，但她始终没有恢复正常。住院3个月后，她的父母认为没有希望了，要求医生除去输氧管，停止护理，把她"交给上帝"。但医生拒绝了他们的要求。

在教区牧师的支持下，这对夫妇到当地法院请求法官允许卡里恩"体面而庄严地"离开人世。这就引起一场涉及美国之外的"死亡权利"的论争。各方主要论点如下：

昆兰夫妇的律师认为，卡里恩有合法的死亡的权利，因为她有信仰自由和私生活的权利，所以"在她的尊严、美貌、前途丧失之后"继续让她生存下去，将是十分残酷和不合理的。

由法院指定的卡里恩的辩护人反驳说，父母无权建议子女采用无痛死亡术。

医生的律师宣称：法庭无法判断卡里恩是否能够恢复健康。州司法部长支持法庭的观点。

昆兰夫妇遭到当地法院拒绝后，又向新泽西州最高法院提出起诉。该法院裁决：同意昆兰夫妇的请求。其根据是，宪法规定每个公民都有私生活的权利，所以"任何人没有权利强迫卡里恩忍受她不能忍受的痛苦"。

新泽西州最高法院的这个裁决，开了法律上确认有死亡权利的先河。问题是不是解决了？其实不然。因为这个法院裁决所持的根据和结论，目前还难为大多数人接受。

更难以令人置信的是，当医生根据法院裁定除去卡里恩的输氧管后，她竟奇迹般地活了一年又一年，直至世界各地的热心人为她祝贺31岁日之后，才于1987年6月"体面地死去了"。

这种奇迹般的例子并非绝无仅有。马利兰州一个44岁的妇人积琪，中风后一直不省人事，陷入严重昏迷状态，并遭心脏病和肺炎的侵袭。积琪昏迷40天后，她的丈夫向一地方法官申请，要求准许医院切断维持爱妻"表面生命"的仪器，让她安详地离开世界不再受病魔折磨，而医院方面作证时亦表示，积琪的苏醒机会只有1%。但法官仍不批准这项"人道申请"，指出积琪只不过昏迷41天，还未到能证实她永远不会醒来。又过了6天，"1%"的奇迹发生了：积琪突然醒过来！她的丈夫狂喜之余，倒也没忘记那位法官的"明察"，特地跑到法庭向他道谢。这种事实使人们特别是法官们对于"求死"的问题持更加谨慎的态度。因为正如医生反驳法院的论点一样——法院无法判断病人是否能恢复健康。

但话说回来，当一个人病入膏肓，医生和家属都认为不可救药了的时候，病人和家属同意医生采取"明智措施"时，这就是事实上承认了死亡的权利。这也是常有的事。至于法律要不要、应不应过问此类事，怎样去过问此类事，以致如何作出法律规定，都还是悬而未决的问题。

科技延寿与"统计的道德"

"神龟虽寿，犹有竟时"。古往今来，无论怎么样的灵丹妙药和"长生术"，都没有使任何人摆脱死亡的厄运。但利用科学技术延长寿命，却是人类一直憧憬和科学家们殚思竭虑求索的目标。生物工程、人体科学和现代医学的发展，已经使人类延年益寿成为可能。

遗传工程技术最有可能在这方面创造奇迹。科学研究已发现人体和动植物体内存在一种"超级基因"，它既指挥着生物体的免疫系统，又决定着人体和其他生物体的寿命。通过进一步研究，科学家发现在各种生物体基因链上都存在着产生过氧歧化酶 SOD，而过氧歧化酶 SOD 与人体寿命长短关系极大。分子生物学家兰克莱斯用霉菌做实验证实：在基因链中，过氧歧化酶 SOD 的指令基因功能最强的霉菌所产生的 SOD 寿命也最长。专家们相信：总有一天可以找到一把合适的"手术刀"，在更先进的显微技术仪器下，将人体基因链中的"超级基因"稍微改造一下，使它指挥产生更多的过氧歧化酶 SOD，让人类红颜不老，青春永驻。

各种各样的"防老剂"，无疑也会在一定程度上延长人类的寿命。据悉，前苏联曾秘密研究如何有效地用药物方法创造"长命超人"。前联邦德国一位消息灵通人士指出，前苏联当时有望可在数年内发明一种神奇的药丸，使人活上200岁。他说，前苏联至少已做了100多种延长人类寿命的实验。

衰老和死亡机理的进一步揭秘，更是真正实现延年益寿的希望所在。为了探索衰老与死亡的生物、化学机理，科学家们经过近百年的努力，已提出了许多学说：细胞膜损伤说、细胞遗传性损伤说、内分泌失调说、废物中毒说等等。近几年，又有人提出了"死亡激素说"：人脑中脑垂体能定期释放一种类似"死亡激素"的化学物质，它能阻止或干扰人体内正常细胞利用甲状腺素。这就引起了不良后果：细胞因不能利用甲状腺素而使代谢能力下降，导致细胞逐渐衰老和死亡。每个人从青春期开始，脑垂体就逐渐释放这种"死亡激素"，人体的细胞利用甲状腺素的能力也逐渐降低，直至最终完全失去这一功能，死亡之神也就降临了。根据这种"死亡激素说"，一个人的生命犹如电影的一盘胶卷，人的一生就像在放映电影，放映过程中激素起着开关的作用。人体内的生物化学反应是相互影响的，A 的产物影响 B，B 的产物影响 C，C 产物影响 D……激素就是调节这些反应的"开关"，其中"死亡激素"控制的反应是通向死亡之路的调节器。如果能去掉"死亡激素"这个关键性的"开关"，那么人的"生命胶卷"就会"空转"起来，人的生命就将停留在某个阶段上，衰老就将与他无缘。

如果说，这些延年益寿的方法还仅仅是可能性探讨的话，那么，通过人工器官移植更换心脏、肝、肾等坏死或退化的人体"零件"，用人工方法延长寿命，则已经是众所周知的事实了。可以预期，能够创造科学技术奇迹的人类，也完全能够创造用科学技术方法延长自身寿命的奇迹。

"科技延寿"本来是人类的福音，但它也带来一系列的伦理道德争端和社会问题。

美国著名伦理学家、57岁的丹尼尔·卡拉汉最近在他的《设限》一书里，就对当今社会上许多人利用现代医疗技术，以极其高昂的代价"延年益寿"提出异议。他认为，一个人活到一定年龄时，就不应该再借助复杂的器官移植、心脏外科手术或其他技术手段，非自然地延长寿命。

细想起来，卡拉汉的观点不无道理。

首先，"科技延寿"的扩大化会降低人类社会的人口质量。如果让那些靠技术手段维持生命的"寿星"充斥人群，如果非自然的"白发浪潮"后浪推前浪，将会从整体上劣化人类生命质量，造成一系列难以解决的社会难题。

其次，"科技延寿"会造成资源分配的不合理。侍候"人工寿星"的代价十分高昂。美国施行一次心脏移植需要11万美元，更换一个肝脏超过20万美元。在卫生保健投资只有一定限量的情况下，用于"科技延寿"的费用越多，用于社会大多数成员的费用就越少。这就会出现少数人受益、多数人受害的情况。这显然是不合理的资源分配。

其三，"科技延寿"是个"无底洞"。随着身体的不断衰老，需要的医疗护理也逐渐增加。如果那些按照自然法则本来应该归天的人，没完没了地用技术手段苟延生命，对亲属、对社会都是一大包袱，人类将负担不起。以美国为例，10多年来，医疗卫生开支平均每年递增18%，医生往往不惜一切代价地延长病人的生命。据预测，照这样下去，20—30年后，美国国民生产总值的45%将花费在延长那些垂死的人的寿命上，这实在是不堪设想的负担。

因此，有人主张给"科技延寿"、"设限"。这个"限"。不应以科学技术的可能作为标准，而应以人类社会发展的合理性和社会承受能力的现实可能性为标准。还是让那些"人工寿星"在适当的时候归天好！

对这些观点，自然有人强烈反对，甚至口诛笔伐。他们认为，给"科技延寿"、"设限"是"不孝不道"，"缺乏慈悲仁爱的人性味"，属于"不道德"之举。

孰是孰非？那要看以什么作为"道德"的准绳。道德有"个体的道德"与"统计的道德"之分，前者着眼于个别，后者着眼于全局。"科技延寿"符合"个体的道德"，却不符合"统计的道德"。看来，对"科技延寿"，的伦理道德评价，还会有见仁见智的争论。

人生观与"人死观"

在荷兰戴尔夫特城一座医院的病房里，一位87岁的老太太因患癌症正处于弥留之际。老人的两个子女以及6个孙子孙女围在她身边。两名大夫和一名护士走进来，主治医生俯下身轻声问道："你真的愿意死吗？"老人点点头。随后，每个亲属依次与她吻别。大夫往她的胳膊里注射了一针吗啡，老人便沉沉地睡去了。15分钟后，医生当着所有亲属的面给病人注射了一种毒性药剂，又过了十分钟，老人溘然长逝。

在荷兰，平均每天有6名医生用致命药剂来为病入膏肓、要求摆脱痛苦的人实施"安乐死"。按照荷兰法律，对人实施安乐死要被判12年徒刑。但是，据15年来的法庭案例表明，那些因此而被诉诸法律的医生均未受到深究。目前，荷兰议会正在考虑通过两项法案，允许在严格限定的条件下实施安乐死。

在英国、德国和荷兰，越来越多的医护人员毫不掩饰地承认他们曾施行过安乐死。在荷兰，积极安乐死一般是在医院中施行的，但死亡报告书上写的都是"自然死亡"。过去请求安乐死的主要是多发性硬化和癌症患者，曾有来自阿姆斯特丹的官方报道说，有11例艾滋病患者也由医生施行了安乐死。在法国的电视节目中，身患癌症的蒂博特医生平静地宣布：她曾解脱过3名晚期病人，在她自己的病发展到最后阶段以前，她也将采用安乐死结束生命。

"安乐死"的争议已有半个多世纪的历史，赞成者推崇备至，给它戴上"人道主义"和"唯物主义"的桂冠；反对者则指责它是"伦理道德的扭曲"，"是一种犯罪行为"，甚至诉诸法律。有趣的是，赞成者和反对者都打着捍卫人权的旗帜。赞成者强调每个人都应该从恐怖和痛苦中解脱，有权利选择体面和尊严的死亡方式；反对者则坚持生命神圣的原则，强调人的生存权利。

早在1935年就有人提出："国家供养那些无法医治的病人，对国家是不利的，那就应该赋予他们安乐死，也就是迅速地无痛苦地使其死亡。"根据这一理论，希特勒的纳粹医生制定出消灭精神病患者的计划。后来又在希特勒政府里设立了专门的"安乐死"机关，使275 000人在一年内死于非命。法西斯分子的罪行使"安乐死"臭名昭著。人们把它看成纳粹分子反对人类、反对医疗事业的罪证。

1936年，英国的一些知名人士集会成立了"自愿安乐死协会"，并向英国上议院提出了一份法案，要求在受到严格监视的场合施行安乐死合法化。但是，这项法案和后来又提出的另两项法案都未获通过。后来，法国参议院也讨论过安乐死问题，但也同样被否决了。随着社会和科学发展，从60年代起国外许多著名学者又对安乐死产生兴趣。他们从另外的角度来讨论安乐死在伦理上的可行性，赋予安乐死以新的含义，强调"自愿"与"对病人有益"。人们对"安乐死"的态度于是逐步改变。美国全国民意研究所的调查表明，赞成"安乐死"的人逐步增多，赞成者在1974年只有37%，1973年已达51%，1983年增加63%。最近，英国民意测验结果显示，有72%的人赞成在某些特定条件下的"安乐死"。更令人惊讶的是，在法国1987年的一项民意测验中，76%的人希望修改有关安乐死为非法的法令。在荷兰支持安乐死的组织已拥有24000会员，大约有10万荷兰公民已经立下"遗嘱"，要求在他们生命垂危时，不要用医疗技术延长生命。1976年以来，这种协会、组织的数量在丹麦、瑞典、瑞士、比利时，甚至在天主教势力非常强大的西班牙、意大利一直在持续增长。1988年1月，《美国医学会杂志》以惊人的胆识，首次刊载医生为一位临近死亡的癌症病人注射吗啡、施行"安乐死"的报道，引起全社会强烈反响。

　　虽说支持安乐死的运动一浪高过一浪，但反对者的声音也越来越尖锐。同时，拥护者内部意见也不一致。多数拥护者认为安乐死的接受对象只能是晚期或不可救治的病人，而不能用于有严重精神障碍的人；少数人认为，它适用于所有经过有理智的决定结束生命的人。后者滥用安乐死，无疑给反对派提供了炮弹。1981年英国安乐死协会分裂成两派，起因是两名官员由于向身体健康的人提供毒药和使用方法而锒铛入狱。法庭上一位年轻的证人说："我认为这个协会是自杀俱乐部。"

　　法国有一个名为"预防残疾儿童协会"的组织，最近提请议会通过一项立法，允许医生结束在出生72小时内确诊的残疾儿童的生命，这在法国掀起轩然大波。人们对这类计划的批评不可避免地同安乐死联系起来，并同时把安乐死同希特勒消灭弱者的暴行相联系。实行安乐死是不是走希特勒的老路呢？对此，安乐死志愿者的回答是：他们追求每个人自己有权利选择死的时间和方式，而纳粹党却是把死强加给受害者，这是本质的区别。

　　安乐死在西方引起公众极大的反响，其原因是显而易见的。当代科学技术的进步使人的寿命普遍延长,在欧洲,男性的平均寿命为72岁,女性则接近80岁。诸如人工器官移植等先进的医疗技术,足以让医生能够救活一二十年前无可救药的病人;严重先天性发育不全的婴儿,过去出生后一般极难生存,而现在却可以活下来;甚至可以让在严重车祸中失去双腿的人继续生活下去。这使慢性绝症的患者仍可以活好几年,使其长期受病困折磨。他们中的许多人已不能行动,无力起居饮食,甚至亲属探视他们还须在细菌隔离罩以外。于是,倡导安乐死的呼声自然就高涨起来。

像任何新生事物一样,安乐死这种现代科学技术的产物被所有人接受,并使其合法化,当然要经历一段艰难的过程。它除了涉及伦理、道德、法律等重大问题之外,还面临许多难以解决的具体困难,比如医生对"绝症"的判断有失误怎么办?病人接受药物之后反悔怎么办?如何排除病人家属的态度对患者作出决定时的影响?病人在危急情况和沉重的心情下能否冷静地作出合理的选择?……这些都是可能无休止争论的问题。

不论有关的辩论产生何种法律结果,人们毕竟已在重新思考:在现代化社会里,是靠科学技术来延长痛苦的生命,还是靠科学技术无痛苦地结束病人膏肓的生命?更重要的是,安乐死这一新概念使人们深切感觉到了每一个人总有一天最终要经历生命即将结束时的那种复杂心境和痛苦,以及那时他们需要得到的安宁和尊严。安乐死讨论和实践不仅使人思考"人生观",而且迫使人不得不去思考"人死观"。

优生学与"优死学"

近些年来,欧美、日本的医学界和法学界对"死"的研究范围不断拓宽,美国出版了名为《生死学》和《死》的特别杂志,非常畅销,不仅老人读,中年人也爱读。前联邦德国则实施了"死的准备教育",出版了教科书。日本定期举办"生和死问题研究讨论会",近年还出版《生与死的思考》、《人的临终图卷》等书籍,都很畅销。在众多有关死的问题的研究中,就有"如何求死"的问题,学者们将这一问题称为"优死学"。

"优死学"与"安乐死"常常被人混为一谈,甚至把这两个概念互相置换使用,但实际上两者之间不能等同。它们之间既有密切的联系又有层次上的区别。"优死学"是在有关"安乐死"的讨论中发展起来的分支,但它又比

"安乐死"有着更丰富的内涵和外延。

"优死学"的研究者认为,人既有生又有死,所以既要研究"优生",又要研究"优死";有"优生学",也应有"优死学"。

所谓"优死学",就是研究能否和怎样对临近必然死亡的病人,选择最正确的指导思想,采取最有效的科学方法进行干预,使其在精神上和肉体上最大限度地减少痛苦并尽可能安逸地结束一生的一门学问。

1976年,在日本东京举行了"优死学国际会议"。会议还发表了宣言。在这次会上,日本提出了对病人进行"优死术"的条件:从现代医学知识和技术上看,病人患有不治之症,并已迫近死亡;病人痛苦之剧烈,达到了任何人目不忍睹的程度;优死术的实施,必须专为减轻病人的死亡痛苦而进行;病人的神志尚清楚,能表达自己意志时,需要有本人真诚的委托或同意优死;优死术原则上由医师执行,如果不能由医师执行,必须有足够的理由说明为什么不可能由医师执行;执行优死的方法须被认为在伦理上是正当的。日本的上述规定,目前已得到法院有条件的认可。

现在许多西方国家也提出了优死的条件,大致是:

1. 肉体经受病痛折磨之苦的绝症病人;
2. 靠人工支持生命的不省人事的病人;
3. 肌体功能正常,但人脑重伤,治疗无望的病人;
4. 患有先天性异常的新生儿;
5. 年迈的慢性病患者,本人表示愿意接受优死法;
6. 在病人拒绝治疗必然死亡的情况下也可采取优死术。

由于优死学涉及医学、社会学、伦理学及法学等多方面问题,它一被正式提出,便引起各界人士的重视。卷入这场讨论的人非常广泛,有医生、法律学家、哲学家、神学家、新闻工作者以致大众,各种不同的观点从不同的角度进行辩论。新加坡大学法律系教授 M·Cheang 是优死学的积极研究者和拥护者,他在一篇文章里写道:"我们目前应该改变对死亡的看法,对死亡神经机能性疾病的态度如对生物机能死亡观一样,由更加现实的观点所代替。对那些无法医治而又痛苦的人,必须实行优死,同时强调是自愿的决定。"他认为,"对一个人来说,当生活意义本身已经丧失,迫使他过着异常可怜的挣扎生活的时候,维持他的生命就违反了他本人的意志,这是一种无意义的残暴行为。"

支持"优死学"的学者还提出了"优死三原则":是不是绝症病人;是不是靠人工维持生命;是不是本人表示愿意"安乐死"。这三条原则得到了很多人的理解与支持,不过争论仍很大。一些人认为,不宜搞优死,因为临床上所谓"绝症"、"不治之症"都是相对的,科学在进步,医学在发展,原来的"不治",可能成为"有治"。但就目前总趋势来看,优死学正在被越来越多的人所认可。

无论优生学还是优死学,其宗旨都在于优化人类的自然素质、人口质量和生命质量。为什么人们能接受优生学,就不能接受优死学呢?长期以来许多人信奉的"好死不如歹活"的哲学正在受到挑战。人类已经到了正视"优死"的时候了!

安乐死在中国

1992年6月25日,陕西汉中地区中级人民法院成为新闻界关注的焦点:全国首例安乐死杀人案终审结束,宣告被告人无罪。此案在审理过程中,引发了我国司法界首次在法庭上对安乐死罪与非罪的公开论战。

1986年6月23日,汉中市59岁的女患者夏素文,因肝性脑病被送进汉中市传染病医院。她神志不清,腹大如鼓,脐部突出有一拳头大的包块,双下肢渗水,股部烂了两个碗口大的洞……其状惨不忍睹。在院方确认无可救治的情况下,其子女王明成、王晓玲为让母亲少受折磨,再三恳求主管医生蒲连升为其母亲实行安乐死。蒲开出肌注复方冬眠灵100毫克的处方。注射后14小时,夏素文的心脏停止了跳动。

司法机关于1986年7月立案,次年9月以故意杀人罪对蒲连升、王明成实行逮捕。

一年后,南昌市第二律师事务所兼职律师、南昌市第八医院主治医师张赞宁偶然从报刊上看到此案的案例分析。他发现病情鉴定的重大疑点和适用法律上可能存在的错误,便立即写了一封寻求与素无瓜葛的被告人蒲连升联系的信,明确表示:"根据事实和法律,我认为被告人是无罪的!"并愿意担任其辩护人。这个中年人自信地认为:"能辩护好此案的非我莫属!"

1988年3月,张赞宁接到一审法院即将开庭的通知,便匆匆赶到汉中,通过调查方知:这其中还有个人私怨或有意陷害的干扰!为了弄清这一切,控辩双方以及审判机关都花费了大量的时间和精力去调查研究，致使开庭时间一拖就是两年。

1990年3月，汉中市法院终于开庭，法庭辩论异常激烈。

公诉人的主要观点是：蒲、王二人的行为已触犯了刑法，构成故意杀人罪。而辩护人张赞宁则坚持：被告虽然要求或同意实施安乐死，但实际上夏素文并非被安乐死致死，而是死于疾病本身。

法庭上宣读了陕西省高级人民法院法医于1990年2月23日所作的鉴定结论："患者的直接死因是肝性脑病，冬眠灵仅加深了患者的昏迷程度。促进死亡并非其死亡的直接原因。"显然，这个鉴定结果对张赞宁的论点有利。

"我认为安乐死是无罪的！"张赞宁话锋一转，将法庭辩论引向了安乐死罪与非罪的争论之中。

张赞宁说，我国现行法律没有明文对安乐死作出认可或禁止，但根据我国刑法总则第十条的规定，安乐死应该是无罪的。因为，它不具有社会危害性，甚至对社会有利。无论是家属王明成还是医生蒲连升，他们的目的都是为了减轻病人痛苦，而解除病人痛苦本来就是医生职责范围内的事。

检察官答辩说："被告人动机虽然是善意的，但其目的仍然是为了促进患者的死亡。犯罪动机的善恶，并不影响主观构成要件的成立，它只在量刑时起作用。"这一观点是安乐死有罪论的理论基础，是传统刑法理论对安乐死问题的权威性解释。

对此，张赞宁从容答辩：安乐死本身就包含"有一个死亡的病因"。患者是必死无疑的。在这种情况下，安乐死只是一种死亡的方式，而不是致死的原因。

一位青年检察官反驳道："如安乐死为合法，那么少数犯罪分子就可以打着安乐死的招牌滥杀无辜。"

张赞宁立刻针锋相对地指出，如果有人利用安乐死实施谋杀，那也绝非是安乐死本身的问题。正如法律禁止杀人，但杀人的人仍然会出现一样，是不可避免的，我们不能因噎废食。

听众们对张赞宁的发言报以热烈的掌声；记者们为之振奋。原先为新闻单位和法学界同仁准备的上百份辩护词，很快便被索要一空。西北政法学院的几十名毕业班学生竟不惜工夫，将两万余言的辩护词争相转抄。

无罪论显然占了上风。

1992年5月17日，在经过4年10个月的审理后，汉中市人民法院终于作出一审判决：被告人蒲连升和王明成无罪。

6月25日，汉中地区中级人民法院终审裁定：维持原审人民法院的判决。

中国首例安乐死杀人案的审理已告终结。但有关安乐死立法的讨论仍在激烈地进行着……

说此案是"中国第一宗安乐死案"不是说安乐死在中国别无他例。事实上，并非所有的安乐死都会引发"官司"。

请看周听英安乐死的过程：

年过半百的周听英原是某科学院计算中心副主任。1985年，她患乳腺癌做了切割手术。1989年秋癌细胞广泛扩散和转移。她忍受着疼痛，顽强地与病魔搏斗。

1989年12月21日，周听英第二次住进了医院。在她住院的20多天里，为延长她的生命，肿瘤科想尽了办法，为她大剂量地使用了目前我国最好的进口药物。然而，治疗对她毫无效果，癌细胞仍肆虐地发展。很快，她变得全身衰竭，口腔溃烂，并不断吐血，全身疼痛。

面对这种严酷的现实，周听英冷静地说："我知道医院总是要救死扶伤的，但明知绝症不能治愈，让病人痛苦地煎熬着，不如实施安乐死，这正是人道主义的体现。"她还正式向医院党委递交了一份请求安乐死和捐献遗体的报告。

她有一个幸福的家庭。同乡同学的爱人与她几十年来恩恩爱爱，如胶似漆。这次住院，爱人每天白天陪着，和她说说笑笑，为她讲趣闻轶事，为她擦身搓背。

她多么不想离他而去呀！

她有一个读大学的儿子，一个研究生毕业的漂亮女儿。女儿已成家立业，还为她添了一个可爱的小外孙女。这些难割难舍的骨肉亲情同样令她放不下。

她渴望生，生却不属于她；她留恋亲人的爱，却不愿亲人们为她受苦。她的决心越来越坚定了。

这些天，周听英的病急转直下，医院发出了病危通知。

面对妻子的病情和强烈要求，周听英的爱人心都要碎了。以前，他们谈到对安乐死的看法，认识是一致的。从理智上讲，他是赞成安乐死的，可是从感情上讲，要由他同意（儿女们表示由爸爸下决心），签这个字，又是多么难啊！

妻子第一次住院开刀，他因工作忙没有全陪。这一次他无论如何也要补上欠她的情，并准备陪她到最后一刻。

周听英的病情急剧恶化，1990年1月16日8时左右，医院肿瘤科再次召开医护人员会议，认真、慎重地分析研究了周听英的病情，各种仪器探测和各项化验结果都表明，她的病确实不可逆转了。

翻开16日的病历，上面写着："病人自己要求安乐死，家属已同意病人的要求，并签字为据。"

这是一个怎样的签字啊！一只无法控制强烈颤抖的手，落下的歪歪扭扭的字。签完字，她爱人瘫软了，再也站不起来了。

好半天，他拖着沉重的步子，来到妻子床前，俯下身子说："听英，我签字了，满足你的愿望了……"他说不下去了，病房里一片哭声。周听英对守在身边的爱人和单位的书记连连点头说："谢谢，谢谢。"

她又拉着爱人的手，向丈夫和孩子们作最后的嘱托。两个孩子紧拉着妈妈的手不放，泣不成声，他们不能没有妈妈呀！

9点20分，最后的告别时刻来到了。夫妻俩更加紧紧地拥抱在一起。5分钟后，周听英的手慢慢地滑落了，呼吸心跳停止，瞳孔放大，光反射消失……

对此事，报刊评论说：周听英是幸福的，她实现了生前的愿望：死也要死在丈夫的怀抱里。

1988年7月5日，我国第一次全国"安乐死"社会、伦理和法律问题学术讨论会在上海召开，来自17个省市的112名代表参加了这次会议，提交论文、资料51篇，条例、法规建议5篇。这次讨论会反映出的基本精神，大致代表了我国医学界、哲学界、法界学、社会学界对"安乐死"问题的看法。

出席讨论会的代表们大多认为，医生的宗旨是"救死扶伤，治病救人"，但仍有不少病情即使在现代医疗条件下也无法救治，许多病人在临终之前仍要经受难以忍受的病痛以及由于治疗措施引起的疼痛。人类要追求高质量的生活，应该享受平静、尊严的死亡。病人应当有权利要求减轻或避免临终时的痛苦，有权利选择自己的死亡方式。与会代表十分钦佩邓颖超同志立"预

"嘱"的行为。为了避免疾病使人处于无行为能力状态而不能亲自选择自己的死亡方式的情况，提倡实行建立"预嘱"的办法，使病人选择死亡方式的正当权利得到法律和社会的尊重。

会议中，有代表提出安乐死的后果对医学发展不利，医学就是要在抢救"绝症"中得到发展。亦有代表认为，医学，尤其是现代医学的进步，不能停留在重复抢救的水平，应当着眼于基本理论或病因、发病机制研究的突破。一部分病人要求且实行安乐死，并不妨碍抢救垂危病人的研究工作。

部分代表认为安乐死的立法问题迫在眉睫。只有立法才能保证某些病人要求无痛苦死亡的权利，保护医务人员避免法律纠纷。目前可对有严重缺陷的新生儿的处理首先立法。另有代表认为，立法应分为若干层次，可先在一些市、地区、单位制定规范性规定或准则，积累经验，逐步成形。

鉴于安乐死涉及社会、伦理和法律很多问题，而且意见很不一致，这次会议的绝大多数代表认为，今后的主要工作应是更广泛、更深入地从社会学、哲学、伦理学、法学、文化等角度探讨研究这些问题，在此基础上加强对医务人员的生命伦理学基本理论原则的教育。会议最后（1988年7月8日）通过了《关于制定我国脑死亡标准和承认死亡权利的倡议》，除两位代表对此倡议的"承认死亡权利"部分表示异议外，其余均表示赞成。

倡议的全文如下：

现代医学延长了人的生命，也延长了作为生命最后阶段的死亡过程。这种死亡过程的延长带来了科学、社会、心理、伦理和法律等方面的许多新问题，亟待各界人士认真研究。

传统的死亡概念是心跳呼吸的停止。随着医疗技术的发展和生命支持设备的普遍使用，大批垂危的生命得到了复苏。但有些人已经处于不可逆的昏迷状态，永远地丧失了作为一个人所必需的知觉、意识和情感，此时任何医疗措施都只是在延长他们的死亡过程。因此，人们提出"脑死"概念——包括脑皮质和脑干功能的不可逆丧失。这一概念目前已被许多国家或地区的医院以及司法、立法机构所接受。而我国尚未普及"脑死"概念和使用"脑死"标准，不少脑死病人还在特定医疗措施支持下，无意义地维持人工的生命。这是不符合"治病救人"原则的。因而我们倡议在医学界开展关于死亡概念和死亡标准的讨论，制定适合我国国情的脑死亡标准。

医学以"救死扶伤，治病救人"为宗旨，但仍有不少疾病无法救治。即使在当代医疗条件下，许多病人在死亡之前仍要忍受难以忍受的病痛或引起严重疼痛的治疗措施的折磨。在他们以死亡解除痛苦的要求得不到医生和家属同意的情况下，部分病人采用服毒、自缢、坠楼、割脉等手段结束生命，令人惨不忍睹。病人的这种结局与医生奉行的人道主义原则显然是相悖的。

　　我们认为，人类要追求高质量的生活，也应该享受平静、尊严的死亡。当神圣的生命无可挽回地走向终结之时，病人有权利要求减轻或避免临终前的痛苦，有权利选择自己的死亡方式。我们十分钦佩邓颖超同志建立"预嘱"的行动。我们建议，为了避免疾病使人处于无行为能力状态而不能亲自选择的死亡方式的情况，提倡在自愿的基础上在人民群众中采用建立"预嘱"的办法，使病人对选择死亡方式的正当权利得到法律的许可和社会的尊重。

高科技与"高情感"

社会和世界的进步需要高科技,而生活在高科技时代的人们,有理由渴求"高情感"。问题是,种种现象表明,此"高"与彼"高",却似"鱼"与"熊掌",并不那么容易兼而得之。

"高情感反应",乃人类对科技进步加以平衡的一种自发的心理反应。技术越高级,这种情感反应就将越强烈……

"电脑寡妇"指控"第三者"

丈夫金屋藏娇,收一个情妇之类,已是古老的故事。但美国一名妇人,却说她丈夫的情妇不是一个有血有肉的真人,而是一部电脑!她指责那部电脑是可恶的"第三者",抢走了她丈夫的心,破坏了他们的美满婚姻,还毁了她丈夫的前途。

这位指控电脑的妇人35岁,名叫罗拉·卡尔。她的丈夫阿伦最近因为利用电脑犯罪而被捕。罗拉表示要和丈夫离婚,因为阿伦完全给那部电脑迷住了。身为精神护士的罗拉说:"有些男人迷上另一个女人,但我的丈夫却迷上一个电子情妇,它完全令他丧失理智。"

罗拉和阿伦是中学同学,可以说是青梅竹马的一对,婚后13年生活亦相当美满。问题出现于3年前,阿伦在威斯康星大学找到一份工作,这份工作容许他在工余时间使用电脑实验室中的电脑。突然之间,阿伦就像给电脑霸占了,他把自己工余时间的每分每秒都用来玩电脑。不久后,他就自己买了一部电脑,且变本加厉地在电脑前日日夜夜不停地操作。其后,阿伦又在电脑上加设了一个调制解调器,可以利用电话线和其他的电脑用户联络,或是同其他的电脑服务公司联络,索取电脑资料。不久前的一天,罗拉接到警方通知,说他们逮捕了她的丈夫,因为他侵犯了电脑法例,以盗窃手法去取得远程通信信息服务。

罗拉回忆说:"自从阿伦迷上电脑后,电脑突然间变成他生命的全部。每天晚上,他起码花五六小时对着电脑,而我们家的电话线,就永远接不通。晚上我和女儿看电视,讲故事,阿伦就浸泡在自己的电脑世界中如痴如醉。我劝他出外分散精神,他竟说无法离开他深爱的电脑。"

为此,夫妻俩不停地争吵。最后,罗拉终因无法忍受而提出离婚。可还来不及办离婚手续,阿伦就因电脑犯罪而被捕入狱⋯⋯

罗拉指控电脑为"第三者",确实耐人寻味。对阿伦之类的人来说,需要电脑远甚于需要妻子,程序、软件远比妻子的温情更有魅力。有"幸"摊上这样一个丈夫,即使是生活在物质条件极其优越的"黄金屋"中,也不过是个富有的"活寡妇"!这样的夫妻关系和家庭生活,谈何感情呢?

"斯坦福综合症"

在西方,像阿伦那样完全被电脑"俘虏"了身心的人,已是人数众多的一族。他们实际上已是一群病人——"斯坦福综合症"患者。

美国的斯坦福大学是著名的电脑中心之一,也是造就"电脑怪人"的摇篮。那些性情孤僻、表情木然的"斯坦福综合症"患者,除了电脑,别无爱恋,妻子儿女在他们心目中无足轻重。他们即使到了旅游胜地,不管风景如何秀丽,也无动于衷。任何珍馐美味,也引不起他们的食欲。他们把所有可以利用的时间,都用在同电脑打交道去了。在他们看来,有东西填饱肚子足矣,因而一年到头尽是吃快餐。

有人曾这样描写"斯坦福综合症"患者群:"他们大多上了年纪,不少人还有个漂亮的妻子,可他们好像只是个名义上的丈夫。他们深夜才回家,仅仅说一声'晚上好',顶多轻轻地吻一吻妻子的面颊,就匆匆把自己关进有电脑终端显示器的房间里。他们把妻子的满怀柔情撇在一边,对丰盛的晚餐连尝也不尝一口,夫妻吵架时不时发生⋯⋯"

在著名的加州硅谷,有位斯瓦伊卡夫人怒火满腔地说:"如果他在外另有新欢,我会用种种办法劝阻他,可是他的新欢却是没有生命的电脑,我真是束手无策!"斯瓦伊卡夫人一怒之下,用铁锤把电脑砸个粉碎。

在"斯坦福综合症"患者中,有一种人的症状十分奇怪——他们非得通过电脑的终端显示器才能和别人谈话。在加州一家半导体电路设计公司任电脑应用设计部主任的霍根，就是这样的一个患者。

霍根过去交友甚广，而且非常好客，自从患上了"斯坦福综合症"之后，竟然变得不愿与人面对面倾谈。一到自己的办公室，坐在电脑终端显示器前，他就神魂颠倒。他觉得，通过电脑终端显示器与人谈话时，心情会变得很安定，并能够自如地讲述自己的想法。当然，这是没有声音的交谈，用的是敲打键盘输入语言的形式。

显然，"斯坦福综合症"患者是与社会格格不入的一族。作为人脑延伸的电脑，本应有助于人的自我完善，不料竟"造就"出一批缺少人性和情感的"活宝"，这不能不说是一种悲哀！

"计算机症候群"

荷兰《周报》杂志不久前刊登的几位医生撰写的报告说，如果一个儿童从8岁开始就一直迷恋于计算机的话，那么到他18岁时，就会显示出"计算机症候群"的一切症状。

从小就与电脑打交道的人，由于他们被已经数据化了的事实困住了自己的兴趣、精神和能力，所以很难有意识地努力觉察外界。不久前的一次国际心理学会议上，美国专家报告了这样一个典型的"计算机症候群"病例：有位名叫米志的16岁少年，12岁起学习电脑，久而久之与外界几乎完全隔绝。父母发现他经常神情呆滞地坐在电脑面前，对外界刺激缺少反应，于是只得送医院治疗。在医院里，米志对医生的问话回答地断断续续，而且满口都是电脑名词。原来，输入电脑的各种数据和电脑本身已将他的脑袋全部占据了。

青少年们着迷于计算机，或用它玩电子游戏，或给它编制一些简单实用的程序，兴之所至往往一头钻进去而不能自拔，以致他们连做梦想到的都是"计算机语言"，成了一种"机器人。"有的青少年谈到，晚上醒来要上厕所时，他会这样思考：指令10，到厕所去，接下去是指令11，指令12……医生们认为，这样的青少年已经失去了与一般人的语言相联系的制约性，所以对于上厕所这样极简单的行为，都需要像电子计算机程序那样，依靠指令进行。著名心理学家克莱格·布洛德不无感慨地谈到，在给"计算机症候群"患者诊断时，常常有这样的情况：你示意患者"坐在椅子上"，他们会要求你准确告诉他——坐在哪把椅子上更合适？

如果人类的未来一代真成了如此这般模样，只会说"计算机语言"而不懂说"人话"，对周围的一切麻木不仁，失去了人的感情的自然流露，那时的世界会是怎样的情景呢？

"三B"夫妻

"星期一到了，谢天谢地！"这是许多日本男人常说的一句话。他们一到周末，一离开工作岗位，就周身不舒服，不是这里酸就是那里痛，但一到星期一，便又奇迹般地霍然而愈。这种奇怪的"假日综合症"，在日本社会颇为常见。

日本精神病学家关谷认为，"假日综合症"是像日本这样的发达国家的"产物"之一。日本男性"上班族"在高科技、高效率、快节奏、竞争激烈的社会里拼搏，不少人"工作中毒"，成了"工作狂"，长期神经高度紧张。一旦放松下来，他们就会无所适从，"假日对他们而言是件痛苦不堪的事情"。这些人一旦放长假甚或退休，就会发现他们成了家庭里多余的人，家里人因过惯了没有他们的生活，所以往往嫌他们"扰乱了家庭"。

关谷医生有很多这类男病人，但要弥补他们的家庭裂痕，并不是给点意见就能办到的。最近一项调查结果显示，日本的夫妇每天平均只交谈6分钟。由于这种极端情况，有人已把夫妻关系形容为"三B关系"——卧床（bed）、面包（bread）和沐浴（bath）。

据日本另一位精神病学家深泽道子说：日本女性对这种"三B"夫妻关系已越来越不能容忍，对与自己仅存"三B"关系的丈夫越来越厌倦，不少妻子因此而提出离婚。

唉！人们所追求向往的高度文明、发达、自动化的高科技社会，难道就一定得以牺牲温情、亲情和情感为代价吗？

畸形的"情感联络站"

这是一个很罕见的烤肉会：

参加聚会的年轻人都是第一次见面，又都是已"交谈"过的熟人。在介绍或自我介绍时，大家都用外号，或用号码，如"我是 ART20330。" "啊，原来你就是冰人！" "我就是马桶！" "我就是每天和你讲话的 ENG104701！"等等。

这到底是怎么一回事？

原来参加这个命名为"P41 烤肉会"的都是台湾大学的学生，来自各个不同学系，整 50 人。他们早就"打过交道"，但却从未见过面，因为他们都只是通过电脑"交谈"，甚至还没有听过对方的声音！

这就是所谓的"电脑传情"。

台湾大学的各个学系都有各自的电脑室，供给学生用的就有 10 多间，每一间有足够多的电脑，每天坐在电脑前的学生不计其数。由于繁重功课的压力，加上来自各方面的精神负担，许多学生都在利用电脑学习之际，借助电脑传话的设备，找其他的"电脑友"聊天，借以松弛一下自己。

通过电脑，两个不认识的人聊起天来。其间的乐趣据说在于大家都听不到对方的声音，看不到对方的模样，一切只能凭自己的想象，对方是丑是美、是高是矮、是胖是瘦，甚至是男是女，都必须凭自己的判断力去判断。

由于好奇心作祟，在与某人"通话"一段时日之后，大家都有一种想看看对方是什么模样的欲望。于是，有了这次"P41 烤肉会"！

所谓 P41，是一个供大家通过电脑聊天的"情感联络站"，想在里头聊天的朋友，只需通过一些简单的电脑程序，就可以进去"大谈特谈"。

P41 只是一个名称，但这"情感联络站"却规定"会员"都必须有外号，既不用本身的电脑户口号码，也不用本身的真实姓名，而以各种古灵精怪的外号，如"糊涂虫"、"八爪鱼"、"圣人"、"教父"、"土星"、"狐狸"。

为 P41 编写电脑程序的工程系学生叶文华接受采访时说："通过电脑传话，无拘无束，有着百分之百的自由感，它的反应快，却又听不到声音，看不到影像，这正是它吸引人之处。"

据说，有的人通过这种"电脑聊天"，还真"聊"出了"真感情"，交上了异性朋友哩！

嘿！新奇倒是新奇。不过，近在咫尺的"天之骄子"们，居然需要求助电脑进行人际交流，才有"自由感"，才能"无拘无束"，这也够怪诞的了。

"理想配偶"梦

在所谓的"电脑社会",电脑几乎是无所不能的"通才"。有的人甚至将择偶之类的任务,也交给电脑去"代理",把电脑当作物色"理想配偶"的最忠诚可靠的"红娘"。

沃尔克的自述,可算一篇"纪实小说"——

我走进办公室,上前和一个笑容满面、名叫布留切尔的先生握手。与我相比,他衣着讲究,风度翩翩。他的办公桌上放着一大摞文件资料。

"我相信你对她非常满意。"他说,"她是由我们的电脑从10万多名美国妇女中挑选出来的。我们将她们按种族、宗教以及地区等背景分了类。"

我很有兴趣地坐在那儿,心想要是来之前洗个淋浴就好了。这是个令人舒畅的办公室,只是这椅子坐上去使人感到不太舒服。

"现在——"他说着,突然推开隔壁房间的门。我吃了一惊。

她很美,真的,非常美。

"沃尔克先生,这就是蒙大拿州拉丰莱克的邓菲尔德·爱丽丝小姐。邓菲尔德小姐,这位就是纽约州的富兰克林·沃尔克先生。"

"就叫我富兰克好了,没人叫我富兰克林。"我有点紧张。她是那么楚楚动人。

布留切尔先生离开了,我们可以谈话了。

"你好!"我说。

"你好!"她回答。

"我——我对这个选择非常满意。"我尽量谨慎地斟酌词语。也许她不喜欢被称为"选择"。"我是说——我是说对产生这种结果的方式很满意。"

她笑了,笑得很美。牙齿洁白整齐。

"谢谢,我也很满意。"她有些紧张。

"我31岁啦。"我告诉她。

"是的,我知道。"她说,"都在资料卡上写着呢。"

似乎再也没有什么话可谈了。一切都已填在那些卡片上了,还谈什么呢?

"孩子的事儿呢?"她问。

"要3个。两个男孩一个女孩。"

"那也正是我所希望的。"她说："这写在'未来计划'栏内，就在那页上。"

我这才注意到我手里的资料。在第一页上，附有一张关于她各方面情况的婚姻资料卡。我想她手里拿的那些纸张就是有关我的情况的。我开始浏览我手里的这些资料，她也低下头去看她的那份。纸张翻来翻去弄出了很多响声。

我读到她喜欢古典音乐（这写在"爱好与习惯"栏里）。"你喜欢古典音乐？"我问她。

"噢——胜过喜欢其他任何东西。我还收集了全套弗兰基·莱昂的唱片。"

"他可是个了不起的歌唱家。"我表示赞同。

我继续翻阅手中的资料，她也一样。她喜欢书、足球、狗、猫和金鱼；习惯坐在前几排看电影；关着窗子睡觉；爱吃火腿三明治；爱穿朴素的衣服；希望孩子（应该说我们的孩子）上私立学校，住在市郊，还有美术馆……

她抬起头来，"我们似乎爱好相同。"

"完全相同。"我说。

我读到标题为"心理与性格"的记录，上面说她性格腼腆，不愿争吵，不爱说话，是个良母型的女人。

"我很高兴你不喝酒，不抽烟。"她说。

"是的，我不喜欢。不过有时我喝点啤酒。"

"这上面没有写。"

"哦，也许我忘了这事儿。"我希望她对此不介意。

我们终于看完了对方的资料。

"我俩非常相似。"她说。

现在我和爱丽丝结婚已9个年头了。我们有3个孩子——两男一女。我们住在市郊，听很多古典音乐。我俩争论过一次，但时间已太久，记不清是为什么了。事实上，我们在每件事情上都观点一致。她是个好妻子，如果我可以这样说的话，我也是个好丈夫。我们的结合可谓十全十美。

但是，我们下个月就要离婚了。因为我再也无法忍受这样的生活……

这就是电脑"撮合"的"理想配偶"！

沃尔克们忘记了一个简单的事实——电脑是冷漠的机器。它再忠诚可靠，再精密准确，再"神机妙算"，恐怕也难"算计"出人世间最复杂、最微妙、最难捉摸、最无定数的情爱关系吧？

机器人能走入人的情感生活吗？

人类把自己的聪明才智赋予机器，于是有了"智能化"的机器人。

那么，人类能否把自己的情感活动规律也赋予机器，制造出一些"情感化"的机器人呢？

美国宾夕法尼亚大学人类学教授哈杰斯就宣称，一种可与人类结婚且能生育的"富有情感情欲"的机器人将在今后的20—50年的时间内问世。

众所周知，目前世界上最先进的机器人是输入喜怒程序的第四代机器人。而哈杰斯教授着手研究的这种机器人则计划输入人类七情六欲的程序，使之在程序控制下不仅有情感，有性功能，而且需要他人做伴侣。

哈杰斯教授还认为，这种外表结构酷似人类的新型机器人将可根据需要安装人工子宫，同时输入自愿者提供的卵巢，因此，倘若与人结婚，就可以生儿育女、繁衍后代。

哈杰斯计划用20年的时间设计、完善图形和安装试验，50年内争取让其"走入生活"。

对于哈杰斯的这项计划，美国医学界、舆论界反映不一，贬褒参半。赞同者认为，这将最大限度地减少性犯罪，使人们染有与性相关的病毒的机会大为减少。持异议的人则指出，这将引起社会关系混乱，造成人与机器不分，届时，人类又将用怎样的伦理、道德、法律去规范人与"情感机器人"之间的"人际关系"呢？

笔者认为，就科学技术的发展而言，使机器人"情感化"乃至"情欲化"不是不可能的事。问题是，那"用程序控制"的"情感"究竟有多"地道"？它再热烈再浓醇再美妙终究也还是冷漠的技术的产物。假若科技发展和文明进步的最后境界，是人类无法从自己的同类身上获得情感满足而不得不用人的真情实感去换取程序化的"机器情感"，那实在是令人不寒而栗的事。

"蛋壳文化"

在日本及其他一些科技发达的国家，"蛋壳文化"正引起人们的忧虑。

所谓"蛋壳文化",是指一些青少年沉湎于闭门看录像、玩电脑游戏,随时随地都戴耳机听音乐,因而终日处于一种封闭式视听享受之中的现象。

生活在"蛋壳"中的孩子们,人与人、人与社会和人与大自然之间的直接沟通和联系少之又少。他们经常囿于狭小的天地,从小几乎与世隔绝,和同学、朋友、父母很少促膝谈心、交流思想和表达欲望;对人与人之间所需的友爱、理解、帮助,表现出淡漠、陌生,而不善于处理与长辈、朋友、同事的关系,对社会缺乏责任感,易产生孤僻、古怪的性格。这些不仅对教育和培养他们具有良好的思想、道德、心理和情操十分不利,而且还影响着青少年的正常发育和成长。由于"蛋壳文化"现象让人在极少的体力活动中得到视听享受,使体力消耗明显减少,导致儿童易于肥胖,为过早罹患高血压、糖尿病和冠心病等种下祸根。

日本等国的教育界十分担心"蛋壳文化"的发展蔓延。他们认为,科技的发展为人类带来福音,但也使人与人之间面对面的沟通和联系,逐渐被电话和录像带所取代,加深了生活中的疏远感。而当今世界,虽说早已不像老子所说的,小国寡民,邻国相望,鸡犬之声相闻,民至老死不相往来。但是,由于现代化城市建设飞快发展,住宅楼层越盖越高,各方杂居,人情越来越薄。各家住在自己的单元房里,同属一个单位都很少往来,更何况没事谁到别人家去串门。在这种情况下,青少年之间交往的机会本来就少,若是家长又加以禁锢,孤独寂寞便无情地摧残着青少年之心!

高科技快节奏社会里的孩子,即使在家庭生活中也很孤独。家庭成员被每天排满的日程驱赶着,大家甚至连坐下来聊几句话的时间也挤不出来。许多中小学生都是独自一人吃早餐和晚餐。即使家人能一起吃顿饭,可饭桌一收大家又各散东西钻进自己的房间里去……

这种冷漠的缺少人际情感交流的情感关系多么像"蛋壳"啊!

"高"处不胜"寒"

人们常以城市高层建筑的多寡衡量一个地区的发展水平,总以为生活在高楼大厦里犹如"天堂"一般舒适。殊不知,在工业化程度发达的国家,长期在高楼大厦工作或居住的人,其健康已受到威胁。人们将由此而产生的一系列症状,称之为"高楼大厦症"。

"高楼大厦症"的主要症状为头晕、头痛、乏力、心情焦躁,甚至恶心、食欲不振、鼻塞鼻炎、喉干舌燥和嗜眠症等综合症状。这些综合性症状不仅影响人体健康,而且直接危及人的心理健康。有关方面曾对一些居住高层住宅的学生进行跟踪调查,发现他们大多不同程度地存在这样的特点:性格内向孤僻,不易合群;对待人和事较为自私和任性;依赖性强,主动性差,胆小,交际能力、应变能力及操作能力弱;缺乏集体意识,劳动观念淡薄;生活自理能力不强,怕苦怕难怕麻烦;身体素质差,易病,缺乏耐力和爆发力……

　　真是"高"处不胜"寒"呀!

　　但高科技社会之"寒"又何止仅在高层建筑!

　　在日本,高科技在生产领域的广泛应用,给心理脆弱者带来了严重的危机感和不安全感。一种对自动化、电脑化厌恶、恐惧、抗拒的心理病目前正在日本蔓延。据说患者大多都是大中企业中的中老年职员,他们的工作已经或即将被电子计算机取代,为此他们精神恍惚,身心健康受到损害,自然而然地对电子计算机产生了本能的恐惧心理。东京某医院的内科医生河野友信指出:"这种现象将会日趋严重,它将导致年轻人和中老年职员的两极分化,失去企业应有的活力。"日本企业界对此已颇感忧虑。有的企业甚至派出了产业精神医生,整天在工作场地巡回,以便对那些精神异常者及时进行"治疗"。最近,一所"中老年人员再度就职介绍所"在东京出现,专为那些"欲干不能,欲罢不愿"的被电子计算机"淘汰"的职员寻找归宿。

　　高密度高强度的信息辐射也会使人心烦意乱。高科技社会是信息社会,不管你愿意不愿意,每天都要受到来自各种渠道、各种途径、各种媒介的信息波的辐射。由于信息来源错综复杂,信息内容或真或伪,虚实相混,杂乱交错,因此常常给人以错觉,使人真伪难辨,无所适从,影响人们的正常思维,扰乱人们的判断能力,引起人们的心理困惑和心理变态,使信息接受者出现烦躁不安、神经紧张、遇事惶惶然不知所措等征象。严重者可导致紧张性休克、精神分裂症等疾病,甚至能诱发自杀和犯罪……医学家们将这一组由信息污染引起的症候群称为"信息污染综合症"。

　　高科技时代把地球变成了一个"村落"。信息技术创造了"天涯若比邻"的奇迹。人际交往的时空距离是大大缩短了,但人与人的心理距离却更疏远了。阿尔温·托夫勒在《未来的震荡》中用"加速冲击力"和"瞬时关系"

来描述这种近在咫尺但远若天涯的人际关系。人们在生活节奏加快、交往扩大、时间紧迫的影响下，相互间的接触时间很短。常常是匆匆一面，便各分东西。即使是朝夕相处，晚相伴的比较亲近的人之间，也由于社会活动的领域、性质、方式的迥异，而难以进行更深入的心理沟通，心灵融化和情感交流，这就是所谓"高科技，低情感"的生活氛围！

帕金森的"新定律"

英国著名的历史学家和作家帕金森在无情嘲讽了"官场病"之后，又发明了一条"新定律"——自动化社会产生一种广为分布和不断深化的厌烦意识。

自动化的主要产物是体力的解脱。千百万妇女对新的科学最为满意的不是在汽车厂里充当技术工人的机器人，也不是带来各种消息的人造卫星，而是不起眼的洗衣机。

然而，解脱之后，人们发现处于自动化环境中实在太乏味了，办公室里的时钟在慢悠悠地走动，打字员因漫不经心而一次又一次地重打信稿，工作枯燥得令人厌烦。同时，生产者看不到自己劳动的产物，一切似乎都是在消磨时间，兴趣大为下降。

这种"新定律"是先进技术在某种社会条件下广泛应用的产物。它提出了一个普遍性的问题：人们应如何适应这种"解脱"？解脱之后又该如何支配时间？

自由支配的时间可以使主体充实，也可以使主体空虚。用于谋生的时间不断减少，相应地用于发展主体的时间就不断增多，这本是时间结构的质的飞跃，本是件天大的好事。可问题在于，快节奏、高效率、竞争激烈的高科技社会，是否可能有一种有利于使闲暇时间的人们自由地实现智力、体力和审美能力全面发展和完善的合适的社会生活生产力机制？

可是这种机制的推出真的很难。

"心灵操纵"道德吗？

有一门"令人担忧的新学科"，叫"超心理学"，研究的是用技术手段操纵人的精神活动。

　　早在60年代初，风靡一时的使用催眠术和控制神经的恐怖电影曾使观众不寒而栗。当时美、苏已开始的试验在60—70年代取得进展，他们可成功地操纵人的精神状态。

　　据美国中央情报局称，美国和前苏联的"科学家"曾成功地将一台发生故障的心理仪器秘密运到美国。它是60年代的产品，目前仅有2台，能用热、光、音、电磁放射撞击人的中枢神经，达到控制他人思维的目的。

　　前苏联曾利用"心灵力"对政治家们施加影响。据美科学家米尔兹称：美国的一些政治家曾成为前苏联仪器的试验品。70年代，前总统尼克松在访苏后，曾体验到一种"奇特的感觉"，被认为是"受到苏联的某种精神控制"；前总统卡特在苏联签订了限制战略武器条约后，也有过不可思议的举动，他把许多专家召集到戴维营，并中断了将要向全美发表的电视讲话，还声称要辞去总统职务等等。

　　苏联解体后，美国科学界还爆出新闻——幻觉描绘技术取得突破性进展。据加利福尼亚州立大学的心理学家让斯克介绍，因为幻觉是人内心世界的一面镜子，"分析它的内容，便能清楚地了解人的精神活动。"

　　让斯克制作200多张幻觉图片，对一批志愿者进行专门试验，得出了两个结论：受试验者在幻觉达到极度时，会把幻觉当成真实；所有的受试验者尽管幻觉的形象各不相同，但是他们所体验到的幻象，在性质上均有相近之处。这说明：人的内心精神活动，可以借助一定的方法加以描绘、分析和操纵。

　　让斯克声称，他的这项研究，"为人类控制内心世界，将过去的思想、记忆中的形象召唤到意志中来，开辟了新的途径。这对于精神病患者，无疑是一种治病的良方。"他还特别声明：此技术即使是"对于健康的大众来说，也提供了彼此沟通心灵的可能性。"云云。

　　天哪！作为"健康的大众"，谁愿意在外界的技术操纵之下去"沟通心灵"呢？

　　假若高科技的发展使得人的情感交流、内心活动、精神世界都受制于技术，那实在是一种罪孽。

　　无论科技如何进步，人类的"心灵自由"总该是不容剥夺的吧！

"高科技产业病"与"爱抚经济学"

随着高科技产业的迅猛发展,"高科技产业病"正在美、日等发达国家蔓延。

有关方面曾对筑波科学城1万名科技人员进行了综合调查,结果表明:有41.2%的人处于心神不定、精神紧张、空虚的状态中,甚至有些人感到异常的压抑和绝望,随时都会产生悲观厌世的自杀念头。在筑波和硅谷,服毒、沉海、跳楼事件时有发生。据日本企业界调查,35—59岁的男性职工自杀的人数,1975年为4429人,到1984年竟上升到10123人;离家出走的人数也从6527人增到12339人;还有不少人因紧张导致精神病发作住进了精神病疗养院。1982年,日本政府不惜重金对46000家大公司、大企业进行了有关调查,发现5%的职工因精神高度紧张而患有胃溃疡、背部及胸口痛、高血压、心脏病、神经衰弱等疾病。

据美国综合医院门诊部的随机调查,患有高科技产业病的病人有65%与社会造成的逆境有关。如高技术产品市场竞争激烈,产品被快速地淘汰、更新,没日没夜地连续加班,长期地处于超精神负荷、超生理强度状态,创造发明遭到失败或挫折,以及失业的威胁,人际关系的紧张,个人的前途期望值过高而能力又太小……据美国心理健康资料中心统计,美国企业界因高技术病导致生产力损失,每年平均达170亿美元。至于高技术病给职工个人和家庭所造成的精神、肉体和经济等方面的损失,那就无法估算了!

高科技产业病实质上是一种心理病,要治疗这种病,唯有把"高情感"注入冷漠的高科技之中,建立关心人、爱护人、安慰人、激励人的以人为核心的环境氛围和管理机制,实行"爱抚经济学"。除此之外,恐怕别无良方。

"高情感反应"

随着微电脑进入家庭生活,国外有人曾言之凿凿地预言:在不远的将来,人们将不用去办公室上班,只要坐在家庭电脑跟前输入或获取各种资料就行了;家庭主妇也用不着上商店购物,通过电脑选货即可……

我不相信也不希望高科技会把人类引入这样的"境界"。即使科技发达到那般程度，人类生活也不会是那般图景。

理由只有一个——人是情感动物。

科技再发达，也不会出现办公室冷冷清清，商店和街道空空荡荡的现象。人们还是愿意到办公室去上班，家庭主妇也情愿辛苦一趟去商场购物。因为那里有相聚在一起的人，在见面问候之中，在配合默契之中，他们的情感得到了交融，使他们心情舒畅。人类有相聚在一起的必要性，电影院、酒吧绝不会倒闭，公园、游乐园也会总是熙熙攘攘的。

这几乎是无须置疑的事。读者不妨想一想这些现象：

——随着高科技的发展，宗教信仰活动不仅并未彼长此消，反而空前活跃，热衷于祈祷、静思、静坐、按摩、瑜伽、气功、禅等"自然运动"和"人体潜能运动"者日众；

——随着各种高科技日用品进入家庭，那些未经外观加工的、怀古的、民间艺术制作的装饰品反而受人们垂青；

——随着工厂里大量采用机器人和自动化管理网络，"工人民主小组"之类的活动愈加具有吸引力；

——随着电子音乐的大行其道，人们对乡村音乐的兴趣也大增；

——随着大屏幕电视的出现，电影院门口照样人头涌涌，人们光顾电影院并不只为看电影，而是要与其他人一起哭一起笑。这就是人类对冷漠的高科技的反抗——"高情感反应"！愿"高情感"与高科技并肩前行！

智能犯罪掀浊浪

周镇宏 科学散文

高科技为人类文明谱写着激动人心的新篇章。人类社会越来越依赖高科技成果。人们正在为科技革命带来的社会进步而欢欣鼓舞。

然而，高科技的阴影和"副作用"也相随而至。现代"文明"歹徒的智能犯罪令人触目惊心……

"电脑窃贼"

美国著名科普作家 A·阿西莫夫写过一部科幻小说叫《罪有应得》，说的是一位利用电脑贪污的职员被施以特殊手术后，看到电脑就恶心呕吐，摸到电脑便刺痛难忍，以至于在电脑充斥的信息化社会里无法生活。可在现实社会中，当今世界，电脑犯罪却是愈演愈烈。

电脑犯罪花样繁多。一种是有形破坏。美国一家百货公司的雇员曾因对老板不满，把电脑存储器的 5 套磁盘从高楼抛出窗外摔毁，造成管理混乱。意大利一个极"左"组织一举捣毁 7 家公司、2 家大学、1 家政府机关的 10 个电脑中心，造成上千万美元的损失。

另一种办法是利用电子手段抹消磁性存储器件内的信息或者输入虚假数据、改变电脑内部数据，以达到犯罪目的。

后者多属利用电脑行窃。"电脑窃贼"招数之绝，令人触目惊心；其危害之大，耸人听闻。

我们不妨通过下面几个案例，开开眼界——

阿拉伯有一个神话故事，说的是阿里巴巴偷听到强盗们叫开宝库大门的魔语之后，利用魔语叫开了宝库的大门，获得了无数金银财宝。计算机的密码也像打开宝库的魔语一样，一旦被精通计算机的盗贼所破译，后果不堪设想。1978 年，美国纽约港 1 份提货单被窃。提单上除了一些奇怪的字符之外，没有货物名称、数量、金额和提货地点，在外行人看来，无异于废纸一张。可是，窃取了这份提货单的歹徒们却欣喜若狂。他们根据提货单上的数码找到了控制这批货物的计算机终端，并潜入主计算机房，用他们事先掌握的这台主计算机的密码"叫门"，使终端显示货物的名称、数量、金额和提货地点。接着，他们从键盘输入指令，命令计算机将这批货物转手出售，并将货款汇到他们的账号之下。就这样，价值1亿美元的千吨货物神不知鬼不觉地从纽约港不翼而飞。

用"移花接木"的诡计，偷"划"银行巨款，是"电脑窃贼"颇为得意的另一招。据前苏联《星期》周刊报道，仅在前联邦德国，每年被"电脑窃贼"偷"划"的款项就达几十亿马克。高度电脑化的美国银行，巨款被偷"划"的案件更是触目惊心。1978年一个叫夫舍的窃贼，利用窃到的密码，接通了银行的计算机，一个自动付款电话，就把洛杉矶太平洋证券银行的1020万美元"划"到纽约的欧文信托公司。然后他通过电汇，把这笔巨款存入日内瓦一家瑞士银行，接着用这笔钱购买了苏联的宝石。

偷偷给电脑输入行窃指令，称为"逻辑炸弹术"。有个名叫史密斯的电脑专家，用假名"阿特沃克"租了一间房子，并在某银行开了一个"阿特沃克"的户头。一天，这所银行新来了一位计算机工作人员，他工作肯干、勤恳，很快得到经理的赏识和信任。可是几周后，他却突然辞职，去向不明。原来，此人就是史密斯。在他"任职"的几周里，他已经把该银行电脑系统的全部软件复制在一盘600英尺的磁带上，并偷偷编入行窃指令。然后，他故意制造了一次不到十分钟的停机事故，偷偷给计算机换上这盘有行窃指令的磁带，埋下"逻辑炸弹"。于是，计算机一次又一次地在银行里"行窃"，每次只需几百分之一秒便可"得手"。当盗窃款项达到100万美元时，计算机自动将行窃指令从磁带上"洗掉"，消除作案痕迹。然后，计算机便"公事公办"地发出支付"阿特沃克"100万美元的通知，并将单据直接邮给"阿特沃克"指定的邮政信箱。这样，史密斯坐在家里悠然自得地品着茶，便唾手而得100万美元，转眼成为百万富翁！

"电脑窃贼"中既有大盗，也有小偷。美国康涅狄格州曼彻斯特的一条商业街边，有一台在美国司空见惯的ATM取款机。取款人只需插入储蓄卡，输入个人密码及提款额，机器就会自动输出钱来。可是大约有两周之久，这台机器在客户完成上述程序后，总是输出"抱歉"的纸条，机器已无钱可付。

用过这台机器的人很快倒了霉——这些人的银行账户上少了5万美元！原来，那台机器两周来一直在记录上当者的密码和所有相关数据，小偷用伪造的储蓄卡和记录的密码在纽约曼哈顿闹市的ATM取款机取款，到上当者发现时5万美元已归他人之手。难怪美国报界惊呼：高技术小偷已经出现！

"电脑窃贼"还有另一个"行当"——非法复制电脑软件。若论起天下哪种东西最好偷，非电脑软件莫属！只要一台电脑，一张源盘（已录有程序的软件），一张空盘，通上电源，按下拷贝功能键，几分钟以内就可完成复制，源盘上他人的智力成果便被"偷"入空盘。虽说包括我国在内的许多国家都发布了类似《计算机软件保护条例》的法规，对软件实行版权保护，但是，传统版权制度真能全面满足现代电脑软件的保护需求吗？电脑软件毕竟不是一般的文字作品，它既是作品（程序）又是工具，那薄薄软盘所包含的，有创作思想、技术秘密、商标使用权等等，岂是版权保护所能涵盖的？

以电脑行窃为"主旋律"的电脑犯罪，现已成为困扰发达国家的一大顽症。自1971年至1985年，日本计算机犯罪案发生过65起，美国计算机犯罪造成的损失已达上千亿美元，年损失几十亿美元，西德年损失50亿美元，英国年损失25亿美元。而这还"只是冰山的尖顶，这座冰山到底多大，无人知晓。"这是因为电脑犯罪常常无法侦查也较少报案：电脑犯罪的直接受害者——银行或保险公司等金融单位，当然不乐于公开因电脑保安出问题而蒙受信誉的损失。美国司法部委托斯坦福研究所对1956—1979年期间的669例计算机犯罪的调查表明：平均每起计算机犯罪的损失高达160万美元。而传统的敲诈银行案，平均每起损失2万美元；银行抢劫案，平均仅为5000美元；盗窃仅几百美元。日本计算机安全专家西田修心神不宁地说："我们这些专家天天都在提心吊胆地过日子。"

"传真"诈骗

中关村"电子一条街"公司的人个个精明，怎么还会被人骗了？其实，还真有专吃"电子街"的骗子，且屡屡得手。

随着高科技通讯器材的应用，也产生一批利用高科技作案的骗子，而这些骗子使用最广泛的工具就是传真机。由于传真机能在几分钟内将文字、图像等信息传递到千里之外，而汇款通过银行电汇则最少也要用三四天时间，骗子们于是利用这一时间差来作案。

他们的手段是：先通过长途电话向"电子街"，公司询问某种商品的价格并表示要购买，当公司将地址和银行账号告诉他们后，他们便到当地银行向这个公司汇去一小笔金额（一般只有几百元），取得盖有银行大印的汇款单据，再用各种手段涂改为大笔金额，并用传真机把假汇款单据传往"电子街"。这些公司看到传真件，便信以为真，忙给汇款单位发货，当货发出几天后却看到汇来的只是几百元钱时，这才叫苦不迭。

某大公司属下的事业部，就曾领教过这种高科技骗子的厉害。经理看到从新疆发来的传真件上的汇款是 15000 元，便发去货物。可过几天去银行账上一查，汇来的却只有 500 元。派人去新疆查一查吧，这来回的飞机票钱、吃、住的旅差费也要万八千元；不派人吧，心里又堵得慌。经理从此发誓，不论是谁，款到发货，款不到说什么也不行。

钞票上的高科技对抗

不久前，在德国汉诺威举行的办公设备国际博览会上，日本佳能公司展出了该公司的高技术产品——彩色激光复印机。为显示这一"复印机技术发展的最高成就"，该公司技术人员当场为顾客复印了美元和欧洲货币，其逼真程度，使所有参观者大惊失色。

德国《明星》周刊一位记者用这种彩色激光复印机复制了一批身份证，拿到内政部请求鉴别。弄得专门负责发放身份证的国务秘书目瞪口呆，惊叹："毫无破绽，真伪难辨！"

高级彩色复印机的出现，使得伪造钞票这种"一本万利"的行当空前"兴旺"。如今，不管什么人，只要稍作短期训练，就可用这种复印机制出足以乱真的伪币来。伪币的制造者不再需要为一连数月苦心修饰润色伪币而"辛劳"。"技术进步"令人惊叹。

有心人统计过，美国有机会使用彩色复印机的人，约有 1/5 忍不住诱惑复印过一张钞票。世界上至少有 30 多种货币被罪犯伪造过，首当其冲的是美元——每 100 张流通的伪币中，假美元占了 80 张！仅 1986 年，美国查获的假美元总额就达 3 800 万元，足以维持一个经济小国一年的财政支出。此外，在德国流通的伪造马克约有 200 多万，意大利每年经银行辨认出的伪币达

200亿里拉之多！

面对利用高科技制作伪钞的猖狂犯罪活动，各国不得不采取各种"高科技防伪反伪"措施：

1988年，美国财政部发行了一种新纸币，在新钞票图案中有一座巍峨的教堂，教堂上有座巨钟，奥妙就在这座钟上；用肉眼看，钟的指针正指在2时02分上；可是如果伪造者用激光复印机复造，伪币的大钟指针就移到了4时02分！

美国另一项对抗复印机的措施是在纸币上镶嵌用聚酯线制成的USA微型字样，这种聚酯线对光一照就能看清，而复印机是无法复制这种透光字母的。目前，美国有关部门还请施乐公司研究在钞票上印制全息照片的技术，此招将是伪造者的新克星。

加拿大利用高科技，将一种新型的光学安全装置放到纸币上。这种光学安全装置由5层氧化锆和氧化硅薄膜交替叠成，厚度仅相当于头发直径的1/10，它看上去像全息图，只要将纸币稍作转动，这块安全装置便会随角度变动而改变颜色。

英国在新发行的英镑纸币中用高技术加入一根银色安全线，它会在光线下不断闪亮。

日本则在钞票中注入一种特殊的"高科技墨水"。

新的欧洲支票只利用高科技手段嵌上一个难以复印的综合衍射图，它使一个贝多芬立体头像闪闪发光。

……

面对这种种高科技防范措施，伪造钞票的家伙们是否会就此"改行"？薄薄钞票上的高科技对抗，究竟是"道高"还是"魔高"？

"黑客"猖狂

"黑客"，原是英语HACKER的音译。不久前，它在美国口语中还是指出租汽车司机，但现在却有了新的意义——指那些专事破译他人计算机密码的"电脑通"。

美国几乎所有的私人公司都将它们的商业资料存在计算机里。为了保证公司的秘密不被他人知道，他们都把公司的资料编成密码加以保护。

但黑客们却视破译他人密码为乐事，不惜当为一项课题来研究。

为了对付令人头痛的计算机黑客，有些公司不得不以"黑"制"黑"，重金聘请专业黑客做它们的顾问。解决如何使它们的计算机密码不被其他黑客破译的问题。最近美国某公司聘请一位黑客担任计算机顾问，每天支付给他的报酬高达 1000 美元。

代价虽然昂贵，但比起让黑客得手造成的"伤财"来看，毕竟还属小巫见大巫。1985 年下半年，美国警察曾查出 6 个少年黑客。这几个小黑客破译了电话公司的长途电话密码后，大打免费的长途电话，甚至把密码公之于众，让无数的人"免费电话通全球"，使电话公司蒙受了惨重损失。有的黑客甚至破译了美国宇航局的计算机密码，改变了人造卫星的运行轨道，造成了无可估价的损失，使宇航局的官员和科学家大为震惊。

黑客们承认，计算机密码变得越来越难破译了，"得手的几率"也降低了。但他们不会罢休。一位青年黑客甚至说了句极为冠冕堂皇的话："困难只能使我们更加努力地去钻研。"

"玛丽小姐"真面目

1986 年金秋，一位名叫"玛丽小姐"的"智能机器人"的表演轰动了我国 Z 市。这位"玛丽小姐"风姿绰约、聪明过人，不仅有问必答，幽默风趣，还能应观众之邀演唱豫剧、黄梅戏……Z 市的男女老少争相一睹风采。每天，一堆堆的废入场券需要用筐子往外抬，票房价值之高可想而知。

但焦作矿业学院学生小 L 却对这位"玛丽小姐"产生了怀疑，在"玛丽小姐"表演的时候，他和同伴用调频收录机测出了展厅西南角的一张画屏后面发出的无线电波。在观众散尽之后，他们发现一个长辫子姑娘慌慌张张从北门溜出来……

原来，长辫子姑娘就是"玛丽小姐"幕后的配音和操纵者。在一个大木箱里，公安人员发现了一台遥控装置和一个无线电话筒、蓄电池、手电筒、电子计算器以及几本词典等。"玛丽小姐"的骗局被彻底戳穿了。

显然，这是一种利用科学技术手段进行诈骗活动的"智能犯罪"行为。Z 市某区法院负责人也认为，"玛丽小姐"是一宗"严重诈骗案件"。但最后对这起愚弄了千万人，激起强烈公愤的诈骗事件的处理也只是——罚款了事。

黑手伸向芯片

深夜，4个身穿夜行服、头戴假面具、手提作案工具及自动步枪的人，蹑手蹑脚地潜进了美国加利福尼亚州奥兰治的逻辑研究所。他们用枪顶着门卫的脑袋，要求把他们领到几天前新闻报道中提到的刚安装好的那台新计算机房里。

盗贼来这儿不是为了抢钱，而是为了取得计算机上新编排的芯片。

同在加利福尼亚州的圣何塞，类似的"芯片案"也时有发生。

芯片，可是比同等重量的毒品和黄金还值钱的宝贝！

据圣何塞警察局警官、该局反高技术犯罪行动小组组长吉姆麦克曼说，芯片易于携带，而且价比金贵，如英特尔公司的畅销芯片每块在市场上可卖到1000美元至1700美元。加州最近破获的一起案件发现，一个大行李袋就可携带价值100万美元的芯片。不仅芯片市道好，而且难以逮住窃贼们，因为芯片没有编号，无法证明其芯片是偷的。芯片一出公司门，公司就不能指望再追回。

窃贼们已经形成一个有组织的销赃网络。警方说，许多被盗芯片流经南加州的至少5个大型销赃中心。买赃者将赃物重新包装，然后销往美国各地和海外，尤其是亚洲国家。这种行当，"利润"比走私毒品有过之而无不及，风险却比"玩毒品"小得多。

高考"电子作弊案"

两三年前，我国宝岛台湾省，曾发生一起震惊全岛的高考"电子作弊案"。

那年的大学联考前夕，警方逮捕了廖桓楼、李秋岑2名主嫌和9名正在接受"考前作弊训练"的考生，并查获1辆装有反干扰性能无线电发射器的轿车和142具振荡接收器。

据调查，廖、李二人原准备运用这批专为考试作弊用的无线电振荡器大发横财，不但在大学联考使用，连高中联招等各种考试也不例外。

警方说，共有160多名参加当年大学联招的男女考生，分别交5万元

"头金"给廖、李二人，总计800多万元，而廖、李二人也以每人2万元代价，聘好12名台湾大学在校学生作为枪手准备作弊。

后来查明，廖桓楼、李秋岑两人，通过补习班学生的私下口传方式，吸收参与作弊的考生，每名考生先交5万元"头金"，将来作弊考取后，每人再交10万元，若考取的是国立大学，还外加5万元。

用高科技成果帮助莘莘学子作弊，可算是一大"发明"了！

淫、赌新花样

几年前香港传播媒介曾披露两件令警方"头痛"的犯罪行为。其一，有歹徒利用微波发射技术，在一些住宅单位内隔楼传播黄色录像带，供邻近的居民收看，以此牟利。当警方到收看点"拉人"时，往往因"证据不足"而难以检控歹徒。其二，不少人在"非法赌场"（未经官方认可的赌博机构）进行赌博时，使用一种先进的即溶纸填写赌注，遇上警方"围剿"时，即将填有赌注的纸投入水中溶化，毁灭证据，令警方抓不到把柄。

这类高科技犯罪行为，比一般的杀人越货，更使执法者难以对付。

令人愤慨的是，一些制造商和商场，竟然专门制造和出售供犯罪分子使用的高科技产品，使他们逃避法律制裁。据载，香港某商店就曾公开出售对付警方测速雷达的仪器，供非法开快车及在公路上非法赛车者使用。当车辆将进入警方测速区域时，这类仪器会接收到测速雷达发出的电波信号并发出警报，使驾驶者从容采取措施"回避"。

话题再回到黄毒上来。据有关部门透露，黄色游戏软件已通过不法渠道进入我国。出生在知识分子家庭的小C，原先是一位品学兼优的高一学生，他的父母为其购置了一台家庭电脑。不料，一次小C的父母出差，邻居小D拿了一盘从某国带来的"正宗"游戏软盘。原来，这是一盘黄色游戏软件，充满色情内容，玩得分越高，屏幕上出现的镜头就越黄。小C不能自拔了，他把这黄色软件偷偷拷贝了一盘，玩着玩着，学习成绩下来了，又给撩拨得情欲勃发。一天深夜，把班里最漂亮的一位女生骗到僻静处，模仿游戏软件里的黄色镜头，残忍地蹂躏了她……

这是又一种"电脑病毒"，虽然它不摧毁电脑本身，却毁灭人的灵魂。这是人间的悲剧，也是对电脑的亵渎！

"电脑卖淫"

"电脑大盗","取"财有"道",早已不是新鲜事,但"电脑卖淫",却还是第一次听说。

微型通讯电脑在法国已逐渐进入家庭的日常生活之中,使人与人之间的联系更为方便、迅捷。仅巴黎一地,就拥有200万以上的通讯电脑用户。但可惜,客户中良莠不齐,更掺加经营各种罪恶勾当的社会渣滓。其中,尤以娼妓及皮条客居多。于是,微型通讯电脑被谑称为"粉红色"的电脑。

那些以此业谋生的人,只需按月付上租金,便可取得一份通讯密码。她们安坐家中,拿着通讯密码,向其他客户发出诱惑的信息。通常,她们多利用假名,例如"秀发"、"美腿"等与对方交谈,电脑荧幕上会出现"××小姐,性感,1千法郎两小时"之类的字样,并要求对方按密码回复。如对方有意,这些女子就在荧屏上打出家中的电话号码,直接洽谈"生意"。倘若愿意交易,就会说出家居地址,客人按图索骥。

这种电脑卖淫,已达到猖狂的地步。不但妓女为之,不少家居寂寞的妇女,也以此为媒,一则可解寂寞;二可挣点外快。

如今,事态的发展,令当局十分头痛。唯一的方法,只有派出大批人员,作深入的调查,严密控制电脑用户,将那些滥用微型通讯电脑作不正当用途的人士逐出订户之外。但又谈何容易!这不像在大街上捉拿街头妓女那么简单利落,那么容易辨认。难怪通讯局的高层官员为此大发雷霆,正考虑与司法部门合作,采取大规模的行动,肃清此类社会渣滓。

电脑这种科学技术的结晶,因被利用来祸害社会、败坏风气而蒙上污秽,这不能不说是文明的"畸胎"!

"电脑兜风"

报载:美国曾发生过一起惊动联邦调查局的情报失窃案。有一天,马歇尔宇航中心突然发现有2部计算机工作情况异常,有关数据已被人窃取。联邦调查局立即紧急行动,组织大批力量,采用最先进的侦破技术进行侦查。结果在附近几家住户中发现了作案线索。待到案件水落石出之时,联邦调查局不禁愕然：窃取宇航中心重要情报的，竟是4名16岁以下的孩子！在审讯中，这些孩子说，他们是受了一部叫《战争游戏》的电影的影响，才制造了这场恶作剧的。

这类使人啼笑皆非的恶作剧，被人称为"电脑兜风"。令人担忧的是，这类危害社会的"电脑兜风"，在一些国家的青少年中颇有市场。美国不少青少年是业余电脑爱好者，他们常把自己的微电脑与通讯网接通，有意无意地干扰、破坏电脑通讯系统的正常工作。威斯康星州密沃尔基就有400名青少年电脑爱好者经常干扰一家著名的癌症研究院的数据库，危及到癌症病人的治疗，多次引起轩然大波。最近，美国加利福尼亚州又有3名中学生，修完电脑课程后，便试起自己的"功夫"来。他们把自编的程序输入自己的计算机，扫描该州史皮连电话服务公司的电脑，窃得了该公司自动收费长途电话的密码，大打免费长途电话，干扰了电话通讯。更有甚者还搞出一项"重大发明"，能轻易盗出官方贮存在电子计算机中的国防机密，并对其内容加以修改。

玩"电脑兜风"的青少年使警方、官方伤透了脑筋。控告他们进行电脑犯罪吧，他们大都无犯罪动机，只是出于好奇；宽容不予深究吧，"电脑兜风"的危害又防不胜防。随着电脑教育的普及，学生利用电脑闯祸惹乱子的社会问题，看来还会日益严重。

"电脑兜风"无疑给社会带来了巨大的危害。但是，十几岁的青少年能够进行"电脑兜风"的事件本身，却说明电脑的普及极大地提高了青少年的科学技术素质。喜欢"电脑兜风"的青少年，一旦对电脑的社会作用有了正确的认识，就会成为社会有用之才，甚至可能成为起重大作用的奇才。

罪恶"游戏"的幕后主谋

美国二十几家公司曾先后向当局报案，申诉他们的电脑被侵犯，造成无法估计的货物及服务上的损失。美国联邦调查局经过长达4年的调查侦破，终于在最近揭开了事实真相。

原来美国有一批少年"电脑天才"——最小的只有14岁，他们受一名女电脑专家操纵，运用电脑知识进行欺诈，共诈骗150万美元。

这名女电脑专家名叫林恩·道塞。美国联邦调查局一名官员称，林恩

"是这宗最复杂微妙的犯罪案的幕后主谋,她操纵着全国约60名少年,利用他们的电脑知识,获得人们的信用卡号码及银行信贷户头号码,借以欺诈金钱。"

林恩是通过参加全国少年电脑会议认识他们的。她以能够取得一些禁区的电话线路,来引诱这些少年产生兴趣。有时,她又利用电话,直接指导这些无知的少年怎样获取一些银行或商业机构的秘密电话线路。

这些分别居住在底特律、洛杉矶、哥伦比亚、亚特兰大和波士顿的少年们并不存心诈骗,也不贪图钱财,他们只是作为游戏,以能够如此利用电脑系统为乐。但由于他们的年龄都不满18岁,按照美国的法律免予起诉,只能交地方当局教育了事。

至于这名利用孩子们对电脑的迷恋而进行电脑诈骗的女人则另当别论了,她已构成重大犯罪,在芝加哥落入法网,有关方面正在对她作进一步审查。

计算机犯罪在中国

改革开放,国门敞开。当以电子计算机为核心的技术革命新浪潮席卷而来时,计算机犯罪的魔影也相伴而至。

据统计,全国被侦破、依法惩处的计算机犯罪案例,1988年仅7起,1989年达13起,1990年已超过20起!而这些数字还只是实际发生的计算机犯罪案件的一部分。

中国的计算机犯罪,始于金融界。

1986年7月22日。深圳市人民银行和平路支行营业厅。一张1万元的取款单从窗口递了进来。微机操作员敲打键盘,屏幕显示:"余额不足",只有8 050元。电脑拒绝交易。"怎么?明明存着28 050元人民币吗?"准备提款的香港同胞李先生急得直跺脚。营业员愕然。再按键检索询查,显示余额不对,不能付款。

事隔两个多月,深圳市人民银行迎春路支行也传出奇闻:经电脑检索,山东外贸驻深圳办事处赵主任存入银行的3万港元,也不翼而飞。

计算机变成了"老虎机"?

市公安局、市人民银行保卫部火速立案,查明这不是电脑独吞,而是被化名人持有与李、赵相同存折骗取走了。

市公安局刑侦队在经过传统的侦破没有成效后，邀请香港计算机专家、技术人员共同分析会诊，终于查到了用微机进行诈骗的罪犯。

这是我国发生的第一起计算机犯罪案。

此后，相应案件接二连三见诸报端：

——1989年12月28日，某地建设银行电脑室主机操作员王玮一人值班。他偷偷用电脑修改了程序，在电脑储蓄账户上将两单位存户的存款数增加了人民币1.83亿元，致使建行在进行电脑自动结算时，多付给两单位存款利息1.4万元。正当两单位捧着一叠额外之财莫名其妙时，王玮出现了：现在该我拿回扣了！一家给了他2 282元"劳务费"，而另一家多得万余元的单位则分文不给——我又没让你送钱给我！风声传出，王玮以贪污罪被判处有期徒刑4年。

——1990年10月23日，上海工商银行东安路储蓄所，一位姓金的储户递上了一张存折要求取钱。储蓄员麻利地按动电脑键盘，屏幕上跳动着的数字令他吃惊：7 000元存款已于9月26日被提走了。金某傻眼了。后经技术鉴定，原储户确实没有提取。

7 000元不翼而飞，徐汇区公安分局接到报案后迅速组成破案小组。最后查明，这家储蓄所青年储蓄员路天昌见储户金某账户有8 000元，便起歹意，暗暗记下账号，伺机以"金明"名义存入10元后，操纵电脑终端，篡改"金明"账号为金某账号，盗领了金某的7 000元存款。

——大连市西岗区办事处ASC 68000型计算机系统管理员冷孝武，利用由他通过计算机控制的"银行收入贷款利息"的专用科目和"到期未收贷款利息"科目，把客户交来的贷款利息11万余元截留，通过计算机转到同伙的账户上，汇出套取现金。由于他一人同时管理这两个科目，从而为他截留贪污大开方便之门。作案中，他毁掉计算机打出的账页和办票汇的付方凭证，然后用计算机重新打出假账页，造成账平表对的假象。

——某日，广州妇女何某来到了中山六路储蓄所取款，但储蓄所工作人员却找不到她的底卡。后经储蓄所查证，发现何某的存款已被他人冒领了2 100元人民币。有关部门迅速查阅了有关账册及应附的电脑账页数据移行单。经查找发现：账册上明显地反映了何某确有存款并已移入电脑，但移行单不见了，移行入电脑的账号也被涂改。再运用电脑查询被涂改后的账号，电脑屏幕显示出有人已补登存折并输入了取款密码,已于补登后在西华路储蓄所提取了现款。这意味着有人在利用电脑犯罪!

公安机关对此案展开了严密的侦查。没用多少时间,罪犯旋某就落入法网了。

旋某原是广州市工商银行中山六路储蓄所的电脑操作员。广州市20多间储蓄所开展电脑联机存取款业务后,他萌生了利用电脑作案的念头。一天中午,旋某放下手中的工作,从存折箱中抽出一个较旧的存折(存户是何某),利用技术手段涂改了账号,并趁主管人员不备,偷偷改动了存折的电脑密码……

一切准备就绪后,旋某便携伪造的存折去西华路储蓄所办理取款手续。该所营业员接过旋某的存折后,虽发现其中有手续不完备之处,但过分相信电脑的保密及保险性,只随便问了几句便将2 100元交给了旋某……

我国计算机犯罪发案率虽然没有发达国家那么高,损失也没有那么大,但它作为一种新的智能型犯罪,不能不引起人们的深切关注。根据公安部门分析,发生在我国的计算机犯罪有以下几个共同特点:

1. 作案人员几乎都是银行内部工作人员,90%采取内外勾结形式;

2. 犯罪分子通晓计算机知识,有机会操作计算机,并且大都是本单位的业务骨干,案发后,有80%的罪犯从没受到过怀疑;

3. 计算机犯罪技术性强,难发现,难取证,特别是不使用银行专用机的银行,很难查到罪犯在计算机中留下的证据,有的只是根据罪犯交代作案手段后才能查出。

这种智能型的"白领"犯罪是够令人头痛的了,而人们那种对计算机安全性的心理上的麻痹和落后于现实的无所适从,却更加令人忧虑。

《中国社会报》发表过一篇《计算机犯罪——拂不掉的魔影》。文中列举的4个案例,颇能说明问题,现照录之:

镜头一:1989年1月10日。武汉。夜色浓重。人们按照习惯边吃晚饭边看电视新闻节目。突然一则简讯引起有关人员的注意:鄂西自治州恩施市法院审理湖北省首例计算机犯罪。负责计算机安全保卫的公安人员立即会同省公安厅内保处、经济保卫科的同志赶赴工商银行湖北省分行了解情况。案件很快就清楚了:罪犯姚家洲是银行唯一的计算机操作员。1987年,他就有挪用款项的前科,已经调离了,但仍能上机。他利用职务之便,采取篡改微机数据库信息、伪造储蓄单、先存后取、套取利息等手段，自1988年3月来，先后作案6次，共贪污银行公款1.8万多元。可银行是把他作为银行内部反贪污、反受贿的法制教育的典型材料，考虑到自己的声誉，不准备让外界采访的。

"没有计算机，姚同样能达到犯罪目的。"银行技术部门有人不承认这是计算机犯罪，他们振振有词地说："如果认定计算机犯罪，可能会产生消极作用，影响领导在银行系统广泛应用计算机的决心，给技术部门推广应用计算机造成困难。"

镜头二：1987年12月26日。黑龙江省哈尔滨市香坊区安埠储蓄所。储户陈某递进一张1.98万元的取款单。微机操作员敲打键盘，屏幕显示："余额不足"，只有300元。储蓄所一阵忙乱，通报公安部门。公安部门采取传统破案方式，盯准储户。他们发现取款人陈某有许多可疑之处，便将她收审。

然而，没隔多久，储户黄某去储蓄所取存款2万元时，钱款又不翼而飞。陈某正在受审，罪犯不可能是她。

罪犯是谁呢？

恰在这时，发生了一起杀人案。公安人员侦破这起案件时，无意中发现了银行盗窃案的线索。罪犯原来是储蓄所的蒋铁军和他在黑龙江业余大学的同学李治平。蒋铁军怕事情败露，便把李治平溺死在松花江里，杀人灭口。

据蒋犯交待：那天李治平到储蓄所趴在窗口看了10分钟便说："你只要给我储户的姓名、账号、余额，我就能弄出钱来"。他们果然做到了。

蒋铁军案完结之后，安埠储蓄所召开了大会，所领导宣布：从现在起，我们要对微机管理进行整顿，严格操作制度。可到底怎样才能搞好计算机安全？大家陷入一片茫然。

镜头三：一份份带有"人们病毒"的软盘被贪占便宜的人非授权拷贝，接下来一份份沾染"病毒"的游戏软盘在许多单位的计算机上堂而皇之地横冲直撞。

大学、研究所、工厂……，一个又一个"病毒"研究者在各自的角落拉开了研究战场，又慢慢把一个又一个"病毒"变种传播到四面八方……

计算机病毒，即有差错的软盘。美国的第一起"病毒"是软件工程人员有意造成的。它通过进入计算机存储部分运转，将差错带给与其联网的所有计算机。

1989年3月，我国在西南铝加工厂计算中心首次发现计算机病毒。事隔不久，中国有色金属总公司所属的昆明、天津、成都、湖南等地的单位也先后发生"小球"病毒的感染；

1989年6月，国家统计局所属的3 000多台计算机传染上了病毒；

……

小球病毒、大麻病毒、圣诞树病毒……，几十种病毒来势汹涌。

从1989年计算机病毒传染到中国以来，我国已有5万多台计算机被病毒感染。死机事件不断，经济损失巨大。美联社1988年12月16日报道，计算机病毒在欧美流行被美国科学家评为生物和技术物理领域1988年重要国防科技十大新闻之一。我国计算机安全专家也撰文指出："计算机病毒的侵入和传播，是中国计算机界1989年的重大事件。""耸人听闻的计算机战争已经拉开了序幕。"面对愈演愈烈的计算机病毒，计算机安全专家不无忧虑。

镜头四：一叠案卷放在最高人民法院，那是发生在农业银行成都市德盛街营业部的我国最大的一起利用计算机盗窃案。毕业于四川财经学院的谢文忠和借调在某公司工作的李秋生里应外合，利用打印结果无专人保管、个人可以自由出入机房的有利之机，修改程序，两次盗窃人民币87万元。该怎么判决呢？翻遍法律条文也找不到可以准确地类推或比照的合适条款。于1979年1月1日生效的建国后第一部刑法的立法者，当时无论如何也想不到仅隔几年之后就出现了这种新型的犯罪。

"我们将非常慎重地处理此案。"负责处理这个案件的同志说："这是一种新型的犯罪，因此我们不能用常规来办理。"

计算机犯罪是一种专业性的、属于"白领阶层"的犯罪手段，罪犯大多心思缜密，而且智慧甚高，有些人甚至以"战胜电脑"来"肯定自我"，只要厂商推出新的防范措施，马上就有人开始研究破解之道……

利用计算机作案，时间、地点、手段等均大大超越传统犯罪，作案后往往痕迹全无。即使在发达国家，被及时察觉的也只占10%，能够侦破的只占1%。我国的计算机犯罪侦破工作起步晚，基础弱，更助长了罪犯的侥幸心理。

计算机犯罪的警钟已在我们耳边鸣响……

高科技犯罪谁之过？

高科技是人类文明的结晶。高科技犯罪不是高科技本身之过，而是人的行为使然。

约·居里说得好："科学是不会有罪过的，有罪过的只是那些滥用我们的科学成就的人。"

邪不压正。依笔者愚见，现代人类社会应挥舞对付高科技犯罪的"三板斧"：第一，高科技本身功能上的技术防范即"硬防范"；第二，高科技工作者职业道德教育的"软防范"；第三，高科技领域之法治。

Ⅲ　"科味"人生竞风流

本部分收集了作者多年来散落于报刊杂志中的科学散文。其文章通俗易懂，读起来生动有趣。

高温超导材料的开拓者

1987年10月14日，瑞典皇家科学院决定，把该年度的诺贝尔物理学奖授给西德的约翰斯·柏诺兹博士和瑞士的卡尔·缪勒教授，以表彰他们首先发现新的氧化物高温超导材料所作出的贡献。

柏诺兹和缪勒都是美国国际通用机器公司苏黎世实验室的研究员。要了解他们为什么会获得诺贝尔奖，还得从超导的历史说起。

超导现象是由荷兰物理学家昂内斯于1911年发现的。在这以后的将近50年中，超导仅仅是被当作一种物理现象，研究未取得进展。到50年代末和60年代，超导无论是理论上还是在实际应用上都有所突破，但是，由于超导材料都是属于液氦温区的，氦气在地球上极其稀少，价格昂贵，因而阻碍超导技术更广泛地应用。所以寻找高温超导材料，是科学家们梦寐以求的愿望。

到1986年4月，柏诺兹和缪勒研制的钡镧铜氧化物超导材料，把超导材料的转变温度从铌三锗的23.2K提高到30K。这是人们研究氧化物超导材料的起点，是自超导现象发现75年以来最重大的发现。这一发现的重大意义在于大大地开阔了科学家的视野，把人们的视线从金属超导材料转移到氧化物陶瓷超导材料上来，为寻找应用价值更广泛的高温超导材料开了一个头。

瑞典皇家科学院说，柏诺兹和缪勒"最先成功地发现了高温超导材料，激励起许多科学家研究超导材料"。所以，瑞典皇家科学院所散发的背景材料中特别地提到美国、中国、日本和欧洲各国科学家在去年年初短短的几个月中，发现了转变温度超过90K以上的超导材料。

目前，超导研究正在向纵深发展。各国科学家把主要力量集中在超导理论、室温超导材料的研制和液氮温区超导材料的应用三个方面。可以预见，在本世纪末和下一世纪初，超导技术将得到广泛的应用，超导材料将像半导体材料那样，进入到人们的日常生活中来。

（原载《科学与你》1988年第1期）

1988,科学高地十英豪

诺贝尔科学奖虽说有辉光也有暗影,但它作为科学界的最高荣誉,至今仍是千万科学家角逐的"科学高地"。这里向你简要介绍新近登上这一"高地"的十个新脸孔——1988年度诺贝尔科学奖十位新得主和他们的科学功勋。

把"幽灵"变成工具——三位美国人分享物理奖

物理学家们早就知道,在微观物理世界中,有一个鬼一般的"幽灵"——中微子。它,没有质量,不带电荷,以光速行进,几乎不与其他任何粒子相互作用,来无影,去无踪,稍瞬即逝,难以捉摸,令研究它的物理学家为之耗费了无穷心机。几十年来,中微子一直是个未完全解开之谜。

这次荣膺诺贝尔物理奖的三位美国科学家——莱德曼、施瓦茨和施泰因贝格尔——就是在与中微子打交道中立下丰功的。他们的主要贡献用一句话来概括,就是"把鬼一般的中微子变成一种有效的研究工具"。这几位获奖者利用粒子加速器制造出中微子,并用自行设计制造的计测装置追踪这些小微子,结果发现事实上有两种不同的中微子:一种中微子与电子属于同一范畴,另一种与 μ 子属于同一范畴。中微子束能够以类似 X 射线展现人的骨骼的方式显示一个质子的坚硬的内层部分。实验表明,电子以其中微子形成自己的限定的家族。

瑞典皇家科学院说,这项获奖的研究成果,消除了阻碍弱力研究取得新突破的两大障碍,为探索物质的最深层结构开创了崭新的途径。

三位获奖者的简况如下:

莱德曼,现年66岁,美国国立费米实验所所长。他获奖后表示:"准备回到教室去扫除科盲。"

施瓦茨，55岁，以前是哥伦比亚大学和斯坦福大学教授，现在加利福尼亚州芒廷维尤独立开办计算机通信公司。

施泰因贝格尔，67岁，出生于西德，是归化的美围公民。1968年起一直在日内瓦的欧洲核研究中心工作。他在接受记者采访时说："我对获奖完全感到意外，因为这项成果是在26年前取得的。"

揭开蛋白质原子构造的神秘面纱——三位西德人共戴化学奖桂冠

人类的全部营养，归根结底源于一个神秘的过程——光合作用。光合作用是地球上一切生命赖以维持和存在的条件，也是地球上对人类关系最为重大的一种化学反应。但光合作用过程长期以来一直是个谜。

这次获化学奖的三位西德科学家米歇尔、胡贝尔和戴森霍费尔的贡献在于：他们发现蛋白质晶体在光合作用中能转换能量，阐明了蛋白质怎样由原子逐个筑造的全部过程和细节，确定了在光合作用中捕捉光能的某种分子的结构。这3位科学家研究的特定分子由4种蛋白质分子联结而成，在进行光合作用的细胞外膜上构成单一结构。为了把细胞内处于光合反应中心的原子从外膜上分离开来从而确定每个原子的位置，他们将未知的蛋白质凝成结晶，使所有分子沿同一方向聚结。当X射线照到晶体上时，光从各原子上反弹回来，反弹角度由轻重不一的光点图案记录下来，通过分析可以推断各原子的位置，从而确定进行光合作用的这4种蛋白质分子的三维结构。

现年45岁的戴森霍费尔在得克萨斯大学霍华德·休斯医学院工作。55岁的胡贝尔和45岁的米歇尔均就职于联邦德国政府办的马克斯·普朗克研究所，该研究所在过去的77年中先后有20多名科学家荣获诺贝尔奖。

为推出一代新药开拓铺路——英美专家同获医学奖

负责主持评审诺贝尔医学奖的瑞典卡洛琳医学院宣布，英国人布莱克爵士、美国人埃利翁和希琴斯同获1988年诺贝尔医学奖。该医学院说，布莱克的贡献主要是研制出用于治疗冠心病的β—受体阻滞剂心得安；埃利翁和希琴斯则研究了健康细胞与癌性细胞之间核酸代谢的不同，寻找有选择地阻止癌细胞和有害的有机体增长的方法。

在颁发给埃利翁等人的奖状上写着：被授予今年诺贝尔医学奖的这些发现，关系到研制成一些新药物，这些新药物对治疗一些疾病是必不可少的。这些疾病包括白血病、痛风、高血压、溃疡、心绞痛等。这次获奖的研究成果为推出一代新药铺平了道路。

值得指出的是，近年来埃利翁和希琴斯帮助研制成用于医治疱症病毒的药物 ACYCIOVIRE，这种药物导致了 AZT 的诞生，而 AZT 是迄今开发的用于治疗艾滋病的最有效药物，它可大大延迟这种致命病毒的作用。

毕生研究市场经济的"绝症"——阿莱独得经济学奖

诺贝尔科学奖原来只设物理奖、化学奖、医学奖三项，1969 年起才增设了经济学奖。所以，经济学奖属于科学奖之一，恐怕还不是人人皆知。

或许是一种象征性的选择，斯德哥尔摩诺贝尔评奖委员会在 1988 年 10 月 18 日——即 1987 年 10 月的股票市暴跌一周年纪念日，授予 77 岁的法国经济学家莫里斯·阿莱诺贝尔经济学奖，以表彰他毕生研究市场经济及最有效利用资源的理论所作出的贡献。

莫里斯·阿莱是个孤儿，其父是巴黎的一个乳品商，在第一次世界大战期间去世。他出于对"1929 年大危机造成社会大灾难的性质"的愤怒和给每天都产生的社会经济问题寻求解决办法的热情，而确定了自己毕生的志向。

莫里斯·阿莱是从 1987 年 5 月就预见到该年底股市暴跌大危机的少数分析家之一。他在一篇名为《市场经济的货币条件》的研究报告中，把这次危机与 1929 年 10 月的金融大崩溃相比，指出工业化国家无法幸免这种"绝症"。他还在风险研究中提出一个"阿莱悖论"，指出"风险越小，投机者就越逃避它"。

阿莱早于 1980 年就已退休，但时至今日还在国立高等矿业学校教授《金融行情分析基础理论》。他声称其终生目标是："把经济与其他人文科学——心理学、社会学、政治学和历史学联系起来。"

（原载《科学与你》1989 年第 2 期）

20世纪80年代的"最后一奖"

一年一度的诺贝尔科学奖举世瞩目。

1989年度的诺贝尔科学奖,由于奖金额大幅度提高,更由于是80年代的"最后一奖",就更勾人眼珠了。

1989年10月9日至10月12日,斯德哥尔摩成了记者云集的"新闻焦点"。瑞典皇家科学院在此期间先后宣布了该年度诺贝尔物理奖、化学奖、医学奖、经济学奖的得主,有幸获此殊荣的八位科学精英,一时间成为跨国界的新闻人物……

拉姆齐的"铯原子钟"300年的误差不超过千分之一秒

美国科学家诺曼·拉姆齐"由于发明一种计时方法",得到了此次物理学奖金的一半。这种计时方法是目前国际上采用的时间标准的基础——"铯原子钟"。

拉姆齐发明了"分离的振动场方法",用以精确地观测原子辐射和计测原子辐射频率,由此产生了铯原子钟。他在马萨诸塞州布鲁克林的住所接受记者电话采访时说:我研究的是原子和原子核的基本特性,而这导致了"非常非常稳定的原子钟。"它很有应用的价值,可用于射电天文学、导航、卫星导航和许多其他目的。

根据拉姆齐的方法,1秒的定义是:"1个铯原子振动9 192 631 770次的时间。"诺贝尔授奖委员会主席瓦林·林格伦说:"这意味着,原子钟在300年内的误差为千分之一秒。"

拉姆齐现年74岁,自1947年以来一直在哈佛大学执教。当美联社记者在电话中告诉他获得诺贝尔物理奖时,他反问道:"你肯定是真的吗?"得到证实后,他激动地说:"好极了!我真高兴。我同和我共同获奖的人们一起高兴。"

德默尔特和保罗共同"捕捉单电子"

拉姆齐上面所说的"和我共同获奖的人们,"是指诺贝尔物理奖的另外两个获得者——德默尔特和保罗,他们创造了"捕捉原子以便极其精确地研究一个电子或离子"的方法,共得物理学奖金的另一半——23.45万美元。

德默尔特是美籍德国人,他生于德国的格利茨,1952年移居美国,大学毕业后曾在北卡罗莱纳的杜克大学从事研究,1955年以后一直在西雅图的华盛顿大学工作,现今67岁。

德默尔特长期应用光谱学研究电子。1973年,他首次观察到一个单电子,1975年,又首创了冷却捕集电子的方法,进一步提高了精确度。

与德默尔特平分"半壁"奖金的沃尔冈·保罗,出生于德国的洛伦茨基希,1952年起任职于波恩大学,从事实验物理的教学和研究;60年代中期曾担任过欧洲核子研究中心核物理学部主任。

保罗获奖的主要原因,是在50年代发明了使用一个有六极的磁场使原子聚于一束射线的方法——"保罗捕集法",一个科研成果取得后经过几十年才获奖,这在诺贝尔科学奖的历史中并不太稀奇。

保罗听到他自己获奖的"第一反应"是"感到意外"。他说:"我个人从来没有想到"30多年前的那一工作的"实际的意义"。

切赫和奥尔特曼的发现改写了化学教科书

过去人们长期认为,遗传物质核糖核酸(RNA)只是一种遗传分子,美国人托马斯·切赫和加拿大人悉尼·奥尔特曼却以自己的研究成果证明:核糖核酸具有催化功能,可作为化学反应的一种催化剂。这一惊人的发现使他们共享了诺贝尔化学奖。

核糖核酸催化功能的发现具有重大的理论意义。它改变了生物学的主要信条,并对人类了解和认识生命的起源和发展具有深远的影响。由于这项发现,化学教科书将不得不重新改写。

核糖核酸可作为一种催化剂的新发现具有广阔的应用前景。瑞典皇家科学院认为，它"很可能为基因技术提供一种新工具。从而可能开创一种防御疾病感染的新方法。"将来，科学家们更多地了解核糖核酸催化特性的机理之后，还可能通过在实验室中制造的核糖核酸去纠正某种遗传失调。

现年50岁的奥尔特曼出生于加拿大的蒙特利尔，在加利福尼亚大学取得博士学位后，曾一度在哈佛大学和剑桥大学做研究工作，1971年始供职于耶鲁大学，任生物学助理教授。1978年，当奥尔特曼首次发现"核糖核酸对于细胞里的催化反应是必要的"时，他"连自己都几乎不能相信"。当时科学界的反应也是"一边倒"：不相信。

4年之后，切赫也独立地证明：核糖核酸分子本身能起催化剂的作用。这才使该发现受到科学界的重视。

切赫现年47岁，自1983年至今一直在博尔德的科罗拉多大学工作。当他在波士顿获悉自己得奖时很激动。他对记者说："这时人们都在对我讲将要发生的事情；但我不知道它是在什么时候发生的。"当时正在纽黑文的奥尔特曼接到记者的祝贺电话时只说了一句"客套话"："我对我的同事、一起工作的人、教师们以及我的家属表示非常的感激！"

毕晓普和瓦穆斯的新理论：
致癌不是病毒引起，而是外界"按对了电钮"

13年前，两位美国教授——迈克尔·毕晓普和哈罗德·瓦穆斯，共同发表了基本细胞研究的新论：一个正常细胞转变成导致癌的肿瘤细胞，是一个正常的细胞基因受致癌基因受干扰所致，而不是由病毒所引起。

评奖委员会认为，这一科学新说有助于研究人员开阔思路，深入了解癌症的成因，"是使全世界的科学家们受到启发的经验。"

在关于癌症的研究领域，以前曾有4人获得诺贝尔医学奖，并且都是美国人。1916年，佩顿·劳斯发现了一种被他称为"致癌病毒"的东西，这使他50年后得奖。1975年度的医学奖得主共3人——戴维·巴尔的摩、雷纳托·杜尔贝科和霍华德·特明，获奖原因是发现劳斯所说的"病毒"中的一种酶。

此次获奖的毕晓普和瓦穆斯的功绩就在于，他们研究了劳斯发现的病毒得出：致癌基因是遗传物质，而不是过去所认为的病毒。据此，癌很可能的原因是来自我们本身,外界因素所起的作用只是"按对了电钮"。

对此,评奖委员会的约斯塔·加尔顿教授评论说:"如果我们能够了解致癌的不调和因素的结合,我们就能够进攻这个疾病。"

迄今为止,科学家已查明了 60 种致癌基因,其中许多是此次得奖的毕晓普和瓦穆斯查出的。据发现,这些基因与 20 种癌症形式有关,其中包括通常型的白血病、乳腺癌、肺癌和皮肤癌等。

毕晓普和瓦穆斯是哈佛大学的校友,又是加利福尼亚大学的同事。毕晓普 1936 年 2 月 22 日生于宾夕法尼亚州的约克;曾就读于葛底斯堡学院,1962 年获哈佛大学医学学位;先后在华盛顿郊外的全国卫生研究所和西德的汉堡工作过,1968 年才到加利福尼亚大学任职。瓦穆斯比毕晓普小 4 岁,1939 年 12 月 18 日生于纽约州的欧申赛德,曾在马萨诸塞州的阿默斯特学院学习,与毕晓普同年在哈佛大学获得硕士学位后又于 1966 年取得哥伦比亚大学医学学位,1970 年成为加利福尼亚大学医学院的博士后研究员之前,在国立卫生研究所担任临床副研究员。

在诺贝尔医学奖 88 年的历史中,已有 147 个获奖者,毕晓普和瓦穆斯是其中的第 65 个和第 66 个美国人。

霍韦尔莫:获奖喜讯使他"精神紧张"得"5 小时不愿露面"

1989 年度诺贝尔科学奖中,唯一一位独享金额 46.9 万美元奖金的是挪威人特吕格弗·霍韦尔莫,他因提出了"怎样验证经济理论"的方法而获经济学奖。

本来,诺贝尔科学奖只设物理奖、化学奖、医学奖三项,经济学奖是 1969 年起才增设的奖项,也属科学奖之一。

霍韦尔莫于 1941 年取得哈佛大学博士学位,其博士论文对计量经济学的发展颇具开创性。在整个 40 年代,霍韦尔莫用自己的研究工作证明了怎样才能从随机抽样调查中得出经济推论,怎样通过评估来验证经济理论及预测经济结果。

瑞典皇家科学院评价说,霍韦尔莫的理论"使方法论得到异乎寻常迅速的发展",奠定了"现代计量经济学研究方法的基础",并"使得经济学家们能像自然科学家们一样,在实验室里就可观察结果验证理论。"

霍韦尔莫曾在奥斯陆大学工作过。在同事们的印象中，他是一个腼腆、沉默寡言、潜心研究而不喜欢被人宣扬的人。当瑞典皇家科学院秘书长卡尔把获奖消息告诉霍韦尔莫时，他发呆，沉默了好一会才反应过来："我对这一消息感到震惊，但这是很令人高兴的。"

据说，霍韦尔莫获悉得奖喜讯后，感到精神很紧张，躲在家里不愿意接见记者，足足有5个小时不肯露面，让门外一大群等待采访的记者好不尴尬。

（原载《科学与你》1990年第1期）

国旗伴他游太空

1985年7月，国内外报纸竞相报道：世界上第一个华裔太空科学家王赣骏应邀访华。王赣骏曾于1985年4月29日乘坐美国航天飞机"挑战者号"到太空中成功地进行了液滴实验。

王赣骏原籍江苏盐城，1940年生于江西，后来随父亲到了台湾，1963年到美国加利福尼亚州立大学洛杉矶分校攻读物理学。现任加州理工学院喷气推动实验室主任，专门研究液体物理问题。

早在1976年，美国政府就广泛征求太空科学实验选题。王赣骏提出的液滴实验计划，在五百多个选题中独占鳌头，获得批准。这一次，在长达7天的太空飞行中，他克服重重困难，成功地进行了三十多次实验，获得了世界上前所未有的太空液滴实验资料，令全球为之瞩目。

为什么要到太空去做液滴实验呢？原来，太空具有无地心引力、高真空、弱磁场等特殊条件，可以做许多地面难以做到的事。如果在地球上做液滴实验，由于有地心引力的作用，液体必须装在容器中，这一来，容器壁就会对液体发生作用，产生杂质，造成污染，从而影响液体材料的热力学性质。而在没有地心引力的太空，则可实现无容器操作，避免污染，这对于研制高纯度的新型材料具有重大价值。王赣骏的实验已经为这一课题提供了可靠的科学依据。

邀游太空是令人神往的，但王赣骏却说："要做太空人，须吃苦中苦"。这话一点不假。上天之前，他接受了六千多次有如"酷刑"一般的特殊训练，进入太空后，特殊的生态条件造成身体"缩水"，骨质脱钙，脸部又烫又肿。其中的艰辛可想而知。

作为第一个华裔太空人，王赣骏没有忘记为炎黄子孙争光。他登上航天飞机时，特意带上一面中华人民共和国国旗，来华访问时又亲手把这面国旗赠献给当时的中国总理。当航天飞机飞越中国时,他在飞机上原地跑步,象征自己用双脚迈过祖国山河,以表达他对故土深切的怀念之情。

(原载 1986 年 12 月 15 日《中学生报》)

第四位炎黄的骄傲

10月18日,国务委员方毅、中国科学院院长卢嘉锡分别致电美籍华人科学家李远哲,祝贺他荣膺1986年诺贝尔化学奖,感谢他为炎黄子孙增光添彩,邀请他明年再次来华讲学。

李远哲是第一位得到诺贝尔化学奖的华裔人士。在荣膺诺贝尔奖的炎黄子孙中,他是继美国物理学家李政道、杨振宁和丁肇中之后的第四位。李远哲1936年出生于我国台湾新竹县,1965年获美国加州大学化学博士学位,现任加州大学化学系教授。李远哲长期从事化学反应动力学的研究并有重大建树。化学反应动力学是物理化学的一个分支学科,它以动态观点研究化学反应的速率,控制反应速率的各个因素,探求化学反应的机理。李远哲的主要贡献在于其对"交叉分子线束方法"的重大改进。前些年,美国化学家赫希巴赫曾研究出一种交叉分子线束方法,使得人们能够精确观察并详细研究某些化学反应。李远哲在与赫希巴赫共事期间,创造性地发展了这种方法,把它推广到用于研究一般化学反应。

作为炎黄子孙,李远哲对我国科研工作作出了重要贡献。他是中国科学院化学所名誉研究教授,曾五次访华,指导并参与化学所的实验室建设和科研工作。1978年李教授首次访华时,了解到化学所建立大型分子束装置遇到困难,回美后很快就托人给化学所送来宝贵的技术资料,此后又多次到化学所具体帮助建立该实验装置。当该装置进入调试阶段时,李教授亲自动手做实验,一连几天都干到深夜。有一天晚上,他出席一个宴会,结束时已是9点多钟,还赶回化学所实验室。为了培养青年研究人员,李教授在化学所举办了为期三周的讲习班。他几次来华,都声明不要为他安排任何游览活动,而把所有时间和精力都用于讲学和帮助化学所的科研工作。

今年10月15日诺贝尔奖揭晓后,香港记者曾对李远哲进行长途电话采访,问他"是什么因素使你取得今天的成就?"

李远哲说："我觉得自己不是一个有特别才能的人，我是一个很平凡的人，但是一般来说，我非常努力，遇到困难的时候，我一直都坚持，一直都没有放弃。"

（原载 1986 年 12 月 9 日《羊城晚报》）

中国人民的真诚朋友

在苏联，无数的青年学生吟读过物理学家福克创作的著名诗歌《玻尔颂》。

在哥本哈根，流行着经久未衰的歌曲："伟大的玻尔，从虚假的足迹里认出正确的道路……"

在中国，物理学工作者以及所有了解玻尔的人们，无不对玻尔怀有崇高的敬意。

人们颂扬玻尔，不仅因为他伟大的科学功勋，而且因为他伟大的品德和人格。

诞生于丹麦的原子物理学之父玻尔，具有高度的政治责任感和社会责任感。他坚决反对侵略，反对使用核武器，倡导和平与人道主义。在第二次世界大战期间，玻尔积极参加反法西斯斗争。当情况表明希特勒没有掌握原子武器时，他竭力反对美国使用原子弹，为此亲自同罗斯福总统会谈。他公开对杜鲁门政府在广岛和长崎的罪行表示愤慨。1950 年，玻尔还给联合国递交了一份备忘录，呼吁"反对原子武器，防止核战争。"

玻尔对中国人民一直抱着十分友好的态度，并对中、丹人民的友谊和学术交流作出意义深远的贡献。

1937 年抗日战争爆发前夕，我国著名物理学家周培源代表清华、北大到美国普林斯顿当面邀请玻尔访华。玻尔愉快应邀。1937 年 5 月 20 日至 6 月 8 日，玻尔偕同夫人及儿子到我国进行为期 18 天的讲学和访问。他在上海、杭州、南京和北京等地一共作过 7 次关于原子物理和核物理的讲演。有一天，玻尔参观了北大物理实验室，了解到我国学者也在研究拉曼效应，已经从苯散射的复杂光谱中发现了两条靠得很近的谱线 911 和 984，并拍下清晰照片，他对我国当时能拍下需要几百小时曝光才能显影的 984 谱线大加赞赏。

玻尔一家十分珍视同中国的友谊。新中国成立后，玻尔夫人玛丽特·玻尔热情参加过中国驻丹麦使馆举行的国庆招待会。玻尔去世前，郑重嘱托儿子访问中国。他的儿子奥格·玻尔是当代著名的核物理学家，玻尔研究所的学术领导人。他对原子核"集团运动"的研究作出开拓性贡献，获得1975年度诺贝尔物理学奖。为了实现父亲的遗愿，奥格·玻尔曾于1962年和1973年两次到我国访问和讲学。玻尔父子访华已经作为我国现代科学史上的大事载入史册。

玻尔研究所十分欢迎来自中国的物理学家。早在1929年4月，周培源教授就到过哥本哈根参加玻尔召集的会议，在玻尔研究所结识了泡利、伽莫夫等知名物理学家。北京大学曾谨言、复旦大学杨福家和中国科学院卓益忠等中国学者，也曾应奥格·玻尔的邀请去过玻尔研究所工作。我国物理学界与玻尔研究所的学术往来和交流，对发展我国的物理学起了很有益的作用。

1985年1月，中国科学出版社出版了曾谨言等同志翻译的《玻尔研究所的早年岁月》一书，以此纪念玻尔诞辰100周年。奥格·玻尔应曾谨言之请为中译本作序，他热情洋溢地写道："对我父亲来说，1937年访问中国是一个令人难忘的经历。""中国和丹麦之间的合作已取得丰硕成果，而且大有前景。……我父亲早已看出它的伟大前景。"

中国物理学界和人民，将永远纪念玻尔这位真诚的朋友！

（写于1985年10月7日，是玻尔诞辰100周年；原载《粤电科普》）

爱神的智慧

在人类文明进步的历史上，由于爱情力量的激发而作出发明创造的佳话美谈，是不胜枚举的。下面的几则真实故事将告诉你，爱情不仅给人带来甜蜜的享受，而且能够增进人的智慧和精神力量，成为发明创造的"催化剂"。

游湖恋人造出"鸳鸯艇"

袖珍微型游艇，小巧玲珑，轻便灵活，深为游客喜欢。可是谁会想到，发明这种小游艇的人，不是科学家，也不是造船师，而是一对喜爱游湖的恋人！

1819年盛夏，美国一位名叫奥立的法律系大学生，带着恋人贝丝到米尔瓦基城郊游。他们搭乘的交通船，船体笨拙而庞大，轰鸣的柴油发动机声吵得人心烦意乱；乘客们拥挤不堪，吵吵嚷嚷。奥立和贝丝找不到坐的地方，挤在人群里汗流浃背。这情形，哪里还有游湖的诗情画意？贝丝不禁对未婚夫说道："亲爱的，如果有一只小船，只坐我们两个人，自由自在地游荡，该有多好啊！"

说者无心，听者有意。奥立脑子里立即闪出灵感：如果能发明一种袖珍发动机，把它装在船尾，不就可以造出小巧的游湖船吗？于是这对恋人决定回去后，立即将这一想法付诸实践。

可是谈何容易。他们两人都不懂电学，又不懂机械知识，困难不言而喻。但他们没有气馁，奥立毅然到一家发动机厂当学徒。他起早摸黑，勤学勤问，熬了一个多月，终于弄清了发动机的原理和结构。此后他俩自己购置设备，夜以继日地钻研起来。他们互相鼓励，同心协力，爱情的力量激励着他们突破了重重难关。终于，他们造出了用手提式发动机装备的小游艇，并把它命名为"鸳鸯艇"。

又一个夏天，奥立和贝丝重游米尔瓦基城郊湖。他们坐在自己研制的"鸳鸯艇"上，依偎在一起，尽情地享受着发明的欢乐和爱情的幸福……

缕缕情丝"织"出"珍妮机"

伟大革命导师恩格斯在《英国工人阶级状况》一书中写道："使英国工人的状况发生根本变化的第一个发明是珍妮纺纱机。"而制造出珍妮纺纱机的伟大发明家是英国工人哈格里沃斯则是珍妮的丈夫。"珍妮纺纱机"的发明，同样是一曲动人的爱情之歌。

哈格里沃斯既是织布能手，又是干杂活的能工巧匠。珍妮是一位善于纺纱的妇女。18世纪中叶，织布技术已有改进，而纺纱技术仍很落后。所以，珍妮尽管日夜不停地纺纱，纺出的纱还是远远不够哈里沃斯织布用。每到深夜，停工待料的哈里沃斯，看着紧张纺纱的妻子劳累的情景，十分心疼但又帮不上手。一天晚上，他又偎依在妻子身边看着她纺纱。妻子温柔地劝他去休息，他深情地说："让我陪伴你吧，亲爱的！你太辛苦了。我已琢磨了很久，想做一架一次能纺几根纱的新纺车给你！"妻子知道丈夫是个能干的木匠，就柔情脉脉地鼓励他："亲爱的，我相信你一定会成功。"

说来也巧，一天，为改进纺车苦苦思索的哈格里沃斯，不小心碰倒了妻子的纺车，使原来水平放置的纺锤直立起来，他呆呆地看着翻倒的纺车，突然大声喊叫："珍妮！我知道了！"珍妮闻声赶来，哈格里沃斯欣喜若狂地说："你看，直立的纺锤也能转动！要是我做一个框子，直立着并排安装几个纺锤，不就可以一次纺出几根纱了吗？"

在珍妮的协助下，哈格里沃斯精心设计，反复试验，不断改进，终于制成了一次可以纺八根纱的新纺车。后来，哈格里沃斯把纺锤越装越多，增加到十八个、三十个、八十个。这样，过去几十个人才能做的工作，用了新的纺车后，一个人就可以完成了。

为了表达对妻子的深情厚谊，哈格里沃斯把他发明的新纺车命名为"珍妮纺纱机"。

妻子巧"激将"，丈夫发明冷冻机

美国发明家白斯埃，一共获得250项发明专利权。爱情是他发明创造的催化剂。别的且不说，他发明带式冷冻机，就有妻子伊莲娜的几分功劳。

那是一个隆冬，室外滴水成冰。伊莲娜半抱怨半开玩笑地对丈夫说："亲爱的发明家，你就想不出一个办法来，把青菜保存得久一点吗？我看，你的脑子是被冻得不能活动了。"白斯埃受了妻子"激将法"的刺激，发明创造的活力顿时增强。很巧，当天白斯埃有事到屋外去，偶然发现低洼地的冰块中冻住的一条完好的小鱼竟是自己一星期之前丢在那里的。白斯埃灵机一动，回到家里就把新鲜青菜冻在大水桶里。过了几天，青菜依然新鲜如初。这给白斯埃很大的启发。从此，他开始研究鱼货速冻法。当白斯埃的研究遇到重大困难，家庭经济生活几乎到了断炊的地步时，妻子伊莲娜毫无怨言，和他一道出主意，想办法，鼓励他振作精神，继续研究。终于，1925年，白斯埃研制的带式冷冻机问世了！它是渔业走向现代化的一个起点。你看，在白斯埃的发明创造中，不是饱含着他妻子的一片苦心吗？

一腔深情，打字机献给心上人

有一位科技史学家说过："世界上第一台打字机是爱情的结晶。"这话一点不假。

第一台打字机是美国人邵尔斯于1867年发明的。邵尔斯原是一家烟厂的职工。他的妻子在某公司担任秘书，由于公司业务的扩展，工作越来越忙，因而常常把白天抄不完的文件带回家连夜抄写，辛苦异常。邵尔斯担心累坏爱妻，只好经常帮她抄写。有时写到深夜，两人都手酸臂疼，可是任务还未完成。看到日渐消瘦的妻子，邵尔斯十分心痛，从而萌发了研制一部会写字的机器的念头。

为了研制出会写字的机器，邵尔斯没日没夜地工作，经常废寝忘餐。打字机的字臂，照现在的结构而言，似乎是理所当然的形式，可是当初在设计时，却使邵尔斯伤透脑筋，好长时间没有进展。有一天深夜，邵尔斯工作得累了，到院子里散步，一抬头，又看到妻子弯着背写字的侧面身影。也许是由于夜深人静使他的情感变得特别敏感的缘故，邵尔斯内心深处激起了一阵轻微的颤动，他觉得灯下那个美丽的影子，已不再是他的爱妻，而是他梦寐以求的美妙的打字机形式。如果把他妻子的头当作字键，弯曲的臂当作字臂，不正是很理想的设计吗？邵尔斯忍不住跳跃了起来，狂喜地喊道："我成功了！"

　　是的，邵尔斯终于成功了。在庆功会上，他把经过六年艰辛研制出的世界上第一部打字机献给了他的妻子。他的妻子深知丈夫六年的甘苦，若打字机研制不成功，将导致丈夫身体健康的崩溃，她热泪盈眶地对亲友们说："今天，我不但获得了打字机，也重新获得了我的丈夫。"后人都说："邵尔斯和她的太太，是一对最懂得爱情的夫妇。"

（原载《五月》1986年4月号）

理性王国浪漫曲

周镇宏 科学散文

生活在理性王国中的科学家，许多都有一些异乎常人的言行举止。别的且不说，他们中间一些人的"婚恋表现"，就颇有些传奇色彩。

牛顿的"罗曼"事

牛顿终身未娶。是他不食人间烟火？还是没有姑娘问津？

都不是。

牛顿早年曾与他的表妹有一段恋爱史。牛顿的表妹是一个性情温顺的姑娘，对他十分体贴柔情。为使牛顿从终日的研究和实验中稍有解脱，表妹常常主动邀他出去散步谈心。但对科学事业极度专注的牛顿，不是心不在焉，前言不搭后语，就是滔滔不绝大谈科学问题，使表妹大为扫兴。更使姑娘难以忍受的是，牛顿的脑子总是装着星辰的旋转、宇宙的变化、真理的发现……往往忘记了身边的恋人。有一次，他拉着一匹马和表妹一起上山玩，边走边思索问题，到山顶一回头，才发现不知什么时候表妹已经不知去向，马也跑得无影无踪，手里只剩下一条缰绳……

牛顿的"怪癖"不仅使他与表妹的初恋夭折，也使他以后的结婚愿望一次又一次落空。他失去最后一次结婚机会的故事，说起来更为有趣。

那一次，经过热心人牵线，牛顿与一位年轻姑娘在桥头幽会了。那位姑娘本来对牛顿有几分倾心，谁知谈话间，牛顿又神差鬼使地想起了一个数学问题。于是他习惯地点燃了那支大烟斗，一边抽烟思考着他的数学问题，一边"嗯嗯啊啊"地应付姑娘。那姑娘为了表示她的心迹，便把她白嫩嫩的手伸给了牛顿。然而，正在"数学王国"里神游的牛顿，不是把姑娘的手拿到唇边亲吻，而是将她的小手指塞进了他那支点燃着的大烟斗，痛得姑娘连声喊叫，扭头就走。牛顿这才醒悟过来，急步追上对姑娘说："亲爱的，饶恕我吧！"

但是姑娘终于还是走了……

爱迪生的新婚之夜

爱迪生是在1871年圣诞节结婚的。那时他搞的自动电报机还没有成功，正试验到节骨眼上，因有个问题不能解决搁浅了。婚礼刚刚完毕，他突然想起一个解决问题的点子，便悄声对新娘玛丽说："亲爱的，我有件要紧事到工厂里去一下，等会儿一定回来陪你吃晚饭。"新娘一听，心里虽不大高兴，但看他那紧张样儿，也只得无可奈何地点头同意。哪知爱迪生这一去，到晚上也不见影儿，大家问新娘，她不肯说。大家紧张了，四处出动，分头去找。将近半夜时分，有一位友人走过华德街，见厂里亮着灯，便转身进去，一看，爱迪生正趴在工作台上聚精会神地在干活儿，不禁大声喊叫："啊呀！你这位新郎呀，害得我们找得好苦！"

听见喊声，爱迪生如梦初醒问："现在是什么时候了？"

"过了十二点了！"

爱迪生大吃一惊，猛地跳起身，夺门而出，一边跑一边说："糟糕！糟糕！我还答应陪玛丽吃晚饭哩！"

诺贝尔的爱情波折

"炸药大王"诺贝尔，被人称为"最富有的'流浪汉'"，一生无妻无室。但他并非禁欲主义者，他也曾经热烈追求过爱情，有诗为证：

"我有一个神圣的愿望

——得到那可爱的女郎，

做一个值得她倾心相爱的人，

永不辜负她的希望。"

不幸的是，来不及结婚，他心爱的姑娘夭折了。这使诺贝尔痛不欲生。

后来，诺贝尔又爱上了一个奥地利姑娘。可是，这位善于做"爱情游戏"的姑娘在捉弄了他18年后，却嫁给了一个匈牙利军官。

这两次打击使诺贝尔肠断心碎，以至于他在日记中写道："诺贝尔，一个可悲的半条生命的人,应该由哪一个仁慈的医生在一声号叫声中把他弄死!"但是不久,诺贝尔就从痛苦中解脱出来,清醒过来,振奋起来。他在另一首诗中写道:

"我仰望夜空灿烂壮丽的景象,

个人的悲痛显得多么渺小,

不觉中消磨掉心头的悲伤。

我将尽全力摆脱惆怅,

将生命奉献在崇高的事业上。"

正是这样,诺贝尔从科学事业中找到了生活的乐趣。科学成了他的"终身伴侣"。

弱者在痛苦中沉沦,强者在痛苦中崛起!

焦耳蜜月游山

1847年7月一个风和日丽的上午,在英国契忙里克斯山谷,一辆蜜月游览车沿着山路徐徐往上爬。车中坐着一位年轻美貌的女子。不用说,她是新娘。可是她身边的座位却空着。新郎哪里去了呢?

太有趣了!新娘心安理得悠悠然斜靠在车里松软舒适的沙发座上,新郎却跟在游览车后面紧走慢跑,满头大汗。只见他手里拿着一条像手杖一样的东西,但他既不把它用作铁头登山杖,也不用作行走手杖,而是小心翼翼地用双手捧着。

新郎是谁?他为什么不情意绵绵地坐在新娘旁边与她共赏车外那青山滴翠、百花争妍的山景呢?

这位新郎不是别人,正是大科学家焦耳。

焦耳对能量守恒定律的建立具有决定性贡献。他四十年如一日测量热功当量的实验,以证明机械能与热能之间的相互转化。科学研究这种创造性活动使他着了迷,即使在令人陶醉的蜜月。他也念念不忘热功当量的测量。这次与新婚妻子去游山,他随身带了一根长长的温度计,准备去测量瀑布的温度。他怕温度计放在车上会因山路崎岖,车身颠簸而被震断或碰坏,因此宁愿捧着它,跟在游览车后面徒步上山。

巴斯德的求爱信和婚礼

1848年，法国微生物家和化学家巴斯德爱上了一位校长的女儿，就给校长写了一封坦率异常的信：

"我的家道小康，谈不上富裕……至于我本人，我早就决定将日后将我所有的全部家业让给妹妹们，因此我是没有财产的。我所有的只是身体健康、工作勇敢以及我在大学的职位。我打算把一生献给化学研究，并希望能有某种程度的成功。我以这信作为聘礼，请求您允许我和您的女儿结婚。"

这封真诚、坦率的信打动了校长，巴斯德终于如愿以偿。但在婚礼上，新娘却伤心地哭了。

巴斯德举行婚礼那天，宾客满堂。到了喜庆的时刻，却左望右望不见新郎露面。新娘受此冷遇，不禁伤心落泪。亲友们心急如焚，四处寻找"失踪"的新郎。最后，巴斯德的好友夏普华在实验室里找到了他。原来，巴斯德正在不紧不慢地摇弄着试管和培养皿呢！夏普华生气地大声问他："喂！你难道把今天的婚礼忘了吗?!"巴斯德竟然头也不回地回答："你难道要我将实验中途停下来吗？我要做完实验再去结婚！"

忘情的巴甫洛夫

一天晚上，巴甫洛夫的未婚妻西玛到实验室找巴甫洛夫。恰好那些天，巴甫洛夫做着动物的条件反射实验，他把动物缚在实验架上，仔细进行观察，有时通宵达旦。因此，当他与西玛谈话时，脑海里依然翻腾着一幕一幕的实验情景，不仅说话语无伦次，甚至把西玛的手当作实验动物的腿，差点儿缚到实验架上去。西玛又好气又好笑，硬把未婚夫拉到室外去散步，好让他放松一下大脑。可是没走几步，巴甫洛夫就说："快把你的手给我！"西玛以为他要吻自己的手，高兴地伸过手去。巴甫洛夫抓住未婚妻的手，用手指压着她的脉搏，过了一阵，才说："没有不正常的跳动。放心吧，你的心脏很好"。

西玛没有想到，未婚夫竟是这样缺乏柔情，伤感地走开了。巴甫洛夫没有注意到她的情绪，又回到实验室搞他的动物条件反射实验。

这真是"三句不离本行"，道是无情实有情。

（原载《五月》1986年2月号）

"他"与"她"

"他"——"赛先生"——科学王子。

"她"——"缪斯"——艺术女神。

在一些人的心目中,"他"几近书呆子、苦行僧,既不会走进灯火辉煌的舞厅去跳舞,也不会步出庭外去写生,似乎先天与"她"绝缘。

但许多科学家的多彩人生告诉我们：这是一种迂腐的偏见,"他"与"她"并没有一条不可逾越的鸿沟。打开科学史,驰骋于科学和文学艺术两大领域并有卓越贡献者,大有人在！

早在古希腊时期,人们对科学和文学艺术并不作严格的区分。在文艺复兴时代,许多科学家同时又是著名的艺术家,比如,达·芬奇,既是大数学家、力学家、地质学家,又是举世闻名的大画家。在近代的科学家中也可以找到许多对文学艺术卓有建树的人。总之,古今中外,不乏身兼科学、文艺两家的巨人。

东汉著名科学家王充在《论衡》中,旗帜鲜明地提出了天地万物都是元气构成的"元氯自然说",无疑是一部无神论的光辉巨著;同时该书在文学思想史上,强调文学"劝善惩恶"的社会作用,倡导语言口语化,反对因袭模拟,无疑又是我国古代文学理论宝库中的重要遗产。而东汉的张衡,更是闻名遐迩的科学家和文学家。在科学上,他创造了世界上最早用于测定地震的浑天仪和地动仪,并撰有天文著作《灵宪》和《浑天仪图注》。在文学上,他才华横溢,文辞清丽,以创作《两京赋》、《归田赋》而成为汉代四大辞赋家之一。他还擅长丹青,又是东汉六大画家之一。

素以推算出圆周率的七位数享誉于世的祖冲之,不仅是南北朝时的数学家,同时也是著名的大作家。他创作的《述异记》,是我国文学史上志怪小说的扛鼎之作。鲁迅先生特地广为收罗、校勘,将其标入《古小说钩沉》。

至于近代和现代，身兼科学、文艺两家者就更是不胜枚举了：

诺贝尔是杰出的化学家，同时又是几部长篇小说和短篇小说的作者；

我国前科学院院长郭沫若，一身兼有科学与文学多方面的特长，在科学与文艺领域都作出卓越的贡献；

我国著名植物学家蔡希陶曾经是鲁迅称赞过的小说家，他常给郑振铎主编的《文学》杂志撰写文章；

法国化学家维勒从小喜爱诗歌和美术；

我国青年数学家杨乐对京剧特别感兴趣；

蒋筑英是一个音质纯正的男中音，他一生酷爱音乐；

爱因斯坦的钢琴演奏技巧相当高超，他是在尽情地弹奏了一番钢琴之后才把自己关在房间里完成了关于相对论的伟大论文的；

我国现代有机化学家刘铸晋除了爱好格律诗词外，更喜欢拉小提琴，他一拉起贝多芬的奏鸣曲《春》，就仿佛"看到了希望的火花"；

……诸如此类的例子，在科学家中可谓多如秋夜的繁星。

科学家爱好文学艺术，这并不是一种不可思议的奇异现象，而是因为科学研究与艺术活动之间有着相互沟通的"基因"。

科学研究与艺术创作，虽然前者偏重于逻辑推理，而后者则借助于形象思维。但二者都离不开想象。科学家与艺术家都需要展开联想或幻想的羽翼纵横驰骋，即所谓"精骛入极，心游万仞"、"神思方运，万涂竞萌"（刘勰《文心雕龙》，《神思》篇）。高尔基认为想象"可以补充在事实的链索中不足的和没有发现的环节"。有些科学家在工作的进程中常把自己想象为一个电子或某种射线、元素。一个想象力贫乏的人固然不能成为一个出色的文学艺术家，但也同样无法在科学的领域里作出卓越的贡献。科学家利用业余时间从事适当的文学、音乐、绘画等艺术活动，这对丰富自己的想象力，推动科学事业的进展是大有裨益的。

科学研究与艺术创作，虽然前者着重于对自然领域的探索，后者倾心于社会人生的描绘，但二者的最终使命都是追求人类生活的真善美，为人类美好的未来而斗争。这就为科学家通向艺术之宫构筑了一座坚实的桥梁。

此外，文学、音乐、绘画等艺术活动还可以陶冶科学家的情操，培养科学家坚毅乐观的性格。特别是科学家经过长时间的思考、实验之后，若能参加适当的艺术活动，就可以及时调节神经，消除疲劳，而后就能以更旺盛的精力投入新的战斗。

看来，"他"与"她"有着共通的"基因"哩！

（原载《人生的密码》，新世纪出版社 1993 年 1 月版）

贤妻们

"一个成功的男人,背后必有一个成功的女人。"话虽说得绝对些,但许多成功的科学家都有一个"贤内助",却是事实。

著名科学家富兰克林在他的自传中引述了一句民谚:"一个人要发达,就要请教妻子。"看来,他很理解妻子在他事业中的分量。

许多有成就的科学家,他们所取得的巨大成就,与妻子的有力支持是分不开的。这些科学家们的夫人,虽然不像居里夫人那样在科学界赫赫有名,誉满全球,但她们都为支持丈夫的事业竭尽全力。她们虽然没有登上科学舞台。但一个个科学成就中凝聚着她们的心血。

不少科学家的生活是清贫的,工作条件是简陋的。而他们贤惠的妻子,在贫困中与丈夫患难与共,不仅从精神上给丈夫以慰藉,还从物质上千方百计支持丈夫。1930年,新婚的童弟周为了深造,毅然辞别妻子叶毓芬,到比利时留学。不久,叶毓芬由于生了孩子而失业,好不容易才谋到了个大学助教的职位。她一面教书,一面养育孩子,还要把微薄的工资省下来寄给在国外一贫如洗的童弟周,支持他刻苦学习了四年,最终获得博士学位回国。德国著名细菌学家科赫,由于经济拮据,研究条件很差,连观察细菌所必需的显微镜都没有。贤惠的妻子深知丈夫的心事,暗下决心积蓄钱给他买一架。她省吃俭用。用几年的时间,终于在科赫三十岁生日的时候,把显微镜当作生日礼物送给了他。1905年,科赫荣获了诺贝尔生理学和医学奖。他说:"这里面应当有我妻子一份功劳。"

有的科学家,尽管在科学研究上有聪明颖慧的头脑,但他们却不谙家务,往往在生活上自顾不暇。然而,他们的妻子,在生活上当了好后勤,承担起平凡、琐碎的家务,弥补了这方面的不足。美国大发明家爱迪生的妻子玛丽,一直是爱迪生科研上的知心人,事事处处关心、体贴他。爱迪生迷恋科学研究,常常半夜才从实验室回来,玛丽什么都给他准备好了,一进门有热面包吃,一拎壶有热咖啡喝。三个孩子都教育得好好的。这样,爱迪生才能用百分之百的精力从事科学事业,一生的发明达两千多项。有些科学家身体有严重的疾病,在妻子的精心照料下,却奇迹般地延续着科学研究的生命。我国著名科普作家高士其,全身瘫痪,语言不清,生活不能自理。金爱娣与他结婚后,把护士、保姆、秘书的工作都承担了下来。她每天给高士其穿衣、洗脸、喂饭、服药,还要替他剪报、翻书、查阅资料。如今高老年逾古稀,仍能著述,有时思考问题彻夜不眠,金爱娣总是不离左右。二十年如一日,确实难能可贵。熟悉他们的同志都说:"没有金爱娣,就没有高老的今天。"

科学家的妻子对丈夫的关心、爱护乃至伺候,并不是封建伦理观念的支配,而是在充分理解丈夫工作意义的基础上,从责任感和崇高理想中产生出来的自觉的献身精神。她们不但在生活上对丈夫关心备至,当丈夫在事业上遇到困难,精神上遭受打击的时候,也能够挺身而出,与丈夫并肩战斗。英国著名生物家达尔文几个儿女均因病接连死去。在残酷的打击面前,他的妻子爱玛始终陪伴着他,不断给他以精神上的鼓励和慰藉,增强了达尔文战胜疾病、完成自己事业的信心和力量。达尔文患病期间,爱玛辛勤地为他整理书稿,抄写笔记。举世闻名的《物种起源》一书,就包含着爱玛的辛勤劳动。《物种起源》出版之初,受到了保守势力的攻击,爱玛又热情地支持了达尔文:"查理,你会得胜的。这本书确实是你最大的成功。"所以,当达尔文在最后一次公开演说时,以无比激动的心情赞扬爱玛是"高尚无私"的女子,他还说:"她对我的照顾和恩惠难以言表,使我感激万分。"

这些具有美丽心灵的女性,为了帮助丈夫完成他们热爱的科学事业,几十年默默无闻地埋头苦干,辛勤劳作,确实功不可没。

科学的勋章,有科学家的一半,也有贤妻们的一半。

(原载《人生的密码》,新世纪出版社 1993 年 1 月版)

女性"不等式"

美国著名女海洋生物学家希尔维娅，率领一支由清一色的女性组成的潜水队，到海面五十英尺以下的深海世界研究海洋生物，这一件事，一举打破了海洋生物学界对妇女的偏见和轻视。

长期以来，海洋生物学界几乎是妇女的禁地，极少有女性涉足这一领域，潜入深海研究海洋生物更是男子们的"专利"，许多科研领导人都拒绝挑选女性参加深海考察队。因此，希尔维娅领导的这一史无前例的壮举，震动了整个美国。报刊杂志、电台、电视台竞相报道，大唱赞歌。女潜水队员们出现在电视荧光屏上，出现在国会的讲坛上，出现在白宫的宴会厅中……内政部长给她们颁发了内政部最高奖赏——"不朽贡献奖"。希尔维娅在介绍两星期的海底生活时向人们宣布："我们首先是作为科学家，其次才是作为女性去那里。同男队员相比，长胡子是我们唯一不能办到的事！"

这一来，海洋生物学界的大男子主义大为收敛，男子们不得不对妇女刮目相看了，许多深海考察队，也由过去清一色的男子变成男女混合。难怪报刊评论说：作为一位女科学家，希尔维娅对海洋生物学的贡献是卓越的和多方面的，但她最大的贡献恐怕莫过于"扭转了歧视妇女的风气"。

在希尔维娅成为"扭转歧视妇女风气"的新闻人物之后，有位记者去访问她，向她提出一个奇怪的问题："你是否承认自己也是一位女性？"她回答说："怎么说呢，究竟怎样才算'女性'？我爱孩子和丈夫，作为母亲和妻子，我很幸福，如果女性的含义就是这些的话，我就是地地道道的女性。但假如必须碌碌无为，依附于人，才算得上女性的话，那我就不是女性。"

（原载 1986 年 3 月 15 日《南方周末》）

有缘千里来相会

在波兰的华沙市，曾经居住着一位年迈体弱的女教师。她的名字叫欧班，出生于法国的第厄普，命运的捉弄，微薄的工资，使她几十年来总是积攒不够回法国故乡探亲的旅费，乡愁一直占满着她的心。

1904年春天，欧班突然收到一封来自法国的特别挂号信，当她看到信封上面的署名时，她简直不相信自己的眼睛：弄错了吧？一位驰名全球的伟大科学家，一位与自己非亲非故的诺贝尔奖金获得者，怎么会给一个又老又穷默默无闻的教师写信呢？

原来，信封上的署名不是别人，正是"镭的母亲"——全人类共同尊敬的伟大女性居里夫人。

欧班怀着不安和神秘，用颤抖的手拆开了信封！

啊！这太意外了！欧班几乎经受不起这突而其来的巨大欢乐：居里夫人竟然会是她二十多年前的学生！竟然就是那个可爱的小姑娘玛妮雅·斯克罗图芙丝卡。二十多年来，欧班多次地打听过斯克罗图芙丝卡的下落，可是，做上一千次梦也没想到她成了居里夫人！

居里夫人在信中向老师深深致敬，并热情洋溢地邀请她到巴黎做客，还寄来了由华沙到巴黎，由巴黎到第厄普的全程往返路费。

欧班老师终于实现了探望祖国和故乡的心愿。居里夫人在自己的家里接待了她童年的老师，她像二十多年前一样，带着羞怯和兴奋的神情尊敬地吻着老师的面颊，唱起老师教给她的一首民歌，还亲自到厨房做菜款待老师……

故事还没结束。又过了好些年，1932年5月29日，居里夫人接受祖国的邀请参加了华沙镭学研究院隆重的落成典礼。她在总统、部长和名流的簇拥中走上主席台。突然居里夫人发现，头发斑白的欧班老师也在参加典礼的人群中。于是，她立即走下主席台，急急穿过捧着鲜花的人群，一直走到老师身边,深情地吻了她的两颊,然后,亲自扶着老师走上了主席台,并让她坐在自己身边。

成名不忘启蒙师。居里夫人尊师的美德,像她许许多多的其他美德一样,广为人们所传颂。

(原载《五月》1985年第4期)

难忘众"院士"

提到科学院，有人立即就会联想到高耸的大楼，庞大的机构，雄厚的学术力量。可是近代科学史上却记载着这样一个小科学院：它只有四个人，院长是位"待业"青年，院部设在瑞士苏黎世市吉拉斯姆街49号的一间小木屋，占地面积不足十平方米。就在这个"科学院"里，一位巨人开始了他创造性的科学生涯，震撼寰宇的相对论理论开始萌芽和孕育。

1902年3月，年轻的大学毕业生爱因斯坦正在"待业"，生活非常拮据，他在报纸上登了一则广告："阿尔伯特·爱因斯坦，苏黎世工业大学毕业生。三个法郎讲一小时物理课……"这则广告使爱因斯坦意外地遇到了一位知音。有一个名叫索洛文的哲学系大学生，为了学点物理知识，找到了爱因斯坦。两位年轻人萍水相逢，却谈得非常投机。他们谈科学、谈哲学、谈人生、谈世态，可谓一见如故，相见恨晚。爱因斯坦早把广告、教课、挣钱的事置之脑后了，他与索洛文相约，每天晚上一起讨论课题。过了不久，爱因斯坦的朋友哈比希特和贝索也来参加讨论。四个青年人聚在一起，干脆成立一个学术团体，取名为"奥林比克科学院"。大家一致推选爱因斯坦为"院长"，院部就设在爱因斯坦居住的小木屋里。

奥林比克又译名为"俄林波斯"，是希腊神话中神仙云集的一座圣山。几位青年人用它作为"科学院"的名称是颇有意味的。他们也像神仙聚会于圣山那样，每天晚上到"科学院"集中，或研读书本，或讨论问题。他们读书、探索、研究的课题极其广泛，从休谟、马赫的哲学到牛顿的力学、黎曼的几何，从天文地理到人生世态……海阔天空，无所不至。在这里，没有权威和顾忌，只有平等和互助。

数年如一日，充满魅力的"科学院"生活，使"院士"们大有长进。爱因斯坦更是一鸣惊人。1905年，他发表了《论动体的电动力学》，创立了划时代的相对论，名震全球。非常有意义的是，爱因斯坦在这篇不朽的论文中，没有引证任何权威的文献,却提到"院士"之一贝索对他创立相对论的启发和帮助。这一笔,使贝索成为科学史上不朽的人物。

爱因斯坦成名之后,还十分怀恋着昔日"奥林比克科学院"的生活,他始终与贝索等几位"院士"保持着密切的联系和往来,直到逝世前二年,爱因斯坦还给昔日的"院士"哈比希特和索洛文写信,字里行间充满着对"奥林比克科学院"的无限留恋和深情,信中说:"奥林比克科学院啊!我永远忠诚于你,热爱你,直到学术生命的最后一刻!"

(原载 1986 年 3 月 15 日《南方周末》)

"冤家"情

本世纪上半叶,玻尔与爱因斯坦这两位最伟大的物理学家,围绕着量子力学的根本问题进行了一场全球瞩目的三十年学术大论战,其影响之深广,持续之长久,为近代科学史所罕见。

以玻尔为旗手的哥本哈根学派量子力学观的核心是著名的"测不准关系"。它的意思是,在微观世界中,粒子的两个力学量,例如时间和能量,不可能同时精确地测定,如果其中一个测得越准,另一个就越不准。爱因斯坦对此持否定态度。他设计过许多"理想实验"想推翻"测不准关系"。其中最厉害的一个称为"光子匣"。这种匣子中充满了辐射,其壁上装有时钟控制的快门。在匣子放出一个光子的前后,分别测定匣子的重量,就能精确得出所放出的光子能量。而放出光子的时间间隔,可用时钟机构精确测定。这显然违背"测不准关系"。当爱因斯坦在学术会议上提出这个"理想实验"时,玻尔十分震惊,一时无法反驳。可是经过一个不眠之夜,第二天玻尔便在会议上令人信服地证明,在称重过程中匣子在重力场中的位移,会干扰控制放出光子的时钟装置的速度,从而导致误差,而这个误差正是"测不准关系"所预言的数量!这一反击,又一次维护了量子理论。类似这样的较量,在玻尔与爱因斯坦三十年的论争中不计其数。

玻尔学派的另一个主要观点是所谓"几率解释",即认为在量子力学中,只能说事情发生的几率即可能性,而不能说什么事情必然发生,什么事情不会发生。但爱因斯坦却认为,物理规律应该是确实可靠、有因有果的,不能像随意抛掷一枚硬币那样,讲出现正面或反面的几率有多大。因此爱因斯坦说了一句名言:"上帝不是在掷骰子。"玻尔答之以另一句名言:"预言上帝如何摆弄世界,不是我们的事情。"

玻尔学派的量子力学观后来被物理学界普遍接受。但爱因斯坦一直不以为然。他甚至说,如果物理世界真像玻尔描述的那样,"我宁愿做一个补鞋匠或者做一个赌场里的雇员而不愿做一个物理学家。"

但玻尔与爱因斯坦这对在学术上势不两立的论敌和"冤家",在私人关系上却表现的情深谊厚,彼此信任和尊重。玻尔曾撰写过专文颂扬爱因斯坦的伟大功绩,认为爱因斯坦对他的批评"是许多新思想产生的源泉。"玻尔去世前一天,在工作室黑板上画的最后一幅图就是爱因斯坦的"光子匣",这说明他一直在认真考虑爱因斯坦的意见。对于玻尔,爱因斯坦也给予高度评价:"他无疑是我们时代科学领域中最伟大的发现者之一。""如果没有玻尔,我们今天对原子论的了解还只会微乎其微。"1922年,当玻尔得知爱因斯坦先于他获诺贝尔奖金时,立即给爱因斯坦写信说:"给我这种荣誉之前,您理当得到整个外界认可,这对我是莫大的幸福。"爱因斯坦回信说:"您怕在我之前获奖,我觉得这种担心特别可爱——它显示出玻尔的本色。"

科学总是在学术论战中大踏步前进。玻尔与爱因斯坦之间论敌良友的"冤家"情谊,堪称学术争论的光辉典范。

(原载1985年11月1日《羊城晚报》)

一代宗师

今年 10 月 7 日，是一代物理学大师玻尔诞辰一百周年纪念日。玻尔是本世纪上半叶与爱因斯坦并驾齐驱的物理学元勋。科学史家们认为，如果评选当代最伟大的物理学家，那么第一个是爱因斯坦，第二个便是玻尔！

玻尔 1885 年 10 月 7 日出生于丹麦一个学者家庭，1903 年考入哥本哈根大学学习。1911 年获物理学博士学位后，先后到英国卡文迪许实验室和著名物理学家卢瑟福门下工作。他于 1913 年返回丹麦哥本哈根大学任教，1921 年创立被人称为"原子物理学首都"的哥本哈根理论物理研究所。从此，物理学的前沿阵地上高高飘扬着"哥本哈根学派"的旗帜。在长达四十多年的时间里，玻尔一直担任该研究所所长，直到他 1962 年 11 月 18 日溘然辞世。

玻尔一生功勋卓著，硕果累累。他 28 岁那年在原子结构研究中，首次将量子学说应用于研究原子结构，发表了后人称之为"原子理论伟大三部曲"的三篇不朽论文，提出了"玻尔原子模型"，建立了原子的量子论。这一里程碑性的贡献使他荣获 1922 年度诺贝尔物理学奖。20 年代中期，玻尔参加了量子力学的创建工作；30 年代，他又创立了原子核反应的复核理论和原子核裂变理论。

作为杰出的科研领导人和学派领袖，玻尔亲自倡导、培育了物理学界独一无二的"哥本哈根精神"。这是一种高度的智力追求、大胆的涉险勇气、深奥的研究内容和快活的乐天主义相结合的精神。他领导的研究所充满着活跃、和谐、平等、合作的研究气氛。在他们的科学讨论会上，与会者可以自由发言、提问、质疑、反驳。

玻尔还是卓越的教育家。他磁铁般地吸引着来自世界各国的出类拔萃的优秀青年科学家,培养出像海森堡、泡利、狄拉克等一代科学英豪。玻尔的学生和助手中,人才辈出,获得诺贝尔奖金者就有七人。

(原载 1985 年 10 月 6 日《羊城晚报》)

玻尔的旗帜

1922年10月10日。瑞典斯德哥尔摩。在诺贝尔奖金授奖仪式之后举行的宴会上，获奖者玻尔郑重提议：

"为促进科学国际事业茁壮成长，干杯！"

"科学国际主义"是玻尔一生孜孜不倦地实践信念。他亲自创建、领导的玻尔研究所成了容纳百川的国际研究中心，被人誉为"原子物理学的首都"。

玻尔在世的时候，全世界就有三十多个国家的近千名科学家到过他的研究所工作。甚至来自敌对国家的学者也能在玻尔的旗帜下紧密合作。苏美决裂以后第一篇由美苏两国物理学家联名发表的论文来自玻尔研究所。美、苏、中三个大国的物理学家也曾在研究所里并肩工作。玻尔研究所之所以成为当时物理学界的国际中心，这除了丹麦在地理上是接待多方来客的一个"自然焦点"，在政治上长期中立适合各国物理学家聚会的原因之外，更重要的是，玻尔研究所创造了物理学界独一无二的"哥本哈根精神"。

"哥本哈根精神"是"一种高度的智力追求，大胆的涉险精神，深奥的研究内容和快活的乐天主义的混合物"。是一种独特的、浓厚的、平等自由讨论和相互紧密合作的学术气氛。

玻尔研究所的主要活动方式之一是举行讨论会。会上评述一篇最近发表的重要论文，或者听一个人介绍他最近的工作。讨论会没有时间限制，机动灵活，可长可短。会议总是洋溢着不拘一格的气氛。与会者可以自由地向演讲人提问、质疑、反驳。甚至在最为严肃的时刻，听众席间突然冒出一个幽默的评论，引起哄堂大笑。有时与会的物理学家之间还互相取笑。一次，泡利在会上做报告，他按自己特有的习惯，一边讲一边在教室窗户与门口之间走来走去。他的好朋友厄任费斯特突然跳起来喊道："我受不了！每一次都以为泡利会走出门去，但每次他都折了回来，真扫兴！"类似这样的小插曲，常使讨论会充满喜剧气氛。按照玻尔的说法是："科学问题太严肃了，严肃得有时只好开开玩笑。"

　　玻尔研究所以它特有的风格磁铁般地吸引着一大批出类拔萃的青年物理学家，培养出像海森堡、泡利、狄拉克等一代英豪。在玻尔的学生和助手中，人才辈出，获得诺贝尔奖金者就有七人。有人问玻尔："您用什么秘诀把那么多有才华的青年吸引在身边？"玻尔回答说："我从来不怕向学生承认自己愚蠢。"这话一点不假。玻尔"不耻下问"的精神尤为突出。甚至在看电影时他也会喋喋不休地问他的学生："这个人是不是那个牧童的姐姐？""是那个牧童开枪打死偷牛贼吗？"在科学问题上，玻尔更是虚怀若谷。当年轻人请他审阅论文而他又有不懂之处时，他从不掩饰，而是反过来虚心向年轻人请教询问，如某年轻人解释不清张口结舌，他总是和颜悦色地说出他那句著名的口头禅："不要紧，这仅仅是为了学习。"玻尔的这种美德深受科学家的敬仰。俄国物理学家福克还写了著名的诗歌《玻尔颂》。

　　玻尔研究所历时半个多世纪，方兴未艾，至今仍是全世界物理学家向往的"圣地"。玻尔的旗帜，仍在高高飘扬！

（写于1986年5月25日）

"鳄鱼精神"

著名物理学家卢瑟福,担任过"物理学圣地"——卡文迪许实验室的主任。他作风民主,乐于扶掖后辈,甘当"人梯",可亲可敬。然而,他的学生和助手却给他起了个"鳄鱼"的绰号。

鳄鱼在人们心目中是一个凶恶的形象,但卢瑟福被称为"鳄鱼"却另有含义。鳄鱼有一个古怪的脾气:一旦选中追捕的目标,就穷追不舍,死不回头。在科学研究中,卢瑟福正有着与鳄鱼相似的性格。他的学生十分崇拜他的"鳄鱼精神",建造实验室时,便在门顶上镶了一条石雕鳄鱼,作为实验室室徽。

卢瑟福1871年8月30日生于新西兰一个工人家庭,18岁那年考入新西兰大学攻读物理学,毕业后前往英国剑桥大学卡文迪许实验室当汤姆生教授的研究生。1898年任加拿大麦克吉耳大学教授,1907年回英国。1919年接替汤姆生任卡文迪许实验室主任,成了"物理学圣地"的第一号领导人。

卢瑟福的一生,硕果累累,在许多方面都有卓越成就。值得一提的是,他作为一名物理学家,却荣获1908年诺贝尔化学奖,连他自己也说是"开了一个绝妙的玩笑"。在物理学方面,卢瑟福最为突出的贡献在于原子结构的研究。1911年,卢瑟福进行了著名的"α粒子散射实验",用α粒子轰击重金属箔,结果发现,α粒子大多数贯穿而过,少数略有偏转,极少数反弹回来。由此他提出:原子结构就如一个微型太阳系,中心是一个很"硬"很重的原子核,好像一个小太阳,外围是绕核运转的电子,相当于绕太阳运动的行星。卢瑟福的实验和研究,第一次敲开了原子结构的神秘大门,是人类探索原子世界的一个里程碑。

卢瑟福是一位实验大师,他笃信实验是物理学的最高权威。有一次,哲学家爱丁顿在会上说:"电子也许只是一个假想的概念。"平时很有涵养的卢瑟福不禁大动肝火:"不许你胡说!"这也难怪,电子的存在是有实验证据的,蔑视实验事实，是卢瑟福的最无法容忍之事。

　　卢瑟福十分注重培养提携年轻人。他的助手和学生中获诺贝尔奖金者多达十一人。1912年的一天，年轻的玻尔拿着一篇论文胆怯怯地问卢瑟福："我对您的原子模型有些看法，能与您谈谈吗？"卢瑟福津津有味地听了玻尔的见解，看了玻尔的论文，兴奋地说："太好了！你指出了我模型的缺陷，很有价值！"卢瑟福立即把这篇论文推荐给一家权威杂志发表，玻尔因此而一举成名并获诺贝尔物理学奖。难怪卢瑟福逝世时，玻尔悲痛欲绝地说："他几乎是我的第二个父亲！"

　　1937年10月19日，卢瑟福在剑桥突然去世，遗体安葬于牛顿、达尔文和法拉第的墓地之侧。

（原载1988年11月10日《羊城晚报》）

令人费解的遗愿

1901年4月16日，美国著名物理学家罗兰（Henry Rowland）因患糖尿病与世长辞。科学界失去了一位年仅53岁的杰出人物，人们无不为之深深痛惜。然而奇怪的是，罗兰的骨灰盒没有进入名人公墓，却被葬在约翰·霍普金斯大学一间地下实验室的墙壁里。

罗兰从小热爱实验科学，25岁时因测量和研究铁磁物质的磁导率而初露头角，27岁就任约翰·霍普金斯大学第一任物理学教授。著名的"罗兰实验"使他名扬科坛，精密的凹面光栅的发明使他蜚声世界。罗兰一生致力于实验物理学研究，临终时留下了令人费解的遗嘱：把他的骨灰盒葬在实验室的墙壁里。

这位贡献卓越的科学家为什么留下这个奇怪的遗嘱呢？

罗兰在晚年十分关心物理学的未来。他极力呼吁第一流的大学要迅速培养出大批出类拔萃的人才，以形成物理学的"金字塔"。他希望"金字塔"的底部由有才华的物理学家构成，塔尖则是那些"能够提出发展物理学纲领的物理学界的巨头"。罗兰选择生前工作过的实验室作为他自己的长眠之地，甚有深意。他希望能在九泉之下，含笑看到物理学界出现他期望的"金字塔"，看到古老的物理学出现新的曙光。

（原载《广东农垦》1985年第4期）

他为原子能时代填写"出生证"

1942年12月2日美国时间15时20分,世界上第一座原子反应堆在美国芝加哥大学体育场投入运行。这是科学史上一件大事。领导建造这座反应堆的物理学家费米被人称为"亲手为原子能时代填写'出生证'的人",并享有"原子反应堆之父"的美誉。

费米1901年诞生于罗马一个职员家庭,1922年获比萨大学博士学位,27岁那年担任罗马大学物理学教授,并当选为意大利皇家科学院院士。1935年10月,费米用实验证明,中子通过含氢物质时,会与氢原子碰撞而被慢化,结果发现了"慢中子"和由慢中子引发的人工放射性。这一重大成果使他荣获1938年诺贝尔物理学奖金。

在斯德哥尔摩领取诺贝尔奖金后,费米为抗议法西斯政府暴行,拒绝回到意大利,而携家赴美从事原子核裂变研究。他很快就发现,一个慢中子分裂一个铀核后,会产生几个中子,它们再去袭击其他的钠核,会产生更多的中子。这个过程越来越激烈地进行下去,就能实现"链式反应"。费米正是以此为理论根据,领导建成了世界上第一座原子反应堆。

第一座反应堆建成后,费米紧接着与奥本海默一起领导了制造原子弹的"曼哈顿工程"。这期间,他卓越的才能,敏锐过人的思维,常常使同事们惊叹。那是1945年7月16日,美国第一颗原子弹在新墨西州试爆。巨响震天动地,云烟腾空而起,冲击波掀起狂飙。50秒钟后,只见费米箭般地冲出掩体,扬手撒出一把碎纸片。不一会儿,他就当众宣布:原子弹的威力相当于两万吨TNT炸药。原来,碎纸片被冲击波一吹,就成了一种平抛运动,费米根据碎纸片离手时的高度,再用脚步测出纸片被吹开的水平距离,立即知道纸片的水平初速度,它就是冲击波到达此地的速度。据此,他进而迅速地推算出了原子弹的爆炸威力。当时在场的人不知其中奥妙,半信半疑。可是两小时后,仪器测量报来的结果竟与费米的估算"不谋而合"。

费米一生为原子科学作出了不朽贡献，而他本人却因长期受原子辐射而健康恶化，54 岁便长辞人世。为了纪念费米，人们用他的名字作为原子核物理学中一个长度单位的命名，即 1 费米 ＝ 10^{-15} 米。

(原载 1985 年 8 月 14 日《羊城晚报》)

"超铀元素"

费米是举世闻名的物理学家、诺贝尔奖金获得者,人们熟知的李政道和杨振宁,都是他的学生。他对科学的杰出贡献连同他伟大的名字,已被铭刻在历史的丰碑上。

然而,威望和自信曾经使费米犯过一次震动世界的大错误:1934年,费米在放射性元素实验中发现,经过中子轰击的元素,会增加一个原子序数而变成新的元素。费米由此认为,如果用中子轰击当时元素周期表上最后一个元素铀,会得到一种自然界中不存在的人造元素——"超铀元素"。于是他进行了实验,结果似乎与他的理论很符合。于是他很快宣布:得到了"超铀元素"。这消息轰动全世界。某家报纸甚至说费米已将得到的一瓶"超铀元素"进献给意大利王后了。当时没有人怀疑费米的"发现"。

但是,4年后的1938年,德国科学家奥托·哈恩用实验证明费米的"发现"是错误的。原来,费米得到的并不是什么"超铀元素",而是铀被轰击后放出的两种元素的混合物。费米毕竟是位有求实精神、尊重真理的科学家,不久,他就坦然向物理学界承认他的失误。

这个故事告诉人们:即使是杰出的科学家,一旦有了先入为主的固定观念,就容易把一些观察到的新事实强行"纳入"自己的理论轨道。这类事件在近代科学史上并非绝无仅有。

(原载1985年5月26日《羊城晚报》)

从不气馁的人

爱迪生一生取得1093种发明专利权，这在科技史上可说是空前的。也许有人以为，这位"发明大王"的事业一定是很顺利的吧？

恰恰相反。爱迪生的一生，经历过无数的挫折、失败和灾难。他成功的"秘诀"之一是：从来不因挫折而气馁。

有一段时间，爱迪生一直在试制电瓶。他做过五万多次实验，没有一次成功。有人问他："你一而再，再而三地失败，何苦还要往这条胡同里走呢？""失败？"爱迪生乐呵呵地说："我没有失败。我收获甚大。我现在已经晓得，有五万多种方法是行不通的。"

最能体现爱迪生百折不挠的性格特点的，莫过于那场使他濒于破产的火灾了。

那是1914年12月。一个严寒的冬夜，爱迪生的实验工厂传来一片狂乱喊声："失火了！""失火了！"顷刻之间，工厂变成了一片火海。附近八个城镇的消防队闻讯赶来扑火，但无济于事，火势越来越猛。

面对一片火海，爱迪生的家人和雇员们束手无策，一个个像泄了气的皮球。这时，人们到处找不到爱迪生，不由担心万分：他有没有出事？眼看苦心经营起来的工厂就要沦为一片废墟，他会不会去寻短见呢？大家正焦急时，只见爱迪生带着一身烟火，从工厂的院子里冲了出来，对着大家大声喊道。"快！快去把朋友们都请来享眼福！这样的大火，百年难得一见！"

大火，烧了整整一夜。次日五时多，火势刚刚受到控制，爱迪生就召集全体雇员开会。他神采飞扬地宣布："人往往因祸得福，旧厂烧了也好，我们要在废墟上建起更大更好的工厂！"他当即调兵遣将，着手筹划建新厂。末了，他才好像忽然想起一件小事似的问道："唔，有谁知道可以从哪里弄些钱吗？"

爱迪生就是这样一个人！

（原载1986年11月15日《中学生报》）

火炉·姑娘·相对论

本世纪初，爱因斯坦的相对论不但震撼了科学界，而且震撼了社会各个阶层。有一段时期，在一些国家和地方，谈论相对论简直成了一种时髦，许多根本不懂科学的人，也对相对论津津乐道。

爱因斯坦是一位善用比喻的大师。在相对论发表之初，据说全世界只有14个人能看懂。为了普及、传播相对论的思想，爱因斯坦经常举办讲座。他讲课生动而幽默，简朴而无学究味，特别喜欢使用有趣的比喻，把高深复杂的相对论讲得深入浅出，通俗易懂。

一次，几个小政客拜访爱因斯坦，请他不要使用数学公式和专业语言，而用几句通俗易懂的话说明"什么是相对论"。爱因斯坦略作思考，便颇为幽默地回答说："今天我在德国被称为'德国的学者'，而在英国则被称为'瑞士的犹太人'。如果我是一个令人讨厌的家伙，那么就倒过来了，德国人会说我是'瑞士的犹太人'，而英国人则会说我是'德国的学者'。这就是相对论。"请注意，爱因斯坦说这些话时，第一次世界大战的心理余波还在人们心中荡漾，而德、英又是两个敌对的交战国。爱因斯坦声明，他用来逗乐的这些话，并非无稽之谈，而是"相对论原理的一种应用"。

又有一次，一群小伙子拥进爱因斯坦的书房，问："要懂得相对论到底有多难？"爱因斯坦风趣地说："一点不难。如果你在一个漂亮的姑娘身旁坐了一小时，你会觉得只坐了片刻；如果在大热天让你坐在一个火炉旁，片刻就像一小时。此即相对论也。"爱因斯坦这些话，当然是打趣之谈，不过，倒也在某种意义上说明了"相对"的意义。假若有人存有怀疑，而又想试验一下的话，有谁不愿坐在姑娘身旁而把火炉留给那个怀疑者呢？

（原载1986年11月28日《南方周末》）

半截子"伯乐"

英国著名科学家戴维有许多科学发明。晚年时,一位记者问他:"您一生中最伟大的功绩是什么?"戴维毫不犹豫地回答:"发现法拉第!"

确实,是戴维独具慧眼,把没有上过一天学的法拉第引荐到举世闻名的皇家学院,引导他走上了科学之路。法拉第能从默默无闻的订书匠变成名扬四海的科学家,不能不感谢戴维。为人类发现法拉第这位科学巨人,的确是戴维最光辉的功绩。

然而,戴维并不是法拉第始终如一的良师。

法拉第担任戴维的助手之后,研究成果一个又一个,发明创造接二连三,声望越来越高。戴维敏感地意识到,自己的助手将是一个难以对付的竞争对手。他不愿意青胜于蓝,于是开始嫉妒和警惕起来。1823年,法拉第因实验方面的新发现被提名为皇家学会会员。当时作为法拉第老师的戴维正担任皇家学会会长,他不能容忍法拉第跻身于这个至高无上的权威学术组织。他先以老师的名义命令法拉第自己抹去候选人名字。遭到拒绝后,又要提名法拉第的委员们收回提议。仍未成功时,戴维竟对学会施加威胁:如果法拉第被提名,他将退出学会。这引起一些人的不安,但法拉第心平气和地说:"我相信戴维先生为皇家学会的缘故,绝对不会那样做。"1924年皇家学会正式举行无记名投票时,只有一票是反对法拉第当选的。

这段插曲,是戴维一生中最不光彩的一页。

好的"伯乐",不仅要独具慧眼,更要甘当"人梯"。陶行知先生有句名言:"教师的成功是创造出值得自己崇拜的学生。"戴维如果有陶先生这种胸怀,他在人们心目中的形象肯定会更加高大。

(原载1984年12月21日《羊城晚报》)

中秋，想起了万户其人

中秋之夜月儿圆，赏月话月，乃年年如是的"例行节目"。

自从1969年7月22日美国宇航员阿姆斯特朗在月球上踩出人类第一个脚印以后，罩在月球上的神秘面纱被揭开，宇航员看到了月球的真面目：起伏的峰峦，崎岖的山脉，广阔的平原，深长的峡谷，小川、山脊、石壁、断层……而最引人注目的还是那四周高耸中间低洼的大大小小的环形山。值得一提的是，在那数以万计的环形山中，还有一座是以中国人万户命名的哩！

万户其人其事，在我国的史籍中记载甚少。但在国外，他却被誉为"世界上第一个试图乘火箭飞往月球的人"。有个叫赫伯特·瑟姆的外国人，专门收集记载了万户的生平事迹。万户生活在"中国历史上最伟大的探险时代"——15世纪。他从小有志于空间飞行，向往着"娇翼思凌空"。他曾制造了一把"航天椅"，椅子下面捆绑着47枚古代火箭。一天，他坐在"航天椅"上，手执两只大风筝，让别人点燃火箭，期望能够腾空而起，直达月宫，然后再借助两只风筝，返回地面。不幸，随着几声巨响，万户和他的"航天椅"在剧烈的爆炸声中残骸四散。万户的"航天椅"虽然没有经过任何事先试验，但其设计与现代火箭飞行的基本原理完全一样。他利用火箭推进的设想，比起号称"星际航行之父"的俄国齐奥尔科夫斯基的设想还要早几百年。因此，万户被人称颂为"真正的航天始祖"是当之无愧的。为了永远纪念万户这位殉身于航天飞行的勇士，国际天文学联合会月面环形山命名工作小组在为月面环形山命名时，就把位于月球南半球的一座面积达600平方公里的最大环形山，正式命名为"万户山"。从此，万户这位中华探险家的英名永远铭刻在月球上。

我们可以为此感到骄傲。但是，今人要查阅万户的生平事迹，却不得不去翻译外国人写的传记资料，这是令人不无遗憾的。

(原载1986年9月16日《广州日报》)

喜迎"飞来客"

"踏破铁鞋无觅处，得来全不费功夫"的偶然发现，在科学史上屡见不鲜。许多训练有素、思想敏锐的科学家，都善于捕捉突而其来的机遇，去叩击成功的大门。

50年代初，我国生物学家朱洗和他的同事们进行了一项大胆的尝试——将印度蓖麻蚕与中国野蚕杂交，培养一种生长在中国，不吃桑叶，经济价值高的新品种。这是一个对国计民生都有重大意义的科研课题。试验遇到的一个重大难题是：让哪种蚕与印度蓖麻蚕杂交？他们选择了各种各样的蚕做试验，但一次又一次地失败了。一天晚上，正当大家愁眉不展，坐在实验室里相对无言时，一只美丽的飞蛾飞进实验室，扑向灯火。一位青年顺手将它捉住。习惯于对任何生物都仔细观察的朱洗，立即认出这不期而至的"飞来客"是樗蚕蛾，其形态与印度蓖麻蚕有些相似。朱洗不禁灵光一闪：樗蚕蛾分布面甚广，北至东北，南达云南，甚至印度也有，它与蓖麻蚕又是同属，不正是理想的杂交对象吗！他们立即将这个想法付诸实践。经过杂交驯训，果然获得成功。

从樗蚕蛾突然光临到利用樗蚕蛾杂交，看来似乎纯属机缘巧合。但偶然性长出的科学幼芽，植根于必然性的沃土之中。机遇是对艰勤劳动的奖赏。只有让勤勉的汗水滴进实践的土壤，机遇的奇葩才会含苞吐艳。只有像朱洗这样学识丰富、善于观察和思考的"有心人"，才能见微知著，从偶然事件中触发灵感，取得成功。

机遇偏爱有准备的头脑。

(原载1988年4月15日《岭南少年报》)

古稀获奖亦风流

今年10月15日,瑞典皇家科学院郑重宣布:1986年的诺贝尔物理学奖授予联邦德国科学家恩斯特·鲁斯卡,以表彰他创造了世界上第一台电子显微镜,把人类的视觉延伸到五彩缤纷的微观世界。

鲁斯卡1907年出生于海德堡,20年代末毕业于柏林技术大学,随后着手研究光学仪器。人们知道,显微镜是用以观察微小物体的,但是,普通光学显微镜不能分辨小于其照明光源波长一半的细微结构。根据光学理论,提高其分辨本领的途径之一,是使用波长极短的光。

鲁斯卡独具慧眼地想到了高速电子束。电子束具有波动特性,其波长只有可见光波长的十万分之一,约为0.05埃(一埃等于一千万分之一毫米)。他研制出一种仪器,用高速电子束代替普通光源"照射"待察物,结果把微细物体放大到12000倍。这就是世界上第一台电子显微镜。

电子显微镜堪称本世纪最重大的发明之一。今天它已成为生物学、高分子化学、医学及工农业生产、科研领域中不可或缺的"火眼金睛"。目前,最先进的电子显微镜放大倍数已达到二百万倍,能看到病毒、单个分子以及金属材料的品格结构等。

这里要特别提到的是,鲁斯卡首创电子显微镜的时间是1933年,当时他只26岁。那么,鲁斯卡半个世纪前的发明,为什么到今天才得到犒赏?这里事出有因:当年鲁斯卡在学术会议上公布他的发明后,其技术秘密随即被一个狡黠的"拜访者"所窃,并抢先登记了发明专利。事后不久即是战乱,战后这项专利又被美国没收。这就使电子显微镜的发明权成为一桩公案,直至数十年后才真相大白。

鲁斯卡今已79岁高龄,他珍贵的东西失而复得,兴奋心情是可以想见的。

(原载1986年11月18日《羊城晚报》)

"犹太族的居里夫人"

提起杰出的女科学家，人们都会想到居里夫人。可是，另一位成就可与居里夫人媲美的女科学家麦特纳，却鲜为人知。

麦特纳是最先发现核裂变的科学家，是开拓核时代的先驱之一。科学史家评论说："她的贡献不亚于哥伦布发现新大陆。"爱因斯坦称她为"我们犹太民族的居里夫人"。然而，这位女科学家却蒙受许多不平。

麦特纳1878年11月7日出生于奥地利一个犹太人家庭，1910年考入维也纳大学。那时的社会十分歧视妇女，她虽然勉强入学，但却备受白眼和冷遇。可她满不在乎，默默忍受，终于熬过6年时间，成为该校第一个女博士。之后，麦特纳转到德国柏林大学研究物理学。自此，她的研究成果接连不断，在科学界崭露头角，并当上了教授。

然而，好景不长。正当麦特纳和她的同事哈恩合作进行铀核分裂研究时，希特勒刮起迫害犹太人的狂飙。为免遭毒手，麦特纳不得不中断研究，假借外出度假的名义，躲过纳粹兵的追捕，几经周折，来到瑞典避难。

麦特纳划时代的铀核裂变实验，就是在瑞典完成的。她利用瑞典诺贝尔物理学研究所提供的工作条件和设备，废寝忘食地继续进行核裂变研究。终于，她以不容置疑的实验事实证明：铀核与中子碰撞而发生裂变会释放惊人的核能。这一发现在英国《自然》杂志发表时，杂志编者在按语中预言：麦特纳博士的研究成果，宣布核时代已经开始。果然，过了不久，威力神奇的原子弹就出现了。

但悲剧随之而来。麦特纳万万没料到，她核裂变的发现会给日本广岛带来毁灭性的灾难。她虽然没有直接参与制造原子弹，但却深感不安和惶惑。战后，她一直积极参加呼吁销毁核武器的活动，直至1968年10月27日辞世。

令人遗憾的是，麦特纳这位开拓核时代的女杰，不仅没有获得本应属于她的诺贝尔奖金，而且得到的褒奖也微乎其微。现在看来，她所受到的不公正待遇，或许与她的研究成果最先被战争狂人利用，而战后核恐怖又长期笼罩世人心头不无关系。

当今，世界上核电站星罗棋布，原子能和平利用前景广阔。麦特纳的研究成果正在为人类造福。

(原载《羊城晚报》)

物理"美学家"

1981年5月，一群科学家聚集在美国洛约勒大学，提前举行狄拉克诞辰80周年庆祝大会。狄拉克本人第一个在会上发言说："我没有试图直接解决某一个物理问题，而只是试图寻求某种优美的数学。"这句话一语道破物理学家狄拉克科学生涯的主旋律。

狄拉克1902年8月出生于英国，1918年就读于布里斯托尔大学，1923年考进剑桥大学圣约翰学院研究生院，1926年获剑桥大学博士学位。31岁那年，他由于对原子理论的重大贡献荣获诺贝尔物理学奖。

狄拉克常说："一种正确的理论就应该是美的。"最能体现这个思想的是以他名字命名的狄拉克方程。这个方程出现了当时被认为没有物理意义的"负能态"解。按照往常习惯只能把负数解舍去。但狄拉克坚持认为，自然界是对称的，有正能粒子就应该有"负能粒子。"他用精微的数学推导，得出一个大胆的预言：存在着与电子质量相等而电荷相反的"负能粒子"——正电子。果真，1932年，安德逊用实验方法找到了正电子。这是人类发现的第一个反粒子。狄拉克这一伟大贡献开拓了人们研究物质和反物质的崭新领域。五十多年过去了，物理学家们在狄拉克理论的指导下，相继发现了反质子、反中子、反中微子、反介子、反超子……

狄拉克始终如一地在物理世界中追求美。他著名的"磁单极预言"，就闪烁着美学思想的光辉。众所周知，电和磁有许多对称关系，例如电场与磁场、电矩与磁矩、电通量与磁通量等等。但美中不足的是，正电荷和负电荷可以单独存在，而磁铁的南极和北极却似乎不可分离：一条磁铁不论切成多少小段，每小段总有南极和北极，它们总是相伴相随形影不离。难道电和磁在这一点上真的就不对称了吗？狄拉克笃信电和磁是应该完美对称的，有孤立的电荷就应该有孤立的磁极即"磁单极"。这一预言虽然至今未被证实，但近些年已陆续发现存在磁单极的一些令人振奋的迹象。物理学家们正信心百倍地寻找着磁单极。

　　在个人性格上,狄拉克脾气古怪,沉默寡言。有一次一位记者要他谈谈科学哲学,他只说"我一窍不通",就一言不发。

　　狄拉克是物理科学的元老,经历了物理学的全盛时期,于1984年底逝世,享年82岁。

（原载1986年6月6日《羊城晚报》）

"野人"卡皮查

在低温物理学界,"卡皮查线性定律"、"卡皮查热阻"、"卡皮查俱乐部"无人不知。卡皮查享有"低温物理之父"的美誉,是一位性格、成就均颇为不凡的科学家。

卡皮查1894年7月9日出生于俄国克伦斯塔得市;1918年毕业于彼得格勒工学院;1921年赴英国深造。卡皮查一到英国,立即去找卡文迪许实验室领导人卢瑟福,要求在该实验室工作。不料卢瑟福回答说:"没有空额。"卡皮查不甘罢休,用数学术语问:"名额的误差范围有多大?"卢瑟福说有百分之十,卡皮查立即兴高采烈地说:"太好了!贵实验室共有三十人,增加我一个并未超出误差范围。"卢瑟福见这个小伙子气质非同凡响,连求师方式也不落俗套,便爽快地把他留下。三年之后,卡皮查便成了这所举世闻名的实验室的助理主任。

卡皮查最为重要的科学成就在于低温物理领域。1938年,卡皮查在实验中发现了液氦的超流动性:当温度低于2.19开时,流过狭缝的液氦的流速与压差无关,粘滞系数为零,它的内部及它对器壁之间均无摩擦力。1941年,卡皮查又发现:当热流流过固体与超流氦界面时,温度在界面上有一跃变。这个现象称为"卡皮查热阻",四十多年来一直是低温物理的一个重要研究课题。卡皮查由于在低温物理学方面的贡献而于1978年荣膺诺贝尔物理学奖。此时他已84岁高龄。这在诺贝尔奖的历史上是罕见的。

卡皮查与他的恩师卢瑟福性格颇为相似,研究作风也一脉相承。在英国工作期间,卡皮查创建了"卡皮查俱乐部",每周星期二晚集会一次,辩论最新物理学课题。

卡皮查有句名言:优秀的科学家必定是某种"狂人"。其实他自己也是一个"狂人"。每当他对某一研究课题感兴趣时,就欣喜若狂,工作得像一匹永不停蹄的烈马。难怪当有人向他的部下打听卡皮查是什么样的人时,得到的回答不一，有说他是"一半是人，一半是马"的"人马"；有说他是"高尚的野人"。

卡皮查半个多世纪的科学生涯境遇曲折。时至 92 岁，仍在科学园地里耕耘着。

(原载 1986 年 4 月 16 日《羊城晚报》)

汤川与"汤川介子"

基本粒子大家庭中有个介子群；介子群中有个 π 介子。介子又称"汤川介子"，它置身于数以百计的基本粒子大家庭之中，默默无闻。多谢日本科学家汤川秀树，是他率先预言它的存在，使它扬名于现代物理学界。

第二次世界大战后，处于战败国地位的日本，一度笼罩在悲观失望的氛围之中。而这时，汤川秀树荣膺诺贝尔物理学奖金的消息，却使整个日本民族为之一振。汤川秀树作为日本第一位诺贝尔奖金获得者，理所当然地成为日本民族的骄傲和自豪。

汤川秀树1907年1月23日出生于东京，是著名地理学家小川琢治的第三子。他19岁考取京都大学物理系，毕业后留校研究粒子物理，1933年转到新创的大阪大学工作，6年后返回母校任物理学教授。1948年应聘赴美，1953年辞去在美职务，回日本担任为纪念他获诺贝尔奖而创办的京都大学基础物理研究所所长。

汤川秀树最重要的科学贡献在于对核力介子理论的研究。30年代初，物理学家们只知道原子核由核子（质子和中子）组成，核子间以性质奇异的核子相互作用。但核力到底是怎样产生的呢？这是当时悬挂在全球物理学家心头的一大谜团。二十多岁的汤川一头栽进"核王国"，决心解开这个谜。但汤川既没到外国留学，又无名师指点，在远离欧洲原子物理中心的岛国，单枪匹马强攻当时世界第一流的尖端课题，困难不言而喻。汤川一次又一次地在失败中振作精神，百折不挠地向科学高峰攀登。经过几年呕心沥血，汤川终于在1934年10月提出了一种崭新的理论——核子之间通过交换 π 介子而产生核力。然而，科学之路是漫长而曲折的。汤川的理论在好长时间遭到冷遇，甚至原子物理学大师玻尔在访问日本时也不无疑虑地问汤川："难道您想引入新粒子？"直到13年后的1947年，英国物理学家鲍威尔在宇宙射线实验中发现了汤川预言的 π 介子，物理学界才欢声四起。仅一个星期工夫研究汤川介子理论的"介子热"就席卷全球物理学界。两年之后,汤川秀树在斯德哥尔摩捧走了 1949 年度诺贝尔物理学奖。

汤川的介子论不仅揭开了核力的秘密,而且为人们继续发现基本粒子开拓了新路。还值得一提的是,π 介子束还可用于治癌,为人类健康造福。

汤川秀树 1981 年 9 月 8 日与世长辞,但关于介子的研究却方兴未艾。

(原载 1986 年 3 月 5 日《羊城晚报》)